Kohlhammer

Praktische Theologie heute

Herausgegeben von

Stefan Altmeyer
Christian Bauer
Kristian Fechtner
Thomas Klie
Helga Kohler-Spiegel
Benedikt Kranemann
Isabelle Noth
Birgit Weyel

Band 189

Lukas Moser

Wir haben eine Kirche, haben Sie eine Idee?

Pastoralgeographische Erkundungen zur Transformation eines Stuttgarter Kirchenraumes

Verlag W. Kohlhammer

Der vorliegende Band wurde gedruckt mit Unterstützung
der Bischöflichen Studienförderung Cusanuswerk,
der LBBW-Stiftung der Landesbank Baden-Württemberg und
der Erzbischof Hermann Stiftung der Erzdiözese Freiburg.

Zusatzmaterial zum vorliegenden Band steht online zur Verfügung unter
https://dl.kohlhammer.de/978-3-17-043412-7

1. Auflage 2023

Alle Rechte vorbehalten
© W. Kohlhammer GmbH, Stuttgart
Gesamtherstellung: W. Kohlhammer GmbH, Stuttgart

Print:
ISBN 978-3-17-043412-7

E-Book-Format:
pdf: 978-3-17-043413-4

Für den Inhalt abgedruckter oder verlinkter Websites ist ausschließlich der jeweilige
Betreiber verantwortlich. Die W. Kohlhammer GmbH hat keinen Einfluss auf die
verknüpften Seiten und übernimmt hierfür keinerlei Haftung.
Dieses Werk einschließlich aller seiner Teile ist urheberrechtlich geschützt. Jede
Verwendung außerhalb der engen Grenzen des Urheberrechts ist ohne Zustimmung
des Verlags unzulässig und strafbar. Das gilt insbesondere für Vervielfältigungen,
Übersetzungen, Mikroverfilmungen und für die Einspeicherung und Verarbeitung in
elektronischen Systemen.

Inhalt

Abbildungsverzeichnis 8

Geleitwort 9

Vorwort 13

1. Was kommt 15

1.1 Allgemeine Einleitung 15
1.2 Absicht 17
1.3 Aufbau 19
1.4 Formale Anmerkungen 19
1.5 Methodologie 20

2. Einführungen 25

2.1 Einleitung und Vorgehen in den theoretischen Teil 25
2.2 Begriffsklärungen 27
    2.2.1   Alltägliche Raumsprache 27
    2.2.2   Ort 29
    2.2.3   Stelle 30
    2.2.4   Platz 31
    2.2.5   Raum 31
2.3 Eine geographische Inventur von Raumkonzepten 32
    2.3.1   Der Raumbegriff – Fluch und Segen zugleich 41
    2.3.2   Dynamische Räume und stabile Orte –
             eine Verhältnisbestimmung 44
    2.3.3   Der Spatial Turn – Initialzündung für den Raum 47
    2.3.3.1 Topographical Turn und Topological Turn 53
    2.3.4   Die Raumwende aus Sicht der Geographie 55
    2.3.5   Lost in Space? Die Raumkehre in der Theologie 58
2.4 Pastoralgeographie – oder: Weshalb es eine raumsensible
Pastoraltheologie braucht 61
    2.4.1   Konzeptionelle Ausrichtung 63
    2.4.2   Integration der geographischen Perspektive(n) 65

		2.4.3	Einsatzgebiete und Praxisfelder	69
		2.4.4	Hexagonale Kriteriologie	73
		2.4.4.1	Der Rahmen	74
		2.4.4.2	Die Partnerin	74
		2.4.4.3	Der Schwerpunkt	76
		2.4.4.4	Der Modus	77
		2.4.4.5	Die Basis	78
		2.4.4.6	Das Vokabular	79
	2.5	Phänomenologischer Brückenbau		81
		2.5.1	Ein phänomenologischer Zugang	82
		2.5.2	Raumwahrnehmung	84
		2.5.2.1	Sinnliche Wahrnehmung	85
		2.5.2.2	Leibliche Wahrnehmung	87
		2.5.2.3	Bewegte Wahrnehmung	89
		2.5.3	Der Wahrnehmungsakt: Zusammenführung der Faktoren	90
		2.5.4	Das Mehr des Raumes	92
		2.5.4.1	Umgebungsqualitäten	95
		2.5.4.2	Aura	96
		2.5.4.3	Stimmung	99
		2.5.4.4	Das Empfinden von Atmosphäre – ein Fazit	101
		2.5.5	Subtile Influencer	102
		2.5.6	Fazit der phänomenologischen Raumannäherung	104

3. Durchführungen 105

3.1	Einleitung in den empirischen Teil			105
	3.1.1	Lokalisierung		105
	3.1.2	St. Maria – ein Raum der Wandlung		108
3.2	Reflexive Fotografie als methodischer Ansatz			111
	3.2.1	Vorzüge der reflexiven Fotografie		114
	3.2.2	Bildtheoretische Vorüberlegungen		117
3.3	Forschungsdesign			120
	3.3.1	Auswahl und Akquise der Befragten		122
	3.3.2	Frage- und Auftragsintentionen		123
3.4	Datenauswertung			126
	3.4.1	Quantitative Fotoanalyse		128
	3.4.1.1	Ergebnisse der visuellen Auswertung		130
	3.4.2	Qualitative Inhaltsanalyse		137
	3.4.2.1	Kategoriensystem		138
	3.4.2.2	Ergebnisse der Interviewauswertung		141
3.5	Die zentralen Erkenntnisse der doppelten Datenauswertung			182
3.6	Ein kritischer Rückblick auf das Forschungsdesign			190

4.	Ausführungen		193
4.1	Theologische Reflexionen		193
	4.1.1	Freigeben und freilegen	193
	4.1.2	Entgrenzung sakraler und profaner Heiligkeit	201
	4.1.3	Eine aufgeschlossene und offene Kirche(ntür)	206
	4.1.4	An der Schwelle – oder: Zwischen innen und außen	212
	4.1.5	Partizipation und Commons als kirchenräumliche Prägungen	219
	4.1.6	St. Maria – ein polyvalentes Laboratorium für einen dritten Weg	226

5.	Was bleibt …	235
5.1	Limitationen der Arbeit	235
5.2	Abschlussfazit	236
5.3	Perspektivwechsel – oder: Ein Ausblick für zukünftiges Handeln	239

Literaturverzeichnis	245

Anhang: digital abrufbar unter https://dl.kohlhammer.de/978-3-17-043412-7

Abbildungsverzeichnis

Abb. 1: Lefebvres Trialektik der sozialen Räumlichkeit 51
Abb. 2: Hexagonale Pastoralgeographie – Illustration 73
Abb. 3: Urbane Verortung St. Marias 107
Abb. 4: Häufigkeitsverteilung der wahrgenommenen Teilräume 131
Abb. 5: Häufigkeitsverteilung der sakralen Objekte 133
Abb. 6: Häufigkeitsverteilung der profanen Objekte 134
Abb. 7: Aufnahmestandorte der Raumpionier:innen 135
Abb. 8: Prozessmodell induktiver Kategorienbildung 138

Geleitwort

Ein Pastoralreferent blickt aus dem Fenster. Unmittelbar vor dem Büro wecken ein paar junge Leute sein Interesse, die unter der mehrspurigen Stadtautobahn eine Holzbühne, Bierbänke und Scheinwerfer aufstellen. Er erinnert sich an einen Anruf, der ihm einige Aktivist:innen ankündigte, die einen Abstellraum bräuchten, und geht mit ein paar Tassen Kaffee hinaus. Im Gespräch erfährt er, dass es sich um junge Architekt:innen und Gestalter:innen des Vereins *Stadtlücken* handelt, die urbane Leerstellen mit neuem Leben füllen. Sie suchen tatsächlich einen Raum für ihr Equipment. Und so beginnt eines der spannendsten pastoralen Abenteuer der vergangenen Jahre. Denn der Pastoralreferent vertraut ihnen ohne Zögern den Schlüssel der nahegelegenen Kirche an – und diese Geschichte vom anvertrauten Schlüssel wird zu einer pastoralen Schlüsselgeschichte. Denn so gewinnt er unvermutet Unterstützung auf der Suche nach einer zukunftsträchtigen Lösung für die Generalsanierung ‚seiner' Marienkirche. Das anstehende Bauvorhaben soll nun in einem kollaborativen und kokreativen Prozess des gesamten Quartiers entwickelt werden. Mit den *Stadtlücken* entsteht auch das genial einfache Motto: „Wir haben eine Kirche, haben Sie eine Idee?"

Die unter diesem Titel nun veröffentlichte Dissertation vom Lukas Moser betritt theologisches Neuland. Sie analysiert nicht nur ein zukunftweisendes Kirchenprojekt, vielmehr eröffnet sie mit der Pastoralgeographie auch ein neues praktisch-theologisches Forschungsfeld – als erster monographischer Versuch in diesem Bereich. Das methodische wie inhaltliche Potenzial dieser Pionierstudie belegt die Innovationskraft einer im „Spatial turn" raumtheoretisch gewendeten Theologie. Empirisch erhobenes Raumgefühl und theologisch diskursivierte Raumtheorie gehen dabei in produktiver Weise ineinander, explorative Erkundungen im Praxisfeld und kritische Recherchen im Diskursarchiv ergeben eine weiterführend kreative Differenz: Empirie und Theologie in gleichintensiver Diskursivierung. Aus dieser Differenz heraus entsteht eine epistemisch mutige Arbeit, die den sicheren Boden von empirisch-theologischer Induktion bzw. systematisch-theologischer Deduktion verlässt und sich auf das unsichere Gelände einer pastoraltheolgischen Abduktion begibt, die mit Blick auf ihr empirisches Datenmaterial „spekulative Extrapolationen" (S. Shaviro) in den explizit theologischen Bereich wagt – eine experimentelle Methodik, die sich nicht nur als empirisch leistungsfähig, sondern auch als theologisch ertragreich erweist.

Im Ganzen dieses pastoralgeographischen Forschungsdesigns bilden quantitative Fotoanalyse und qualitative Interviewanalyse dabei eine aus empirischer Sicht wechselseitig höchst sinnvolle Ergänzung. Die so erhobenen leutetheologischen Stimmen der von Lukas Moser respektvoll „Raumpionier:innen" genannten Forschungspartner:innen werden nicht ‚nur' empirisch gehoben, sondern auch in ein pastoraltheologisch weiterführendes Gespräch mit Stimmen aus dem Diskursarchiv der akademischen Theologie verwickelt – sie belegen eindrucksvoll das dogmatische Potenzial von empirisch unterfütterter Praktischer Theologie. Eine in dieser Weise empirisch-theologisch verfahrende, geographisch informierte Pastoraltheologie ist eine „nicht angewandte, sondern umgewandte Dogmatik" (J. S. von Drey) im Sinne der Katholischen Tübinger Schule.

Soweit zur Methode. Inhaltlich betrachtet erschließt die vorliegende Studie einen pastoralen Zukunftsweg. Das inzwischen vielbeachtete Stuttgarter Kirchenexperiment „St. Maria als …", das unter anderem 2021 mit dem Innovationspreis des Bochumer Zentrums für angewandte Pastoralforschung (ZAP) ausgezeichnet wurde, eröffnet jenseits von ausschließlicher Sakralisierung bzw. Profanierung einen dritten Weg der Kirchen(um)nutzung, in dessen gesamtpastoral hybriden Raumpraktiken etwas Heiliges von eigener Art aufblitzt. Christliche, d. h. im Sinne Jesu von Nazareth verstandene Heiligkeit umfasst, durchdringt und verwandelt Sakrales *und* Profanes. Eine der großen Stärken der vorliegenden Untersuchung ist der empirische Nachweis, dass es hierbei zu einer Desakralisierung des Kirchenraums kommt, die jedoch nicht zu einer entweihenden Profanierung führt, sondern zu einer anderen Erlebnisqualität des Heiligen. Es zeigt sich eine erstaunliche Performanz des Raumes: Er *hat* keine Botschaft, er *ist* vielmehr die Botschaft. Die entschiedene Selbstöffnung dieser Kirche ermöglicht ein urbanes „réemploi" (M. de Certeau) in jesuanischem Geist: eine schöpferische Wieder- bzw. Neuverwendung von christlichen Kirchen durch spätmoderne Stadtbürger:innen: Kirche von morgen wird hier in weghaft-synodaler „Komplizenschaft" (G. Ziemer) mit der Gesellschaft von heute sichtbar.

Die vorliegende Untersuchung eröffnet aber nicht nur pastorale, sondern auch theologische Zukunftsperspektiven. Für die in St. Maria experimentell praktizierte ‚Gotteslehre' ist dabei der pastoraltheologisch zunehmend präsente Begriff der Kenosis von zentraler Bedeutung – hier verstanden im ursprünglichen Sinne einer den Raum freigebenden Selbstentleerung Gottes (und der Kirche): Kenosis als Ermöglichungsgrund von Pleroma. Kirchenleere als räumliche Bedingung der Möglichkeit einer raumsensiblen Gotteslehre. Eine theologische Rahmentheorie hierfür könnte das jüdische Konzept des Zimzum (also: der seiner Schöpfung raumgebenden Selbstkontraktion Gottes) sein. Gott erschafft, indem er Raum schafft. Kirche zelebriert daher nicht den Horror, sondern die „Laetitia vacui". Sie ist dann nicht nur ein „leerer Signifikant" (E. Laclau), der alle möglichen Inhalte in sich aufnehmen kann, sondern auch ein leeres Signifikat, dessen offene Inhaltlichkeit der heilschaffenden Präsenz Gottes inmitten der Welt einen Platz einräumt. Kirchliche Leere (nicht: Lehre!) ermöglicht dann nicht nur eine Fülle neuer Ideen, sondern auch eine neue Entdeckung des Evangeliums an „Orten der Fülle" (C. Taylor) – oder noch stärker theologisch kodiert: des Pleromas, das sich einstellt, wenn Kenosis geschieht. Ohne diese Verheißung wäre kenotische Pastoral nichts anderes als pastoraler Masochismus. In der Freiheit des leeren Raums können dann auch kritische Zeitgenoss:innen für sich einen Ort finden, an dem sich das von Jesus verheißene „Leben in Fülle" (Joh 10,10) zumindest ansatzweise und bruchstückhaft erahnen lässt.

Kirchenräume sind gebaute Ekklesiologien: steingewordene kirchliche Selbstdarstellungen. St. Maria steht dabei für zwei höchst unterschiedliche römisch-katholische Kirchentheorien. Einerseits verkörpert ihre klassische neugotische Architektur die petrifiziert-klerikalistische Ekklesiologie des Ersten Vatikanums („Societas perfecta"), die nach Innen von einem ständischen Kirchenbild geprägt ist und ihr städtisches Umfeld nach Außen triumphalistisch zu dominieren versucht. Und andererseits verkörpert ihre alternative pastorale Neubelebung durch „St. Maria als ..." die jesusbewegt-synodale Ekklesiologie des Zweiten Vatikanums („Societas Jesu"), die sich in ihrem Innen als eine egalitäre christliche Weggemeinschaft versteht und sich ihrem gesellschaftlichen Außen solidarisch öffnet.

Mit seiner Forschung erweitert (und im Wortsinn: erdet) der Verfasser den etablierten pastoraltheologischen Loci-theologici-Diskurs im Kontext humangeographischer Raumperspektiven: Topologie trifft Spatiologie. Topologische Ortsdiskurse und spatiologische Raumdiskurse eröffnen eine potenziell kreative Differenz, die sich im Anschluss an Certeaus kulturwissenschaftlich breit rezipierte Raumdefinition („lieu pratiquée") weiterführend konzeptualisieren lässt. Pastorale Räume sind praktizierte theologische Orte. Und theologische Orte sind diskursivierte pastorale Räume. In den Horizont der bereits eingespielten Konzilstheologie transponiert: Pastoral ist praktiziertes Dogma. Und Dogma ist diskursivierte Pastoral. Oder mit Blick auf die beteiligten theologischen Fächer: Pastoraltheologie ist eine Diskursivierung von praktiziertem Dogma/diskursivierter Pastoral mit pastoralem Schwerpunkt. Und Systematische Theologie eine Diskursivierung von diskursivierter Pastoral/praktiziertem Dogma mit dogmatischem Schwerpunkt.

Die vorliegende Untersuchung ragt aus dem Gros der in der Theologie eingereichten Dissertationen heraus, sie ist im Wortsinn exzellent. Aufgrund seines Doppelstudiums von Geographie und Theologie verfügt ihr Verfasser über alle dazu nötigen Forschungsressourcen – eine glückliche Gesamtkonstellation, die sich im Gang der Untersuchung als höchst erkenntnisträchtig erwiesen hat. Hier kreuzen sich aber nicht nur zwei fachliche Perspektiven, sondern auch akademische Theoriepraxis und lebensweltliche Praxistheorie: Pastoraltheologische Grundlagenforschung begegnet gelebter christlicher Zeitgenossenschaft. Aus ihrer Differenz heraus wurde dann auch eine wahrnehmungssensible, raumtheoretisch sattelfeste und sprachlich begriffskreative, empirisch methodenstarke und theologisch diskursversierte Dissertation möglich. Es war mir nicht nur eine Freude, sondern auch eine Ehre, den Verfasser auf seinem beeindruckenden Weg „vom durchschnittlichen Hauptschüler zum Doktor" zu begleiten.

Christian Bauer

Vorwort

Es kommt mit Sicherheit nicht oft vor, dass ein ehemaliger Durchschnittshauptschüler eine Dissertation einreicht – doch hier ist dies der Fall. Ich wurde häufig gefragt, wie ich das gemacht und dank welcher Motivation ich promoviert habe. Kurz gefasst und ehrlich gesagt sind es zwei Dinge, die mich diesen Weg haben gehen lassen: Zum einen habe ich meinen verstorbenen Großeltern Ursula und Volker Steimel mein Wort gegeben, das zu erreichen, was bisher niemand in unserer Familie geschafft hat – einen Doktortitel zu erlangen. Zum anderen habe ich mir im Laufe der Jahre eine ausdauernde und tragfähige Disziplin angeeignet. Immer weiter zu machen, niemals aufzugeben und nach jedem Rückschlag stärker zurück zu kommen, war das, was mich getragen hat. Nun, nach vielen, vielen Jahren Schule und Universität kann ich endlich sagen: Ich habe es vom Hauptschüler zum Doktor geschafft!

Mein Dank gilt dabei mehreren Personen. Zunächst meinen beiden Mentoren, Förderern, Gutachtern und Freunden Prof. Dr. Christian Bauer und Prof. Dr. Michael Schüßler. Mich erfüllt es mit großem Stolz von den beiden Ottmar-Fuchs-Schülern ausgebildet worden zu sein und mich als deren Schüler in zweiter Generation in die ‚Fuchs-Schule' einreihen zu dürfen. Ein Dankeswort sei auch an meinen Zweitbetreuer Prof. Dr. Dr. Olaf Kühne gerichtet, der mich mit seiner offenen und hilfsbereiten Art immer wieder mit sozialgeographischen und methodischen Fragen und Klärungen auf Kurs gehalten hat. Ein großer Dank gilt selbstverständlich auch dem Cusanuswerk. Ohne das Promotionsstipendium, welchem ich die geistliche, persönliche und vor allem finanzielle Förderung verdanke, wäre diese Arbeit niemals zustande gekommen. Im gleichen Zug möchte ich den cusanischen Mitstipendiatinnen und Mitstipendiaten sowie dem Innsbrucker Doktorad:innen-Kolloquium meinen Dank für die vielen Anmerkungen, kritischen Rückfragen und zahlreichen Diskussionen aussprechen, die die Arbeit erst zu der gemacht haben, die sie jetzt ist. Im Speziellen danke ich hierbei Paulina Pieper für das Gegenlesen meiner Texte, die mir endlose Peinlichkeiten erspart hat. Zuletzt, und für den inneren Antrieb am wichtigsten, möchte ich mich bei drei Menschen bedanken: bei meinem Vater Thomas, von dem ich, so glaube ich, gelernt habe, kreativ und lösungsorientiert zu denken, bei meiner Mutter Heidi, die mir beigebracht hat engagiert und fleißig zu sein, und bei meinem jüngeren Bruder Felix, dem ich es bis heute als großer Bruder schuldig bin, stets mit gutem Beispiel voranzugehen.

Für Oma Ursl und Opa Volker – Versprechen bricht man nicht, man hält sie ein!

Lukas Moser

1. Was kommt …

1.1 Allgemeine Einleitung

Kirchen sind nicht nur Sakralbauten. Sie sind Orte der Spiritualität, kulturelles Erbe, historische Relikte, Kunstwerke und Versammlungsstätten der Gläubigen, um nur ein paar Bedeutungen aufzuzählen. In erster Linie stellen sie den Raum für christlich-religiöse Handlungen und Rituale dar. In urbanen Gebieten befinden sich viele Kirchen häufig in bester Innenstadtlage. Sie stehen als stumme Zeugen einer metaphysisch angenommenen Weltperspektive in völlig säkularen Kontexten und halten die Gottesfrage mit ihrer abwesenden Anwesenheit offen. Gleichzeitig gibt es ein Ungleichgewicht der Vielzahl von Gotteshäusern im Verhältnis zur Anzahl der Gläubigen, die diese Räumlichkeiten in Anspruch nehmen. Benedikt Kranemann umreißt die Problemlage treffend mit dem Satz:

> „Einer sehr großen Zahl von Kirchenbauten, viele davon im 19. und 20 Jahrhundert errichtet, steht heute eine deutlich rückläufige Zahl von Kirchenmitgliedern und vor allem praktizierenden Christinnen und Christen gegenüber."[1]

Entsprechend stehen in Deutschland Kirchenumnutzungen vielerorts auf der Tagesordnung. Als Beleg[2] für diesen gegenwärtigen Erosionsprozess spricht beispielsweise eine Umfrage von *katholisch.de* aus dem Jahre 2017. Dort wurden die (Erz-)Bistümer zu den abgerissenen bzw. aufgegebenen Sakralbauten befragt. Das Ergebnis: Seit der Jahrtausendwende wurden mehr als 500 katholische Kirchengebäude als Gottesdienstorte in Deutschland aufgegeben.[3] Dass die Frage der Nutzung und Erhaltung von Kirchen vor allem für die Deutsche Bischofskon-

---

[1] Benedikt Kranemann, Umnutzen statt abreißen: Perspektiven für Kirchenräume, in: Tobias Kläden (Hg.), Kirche in der Diaspora. Keynotes der „pastorale!" 2019 in Magdeburg (= KAMP kompakt 8), Erfurt 2020, S. 188–198, S. 188.

[2] Ein weiterer Beleg ist der Wikipediaeintrag zu Kirchenschließungen (Wikipedia, Freie Enzyklopädie, Art. Kirchenschließung, in: https://de.wikipedia.org/wiki/Kirchenschlie%C3%9Fung [Abrufdatum: 20.09.2021]), der bezeichnenderweise in regelmäßigen Abständen aktualisiert wird, so die Historikerin Susanne Rau (vgl. Susanne Rau, Raum und Religion. Eine Forschungsskizze, in: Dies. / Gerd Schwerhoff [Hg.], Topographien des Sakralen. Religion und Raumordnung in der Vormoderne, Hamburg / München 2008, S. 10–37, S. 10).

[3] Vgl. Tobias Glenz, Kirchenabrisse: „Wir stehen erst am Anfang", in: http://katholisch.de/aktuelles/aktuelle-artikel/kirchenabrisse-wir-stehen-erst-am-anfang (2017) [Abrufdatum: 24.10.2021].

ferenz seit längerem „Aktualität und Brisanz"[4] besitzt, ist kein Geheimnis. Zumal sich die Fallzahlen angesichts steigender Kirchenaustritte[5] weiter erhöhen dürften. Es stellt sich somit die Frage: Wie ist mit leerstehenden oder kaum genutzten Kirchen umzugehen? Hierfür gibt es von offizieller Stelle eine gewisse Bandbreite an Optionen: Mischnutzung, Vermietung, Stilllegung, Verkauf, Abriss oder Umnutzung.[6] Besonders häufig wird diese Frage im urbanen Kontext gestellt, da dort die Säkularisierung immer stärker voranschreitet. In nahezu allen Fällen braucht es für die Umnutzung einer römisch-katholischen Kirche den Ritus einer Profanierung[7].

Eine Kirche, die eine erweiterte Nutzung ohne Entweihung erprobt und sich damit nicht auf-, sondern freigibt, ist die Marienkirche im Herzen Stuttgarts – St. Maria. Hierbei handelt es sich um eine Kirche, die seit einigen Jahren mit einem radikal-liberalen Nutzungskonzept auf sich aufmerksam macht. Besonders in kirchlichen und theologischen Kontexten stieß das Projekt schnell auf ein reges Interesse und wurde in wissenschaftlichen Aufsätzen[8], Onlineartikeln[9] sowie Berichten in Lokalzeitungen[10] vorgestellt und diskutiert. Unter dem Slogan „St. Maria als – Wir haben eine Kirche, haben Sie eine Idee?"[11] öffnete man den Kirchen(um)raum für die Nutzungsideen der Menschen des Stadtquartiers. Dafür wurde das Projekt 2021 mit dem zap:innovationspreis der zap:stiftung des Bochumer Zentrums für angewandte Pastoralforschung ausgezeichnet.[12] Die fast leere Kirche öffnete sich sowohl für neue Formen gottesdienstlicher Raumnutzung als auch für die vorgeschlagenen Einfälle der Stadtbevölkerung. Damit oszilliert die Kirche zwischen einer profanen und sakralen bzw. religiösen Nut-

---

[4] Sekretariat der Deutsche Bischofskonferenz (Hg.), Umnutzung von Kirchen. Beurteilungskriterien und Entscheidungshilfen (Arbeitshilfen Nr. 175), Bonn 2003, S. 3.

[5] Vgl. David Gutmann / Fabian Peters, German Churches in Times of Demographic Change and Declining Affiliation. A Projection to 2060, in: Comparative Population Studies 45 (2020), S. 3–34.

[6] Vgl. Sekretariat der Deutsche Bischofskonferenz, Umnutzung von Kirchen, S. 18ff.

[7] Profanierung bezeichnet den Vorgang bzw. Ritus der Entweihung eines sakralen Gebäudes oder Gegenstandes im römisch-katholischen Kontext. Siehe hierzu etwa: Albert Gerhards (Hg.), St. Ursula in Hürth-Kalscheuren. Pfarrkirche – Profanierung – Umnutzung. Fakten und Fragen, Münster 2009, S. 129ff.

[8] Vgl. Andréas Hofstetter-Straka, „St. Maria als", oder: Wenn eine Kirche (sich) aufmacht. Ein Werkstattbericht, in: Zeitschrift für Pastoraltheologie 40 (2020), H. 2, S. 151–157.

[9] Vgl. Tobias Schulte, „St. Maria als" – eine Kirche für (fast) alle Fälle, in: https://www.katholisch.de/artikel/22460-st-maria-als-eine-kirche-fuer-fast-alle-faelle (2019) [Abrufdatum: 05.11.2021].

[10] Vgl. Kathrin Wesely, Das Mittelschiff als Labor für neue Nutzungen, in: https://www.stuttgarter-nachrichten.de/inhalt.stuttgart-sued-st-maria-buergerbeteiligung-das-mittelschiff-als-labor-fuer-neue-nutzungen.8c849c84-5174-4636-b91e-884de19985f0.html (2017) [Abrufdatum: 06.11.2021].

[11] St. Maria als, in: https://st-maria-als.de/ [Abrufdatum: 16.09.2021].

[12] Verleihung zap:stiftung, in: https://zap-bochum.de/st-maria-als-gewinnt-den-zapinnovationspreis-erfolgreicher-zapkongress-beendet/ [Abrufdatum: 18.10.2021].

zung. Dieses dynamische Transformationspotential einer Kirche, die nicht profaniert wird, lässt spannende, theologische Einsichten vermuten, die aus der Freilassung von vorgefassten Vorstellungen einer Kirchenraumnutzung ausgehen. Darüber hinaus kann gezeigt werden, wie sich Kirchen in eine fluide Spätmoderne einfügen können, ohne gänzlich nivelliert zu werden. Jene theologisch reizvollen Vermutungen werden im Laufe dieses Dissertationsprojekts untersucht.

1.2 Absicht

Der evangelische Theologe Kristian Fechtner vertritt die These: „Der Stoff, aus dem die Praktische Theologie gemacht ist, ist die gegenwärtige *Praxis des Christentums.*"[13] Praktische Theologie muss also zwangsläufig gegenwartssensibel sein. Der eben angesprochene Umgang mit der entleerten Kirche St. Maria ist eine außergewöhnliche Praxis, die praktisch-theologisch und geographisch in den Blick genommen wird. Dahin gehend beabsichtigt die vorliegende Arbeit, die räumliche (Um-)Nutzung der Marienkirche zu untersuchen, indem nach den räumlichen Wahrnehmungen der Stadtbevölkerung zu ihrer Kirche geforscht wird. Das primäre Forschungsinteresse der Studie liegt somit darin, aufgrund der räumlich formatierten Wahrnehmungen der Befragten und deren Sinnkonstruktionen theologische Rückschlüsse der besagten Raumnutzung ziehen zu können. Danach richtet sich auch die Forschungsfrage, die lautet: Wie nehmen die Menschen den Kirchenraum wahr? Und die damit verbundene Folgefrage: Was lässt sich daraus an theologischen Ressourcen ableiten?

Die zweite Intention besteht darin, eine Dissertation vorzulegen, die gezielt und konzeptionell versucht pastoralgeographisch vorzugehen. Somit wird aktiv dem Desiderat[14] nachgekommen, eine Symbiose von (Human-)Geographie und (Pastoral-)Theologie praktisch zu erproben. Neben dem grundlegenden Dafürhalten mehr Raumsensibilität in die theologische Forschung zu bringen, soll zusätzlich für mehr Visualisierung in der Theologie geworben und eingestanden werden. Ist es doch nicht von der Hand zu weisen, dass das Visuelle in der theologischen Forschung massiv unterrepräsentiert ist. Gleiches gilt für ein visuelles Denken und Lehren an katholisch-theologischen Fakultäten und Instituten. Vor allem der Praktischen Theologie sollte es nicht nur allein darum gehen, Texte

---

[13] Kristian Fechtner, Praktische Theologie als Erkundung. Religiöse Praxis im spätmodernen Christentum, in: Eberhard Hauschildt / Ulrich Schwab (Hg.), Praktische Theologie für das 21. Jahrhundert, Stuttgart 2002, S. 55–66, S. 56.

[14] So gefordert von den Wort- und Konzeptionsschöpfern Ulrich Feeser-Lichterfeld und Rainer Krockauer (vgl. Ulrich Feeser-Lichterfeld / Rainer Krockauer, Orte, Räume, Schwellen ... – braucht es eine „Pastoralgeographie"?, in: εύangel. Magazin für missionarische Pastoral 2 [2011], H. 4, S. 13–19).

mit Texten zu vergleichen und ausschließlich Schriftstücke zu produzieren, sondern darüber hinaus visuelle Zugänge und Materialien zu bearbeiten und hervorzubringen. Um diese Zugänge im Sinne des *iconic turn*[15] weiter in den Fokus zu rücken und „eine Änderung des Blicks weg von der [alleinigen] sprachlichen Erschließung der Welt hin zur Bildlichkeit"[16] (weiter) zu forcieren, werden neben visuellen Datenerhebungen (Stichwort: Fotografie) vereinzelt auch Übersichtsschemata in den Fließtext eingebunden. Außerdem bietet pastoralgeographisches Arbeiten die Chance für die Theologie, meist unbekannte oder unbenutzte Methoden der Geographie auszuprobieren, was ebenfalls ein Motiv dieser Studie ist. Insofern forciert der vorliegende Text über den Entwurf einer Pastoralgeographie sowohl konzeptionell wie auch praktisch eine ‚Neukartierung' der pastoraltheologischen Forschung. Damit wird zugleich das doppelte Erkenntnisinteresse des Verfassers sichtbar: ein Interesse am ‚Gegenstand' St. Maria sowie an einer konzeptionell verfassten Pastoralgeographie.

Wird in der katholischen Theologie über Orte nachgedacht, wird früher oder später die theologische Erkenntnistheorie der *loci theologici* herangezogen. Die Erkenntnistheorie des Melchior Cano ist in jüngster Zeit immer wieder in verschiedenen wissenschaftlichen Untersuchungen rezipiert worden. So arbeiten beispielsweise Christian Bauer[17] und Monika Kling-Witzenhausen[18] sowie Gerrit Spallek[19] mit dieser theoretischen Konzeption. Um also eine entsprechende Redundanz zu vermeiden, bleibt dieses Themenfeld absichtlich unberührt, und es wird auf die ebengenannten Ausführungen verwiesen. Stattdessen soll es darum gehen, das Diskussionsfeld der Ortsdiskurse, um das der Raumdiskurse zu erweitern. Denn Orte und Räume sollten immer zusammengedacht werden. Sie gehören ebenso zusammen wie (eine systematisch-theologische) Topologie und (eine praktisch-theologische) Spatiologie.

In Zeiten von urbanem Platzmangel und schrumpfenden Kirchengemeinden in den Städten sind die Wechselwirkungen von Kirche und Stadt aktueller und spannender denn je. Kirche findet Stadt und Stadt findet Kirche. Auf diese Wech-

---

[15] Jörg Seip umreißt die ikonische Wende so: „Der *iconic turn* reagiert sowohl epistemisch mit der neuen Frage nach bildlichen Repräsentationen auf die abendländische Engführung auf Stimme oder Schrift, die mit einer Bilderabwehr einherging, als auch praktisch auf die statthabende Bildervermehrung seit den 1990er-Jahren [...]" (Jörg Seip, Jenseits der Sprache. Pastoral vor dem iconic turn, in: Theologisch-praktische Quartalschrift 159 [2011], H. 1, S. 36–44, S. 38).

[16] Seip, Jenseits der Sprache, S. 39.

[17] Vgl. Christian Bauer, Ortswechsel der Theologie. M.-Dominique Chenu im Kontext seiner Programmschrift „Une école de théologie: Le Saulchoir" (= Tübinger Perspektiven zur Pastoraltheologie und Religionspädagogik 42), Berlin / Münster 2010.

[18] Vgl. Monika Kling-Witzenhausen, Was bewegt Suchende? Leutetheologien – empirisch-theologisch untersucht (= Praktische Theologie heute 176), Stuttgart 2020.

[19] Vgl. Gerrit Spallek, Tor zur Welt? Hamburg als Ort der Theologie (= Theologie im Dazwischen – Grenzüberschreitende Studien 1), Ostfildern 2021.

selbeziehung soll die Studie ebenfalls aufmerksam machen, sensibilisieren und neue Einsichten für den Umgang mit Kirchenbauten offenlegen.

Ein persönliches Anliegen besteht darin, den verantwortlichen Personen um St. Maria eine raumsensible Untersuchung ihres Experiments anzubieten. Weniger um diesen Argumentationsgrundlagen oder Verbesserungsvorschläge an die Hand zu geben, sondern vielmehr, um ihnen einen wissenschaftlichen bzw. theologischen Außenblick für ihr vergangenes Tun zur Verfügung zu stellen.

1.3 Aufbau

Um die eben festgelegten Zielsetzungen zu erreichen, wird die Arbeit in drei aufeinander aufbauende Großkapitel unterteilt.

Das erste Kapitel widmet sich dabei der theoretischen Einführung. So werden zunächst spatiologische Grundbegriffe, theoretische Grundlegungen des spatial turn und die konzeptionelle Grundfassung einer Pastoralgeographie eingeführt. Der erste Teil schließt mit phänomenologischen Explikationen zur Raumwahrnehmung, bevor zu den empirischen Durchführungen übergeleitet wird.

Dieser zweite Teil befasst sich mit dem Forschungsdesign, der qualitativen und quantitativen Datenauswertung der Raumwahrnehmungen, welche auf einer Metaebene zusammengeführt und von dorther interpretiert werden.

Im dritten und letzten Teil werden die empirischen Erhebungen sodann als Basis für theologische Ausführungen herangezogen. Der Erkenntnisgewinn vollzieht sich dabei im Sinne einer konstellativen Hermeneutik[20], die versucht Konvergenzen und Divergenzen zwischen den Erkenntnissen aus dem Feld und den theologischen Diskursarchiven zu skizzieren. Abgerundet wird der Schlussteil durch eine Zusammenfassung der Ergebnisse, einem Fazit sowie einem Ausblick.

1.4 Formale Anmerkungen

Prinzipiell wird versucht eine leicht verständliche und lesefreundliche Sprache zu verwenden. Zugleich bemüht sich der Verfasser um eine möglichst voraussetzungsfreie Aufarbeitung der Themen, sodass möglichst alle Lesenden problemlos einsteigen und folgen können. Überdies will die Arbeit einem wissenschaftlichen Anspruch durch eine angemessene, wissenschaftliche Sprache gerecht werden, indem präzise und zeitgemäß formuliert wird. Hierzu zählt selbstverständlich der Gebrauch einer gendergerechten Ausdrucksweise. Als

---

[20] Christian Bauer, Konstellative Pastoraltheologie. Erkundungen zwischen Diskursarchiven und Praxisfeldern (= Praktische Theologie heute 146), Stuttgart 2017.

semiotischer Marker wird ein Binnendoppelpunkt zwischen der männlichen und weiblichen Ansprechweise verwendet. Er soll eine Sprechpause markieren und so auf die Vielfalt jenseits binärer Geschlechteridentitäten verweisen. Zudem verbirgt sich dahinter die Absicht, der oftmals rein maskulinen Sprache in der Theologie entgegenzuwirken und so für eine Sensibilisierung einer gendergerechten Ausdrucksweise einzustehen. Obgleich diese Art der Formulierungen den Lesefluss möglicherweise unterbricht, macht sie gerade dadurch auf die Pluralität der Geschlechteridentitäten aufmerksam, was nur im Sinne eines theologischen Arbeitens im 21. Jahrhundert sein kann.

Damit Leser:innen den Zusammenhängen des Gesamttextes leichter folgen können, werden immer wieder kurze Einleitungen und bevorstehende Arbeitsschritte dargelegt. So soll nicht nur gewährleistet werden, dass die Übergänge vom einen zum anderen Kapitel besser nachvollzogen werden können, sondern auch, dass Klarheit über das weitere Vorgehen besteht. Infolgedessen sind inhaltliche Wiederholungen zu bereits Gesagtem nicht vermeidbar, sondern mehr noch beabsichtigt.

Allgemein entspricht die Kapitelfolge der Chronologie des Forschungsprozesses. Bei erstmaligen Literaturangaben werden die Autor:innen zunächst mit Vor- und Nachnamen vorgestellt und der Literaturverweis wird in Gänze aufgeführt bzw. ausführlich zitiert. Alle weiteren Nennungen, die sich auf denselben Verweis beziehen, werden folgend abgekürzt. Tauchen Zitate auf, die für sich allein drei oder mehr Zeilen beanspruchen, werden diese im eingerückten Blocksatz wiedergegeben. Zur besseren Verständlichkeit und Lesbarkeit von wörtlichen Zitaten werden gelegentlich Ergänzungen in Form von eckigen Klammern eingebunden. Aus Datenschutzgründen liegen Interviews, Namen und Orte selbstverständlich in anonymisierter Form vor, um so die Anonymität der Interviewpersonen zu gewährleisten.

1.5 Methodologie

In der Praktischen Theologie ist es üblich mit der bewerten Gesamtmethode von „Sehen – Urteilen – Handeln"[21] zu verfahren. Diese methodische Grundlegung liegt auch dieser Dissertation zugrunde. Jenem Dreischritt wird durch ein raumsensibles Operieren im Sinne einer Pastoralgeographie in praktischer wie theoretischer Weise nachgekommen, um zu einer Heuristik zu gelangen. Das bedeutet für die systematische Grundierung, dass sowohl empirische Durchführungen wie auch theologische Ausführungen die hier angewendete pastoralgeographi-

---

[21] Norbert Mette, Sehen – Urteilen – Handeln. Zur Methodik pastoraler Praxis, in: Diakonia 20 (1989), H. 1, S. 23–29.

1.5 Methodologie

sche Methodik prägen, die wiederum vom Konzept einer konstellativen Theologie gerahmt wird. Jenes Konzept wird im Folgenden dargelegt. Formal ist die Arbeit im Kontext (qualitativer und quantitativer) sozialgeographischer Forschung und empirischer Theologie zu verorten. Das gewählte heuristische Vorgehen fügt sich in das Panorama bzw. Fachprofil der gegenwärtigen, (deutschsprachigen) katholischen Pastoraltheologie ein, wie sogleich gezeigt wird. Nach der Auffassung von Rainer Bucher und Ottmar Fuchs setzt sich das pastoraltheologische Spektrum aus drei großen Strömungen zusammen:

> „[E]ine[r] eher pastoralpraktisch [...] orientierte[n], der es vor allem um das Optimieren bestehender Pastoralprozesse geht, eine[r] unter der Rubrik ‚Empirische Theologie' firmierende[n], mit [...] sozialwissenschaftlichen Methodiken arbeitende[n] [...] sowie eine[r] an den Imperativen des II. Vatikanischen Konzils orientierte[n], inhaltlich eher prophetisch-kritische[n], methodisch stark an der Praxisrelevanz der Grundlagenbegriffe des Glaubens interessierte[n] Richtung. [...] Die dritte Richtung referiert vor allem auf bereits vorliegende grundsätzliche Erkenntnisse der Humanwissenschaften, präferiert zur Praxiserforschung eher qualitative Methoden und betont die Relevanz der Grundlagenbegriffe des systematisch-theologischen Diskurses für unser Fach."[22]

Verkürzt ausgedrückt gibt es also die drei folgenden Richtungen: eine anwendungsorientierte (z. B. Matthias Sellmann), eine empirische (z. B. Johannes van der Ven) und eine kritische (z. B. Ottmar Fuchs und Rainer Bucher) Pastoraltheologie. Diese lassen sich nach Christian Bauer auch dem methodologischen Dreischritt der Praktischen Theologie zuordnen: (empirisch-deskriptives) Sehen, (prophetisch-kritisches) Urteilen und (pastoral-praktisches) Handeln.[23]

Der hier durchgeführte Testlauf eines pastoralgeographischen Ansatzes verbindet die empirische mit der kritischen Denkrichtung. Es wird sodann versucht das empirische Sehen (Stichwort: „Wahrnehmungswissenschaft"[24]) mit dem kritischen Urteilen zu verknüpfen. Dies spiegeln auch die beiden Forschungsfragen wieder, die auf empirisches Sehen (Wie nehmen die Menschen den Kirchenraum wahr?) und theologisches Urteilen (Was lässt sich daraus an theologischen Ressourcen ableiten?) hin ausgerichtet sind. Grundsätzlich wird darauf abgezielt, Empirie und Theologie in gleicher Intensität pastoralgeographisch zu bearbeiten. Dies bedeutet, dass die hier verwendete geographisch-theologische Gesamtmethode sowohl dem empirischen Feld wie auch den theologischen Diskursarchiven – im gleichen Maße – die Generierung von Erkenntnissen zutraut. So kommen Empirie als kritische Ressource der Theologie einerseits und Theologie

---

[22] Rainer Bucher / Ottmar Fuchs, Wider den Positivismus in der Praktischen Theologie!, in: Pastoraltheologische Informationen 20 (2000), H. 2, S. 23–26, S. 23f.
[23] Vgl. Bauer, Ortswechsel, S. 802.
[24] Norbert Mette, Zwischen Handlungs- und Wahrnehmungswissenschaft. Zum handlungstheoretischen Ansatz der praktischen Theologie, in: Pastoraltheologische Informationen 22 (2002), H. 1/2, S. 138–155.

als kritische Ressource der Empirie andererseits zur Anwendung. Insofern bleibt das Dissertationsprojekt nicht bei der Deskription und Sortierung von Raumwahrnehmungen stehen, sondern verzahnt diese mit den Diskursarchiven der Theologie, wodurch ein „Theologiedefizit"[25] dieser empirisch-theologischen Arbeit vermieden wird. Gleichsam erschließt die hier vorliegende pastoralgeographische Studie auf methodologisch innovative Weise einen besonderen pastoralen Ort (St. Maria) und bindet in der Diskussion darüber eine für die Theologie gänzlich neue Partnerdisziplin ein – die Geographie. Als Gesprächspartnerin wird sie als raumtheoretische Expertin und als raumpraktische Methodenkennerin zum Gewinn für diese Raumerkundungsstudie.

Um das methodologische Unterfangen bewerkstelligen zu können, dient wie bereits angesprochen eine konstellative Hermeneutik als Rahmentheorie, die sich auf die Überlegungen von Christian Bauers „Konstellativer Pastoraltheologie"[26] stützt. Im Prinzip geht es bei der Konstellierung darum, ein kreatives Mischungsverhältnis verschiedener Diskursarchive zu erzeugen. Bauer hierzu ausführlicher:

> „*Konstellative Pastoraltheologie* rechnet sowohl mit der dogmatischen Bedeutung der Pastoral (indem sie vom pastoralen Praxisfeld her *induktiv* von Einzelfällen auf Allgemeingesetze schließt), als auch mit dem pastoralen Sinn des Dogmas (indem sie vom dogmatischen Diskursarchiv her *deduktiv* von Allgemeingesetzen auf Einzelfälle schließt)."[27]

Konstellatives Denken befähigt somit zu einer pluralen Topik.[28] Auf eine pastoralgeographische Arbeit – wie sie hier vorliegt – angewendet, bedeutet dies: die einzelnen Stränge der Interviews führen in epistemische Spekulationen. Diese wiederum werden mit solchen theologischen Diskursarchiven verbunden, die entweder Anknüpfungspunkte oder Reibungsfläche bieten, wodurch eine „kreative Differenz von Diskursarchiven und Praxisfeldern [aufgespannt wird], welche die Theologie insgesamt zu einem grundsätzlichen Ortswechsel herausfordert"[29]. Pastoraltheologie muss generell „heterogene Einzelelemente auseinanderhalten und zugleich produktiv aufeinander beziehen können"[30]. Sie ist gewissermaßen die ‚Freibeuterin' im theologischen Kanon. Sie darf sich sämtlicher Diskursfelder bedienen, auch derer, die über die theologischen Diskurse

---

[25] Christian Bauer, Schwache Empirie? Perspektiven einer Ethnologie des Volkes Gottes, in: Pastoraltheologische Informationen 33 (2013), H. 2, S. 81–117, S. 88.
[26] Christian Bauer, Konstellative Pastoraltheologie. Erkundungen zwischen Diskursarchiven und Praxisfeldern (= Praktische Theologie heute 146), Stuttgart 2017.
[27] Bauer, Konstellative Pastoraltheologie, S. 25.
[28] Vgl. Bauer, Konstellative Pastoraltheologie, S. 30.
[29] Christian Bauer, Religion in der Praktischen Theologie. Thesen zu einer prophetisch-kritischen Theologie des Heiligen, in: Pastoraltheologische Informationen 28 (2008), H. 2, S. 245–252, S. 252.
[30] Bauer, Konstellative Pastoraltheologie, S. 380.

1.5 Methodologie

hinausgehen. Damit besitzt sie nicht nur die ‚Lizenz zum Plündern', sondern auch den ‚Auftrag zum Fremdgehen'.

Die empirische Materialsammlung lässt sich deshalb mit den theologischen Diskursarchiven legitim verbinden, da das Evangelium „selbst nichts anderes als ein diskursiver Niederschlag von menschlichen Erfahrungen mit dem Heilswillen Gottes [ist]"[31]. Zugleich wird das Stuttgarter Pilotprojekt so nicht nur auf der Ebene der Raumerfahrungen der Interviewpersonen behandelt, sondern auch auf Grundlage theologischer Ideen und Konzepte. Davon abgesehen will erwähnt sein: „Jede praktisch-theologische Auslegung ist prinzipiell unvollständig [...]."[32] Insofern sind die aufgemachten Diskursarchive niemals allumfänglich ausgeleuchtet, sondern nur partiell bearbeitet; was jedoch nicht den Anspruch auf ein minuziöses und intensives Bearbeiten der Archive in Abrede stellen soll. Ebenso ist eine wissenschaftliche Objektivität niemals im Superlativ, sondern nur im Komparativ unterschiedlicher Möglichkeiten zu erreichen, woran auch Bauer erinnert.[33]

Der grundsätzliche Versuch einer konstellativen Hermeneutik besteht darin, Einzelfall (z. B. Interviews) und Allgemeinsätze (theologische Diskursarchive) durch einen Konstellierungsprozess zu einem kreativen Mischverhältnis zu verweben, um daraus in abduktiver Weise Hypothesen aufstellen zu können, die neue Erkenntnisse bzw. Perspektiven offenlegen. Im Zuge dieser Hermeneutik folgt eine konstellative[34] Pastoraltheologie somit ihren abduktiven Vermutungen.[35] Der erkenntnistheoretische Prozess der Abduktion geht auf den US-Philosophen Charles Sanders Peirce zurück. Laut Peirce biete Abduktion den großen Vorteil, neue Idee einzuspeisen, was weder Induktion noch Deduktion leisten können, da sie entweder belegen, was sein muss (Deduktion), oder nachweisen, ob etwas tatsächlich wirkt (Induktion).[36] Während also Induktion und Deduktion auf die reine Erhaltung des Komplexitätsniveaus aus sind, sei Abduktion daran interessiert, dieses zu steigern, so Fabian Brand.[37] Zusammenfassend hierzu erneut Christian Bauer:

---

[31] Bauer, Schwache Empirie?, S. 83.
[32] Fechtner, Praktische Theologie als Erkundung, S. 63.
[33] Vgl. Bauer, Konstellative Pastoraltheologie, S. 24.
[34] Im Übrigen kann behauptet werden, dass auch Geographietreiben in Konstellationen stattfindet. Es geht in der raumwissenschaftlichen Disziplin fast ausschließlich darum, die „Wechselwirkungen zwischen einzelnen Faktoren" (Hans Gebhardt et al., Das Drei-Säulen-Modell der Geographie, in: Dies. (Hg.), Geographie. Physische Geographie und Humangeographie, Heidelberg ²2011, S. 71–82, S. 74) – zwischen Mensch und Umwelt – mehrperspektivisch bzw. konstellativ wahrzunehmen und zu erforschen. Zudem muss sie stets in der Lage sein mit einem Nebeneinander von unterschiedlichen Begriffen, Faktoren und Fragestellungen umzugehen zu können (vgl. Gebhardt et al., Das Drei-Säulen-Modell, S. 75).
[35] Vgl. Bauer, Konstellative Pastoraltheologie, S. 23.
[36] Vgl. Charles Sanders Peirce, Vorlesungen über Pragmatismus, Hamburg 1991, S. 115.
[37] Vgl. Fabian Brand, Gottes Lebensraum und die Lebensräume der Menschen. Impulse für eine topologische Theologie, Münster 2021, S. 121f.

> „Abduktives Schließen bricht mit der verfahrenslogischen Linearität von Deduktion und Induktion, die entweder in direkter Weise von einem Gesetz über eine Regel zu einem Fall oder aber von einem Fall über eine Regel zu einem Gesetz führt – zwingend und ohne Bruchkanten. Abduktive Pastoraltheologie hingegen rechnet sowohl mit der Theologiegenerativität der Pastoral als auch mit der Problemlösungspotenz der Theologie und gewinnt ihre Regeln daher aus der Differenz von Fall und Gesetz."[38]

Und weiter:

> „Abduktion verlässt damit den festen Grund zwingender Argumentation und begibt sich auf den wackeligen Boden einer Hypothese. Sie transzendiert das Reich der Notwendigkeit und führt hinaus ins Weite. Damit ermöglicht sie immer neue Entdeckungsfahrten: heraus aus dem Diskursarchiv, hinein ins Praxisfeld – und umgekehrt."[39]

Abduktiv zu arbeiten bedeutet also im Grunde genommen dem Credo ‚thinking outside the box' zu folgen. Denn bekannte Diskurse werden *ad experimentum* auf etwas Neues hin ausgerichtet, wodurch sich überraschende Einsichten und bislang unbekannte Diskurskonstellationen ergeben. Systematisch bewegt sich dieser konstellative Ansatz im Dreischritt der Pastoraltheologie:

> „Aus der pastoraltheologisch konstitutiven Grunddifferenz von empirischer Wahrnehmung (‚Sehen') und kritischen Unterscheidungen (‚Urteilen') ergibt sich ein experimenteller Diskursraum, der sich auf ein praktisches Drittes (‚Handeln') hin öffnet und dessen weiterführende Praktiken man nicht mehr in der Hand hat."[40]

Es besteht jedoch nicht der Anspruch, dass die Arbeit mit den Diskursarchiven umgehend das Feld pastoraler Praxis verändert; womöglich ändern oder weiten sich aber die Perspektiven, wenn man dorthin zurückkehre, so Bauer.[41] Schlussendlich gilt für einen konstellativen Ansatz das, was für die Praktische Theologie im Allgemeinen zutrifft: ein kontrastiver Mischdiskurs aus dem „Licht des Evangeliums" und dem Licht „der menschlichen Erfahrung" (GS 46) zu sein.[42]

---

[38] Christian Bauer, Christliche Zeitgenossenschaft? Pastoraltheologie in den Abenteuern der späten Moderne, in: International Journal of Practical Theology 20 (2016), H. 1, S. 4–25, S. 16.
[39] Bauer, Schwache Empirie?, S. 87.
[40] Bauer, Konstellative Pastoraltheologie, S. 27.
[41] Bauer, Konstellative Pastoraltheologie, S. 29.
[42] Vgl. Bauer, Schwache Empirie?, S. 82.

2. Einführungen

2.1 Einleitung und Vorgehen in den theoretischen Teil

Herrschte im 20. Jahrhundert lange eine „Raumvergessenheit"[1], wandelte sich diese, befeuert durch den ‚spatial turn' der 1990er Jahren, in eine regelrechte „Raum*ver*sessenheit"[2]. Insofern muss die 1843 von Heinrich Hesse aufgestellte These – „Durch die Eisenbahnen wird der Raum getötet, und es bleibt uns nur noch die Zeit übrig"[3] – revidiert werden. Sowohl die Expansion des Verkehrswesens wie auch die digitale Revolution des Internet sorgten dafür, dass intensiv(er) über den Raum nachgedacht wurde; und zwar nicht nur von Geograph:innen und Stadtplaner:innen, sondern auch von vielen kultur-, geschichts- und sozialwissenschaftlichen Disziplinen[4]. Befand sich der Begriff ‚Raum' lange im Windschatten der Gesellschaftswissenschaften, ist er „vor noch nicht allzu langer Zeit in den Olymp der kulturwissenschaftlichen Schlüsselbegriffe aufgestiegen"[5]. Daran anschließend lässt sich überspitzt behaupten: „Alle reden [inzwischen] über den Raum"[6] – wenn auch aus verschiedenen Gesichtspunkten und mit unterschiedlichen Intensionen. Die Rückbesinnung auf das Phänomen des Raumes gilt für so manchen gar als eines der „wichtigsten Phänomene unserer Lebenswirklichkeit"[7]. Demnach avancierten die Kategorie ‚Raum' und deren Anhang, der ‚Ort', vom ‚Nischenprodukt' zum ‚Bestseller' wis-

---

[1] Niels Werber, Raumvergessenheit oder Raumontologie, Latour oder Luhmann? Zur Rolle der Systemtheorie in einer (medien)geographischen Kontroverse, in: Soziale Systeme 17 (2011), H. 2, S. 361–372.

[2] Riccardo Bavaj, Was bringt der „Spatial Turn" der Regionalgeschichte? Ein Beitrag zur Methodendiskussion, in: Westfälische Forschungen 56 (2006), S. 457–484, S. 457.

[3] Heinrich Hesse, Sämtliche Schriften in zwölf Bänden, Bd. 9, Schriften 1831–1855, Berlin 1981, S. 449.

[4] Weitere Wissenschaftszweige sind unter anderem die Architektur, Psychologie, Philosophie und Theologie.

[5] Michael Meyer / Svend Hansen (Hg.), „Parallele Raumkonzepte" – Einführung in das Thema der Tagung, in: Dies. (Hg.), Parallele Raumkonzepte (= Topoi. Berlin Studies of the Ancient World 16), Berlin / Boston 2013, S. 1–8, S. 1.

[6] Nikolai Roskamm, Das Reden vom Raum. Zur Aktualität des *Spatial Turn* – Programmatik, Determinismus und „sozial konstruierter Raum", in: PERIPHERIE 32 (2012), 126/127, S. 171–189, S. 171.

[7] Andreas Denk / Uwe Schröder / Rainer Schützeichel, „Raumwende", in: Der Architekt (2008), H. 3, S. 1–9, S. 1.

senschaftlicher Forschung. Die Folge: „Space is the everywhere of modern thought."[8]

Möchte man eine pastoralgeographische Arbeit schreiben, die das praktisch-theologische Themenfeld aus einer raumsensiblen Perspektive betrachtet, sind theoretische Überlegungen zu dem, was man ‚Raum' nennt, voranzustellen. Infolgedessen unternimmt dieses erste Großkapitel den Versuch, in den Themenblock des theoretischen Raumdiskurses einzuführen. Dafür soll grundlegend zunächst der spatial turn in den Blick genommen werden, um so den theoretischen Rahmen der Arbeit zu spannen. Da der spatiologische Paradigmenwechsel jedoch im Rahmen dieser Arbeit nicht allumfassend behandelt werden kann, besteht kein Anspruch auf eine vollständige Abbildung der Thematik. Vielmehr sollen die Grundzüge und wichtigsten Aspekte beleuchtet werden. Gerade theologieaffine Leser:innen, die nicht selten mit der unübersichtlichen Anhäufung von geographischen, lokalen und räumlichen Metaphern konfrontiert sind, sollen durch den theoretischen Aufriss erste, grundlegende Einblicke erhalten. Dementsprechend geht es dem in die Debatte einführenden Teil vor allem darum, für die Raumdebatte zu sensibilisieren und für einen differenzierten Umgang mit den Begrifflichkeiten zu werben.

Die Gliederung des Textes sieht zunächst vor, bei den Schlagworten anzusetzen, die den sprachlichen und konzeptionellen Rahmen für das Räumliche bilden. Hierzu werden in einem ersten Schritt die alltäglichen spatiologischen Sprechakte aufgezeigt. Um deren eigentliche bzw. ursprüngliche Bedeutungsinhalte klarzustellen, werden im Anschluss die Grundbegriffe mitsamt ihren etymologischen Wurzeln aufgedeckt. Nach dieser Übersicht folgt eine konzeptionelle Aufführung der gängigsten Raumvorstellungen im Zuge einer Art Inventur. Daraus lässt sich eine Diskussion um die einheitliche Bedeutung von Raum initiieren, die zeigt, weshalb der Raumbegriff selbst in der Debatte Fluch und Segen zugleich ist. Eng mit dem Raum ist das Schwesterphänomen ‚Ort' verbunden. Da sich spatiologische Sachzusammenhänge oftmals auf beide Phänomene beziehen, wird eine Verhältnisbestimmung der beiden Phänomene beigelegt, bevor ein näherer Einblick in die Thematik des spatial turn gegeben wird. Anschließend richtet sich der Fokus darauf, wie der Paradigmenwechsel von Geographie und Theologie aufgenommen und behandelt wird. Aus einem aktuellen Interesse an raumtheoretischen Untersuchungen seitens der Theologie ergibt sich dann der Versuch, eine ‚neue' Forschungsrichtung (Stichwort: Pastoralgeographie) konzeptionell für die Pastoraltheologie zu begründen und erste (thematische) Weichenstellungen vorzunehmen (siehe hierzu: 2.4 Pastoralgeographie – oder: Weshalb es eine raumsensible Pastoraltheologie braucht). Nachdem dieser Ansatz samt seiner hexagonalen Kriteriologie aufgestellt wurde, wird das Interesse am Räumlichen um einen phänomenologischen Zugang ergänzt. Dieser wird

---

[8] Mike Crang / Nigel Thrift, Introduction, in: Ders. / Thrift, Nigel (Hg.), Thinking Space, London 2000, S. 1–30, S. 1.

herangezogen, um die Raumwahrnehmungen, die im zweiten, empirisch-gelagerten Teil der Arbeiten zentral sind, theoretisch fassen zu können. Der phänomenologische Themenblock behandelt dabei die Wahrnehmung von Raum aufgrund dreier Parameter: sinnliche, leibliche und bewegte Wahrnehmung. Deren Zusammenführung im Wahrnehmungsprozess wird im anschließenden Unterkapitel dargelegt, bevor die Aufmerksamkeit auf das als ‚Mehr' des Raumes bezeichnete Phänomen der Atmosphäre, gelenkt wird. Nach einem Rückgriff auf die verwandten Begriffe ‚Aura' und ‚Stimmung', beschäftigt sich der Text mit ‚subtilen Influencern', die die Raumwahrnehmung, oftmals unbemerkt, mitbeeinflussen. Abgerundet wird dieser erste Teil der Arbeit mit einem Zwischenfazit.

2.2 Begriffsklärungen

2.2.1 Alltägliche Raumsprache

Mathias Gutmann expliziert:

> „[Raum ist] einer jener Schematismen [wie Zeit und Zahl] [...], durch die und mit denen überhaupt erst Weltzugang geschaffen wird. Genauer: Die Rede von Welt und dem sie erfassenden wird erst in und durch den Ausdruck räumlicher Verhältnisse gebildet."[9]

Der Raumsprache kommt in der täglichen Kommunikation also eine zentrale Rolle zu.[10] Sobald wir über Räume nachdenken oder sprechen, wird Räumlichkeit zu einem Element der sinnhaften Kommunikation und Vorstellung.[11] Davon lässt sich die Frage ableiten: Wie werden die Aspekte des Räumlichen im Alltag der Menschen kommuniziert? Ein prägnanter Aufriss soll zunächst zeigen, wie Raum im Alltag der Menschen verstanden bzw. kommuniziert wird.

Katrin Dennerlein definiert in ihrem Glossar die Alltagsvorstellung von Raum wie folgt:

> „Der Raum ist ein wahrnehmungsunabhängig existierender Container mit Unterscheidung von innen und außen. Jeder Raum ist potentiell wieder in einem größeren

---

[9] Mathias Gutmann, Der Raum als Metapher, in: Michael Weingarten (Hg.), Strukturierung von Raum und Landschaft. Konzepte in Ökologie und der Theorie gesellschaftlicher Naturverhältnisse, Münster 2005, S. 118–176, S. 151.

[10] Vgl. Jan Helmig, Metaphern in geopolitischen Diskursen. Raumrepräsentationen in der Debatte um die amerikanische Raketenabwehr, Wiesbaden 2008, S. 158.

[11] Vgl. Jan Glatter, Ein Kategorienmodell zur Erschließung raumbezogener Semantiken in Schulbuchtexten im Fach Geographie, in: Alexandra Budke / Miriam Kuckuck (Hg.), Geographiedidaktische Forschungsmethoden, 2019, S.112–134, S. 117.

Raum enthalten, umgekehrt besteht der Raum aus diskreten Einzelräumen. Stellen im Raum werden als ‚Orte' bezeichnet. Räumen können Menschen, Objekte und Ereignisse zugeordnet werden. Der prototypische Raum ist drei-dimensional [und] materiell begrenzt [...]."[12]

Im Alltag wird folglich mithin alles, was mit Raum gemeint ist, an eine substantielle Containervorstellung gebunden. Räume würden so behandelt, als seien sie vor jeder Wahrnehmung existent, so Dennerlein an anderer Stelle.[13] Diese physisch-materielle Vorstellung, der ein ontologischer Vorrang eingeräumt wird, sieht auch Gerhard Hard.[14] Wenn die Menschen von ‚Raum' sprechen, meinen sie in der Regel einen physisch-materiellen Raum, dem sie somit eine ontologische Vorrangstellung einräumen, so der Geograph ergänzend.[15]

Im *Handwörterbuch der Raumordnung* findet man den Artikel zu ‚Raum' von Hans-Heinrich Blotevogel. Der Wirtschafts- und Sozialgeograph verankert in seinem Beitrag das vorrangige Verständnis von Raum zunächst im Alltag: „Raum [wird] als dinglich ausgefüllt und begrenzt erfahren, und umgekehrt wird Materie als substanzerfüllter Raum gefasst [...]."[16] Die Anordnung der Objekte und die Ausgedehntheit lassen das Subjekt den Raum als einen gegenständlichen Behälter auffassen.[17] Entsprechend häufig ist im Alltagssprechen mit ‚Ort' eine feste Stelle in einem (größeren) Raum gemeint. Standardsprachlich kann Ort aber auch eine metonymische Verwendung finden. Etwa dann, wenn ein Gebäude gemeint sei, so Dennerlein.[18]

Der Freiburger Phänomenologe Günther Figal verweist ebenfalls darauf, dass viele Menschen bei ‚Raum' automatisch an physiognomische Bauten denken – ganz im Sinne des englischen ‚room'. Räume sind dann etwa „Zimmer, [...] Flure, Hallen, Treppenhäuser, Kammern, Garagen"[19]. Allerdings sind nicht alle Bauten Räume. Autobahnen, Brücken oder Mauern sind zwar gebaut, aber die wenigsten Menschen würden wohl behaupten, dass jene Objekte gebaute Räume sind. Schließlich gilt, so Figal weiter: „[G]ebaute Räume gibt es nur in gebauten Gebäuden."[20] Hier zeigt sich abermals die angesprochene Containervorstellung vieler Menschen.

---

[12] Katrin Dennerlein, Narratologie des Raumes (= Narratologia 22), Berlin 2009, S. 239.
[13] Vgl. Dennerlein, Narratologie, S. 62.
[14] Vgl. Gerhard Hard, Raumfragen, in: Peter Meusburger (Hg.), Handlungszentrierte Sozialgeographie. Benno Werlens Entwurf in kritischer Diskussion. Stuttgart 1999, S. 133–162, S. 138.
[15] Vgl. Hard, Raumfragen, S. 138.
[16] Hans Heinrich Blotevogel, Art. Raum, in: Handwörterbuch der Raumordnung, Hannover ⁴2005, S. 831–841, S. 831.
[17] Vgl. Blotevogel, Raum, S. 831.
[18] Vgl. Dennerlein, Narratologie, S. 67.
[19] Figal, Unscheinbarkeit, S. 209.
[20] Figal, Unscheinbarkeit, S. 209.

2.2 Begriffsklärungen

Schlottmann stellt in ihren Untersuchungen zur sprachlichen Äußerung vom deutschen West- und Ostraum fest, dass gewohnte und euklidisch geprägte Raumbezüge ständig reproduziert werden und dadurch stabil bleiben.[21] Die Ausführungen der Humangeographin zeigen, wie präsent das im wissenschaftlichen Diskurs diskreditierte Raumkonzept des Containerraumes in der Alltagssprache ist und wie konstitutiv es in die alltägliche Wirklichkeit eingewoben ist.

Doch weshalb konnte sich Raum als etwas Substanzielles bzw. Physisches in den Vorstellungen der Menschen manifestieren? Ein Grund ist sicherlich, dass es einfacher ist, über etwas die erkennbare Gestalt Betreffendes und physisch Begrenztes zu sprechen, als über etwas Abstraktes. Einen anderen, viel ursprünglicheren Grund sieht Dennerlein. Sie führt als Beleg für die Containervorstellung Erkenntnisse aus der Verhaltensforschung an und argumentiert mit einer evolutionspsychologischen Heuristik.[22] Sie kommt zu dem Ergebnis, dass es einen Evolutionsvorteil für die ersten Menschen bot, „Objekte danach zu beurteilen, ob sie als dreidimensional fix begrenzte Unterkünfte zum Schutz vor Feinden und Wetter dienen können"[23]. Für diese dreidimensionalen Dinge wurde im Laufe der Zeit der Begriff des Raumes verwendet. Durch performative und konstitutive Sprechakte sowie visuell-mediale Repräsentationen verfestigte sich diese Vorstellung zunehmend.

Im Folgenden wird nun beleuchtet, was sich hinter Raum und den drei anderen Grundbegriffen der alltäglichen Raumsprache (Ort, Stelle und Platz) im engeren Sinne an Bedeutungen verbirgt. Dieser Schritt ist notwendig, um die alltagssprachlichen Verwendungen auf ihre Fehlverwendungen hin zu korrigieren, da diese nicht selten Einzug in wissenschaftliche Diskurse finden. Eine kurze Erörterung der Begriffstiefen scheint also sinnvoll, um den Kontrast von ursprünglicher und heutiger Verwendung aufzuzeigen. Dabei wird unter anderem auch auf die etymologischen Wurzeln zurückgegriffen, welche viel über die Bedeutung des eigentlichen Wortsinns preisgeben. Zunächst zur Klärung von ‚Ort'.

2.2.2 Ort

Mit einem Blick auf die sprachgeschichtlichen Hinweise wird deutlich, dass Ort einen Punkt oder noch genauer, eine (Speer-)Spitze markiert. „Aus dem altsächsischen ‚ord' wurde schon im Althochdeutschen ‚ort' mit der Bedeutung von

---

[21] Vgl. Antje Schlottmann, Rekonstruktion von alltäglichen Raumkonstruktionen – eine Schnittstelle von Sozialgeographie und Geschichtswissenschaft?, in: Alexander C. T. Geppert / Uffa Jensen / Jörn Weinhold (Hg.), Ortsgespräche. Raum und Kommunikation im 19. und 20. Jahrhundert, Bielefeld 2005, S. 107–136, S. 128.
[22] Vgl. Dennerlein, Narratologie, S. 71.
[23] Dennerlein, Narratologie, S. 71.

Spitze, Ecke, Rand, Ende."[24] Im althochdeuten Hildebrandslied (9. Jahrhundert) zeigt sich die erste Verwendung deutlich. So stehen sich Hildebrand und Hadubrand gegenüber: „ort widar orte". Also die zum Kampf ausgerichteten Speerspitzen. Die gleiche punktierende Bedeutung lässt auch das Schusterwerkzeug – die Ahle – vermuten, so der Philosoph Otto F. Bollnow.[25] Jenes Hilfsmittel, welches zum (Nach-)Stechen von Löchern benötigt wird, wurde ebenfalls als ‚Ort' oder ‚Pfriem' bezeichnet.[26] Im Gegensatz zu den meisten romanischen Sprachen[27] hat sich also das deutsche Wort ‚Ort' nicht aus dem lateinischen Begriff ‚locus' entwickelt, was einen bestimmten Bereich einer Umgebung heraushebt.[28] Aber auch im ursprünglichen geografischen Wortsinn wird mit dem Begriff eine Spitze verbunden: „Geographisch ist der Ort eine ins Wasser vorspringende Landspitze, so [...] wie beim Ruhrort die Spitze an der Mündung eines Nebenflußes."[29] Der Ort markiert also auch im geographisch-etymologischen Sinne einen festen, klar lokalisierbaren Punkt in der Landschaft. Mit Petra Kempf kann festhalten werden: „Der Ort definiert damit ein Territorium, eine Ortsangabe und einen Aufenthaltsort, er ist geographisch bestimmbar."[30]

2.2.3 Stelle

In enger Verbindung zum Ort, steht die ‚Stelle', welche ebenfalls einen bestimmten Punkt auf der Erdoberfläche markiert.[31] Ihr etymologischer Ursprung wurzelt jedoch hier, im westgermanischen Sprachgebrauch. ‚Stelle' leitet sich von dem westgermanischen Verb ‚stellen' ab und bedeutet so viel wie ‚stehen machen' bzw. ‚an einen Standort bringen', so Kempf.[32] Stelle meint damit einen festgelegten Standort einer Sache – wie etwa eine Bushaltestelle, welche den Be-

---

[24] Susanne Rau, Räume, Frankfurt a. M. ²2017, S. 57.
[25] Vgl. Otto F. Bollnow, Mensch und Raum, Stuttgart 1963, S. 38.
[26] Vgl. Oskar Reichmann, Der Quellenwert von Dialektwörterbüchern für die historische Fachsprachenforschung II: handwerkliche Fachsprachen in den großlandschaftlichen Wörterbüchern der hochdeutschen Dialekte, in: Lothar Hoffmann / Hartwig Kalverkämper / Herbert Ernst Wiegand (Hg.), Fachsprachen. Ein internationales Handbuch zur Fachsprachenforschung und Terminologiewissenschaft, Bd. 1, Berlin / New York 1998, S. 1120–1131, S. 1126.
[27] Beispielsweise: luogo (italienisch), lugar (spanisch) oder lieu (französisch).
[28] Vgl. Rau, Räume, S. 57.
[29] Bollnow, Mensch und Raum, S. 38.
[30] Petra Kempf, (K)ein Ort Nirgends. Der Transitraum im urbanen Netzwerk, Karlsruhe 2010, S. 10.
[31] Vgl. DWDS, Digitales Wörterbuch der deutschen Sprache, Art. Stelle, in: https://www.dwds.de/wb/Stelle [Abrufdatum: 11.06.2021].
[32] Vgl. Kempf, (K)ein Ort Nirgends, S. 10. Kempf bezieht sich hierbei auf: Duden, Das Herkunftswörterbuch, Etymologie der deutschen Sprache, Bd. 7, Mannheim 2001, S. 806.

reich zum Ein- und Aussteigen markiert.[33] Diese Zuschreibung findet sich auch im Grimm'schen Wörterbuch. Danach markiere das Wort häufig einen (Teil-)Bereich innerhalb eines „fest umgrenzten gröszeren ganzen"[34]. Eine Stelle ist folglich ein kleinerer Teil eines Ortes. Dabei können sich niemals zwei Orte an einer Stelle befinden.[35] Umgekehrt können sich allerdings zwei Stellen an einem Ort befinden.

2.2.4 Platz

Der Begriff ‚Platz' leitet sich hingegen aus dem Griechischen von πλατεῖα (plateia) ab. Er meinte ursprünglich die breite und ebene (Haupt-)Straße von antiken Städten. Daraus ergab sich folglich das lateinische Wort ‚platea', welches neben Straße, auch den Platz oder den Hofraum beschrieb.[36] Aus dem Lateinischen entsprangen dann das italienische ‚piazza', das französische ‚place' und das deutsche Wort ‚Platz'. Nach Kempf sei mit dem Begriff ‚Platz' eine gewisse räumliche Ausdehnung gemeint.[37] Dieser Ausdehnungsaspekt bildet das Abgrenzungskriterium zu ‚Ort' und ‚Stelle'. Zumeist wird mit ‚Platz' oftmals ein von Menschen geschaffener, meistens nicht-überdachter Bereich gemeint, der für einen Zweck wie etwa einen Sport- und Spielplatz, hergerichtet sei, so Bollnow.[38] Allein dadurch steht er kontrār zu einem punktuellen Ort.[39] Entsprechend unterscheidet die Eigenschaft der Ausdehnung den Platz vom Ort und von der Stelle, die beide nicht den Aspekt der Weite bedienen. Zudem hat der Platz eine genuin öffentliche Funktion, die Stelle und Ort nicht zwangsläufig besitzen.

2.2.5 Raum

Das Schlagwort des spatial turn ist auf das gemein-germanische Adjektiv ‚rumi' zurückzuführen. Dieses steht in enger Verbindung mit dem lateinischen ‚rus', welches einen flächenhaften Besitz wie Land, Feld oder Landgut zum Ausdruck brachte.[40] Das althochdeutsche Adjektiv ‚rum' wurde hingegen benutzt, um et-

---

[33] Vgl. Kempf, (K)ein Ort Nirgends, S. 10.
[34] Jacob Grimm / Wilhelm Grimm, Deutsches Wörterbuch, Bd. 18: Stehung – Stitzig, Leipzig 1984, S. 2172–2195, S. 2177.
[35] Vgl. Anne Brandl, Die sinnliche Wahrnehmung von Stadtraum-Städtebautheoretische Überlegungen, Zürich 2013, S. 43.
[36] Bollnow, Mensch und Raum, S. 40.
[37] Vgl. Kempf, (K)ein Ort Nirgends, S. 10.
[38] Vgl. Bollnow, Mensch und Raum, S. 41.
[39] Vgl. Bollnow, Mensch und Raum, S. 41.
[40] Vgl. Kempf, (K)ein Ort Nirgends, S. 9.

was als weit oder geräumig zu bezeichnen. ‚Rum' wandelte sich sprachlich zu ‚raum' ab, so Susanne Rau.[41] Durch die spätere Substantivierung im Neuhochdeutschen wurde aus ‚raum' das deutsche Wort ‚Raum'. Aus ‚Raum' leitete sich wiederum das Adjektiv ‚geräumig' und das Verb ‚räumen' ab, so die Historikerin weiter.[42] Dem Begriff ‚räumen' ist die Bedeutung von etwas leermachen oder Platz schaffen, im Sinne von aufräumen, inhärent.[43] ‚Space', das englische[44] Pendant von Raum, leitet sich vom lateinischen ‚spatium' ab, was so viel wie Zwischenraum bedeute, dessen Bedeutung wiederum vom griechischen Wort στάδιοη komme, so Günther Figal.[45] So markierte der ‚Raum' bereits in frühester Zeit eine geographisch ausgedehnte Fläche auf der Erdkruste.

Zusammengefasst sind die Marker der etymologischen Herleitung von Raum Ausdehnung bzw. Weite und eine gewisse geographische Lokalisierung. Platz meint hingegen im ursprünglichen Verständnis einen öffentlichen, flächenhaften Bereich, der im Regelfall einem bestimmten Zweck dient. Ort hingegen bezieht sich auf eine bestimmte, abgrenzbare Lokalität. Zudem kann eine Stelle, also ein kleiner Bereich innerhalb des Ortes, ein (eigenständiger) Teil eines Ortes sein.

2.3 Eine geographische Inventur von Raumkonzepten

‚Raum' ist der Dreh- und Angelpunkt im spatiologischen Paradigmenwechsel. Unangenehmerweise gibt es für den Begriff und das, was sich hinter der Wortblase verbirgt, nicht nur mehrere Bedeutungsmöglichkeiten und Konzepte, sondern es finden sich auch immer wieder ungenaue Verwendungen des Raumbegriffs in der gesamten Raumforschung.[46] Dieser Sachverhalt ist aus geographischer Sicht auf mehreren Ebenen problematisch: Auf der einen Seite gibt es mehrere Ideen und Raumkonstrukte. Auf der anderen Seite bleiben diese unterschiedlichen Konzepte durch ungenaue Raumformulierungen bzw. nicht kommunizierte Vorstellungen im Verborgenen. Aus diesem Umstand resultiert ein Streit um den Begriff, der zugleich sehr viel und sehr wenig bedeuten kann:

> „Raumkonzepte durchwirken, wie die Forschung zunehmend aufgedeckt hat, wissenschaftliche Diskurse und Forschungsgegenstände aller Art. Sie beeinflussen nicht

---

[41] Vgl. Rau, Räume, S. 56.
[42] Vgl. Rau, Räume, S. 56.
[43] Vgl. Kempf, (K)ein Ort Nirgends, S. 9.
[44] Gleiches gilt für die Wortäquivalente im Französischen, Spanischen, Italienischen und Portugiesischen.
[45] Vgl. Günter Figal, Unscheinbarkeit. Der Raum der Phänomenologie, Tübingen 2015, S. 25.
[46] Vgl. Blotevogel, Raum, S. 831.

2.3 Eine geographische Inventur von Raumkonzepten

nur Fragestellungen und Einzelanalysen, sondern entscheiden auch über die Grundausrichtung einzelner Disziplinen, in denen unterschiedliche Formen von Räumlichkeit – geographische Räume, Sakral- und Herrschaftsräume ebenso wie Schrift- und Gesellschaftsraum, Sprach- und Bildraum – thematisiert werden."[47]

Nach Petra Kempf kann ‚Raum' allgemeinhin als ein „kultureller Träger"[48] verstanden werden, der je nach kultureller Betrachtungsweise und technologischem Fortschritt einer Gesellschaft ständig neu interpretiert wird.[49] Entsprechend kennt der Begriff keine apriorische Anschauung[50]. Entscheidend sind also der jeweilige Forschungsstand, der kulturelle Hintergrund und die Forschungsrichtung bzw. die wissenschaftliche Disziplin, die sich mit den Zuschreibungen von Raum beschäftigt.

Geht es um Raum, wird zumeist die (Human-)Geographie[51] als „Raumspezialistin"[52] angesehen und angefragt.[53] Reflexartig orientieren sich sowohl Literatur- als auch die Medienwissenschaften an dieser Disziplin, da dort laut Günzel Expertenwissen und eine gewisse Autorität für das Räumliche vorherrschen.[54] Nicht umsonst wird Raum als das „Herzstück"[55] der Geographie bezeichnet. Geographie hat jedoch weniger Raumontologie zum Gegenstand, als vielmehr die Offenlegung von Konstruktionen, Bedeutungen und Verwendungen von Raum. Darüber hinaus ist es ihre Aufgabe darauf zu achten, von wem, und wie spatio-

---

[47] Ingrid Baumgärtner / Paul-Gerhard Klumbies / Franziska Sick, Raumkonzepte. Zielsetzung, Forschungstendenzen und Ergebnisse, in: Dies. (Hg.), Raumkonzepte. Disziplinäre Zugänge, Göttingen 2009, S. 9–28, S. 10.
[48] Kempf, (K)ein Ort Nirgends, S. 9.
[49] Vgl. Kempf, (K)ein Ort Nirgends, S. 9.
[50] Hier im Gegensatz zu Immanuel Kant, der von einer apriorischen Form des Raumes überzeugt war.
[51] Der schwedische Humangeograph Martin Gren bezeichnet die Raumdisziplin in metaphorischer Weise als ein „earth wirting in-between meaning and matter". (Martin Gren, Earth writing. Exploring representation and social geography in-between meaning/matter. Department of Human and Economic Geography, Gothenburg 1994).
[52] Stephan Günzel (Hg.), Raum. Ein interdisziplinäres Handbuch, Stuttgart/Weimar 2010, S. 101.
[53] Interessanterweise verlagerte sich der Gegenstand der Geographie erst seit dem Kieler Geographentag 1969 zum Raum hin. Zuvor sah man in der „klassischen" Geographie der Landschafts- und Länderkunde, Räume als eigenständige Einheiten der erdräumlichen Realität. Entsprechend lag die Aufgabe der Geographie darin, solche Räume als „organismische Ganzheiten" zu entdecken. Erst infolge des Kieler Geographentags änderte sich die Betrachtung. Die bis dato aufgespürten Raumeinheiten wurden nunmehr als erfundene Raumeinheiten identifiziert. Ab diesem Zeitpunkt wurden Räume nicht länger als „Gestaltqualitäten der Realität" verstanden, sondern als „methodische Konstrukte" (vgl. Weichhart, S. 333, Entwicklungslinien).
[54] Vgl. Günzel, Raum Handbuch, S. 101.
[55] Peter Weichhart, Entwicklungslinien der Sozialgeographie. Von Hans Bobek bis Benno Werlen (= Sozialgeographie kompakt 1), Stuttgart ²2018, S. 79.

logische Begriffe gebraucht werden. Raumontologie und metaphysische Spekulationen werden, so Weichhart, der Philosophie überlassen.[56]

Zusammen mit dem Schweizer Geographen Benno Werlen zählt der österreichische Geograph Peter Weichhart zu den wohl renommierteste Humangeographen im deutschsprachigen Raum. Sein Werk *Entwicklungslinien der Sozialgeographie* beschäftigt sich intensiv mit Raum. Weichhart stellt eine Art Inventurliste[57] auf, die die verschiedenen und teils konträr zueinander laufenden Wortauslegungen aus Geographie, Nachbardisziplinen und Alltagssprache, aufreiht und erklärt. Solche Auflistungen, und die damit eingebundenen permanenten Reflexionen, können dazu beitragen, das Verunsicherungspotenzial des Raumbegriffs zu minimieren, so Miggelbrink.[58] Entsprechend lohnenswert scheint eine solche Aufzählung für theoretische bzw. spatiologische Grundlegungen. Weichharts Liste zählt insgesamt sieben Raumvorstellungen auf, basiert im Grunde auf dem Drei-Welten-Modell[59] von Karl Popper und ist dienlich, um die verschiedenen Bedeutungsgehalte darzulegen.

Die erste Raumbedeutung bezieht sich auf einen Erdraumausschnitt.[60] Die Bedeutung von Raum1 beschränkt sich somit auf einen physisch abgegrenzten Bereich der Erdoberfläche. Weichhart schreibt: „Das Wort [Raum] bezieht sich dabei einerseits auf einen bestimmten, lagemäßig näher spezifizierten Ausschnitt der Erdoberfläche."[61] Beispiele aus dem Alltag wären etwa der Alpenraum oder der Ballungsraum Stuttgart. Auffällig ist, dass der bezeichnete Raum eine unscharfe Gebietsausdehnung meint, die nur schwer eindeutig zu bestimmen ist, da nicht pauschal räumliche Grenzen definiert sind. Es sei aber auch positiv angemerkt,

> „dass dieses Raumkonzept immer dann völlig problemlos eingesetzt werden kann, wenn damit tatsächlich nicht mehr gemeint ist als eine Art flächenbezogene Adressenangabe und die Abgrenzung rein pragmatisch erfolgt."[62]

---

[56] Vgl. Weichhart, Entwicklungslinien, S. 80.
[57] Neben der Aufreihung Weichharts gibt es noch die acht Raumbedeutungen des Wiener Humangeograph Hans-Heinrich Blotevogel, die sich jedoch stark mit denen von Peter Weichhart überschneiden, weshalb eine genauere Betrachtung redundant wäre. Siehe hierzu: Hans Heinrich Blotevogel, Art. Raum, in: Handwörterbuch der Stadt- und Raumentwicklung, Bd. 3, Hannover 2019, S. 1845–1857.
[58] Judith Miggelbrink, Die (Un-)Ordnung des Raumes. Bemerkungen zum Wandel geographischer Raumkonzepte im ausgehenden 20. Jahrhundert, in: Alexander C. T. Geppert / Uffa Jensen / Jörn Weinhold (Hg.), Ortsgespräche. Raum und Kommunikation im 19. und 20. Jahrhundert, Bielefeld 2005, S. 79–106, S. 85.
[59] Das Modell des Wissenschaftstheoretikers unterscheidet in eine physisch-materielle Welt, eine Welt der Ideen und eine soziale Welt (vgl. Karl Popper, Objektive Erkenntnis. Ein evolutionärer Entwurf, Hamburg 1973, S. 188).
[60] Vgl. Weichhart, Entwicklungslinien, S. 80.
[61] Weichhart, Entwicklungslinien, S. 80.
[62] Weichhart, Entwicklungslinien, S. 81.

2.3 Eine geographische Inventur von Raumkonzepten

Nach der Inventurliste von Hans Heinrich Blotevogel, die der von Weichhart sehr ähnlich ist, wird dieser Raum1 als „gegenständlicher Raum"[63] bezeichnet, meint aber inhaltlich das gleiche.

Das zweite Raumkonzept ist der sogenannte Container- bzw. Behälterraum[64]. Jener Raum2 ist das, was übrigbleibt, wenn man aus dem Alpenraum die Gebirgszüge entfernt oder aus dem Ballungsraum Stuttgart die Stadt bzw. die Ballung extrahiert. Der Leerraum, der zurückbleiben würde, wäre der Behälterraum mit eigenständiger ontologischer Struktur.[65] Der Container-Raum ist als Gegenstand vorstellbar, als Konzept hingegen inexistent und verhält sich damit konträr zu jeglichem relationalen[66] Raumverständnis.[67] Der berühmteste Vertreter dieser substanzialistischen Vorstellung des euklidischen[68] Raumes ist zweifelsohne Isaac Newton; wenngleich die großen griechischen Philosophen jener Vorstellung anhingen. Gemeinhin wird die Containervorstellung[69] im Raumdiskurs auch als „Reifikation"[70] (Verdinglichung) bezeichnet.

Die beiden bisher diskutierten Raumdeutungen haben gemeinsam, dass Raum als real existierendes Objekt verstanden wird: physisch fassbar, wenn auch nicht eindeutig abgrenzbar.[71] Beide Vorstellungen sind die, die im Alltag – wie zuvor dargelegt – stetig kommuniziert werden. Mit Weichharts Worten lässt sich zusammenfassen:

> „Der erste Verwendungsmodus des Wortes (Raum1) verweist dabei auf die Gesamtheit der ‚Dinge', die im Container oder einer seiner Schubladen vorhanden sind, der

---

[63] Blotevogel, Raum, S. 831.
[64] In der Geographie wurde das Konzept vor allem von Dietrich Bartels methodisch diskutiert und in den fundamentalen Ansätzen von H. von Thünen, A. Lösch und W. Christaller mitgedacht (vgl. Weichhart, Entwicklungslinien, S. 82). Als Namensschöpfer des Container-Begriffs gilt Albert Einstein, so die Historikerin Susanna Rau (vgl. Rau, Räume, S. 60).
[65] Vgl. Weichhart, Entwicklungslinien, S. 81.
[66] Siehe hierzu Raum4 und die nachfolgende Raumbedeutungen.
[67] Vgl. Judith Miggelbrink, Räume und Regionen der Geographie, in: Ingrid Baumgärtner / Paul-Gerhard Klumbies / Franziska Sick (Hg.), Raumkonzepte. Disziplinäre Zugänge, Göttingen 2009, S. 71–94, S. 71.
[68] Susanne Rau: „Der euklidische Raum bezieht sich, wie der Name verrät, auf den griechischen Mathematiker Euklid (ca. 360 – ca. 280 v. Chr.), der eine geometrische Lehre entworfen beziehungsweise die Kenntnisse seiner Zeit auf diesem Gebiet zusammengetragen hat" (Rau, Räume, S. 62).
[69] Der Containerraum war und ist für die quantitative Geographie bis heute bedeutsam. Besonders der in den letzten Jahren verstärkt prominent gewordene Bereich um geographische Informationssysteme (GIS) greift auf jene Raumvorstellung zurück, um raumbezogene Statistiken und Visualisierungen erheben zu können (vgl. Weichhart, Entwicklungslinien, S. 96).
[70] Stephan Günzel, Raum. Eine kulturwissenschaftliche Einführung (= Edition Kulturwissenschaft 143), Bielefeld ²2018, S. 53, S. 63.
[71] Weichhart, Entwicklungslinien, S. 82.

zweite (Raum2) abstrahiert gleichsam von der ‚Füllung' und meint den Container [...] selbst."[72]

Im Vergleich dazu ist Raum3 sehr abstrakt und bezieht sich auf die Vorstellung logischer Strukturen. Raum besteht nach dieser Konzeption lediglich als Ordnungsstruktur. Hier wird nicht von Raum als einem physischen, gegenständlichen Bereich gesprochen, sondern dieser Raum existiert stets in „immaterielle[n] Relationen und Beziehung[en] oder für etwas Gedachtes"[73]. Jene Kategorie betrachtet Raum als jedwede Art von Ordnungsstruktur, mit der sich Dinge in Relation zueinander setzen lassen.[74] In Anlehnung an Wolfgang Zierhofer könnte man sagen, dass das Raum3-Konzept die Bedingung der Möglichkeit von Unterscheidungen ist.[75] Danach beinhaltet Raum3 alle übrigen Bedeutungsvarianten und kann als „Mutter aller Räume"[76] angesehen werden.

Raum4 ist ein Bestandteil von Raum3 und schließt an die Relationalität der existierenden Dinge an. Das bedeutet: Raum koppelt die Dinge miteinander bzw. entsteht erst aus deren Verbindungen zueinander. Und anders gewendet: „Ohne Dinge gibt es keinen Raum."[77] Ergo verstehen Relationist:innen Raum nicht als eigenständigen Gegenstand, sondern als ein Gemenge von Relationen.[78] Im Konzept von Raum4 findet das prozessuale Zusammenspiel von sozialem und physischem Raum statt, so der Sozialpädagoge und Raumtheoretiker Malte Ebner von Eschenbach ergänzend.[79] „Raum[4 ist somit] als Beschreibungsmodus für materielle Aspekte sozialer Phänomene [zu charakterisieren]."[80] Als Urvater der relationalen Konzeption gilt der Universalgelehrte Gottfried W. Leibniz[81]. Zu den

---

[72] Weichhart, Entwicklungslinien, S. 82.
[73] Weichhart, Entwicklungslinien, S. 82.
[74] Vgl. Weichhart, Entwicklungslinien, S. 82.
[75] Vgl. Wolfgang Zierhofer, Die fatale Verwechslung. Zum Selbstverständnis der Geographie, in: Peter Meusburger (Hg.), Handlungszentrierte Sozialgeographie. Benno Werlens Entwurf in kritischer Diskussion (= Erdkundliches Wissen 130), Stuttgart 1999, S. 163–186, S. 181.
[76] Weichhart, Entwicklungslinien, S. 96.
[77] Peter Weichhart, Vom „Räumeln" in der Geographie und anderen Disziplinen. Einige Thesen zum Raumaspekt sozialer Phänomene, in: Jörg Mayer (Hg.), Die aufgeräumte Welt. Raumbilder und Raumkonzepte im Zeitalter globaler Marktwirtschaft (= Loccumer Protokolle 74), Rehburg-Loccum 1993, S. 225–241, S. 235.
[78] Vgl. Benno Werlen, Gibt es eine Geographie ohne Raum? Zum Verhältnis von traditioneller Geographie und zeitgenössischen Gesellschaften, in: Erdkunde 47 (1993), H. 4, S. 241–255, S. 245.
[79] Vgl. Malte Ebner von Eschenbach / Philipp Mattern, Die konkrete räumliche Wirklichkeit von Lernorten und Bildungsräumen. Eine „Raumfalle" für die erwachsenenbildungswissenschaftliche Raumforschung?, in: Magazin Erwachsenenbildung.at (2019) Ausgabe 35–36, S. 1–10, S. 1.
[80] Weichhart, Entwicklungslinien, S. 86.
[81] „Ähnlich dem Aristotelischen Begriff vom Raum als ‚Ort' ging Leibniz davon aus, dass zwar nicht ein Ort allein, aber doch die Relationen von Raumstellen ‚Raum' bestimmen und

2.3 Eine geographische Inventur von Raumkonzepten

Vorläufern von Leibniz' Ansatz zählen etwa Al-Ghazali oder Theophrast.[82] Leibniz sah den Raum – im Gegensatz zu der Zeit, die die „Ordnung der Aufeinanderfolge"[83] sei – als Ordnung des „Nebeneinanderbestehens"[84]. Um die attributive Bedeutung von Raum4 exakt wiederzugeben, sollte besser von ‚Räumlichkeit' die Rede sein, so Weichhart.[85] Denn die Räumlichkeit sei gewissermaßen das Produkt, welches aus der Lagerungsqualität der Objekte und Subjekte entspringe.[86] Da soziale und wirtschaftliche Prozesse maßgeblich von den Lagerelationen der beteiligten Systemelemente beeinflusst werden, hat die Humangeographie (vor allem die Wirtschafts- und Sozialgeographie) ein erhöhtes Interesse an dieser Raumperspektive.

Bei Raum5 handelt es sich um eine epistemologische Raumkonzeption, die eng mit Immanuel Kant verbunden ist. Für Kant ist Raum weder eine Vorstellung in unseren Köpfen noch ein Gegenstand. Raum sei vielmehr wie die Zeit, „eine *Bedingung* oder Weise der Gegenstandswahrnehmung"[87]. Dadurch ist Raum5 weder mit den substanzialistischen Räumen (1 und 2) noch mit dem relationalen Raumverständnis in Einklang zu bringen.[88] Blotevogel fasst zusammen:

> „Der Raum ist ebenso wie die Zeit eine apriori gegebene und notwendige Voraussetzung zur Sinneswahrnehmung, eine Anschauungsform des erkennenden Subjekts, die zur Ordnung der Wahrnehmungsinhalte dient."[89]

Das sechste[90] Raumkonzept nimmt die Alltagswelt in den Fokus. Im Zentrum dieser relationalen Perspektive stehen Deutung und Wahrnehmung. Entsprechend dreht sich alles um den subjektiv erfahrenen bzw. erlebten Raum[91]. Wie Raum5

---

nicht umgekehrt" (Fabian Kessl / Christian Reutlinger [Hg.], Handbuch Sozialraum. Grundlagen für den Bildungs- und Sozialbereich, Wiesbaden ²2019, S. 96).

[82] Vgl. Matthias Wüthrich, Theoretische Erwägungen zum Kirchenraum, in: Christoph Sigrist (Hg.), Kirchen Macht Raum. Beiträge zu einer kontroversen Debatte, Zürich 2010, S. 71–88, S. 78 bzw. FN 22.

[83] Gottfried Wilhelm Leibniz, Der Leibniz-Clarke Briefwechsel. Leibniz' drittes Schreiben, Berlin 1991, S. 38.

[84] Leibniz, Der Leibniz-Clarke Briefwechsel, S. 38.

[85] Vgl. Weichhart, Entwicklungslinien, S. 83. Siehe auch: Doreen Massey, die im gleichen Sinne von „spatiality" spricht. (Doreen Massey, Philosophy and Politics of Spatiality: some Considerations. The Hettner-Lecture in Human Geography, in: Geographische Zeitschrift 87 (1999), H. 1, S. 1–12).

[86] Vgl. Weichhart, Entwicklungslinien, S. 83.

[87] Weichhart, Entwicklungslinien, S. 88.

[88] Vgl. Weichhart, Entwicklungslinien, S. 88.

[89] Blotevogel, Raum, S. 831.

[90] Weichhart spricht selbst vom „Raum1e". Also von dem erlebten Raum1. Aufgrund der chronologischen Verpflichtung wird jedoch die numerische Zahlenfolge eingehalten und Raum1e als Raum6 bezeichnet.

[91] Mit Henri Lefebvre kann man auch vom ‚espace vécu' sprechen. (Henri Lefebvre, The production of space, Malden 2005).

bezieht sich Raum6 auf die Vorstellungen der Wahrnehmungsleistung des Menschen.[92] Allerdings gibt es auch Anknüpfungspunkte zu Raum1, da im alltäglichen Sprechen und Erfahren normalerweise immer ein konkreter Raum gemeint ist. Das *Mehr* gegenüber Raum1 ist die Beigabe von „subjektivem Sinn und subjektiver Bedeutung"[93], so Weichhart. Diese erlebten Räume aus dem Alltag sind bloße kognitive Konstrukte, die in einem Gemenge von Behauptungen, Ansichten und Meinungen über einen Raum ausgedrückt werden.[94] Jene Konstruktionen geben bei jedem Menschen ein verzerrtes und überaus subjektiv gefärbtes Wahrnehmungsbild der Wirklichkeit wieder. Klassische Beispiele für ganzheitlich gefasste Räume wären etwa das Ruhrgebiet, Tirol oder die Reeperbahn auf St. Pauli. Sobald man diese kognitiv erfasst, ruft jeder Mensch automatisch seine verinnerlichten Wahrnehmungen ab, die mit einem bestimmten Erdraumausschnitt (Raum1) gekoppelt sind. Hierbei gilt die Regel: Je stärker man persönlich mit dem jeweiligen geographischen Ausschnitt vertraut ist, desto komprimierter sind die Zuschreibungen und Erinnerungen mit dem jeweiligen Raum6.[95] Der erlebte Raum ist Forschungsgegenstand der Wahrnehmungsgeographie und der Philosophie.

Raum7[96] entstammt einem relational-soziologischen Ansatz. Die sozialwissenschaftlichen Disziplinen (Soziologie, Kulturwissenschaften, Ethnographie und Humangeographie) versuchten im Zuge der Raumkehre Raum nicht länger als etwas Naturgegebenes anzusehen, sondern als etwas, das sozial hervorgerufen wird.[97] Räume werden insofern als etwas Dynamisches angesehen, da sie durch die handelnden Personen erzeugt werden.[98] Peter Weichhart hierzu ausführend:

> „[Raum7 ist] ontologisch gesehen, ein hybrider Gegenstand. [Denn] er besteht nämlich nicht nur aus Dingen und Relationen, sondern geleichzeitig auch aus Akteuren und einer sozialen Praxis."[99]

Beim sozialen Konstruktionsprozess wird die materielle Welt mit all ihren Objekten einbezogen, wodurch Raum als Matrix fungiert, die auf geheimnisvolle Weise Physisches und Soziales miteinander verschmelzen lässt.[100] Dass die so entstehenden Räume auf das Verhalten der Menschen Bezug nehmen, ist evi-

---

[92] Vgl. Weichhart, Entwicklungslinien, S. 88.
[93] Weichhart, Entwicklungslinien, S. 86.
[94] Vgl. Weichhart, Entwicklungslinien, S. 87.
[95] Vgl. Weichhart, Entwicklungslinien, S. 87.
[96] Weichhart selbst, spricht vom „Raum 6S" in seiner Aufzählungsliste.
[97] Vgl. Heike Herrmann, Raumbegriffe und Forschungen zum Raum – eine Einleitung, in: Dies. (Hg.), RaumErleben. Zur Wahrnehmung des Raumes in Wissenschaft und Praxis (= Beiträge zur Sozialraumforschung 4), Opladen 2010, S. 7–29, S. 7.
[98] Vgl. Jens Roselt, Phänomenologie des Theaters (= Übergänge 56), München 2008, S. 65.
[99] Weichhart, Entwicklungslinien, S. 325.
[100] Vgl. Hard, Raumfragen, S. 140.

2.3 Eine geographische Inventur von Raumkonzepten

dent. Denn bei Raum7 „handelt es sich um ein vermitteltes und vermittelndes Medium sozial verfasster Lebenswirklichkeit"[101]. Raum und Gesellschaft konstruieren sich somit immer wechselseitig.[102]

Des Weiteren bestehen mutuale Zusammenhänge zwischen Raum7 und Raum6. Hierzu Peter Weichhart erneut wörtlich:

> „[Denn] häufig steht hinter dem sozial konstruierten Raum eine bestimmte sprachliche Praxis, durch die soziale Zusammenhänge und Prozesse gleichsam in eine ‚Raumsprache' übersetzt und damit (zum Teil erheblich) vereinfacht werden."[103]

Im Unterschied zu Raum1 oder Raum6 hat der sozial konstruierte und konstituierte Raum selten einen Bezug zu Raum4.[104]

Die Inventur resümierend ergibt sich eine übergeordnete Dichotomie von absoluter und relativer Raumvorstellung, die sich in den eben aufgeführten Unterkategorien widerspiegelt. Die Räume 1 und 2 setzen ein natürlich gegebenes, physisch-materielles Raumverständnis voraus. Die Räume 4, 5, 6 und 7 fußen auf einer relationalen Raumvorstellung. Raum3 beschreibt das hintergründige Konzept, welches immer dann zum Vorschein kommt, wenn wir denken bzw. Unterscheidungen machen wollen, so Weichhart abschließend.[105]

Dem absoluten Raumverständnis liegt eine euklidische, präexistente Containervorstellung zugrunde: „Als ‚absolut' wird der Raum deshalb bezeichnet, weil er unabhängig von Menschen und Objekten existiert."[106] Nach diesem Verständnis existieren auch leere Räume. Zu den ältesten Vertretern gehören – neben Isaac Newton – beispielsweise Nikolaus Kopernikus, Johannes Kepler und Galileo Galilei.[107]

Die relationale Perspektive geht davon aus, dass Raum aus der Menge von Lagebeziehung zwischen Objekten entsteht: „Da sich Körper bewegen können, ist dieser Raum keine präexistente Konstante mit endlicher Ausdehnung wie der Containerraum, sondern kann sich auch verändern."[108] Folglich ist Raum immer an Körper gebunden und kann nicht unabhängig von ihnen existieren. Relational gesehen kann es somit keine leeren Räume geben. Als prominente Vertreter gelten gemeinhin Nikolaus von Kues, Gottfried Wilhelm Leibniz, Ernst Mach und Albert Einstein.[109]

Galt es lange Zeit als Glaubensfrage, welches der beiden Raumverständnis man vertritt, sei man laut Dennerlein unlängst bemüht, die imperialistische und

---

[101] Spallek, Tor zur Welt?, S. 404.
[102] Vgl. Rau, Räume, S. 61.
[103] Weichhart, Entwicklungslinien, S. 323.
[104] Vgl. Weichhart, Entwicklungslinien, S. 323.
[105] Vgl. Weichhart, Entwicklungslinien, S. 84.
[106] Dennerlein, Narratologie, S. 61.
[107] Vgl. Dennerlein, Narratologie, S. 61.
[108] Dennerlein, Narratologie, S. 61.
[109] Vgl. Dennerlein, Narratologie, S. 61.

politisch unkorrekte Containervorstellung in Richtung eines ständigen Raumproduzierens zu korrigieren.[110] Seit der zweiten Hälfte des 20. Jahrhunderts hat sich im wissenschaftlichen Diskurs vermehrt der Relationsraum durchgesetzt. Bis heute beschäftigen sich viele Arbeiten aus den cultural studies und der Humangeographie damit, Raum weiter zu relationieren bzw. zu de-ontologisieren, so die Geographin Antje Schlottmann.[111] Gerhard Hard sieht in dem Wechsel des „ontologischen Aggregatzustand[s]"[112] von absolut zu relational, die „Revolution der Raumontologie"[113] begründet. Dennoch will erwähnt sein, dass es Geographen[114] (vor allem) aus dem angloamerikanischen Raum, gibt, die sich nach einer stärkeren Gewichtung des Physischen in der Raumdebatte sehnen.

Auch wenn über das Konzept des relationalen Raumes weitestgehend Einigkeit besteht, sind absolute Raumvorstellungen nicht automatisch falsch. Beispielsweise wird in der physischen Geographie oder der Geologie nach wie vor von konkreten Erdraumausschnitten gesprochen. Daher scheint die Aufgabe (vor allem für Geographen und Geographinnen), „eine präzise, allseits akzeptierte Definition dieses Begriffes zu formulieren"[115], unlösbar. Denn die einzelnen Raumbedeutungen sind aus dem jeweiligen Verständnis alle ‚richtig', so Stephan Günzel.[116] Es komme vielmehr darauf an, das Sammelsurium an Raumbedeutungen zu kennen und sicher zwischen den unterschiedlichen Konzepten wechseln zu können. Entsprechend verbindet sich mit der Inventur der Versuch, das Wortfeld ‚Raum' zu dekonstruieren und die unterschiedlichen Bedeutungsmöglichkeiten bzw. die dahinterstehenden Konzepte für die Theologie transparent(er) zu machen. Da es jedoch einerseits unmöglich ist, mit einem Begriff alle sieben Konzepte in gleichem Maße abzudecken, und es andererseits eben keine universale Raumforschung, sondern viele Disziplinen, die mit unterschiedlichen raumtheoretischen Konzepten arbeiten, gibt, zeigt die Inventur, warum es bis

---

[110] Vgl. Dennerlein, Narratologie, S. 61.
[111] Vgl. Schlottmann, Rekonstruktion, S. 108.
[112] Hard, Raumfragen, S. 134.
[113] Hard, Raumfragen, S. 133.
[114] Nach Julia Lossau gehören zu den wohl prominentesten Vertretern (Mind the gap: Bemerkungen zur gegenwärtigen Raumkonjunktur aus kulturgeographischer Sicht, in: Stephan Günzel (Hg.), Topologie. Zur Raumbeschreibung in den Kultur- und Medienwissenschaften, Bielefeld 2007, S. 53–68, S. 59ff.): Chris Philo (More Words, more Worlds. Reflections on the „Cultural Turn" and Human Geography, in: Ian Cook et al. (Hg.), Cultural Turns/Geographical Turns: Perspectives on Cultural Geography, Prentice Hall 2000, S. 26–53), Peter Jackson (Rematerializing Social and Cultural Geography, in: Social and Cultural Geography 1 (2000), H. 1, S. 9–14) und Don Mitchell (The End of Culture? Culturalism and Cultural Geography in the Anglo-American „University of Excellence", in: Geographische Revue 2 (2000), H. 2, S. 3–17).
[115] Weichhart, Entwicklungslinien, S. 79.
[116] Vgl. Günzel, Raum. Eine kulturwissenschaftliche Einführung, S. 23.

zum heutigen Tage keinen „transdisziplinären Raumbegriff [gibt], der als Grundlage einer universalen Raumforschung dienen könnte"[117].

2.3.1 Der Raumbegriff – Fluch und Segen zugleich

Wie die Inventur verdeutlicht, kann der Raumbegriff ohne entsprechende konzeptionelle Verortung problematisch sein. Obwohl es nämlich ein hohes Aufkommen an sprachlichen Raumwendungen gibt, wird damit keinesfalls immer das Gleiche gemeint oder ausgedrückt. Die inflationäre und unscharfe Verwendung von Raummetaphern sorgt vielmehr dafür, dass die dahinterstehenden Konzepte aufweichen oder falsch verstanden werden. Dies bringt wiederum verheerende Folgen für die wissenschaftliche Diskussion mit sich. Gleiches stellt auch Peter Weichhart stellvertretend für viele Raumwissenschaftler:innen fest:

> „Nun ist es aber bedauerlicherweise so, dass wir im fachlichen Diskurs in der Regel nicht exakt zwischen den unterschiedlichen Bedeutungsvarianten von ‚Raum' unterscheiden. Wir sagen einfach ‚Raum' und meinen einmal Raum1, ein anderes Mal Raum4 oder den erlebten Raum, ohne diese Differenzierung terminologisch klar zum Ausdruck zu bringen."[118]

Noch problematischer wird es, wenn nicht nur Raumkonzepte miteinander vertauscht oder verwechselt werden, sondern sich das alltägliche Sprechen von Raum im Sinne einer Kategorie unter die Konzepte mischt. Mitunter komme dem Raumbegriff dann die Eigenschaft eines trojanischen Pferdes zu, so Judith Miggelbrink.[119] Ist der alltägliche Raumbegriff einmal in wissenschaftlichen Diskursen akzeptiert und bleibt er unhinterfragt, öffnet sein Inhalt Tür und Tor für verschiedene Probleme. Zum einen vermischt sich ein undifferenziertes Alltagssprechen von Raum mit unterschiedlichen theoretischen Konzeptionen, die eher einem relationalen Verständnis zu geordnet werden. Zum anderen schwingt mit, dass Räume durch die alltägliche Praxis verfestigte, objektive und natürliche Strukturen innehaben und so der kategorische Charakter in die theoretischen Konzeptionen einfließt. Es besteht damit das Risiko, die im spatiologischen Alltagssprechen verwendeten Bezeichnungen als natürlich vorgegeben zu

---

[117] Annette Gerok-Reiter/Franziska Hammer, Spatial Turn/Raumforschung, in: Christiane Ackermann / Michael Egerding (Hg.), Literatur- und Kulturtheorien in der Germanistischen Mediävistik. Ein Handbuch, Berlin / Boston 2015, S. 481–516, S. 482.
[118] Weichhart, Entwicklungslinien, S. 88.
[119] Vgl. Judith Miggelbrink, Der gezähmte Blick. Zum Wandel des Diskurses über „Raum" und „Region" in humangeographischen Forschungsansätzen des ausgehenden 20. Jahrhunderts (= Beiträge zur Regionalen Geographie 55), Leipzig 2002, S. 38.

verstehen und somit den alltäglichen Sprachrealismus in den wissenschaftlichen Diskurs zu übernehmen.[120] Unterwandern sprachrealistische Formeln die raumwissenschaftlichen Debatten, ohne dass dies bemerkt wird, laufen die Diskussionen schnell in gegensätzliche Richtungen. In Benno Werlens Konzeption, dem alltäglichen „Geographie-Machen"[121], zeigt sich,

> „dass die substanzialisierende Containerraumvorstellungen [sic!], die auf einer wissenschaftstheoretischen Ebene wegen Ideologieverdachts verabschiedet worden war, über die Beschreibung der alltäglichen Kommunikationspraxis wieder Eingang in die Geographie findet [...]."[122]

Die fehlerhafte Übernahme von Raum als eigenständige ontologische Struktur unterlaufe also auch Geograph:innen, die es eigentlich besser wissen, so Weichhart.[123] Und auch aus der Philosophie gibt es seit Langem Stimmen, wie die von Otto F. Bollnow, die anmerken, dass der Sprachgebrauch des Wortes ‚Raum' „in einem unbestimmten übertragenen und im Einzelnen sehr schwer faßbaren Sinn verwendet [wird]"[124]. Geographieinteressierten wird immer wieder vorgeworfen, dass sie Räumlichkeit als Eigenschaft von Dingen zu einem Substanzbegriff umdeuten würden oder Relationen für gegenständliche Objekte hielten, besonders wenn Beziehungsgeflechte in (Netzwerk-)Karten visualisiert werden, so Weichhart.[125] „[Und auch] Raum als Metapher [wird] für eine gleichsam abgekürzte Umschreibung von Räumlichkeit verwendet."[126]

Der Grund für die inflationäre und ungenaue Verwendung der Begrifflichkeit liegt auf der Hand. Das Stichwort lautet: „Komplexitätsreduktion"[127]. Denn es ist nicht so, dass Geograph:innen nicht wüssten, welche Konzepte hinter dem Raumkonzept als solchem stehen, sondern dass der Raumbegriff schlicht erlaubt, Komplexes einfach auszudrücken. Zugleich ist seine vermeintliche Schwäche, die Ungenauigkeit, auch die Stärke des Raumbegriffs:

---

[120] Vgl. Miggelbrink, Der gezähmte Blick, S. 38.
[121] Einen prägnanten Überblick über das Konzept des „Geographie-Machens" bietet Antje Schlottmann. Siehe hierzu: Antje Schlottmann, Rekonstruktion von alltäglichen Raumkonstruktionen – eine Schnittstelle von Sozialgeographie und Geschichtswissenschaft?, in: Alexander C. T. Geppert / Uffa Jensen / Jörn Weinhold (Hg.), Ortsgespräche. Raum und Kommunikation im 19. und 20. Jahrhundert, Bielefeld 2005, S. 107–136.
[122] Dennerlein, Narratologie, S. 57.
[123] Vgl. Peter Weichhart, „Raum" versus „Räumlichkeit" – ein Plädoyer für eine transaktionistische Weltsicht der Sozialgeographie, in: Günter Heinritz / Ilse Helbrecht (Hg.), Sozialgeographie und Soziologie (= Münchner Geographische Hefte 78), München 1998, S. 75–88.
[124] Bollnow, Mensch und Raum, S. 31.
[125] Vgl. Weichhart, Entwicklungslinien, S. 90.
[126] Weichhart, Entwicklungslinien, S. 90.
[127] Weichhart, Entwicklungslinien, S. 90.

2.3 Eine geographische Inventur von Raumkonzepten

„[Aber] Raumsemantiken sind nicht nur komplexitätsreduzierend, sie sind auch eingängig, plausibel, überzeugend, weil sie den Dingen eine größere Evidenz verleihen."[128]

Der Raumbegriff sei nie wirklich geeignet gewesen, um Klartext zu reden, und werde es wohl auch nie sein, so Zierhofer.[129] Der Begriff sei nämlich so vielseitig und unterschiedlich, dass er in seiner Verwendung vieles unkonkret abdecke. Zierhofer formuliert es mit seinen Worten wie folgt:

„Meines Erachtens wurde oft von ‚Raum' oder ‚räumlich' gesprochen, wenn präzisere Beschreibungen nicht nötig, umständlicher oder nicht verfügbar waren. In vielen Fällen wurde Raum als Kürzel oder gar als Verlegenheitsformel verwendet."[130]

Je ungenauer und allgemeiner die Begrifflichkeit, desto leichter und vielseitiger die Verwendung. Somit ist die unhinterfragte Benutzung Segen und Fluch zugleich. Auf der einen Seite befeuert die inflationäre und oftmals ungenaue Verwendung von Raum die wissenschaftliche Diskussion, die damit nicht zum Erliegen kommt. Auf der anderen Seite verwässert ein undifferenzierter, zumeist aus dem Alltag stammender Jargon über Raum die Debatte und lässt viel Platz für überholte Raumtheorien. Die Ambivalenz von Befeuerung und Verwässerung bestimmt somit die Debatte um den Raumbegriff bis heute. Diese Ambivalenz werde, so Schmitz, auch bestehen bleiben, da das Sprechen von Raum niemals einsinnig oder präzise sein kann.[131]

Dennoch besteht (vor allem) in der Geographie ein großer Konsens darüber, dass es nach wie vor eine Umkehr der grundsätzlichen Perspektive braucht,

„die sich im wesentlichen [sic!] gegen alle Formen physisch-materieller Determinismen wendet und ‚Raum' mithin *nicht* als etwas den sozialen und psychischen Phänomenen *Vorausgehendes und Bedingendes* sieht, sondern Raumkonzepte als etwas sozial, psychisch, kulturell etc. Produziertes bzw. Konstruiertes thematisiert."[132]

Zudem gehe es nach Judith Miggelbrink nicht länger darum, zu bestimmen, was Raum sei, sondern welche Bedeutungen die Rede von Raum und das Reden über Gesellschaft in räumlichen Bezügen haben könnte.[133] Die Humangeographin hierzu wörtlich:

---

[128] Miggelbrink, Räume und Regionen, S. 91.
[129] Vgl. Zierhofer, Fatale Verwechslung, S. 177.
[130] Zierhofer, Fatale Verwechslung, S. 176.
[131] Vgl. Hermann Schmitz, System der Philosophie, Bd. 3: Der Raum, 1. Teil: Der leibliche Raum, Bonn 1967, S. 7.
[132] Miggelbrink, Der gezähmte Blick, S. 41.
[133] Vgl. Miggelbrink, Räume und Regionen, S. 91.

> „Mit dieser semantischen Wendung geht es nicht länger darum zu klären, was Raum ist, sondern darum, welche Bedeutung(en) die Rede vom Raum, das Reden über Gesellschaft in räumlichen Termini haben könnte [...]."[134]

Aber auch in den Sozial- und Kulturwissenschaften wird in der Regel nicht danach gefragt, was Raum ist, sondern danach, wie Raum gedacht und sozial konstruiert wird. Bis zu diesem Abschnitt sollte klar geworden sein, dass Raum ein idealisiertes Konzept des Menschen ist, welches aufgrund seines weiten Bedeutungsintervalls und der Einbettung in die Alltagssprache vieles mit räumlichen Bezügen einfach zum Ausdruck bringen kann.[135]

2.3.2 Dynamische Räume und stabile Orte – eine Verhältnisbestimmung

Gleich neben dem Raumbegriff ist der Begriff des Ortes ein Dauerbrenner in der Rede von spatiologischen Zusammenhängen. Man könnte auch sagen: „Der Raum und sein kongenialer Schatten, der Ort, sind zu wirkungsmächtigen Kategorien aufgestiegen."[136] Schließlich ist häufig zu beobachten, dass es in wissenschaftlichen Arbeiten, die sich des Raumes annehmen wollen, oftmals weniger um Raum, als vielmehr um Orte geht, wie Meyer und Hansen richtigerweise feststellen.[137] Aus den persönlichen Erfahrungen des Verfassers geschieht dies auffallend oft in kirchlichen und theologischen Kontexten. Dieses Kapitel wendet sich den Kontrasten und dem Verhältnis der beiden Begriffe zu, um Verunsicherungen oder gar Verwechslungen vorzubeugen.

Zentral ist zunächst der Mensch. Er ist gewissermaßen das Scharnier zwischen Ort und Raum. Das Subjekt ist das raumbildende Element in der Dreieckskonstellation. Es ist immer schon ortsgebunden, hält sich an Orten auf und erzeugt Räume durch seine Handlungen. So auch Julia Burbulla in Bezug auf Martin Heidegger: „Der Raum ist eine dynamische Einheit, welche sich erst durch das Handeln (Räumen) entfaltet."[138] Oder wie der Philosoph Otto F. Bollnow schreibt: „Es gibt einen Raum nur, insofern der Mensch ein räumliches, d. h. Raum bildendes und Raum gleichsam um sich aufspannendes Wesen ist."[139] Im Gegensatz zu Orten stehen Räume für etwas Zukünftiges, das von Akteuren noch

---

[134] Miggelbrink, Räume und Regionen, S. 91.
[135] Vgl. Werlen, Gibt es eine Geographie ohne Raum, S. 245.
[136] Miggelbrink, Die (Un-)Ordnung des Raumes, S. 79.
[137] Vgl. Meyer / Hansen, Parallele Raumkonzepte, S. 1.
[138] Julia Burbulla, Heideggers Schweigen. Die philosophische Raumkunst in ihrer Relevanz für die Kunst der Nachkriegszeit, in: kunsttexte.de – E-Journal für Kunst- und Bildgeschichte (2011), H. 2, S. 1–10, S. 2.
[139] Bollnow, Mensch und Raum, S. 23.

2.3 Eine geographische Inventur von Raumkonzepten

konstruiert, verwandelt, (um)gestaltet oder genutzt werden kann. Zudem sind sie dynamisch, instabil, uneindeutig und transitorisch. Aufgrund dieses „temporalen (ephemeren) Charakter[s]"[140] werden Räume oftmals als liquid angesehen. Damit werden sie, nach Aleida Assmann, zu einer Art „Dispositionsmasse für intentionale Akteure"[141]. Zugleich verfügen sie über das Alleinstellungsmerkmal sich an einem Ort überlagen zu können. Dieses Ineinandergreifen von Räumen lässt sich mit Susanne Rau als „Kospatialität"[142] bezeichnen.

Orte sind in gewissem Maße konträr zu Räumen zu sehen. Sie sind nach Michel de Certeau starr, beständig, eindeutig und ‚tot'.[143] Denn sie sind in das In-der-Welt-sein eingegliedert und bestehen auch ohne existierendes Dasein. Das Dasein kennt Orte, bedingt durch das Hineingeworfen-sein in das In-der-Welt-sein, von Anbeginn seiner Existenz, um es im heideggerianischen Wortlaut auszudrücken.[144] Folglich prägen uns Orte immer schon, wie Walter Schweidler ausführt:

> „Als endliche und leibliche Wesen definiert der Ort [...] unsere kollektive und individuelle Identität, unser kulturelles und persönliches Gedächtnis, unsere irdischen und transzendenten Ziele."[145]

Dadurch, dass der Mensch also immer schon an Orte gebunden ist, sind gleichsam all seine Erlebnisse verortet.[146] Weiter verfügen Orte über die Eigenschaft Menschen zu versammeln.[147] Daraus ergibt sich: „Orte sind [...] dadurch bestimmt, dass an ihnen bereits gehandelt bzw. etwas erlebt und erlitten wurde."[148] Entsprechend sind sie, laut Aleida Assmann, Zeugen des Vergangenen und bergen die Spuren der Geschichte (Risse, Narben, Kratzer, Überreste) in sich.[149]

Der Historiker, Philosoph, Theologe und Soziologe Michel de Certeau greift in seinem Werk *Die Kunst des Handelns* ebenfalls das Raum-Ort-Verhältnis auf. Während ein Ort sich für ihn unter anderem dadurch auszeichnet, dass er eine

---

[140] Rau, Räume, S. 179.
[141] Aleida Assmann, Geschichte findet Stadt, in: Moritz Csáky / Christoph Leitgeb (Hg.), Kommunikation – Gedächtnis – Raum. Kulturwissenschaften nach dem „Spatial Turn", Bielefeld 2009, S. 13–28, S. 16.
[142] Rau, Räume, S. 190.
[143] Vgl. Michel de Certeau, Die Kunst des Handelns, Berlin 2014, S. 218.
[144] Vgl. Emiko Kumagai, Zeit-Spiel-Raum. Heideggers Philosophie des Seinkönnens, München 2004, S. 93ff.
[145] Walter Schweidler, Ort und Zeit, in: Jeremiah Alberg / Daniela Köder (Hg.), Habitus fidei. Die Überwindung der eigenen Gottlosigkeit. Festschrift für Richard Schenk OP zum 65. Geburtstag, Paderborn 2016, S. 87–106, S. 88.
[146] Vgl. Edward S. Casey, Vom Raum zum Ort in kürzester Zeit. Phänomenologische Prolegomena, in: Karl-Heinz Lembeck / Ernst Wolfgang Orth (Hg.), Phänomenologische Forschungen, Hamburg 2003, S. 53–93, S. 62.
[147] Vgl. Casey, Vom Raum zum Ort, S. 70.
[148] Assmann, Geschichte findet Stadt, S. 16.
[149] Vgl. Assmann, Geschichte findet Stadt, S. 16.

feste Ordnung aufweist, sei ein Raum hingegen ein Netz von losen Elementen.[150] Daran anschließend stellt der französische Jesuit die viel zitierte These auf:

> „Insgesamt *ist der Raum ein Ort*, mit dem man etwas macht. So wird zum Beispiel die Straße, die der Urbanismus geometrisch festlegt, durch die Gehenden in einen Raum verwandelt. Ebenso ist die Lektüre ein Raum, der durch den praktischen Umgang mit einem Ort entsteht, den Zeichensystem – etwas Geschriebenes – bildet."[151]

Der erste Satz[152] – ein Raum *sei* ein Ort, mit dem man etwas mache – scheint jedoch unglücklich übersetzt. Die Übersetzung „verwandelt" impliziert, dass ein Ort so etwas wie die transformative Vorstufe eines Raumes sei. Im darauffolgenden Satz führt er das erste Beispiel der Straße an, die durch die Begehung der Menschen in einen Raum transformiert würde.[153] Allerdings sind Raum und Ort zwei verschiedene Phänomene – wenngleich sie nicht voneinander abzulösen sind. Im zweiten Beispiel wird die Übersetzung glücklicherweise präziser: „Ebenso ist die Lektüre ein Raum, der durch den praktischen Umgang mit einem Ort entsteht [...]."[154] Das zweite Beispiel stellt daher den ersten Satz und damit Beispiel Nummer Eins richtig und ist der französischen Passage sehr nah. Denn die Betonung liegt in dem Unterschied von Verwandlung und Entstehung. Ersteres Beispiel führt eine Transformation von Ort *in* Raum durch. Allerdings ist es doch vielmehr so, dass Räume (durch die Praktiken der Menschen) an Orten hervorgerufen werden, was das zweite Beispiel deutlich hervorhebt. Die Raumforscherin Anne Brandl bringt es auf den Punkt: „[Raum] entsteht erst durch und mit dem Menschen [...]."[155] Und auch Susanne Rau macht mit einem Rekurs auf Heidegger deutlich: „Raum ist nichts wesentlich Gegebenes, sondern existiert nur, wenn er von Subjekten erfahrbar ist bzw. sie in der Welt räumlich handeln."[156] Wenn Raum aus bzw. an einem Ort (durch den menschlichen Eingriff) hervortritt, ist er eine Art Produkt[157], und kein transformierter ‚Ort 2.0'. In Anlehnung an Heidegger könnte man auch sagen: Das Dasein ist räumlich und produziert folglich Räume bzw. Räumlichkeit.[158] Schließlich gilt: „[D]as umsichtige In-der-Welt-sein ist räumliches."[159] Einem Raum immer vorgeschaltet ist das ursprüngliche Phänomen – der Ort, der die Ermöglichung von Räumen ist. Oder

---

[150] Vgl. Certeau, Die Kunst des Handelns, S. 218.
[151] Certeau, Die Kunst des Handelns, S. 218.
[152] Im Originalwortlaut heißt es: „l'espace est un lieu pratiqué" (Michel de Certeau, *L'invention du quotidien, 1. Arts de faire*, Paris 1990, S. 173).
[153] Vgl. Certeau, Die Kunst des Handelns, S. 218.
[154] Certeau, Die Kunst des Handelns, S. 218
[155] Anne Brandl, Die sinnliche Wahrnehmung, S. 41.
[156] Rau, Räume, S. 243.
[157] Henri Lefebvres Überlegungen bieten hier weitere Anknüpfungspunkte zur Raumproduktion (vgl. Henri Lefebvre, La production de l'espace, Paris 1974).
[158] Vgl. Martin Heidegger, Sein und Zeit, Tübingen ¹²1972, S. 111.
[159] Heidegger, Sein und Zeit, S. 110.

mit den Worten von Martina Wagner-Egelhaaf: „Ein Ort, so könnte man sagen, ist ein Punkt im Raum, aber jeder Ort eröffnet seinerseits die unterschiedlichsten Räume."[160] In alledem zeigt sich, dass Raum und Ort untrennbar miteinander verkittet, aber als zwei unterschiedliche und eigenständige Größen zu betrachten sind.[161] Die eben aufgeführte Unterscheidung von (liquiden) Räumen und (festen) Orten ist konstitutiv für diese Arbeit.

2.3.3 Der Spatial Turn – Initialzündung für den Raum

Viele Wissenschaften priorisierten lange die Zeitlichkeit als heuristisches Mittel. Diese Perspektive verlor im Laufe der zweiten Hälfte des 20. Jahrhunderts allerdings ihre Monopolstellung und es kam zur „Wiederentdeckung des Raumes"[162]. Stephan Günzel macht (mindestens) fünf Phänomene aus, die die Renaissance von Raumfragen herbeiführte: Gentrifizierung (Verdrängung aus Stadtquartieren), Raumfahrt (Aufnahmen der Erde aus dem All, Entdeckung der Weite des Universums), Geopolitik (Kalter Krieg, Wiedervereinigung Deutschlands, Zusammenbruch der UdSSR), Globalisierungsentwicklungen und neue Kommunikationsstrukturen (Internet).[163] Auch Meyer und Hansen sehen die Hinwendung zum Raum als die plausible Konsequenz der Globalisierung und des Cyberspace.[164] Das schnelle Überbrücken räumlicher Distanz und die Transformation von Orts- bzw. Raumstrukturen gaben gerade innerhalb der Sozial- und Kulturwissenschaften Anlass zum verstärkten Nachdenken über spatiologische Fragestellungen. Weitere Anstöße zu Raumanalysen geben postmoderne Raumtransformationen wie das erhöhte Aufkommen von Transit- und Vergnügungsräumen wie Autobahnraststätten oder Freizeitparks, die keine Geschichte in sich tragen und als „uneigentliche Orte"[165] empfunden werden. In den Untersuchungen des französischen Soziologen Marc Augé werden diese Orte als „Nicht-Orte"[166] charakterisiert.

---

[160] Martina Wagner-Egelhaaf, Goethes Einquartierungen. Zur autobiographischen Dimensionalität besetzter Räume, in: Salvatore Pisani / Elisabeth Oy-Marra (Hg.), Ein Haus wie Ich. Die gebaute Autobiographie in der Moderne, Bielefeld 2014, S. 103–128, S. 105.
[161] Vgl. Schweidler, Ort und Zeit, S. 88.
[162] Bernhard Waldenfels, Leibliches Wohnen im Raum, in: Gerhard Schröder / Helga Breuninger (Hg.), Kulturtheorien der Gegenwart. Ansätze und Positionen, Frankfurt a. M. / New York 2001, S. 179–201, S. 179.
[163] Vgl. Günzel, Raum. Eine kulturwissenschaftliche Einführung, S. 9ff.
[164] Vgl. Meyer / Hansen, Parallele Raumkonzepte, S. 1.
[165] Johanna Rolshoven, Von der Kulturraum- zur Raumkulturforschung. Theoretische Herausforderungen an eine Kultur- und Sozialwissenschaft des Alltags, in: Zeitschrift für Volkskunde 99 (2003), H. 2, S. 189–213, S. 195.
[166] Vgl. Marc Augé, Orte und Nicht-Orte. Vorüberlegungen zu einer Ethnologie der Einsamkeit, Frankfurt a. M. 1994.

Dieses Kapitel soll die Anfänge des spatial turns beleuchten, um das teils große Interesse für den Raum nachvollziehbar zu machen. Dabei wird versucht folgende Fragen zu beantworten: Was ist jener Paradigmenwechsel[167]? Welche Strömungen gibt es? Und: Weshalb wird er in so vielen wissenschaftlichen Disziplinen diskutiert? Zur ersten Frage schreibt Stephan Günzel:

> „Mit dem Begriff *spatial turn* werden im Wesentlichen zwei Entwicklungen bezeichnet: die theoretische bzw. forschungspraktische Revalorisierung von Raum bzw. Räumlichkeit im Kategoriengefüge von Kultur- und Sozialwissenschaften seit Ende der 1980er[168] Jahre sowie die (Wieder-)Entdeckung der Humangeographie als Impulsgeberin für transdisziplinäre Debatten."[169]

Karl Schlögel definiert den Raumdrift hingegen etwas pragmatischer und schlicht als eine „gesteigerte Aufmerksamkeit für die räumliche Seite der geschichtlichen Welt – nicht mehr, aber auch nicht weniger"[170]. In ähnlicher Weise sieht es Jan Rüggemeier: „Mit diesem englischen Schlagwort ist zunächst allgemein eine gesteigerte Wahrnehmung des Raumes und räumlicher Kategorien gemeint."[171] Der evangelische Theologe Matthias Wüthrich plädiert dafür, den Terminus möglichst offenzuhalten:

> „Ich möchte hier vorschlagen, den Begriff *spatial turn* in einem möglichst weiten Sinne zu verstehen [...]. Es geht beim *spatial turn* ebenso um die Bearbeitung einer empirischen Verschiebung hinsichtlich räumlich konnotierter Phänomene wie um eine kognitive Verschiebung in der wissenschaftlichen Aufmerksamkeit."[172]

Der spatial turn war ursprünglich ein intellektueller Diskurs, bei dem der Raum laut Doris Bachmann-Medick als Wahrnehmungseinheit und als Analysekategorie thematisiert wurde.[173] Mit ihm sind in erster Linie Henri Lefebvre, Michel Foucault und Edward Soja in Verbindung zu bringen.[174] Die eigentliche Hinwen-

---

[167] Vgl. Thomas Kuhn, The Structure of Scientific Revolutions, Chicago 1970.
[168] Das aufkommende Interesse für Raumfragen kommt nicht von Ungefähr. Mit dem Ende des Kalten Krieges 1989 lösten sich auch Raumgrenzen und Raumbesetzungen auf. Dieses Paradigma auch in die Kultur- und Sozialwissenschaften zu übertragen, liegt also auch an damaligen Umbruchsverhältnissen. Und wenige Jahre später sorgten die digitalen Raumfragen des Internet für weitere Impulse der Raumdebatte.
[169] Günzel, Raum Handbuch, S. 90.
[170] Karl Schlögel, Im Raume lesen wir die Zeit. Über Zivilisationsgeschichte und Geopolitik, München 2003, S. 68.
[171] Jan Rüggemeier, Die Wiederentdeckung des Raumes. Der ‚Spatial Turn' als Impuls für die Exegese, in: Bibel und Kirche 73 (2018), H. 2, S. 69–70, S. 69.
[172] Matthias Wüthrich, Raum Gottes. Ein systematisch-theologischer Versuch, Raum zu denken, Göttingen 2015, S. 44.
[173] Vgl. Doris Bachmann-Medick, Cultural Turns. Neuorientierungen in den Kulturwissenschaften, Reinbek 2006, S. 284.
[174] Vgl. Hans-Joachim Sander, Jenseits des Gottes der Oblaten und diesseits eines überraschenden Gottes – Loci theologici an den Andersorten säkularer Rationalität, in: Joachim

2.3 Eine geographische Inventur von Raumkonzepten

dung zum Raum erfolgte erst durch die interdisziplinären Zugriffe. Insbesondere in der Soziologie (Giddens 1988) begann man sich Ende der 1980er bzw. Anfang der 1990er (Bourdieu 1991) verstärkt für die Fragen des Raumes zu interessieren.[175] Als Wortschöpfer gilt der bereits erwähnte US-amerikanische Sozialgeograph Edward Soja. Er verwendete den Begriff erstmals in seinem Werk *Postmodern Geographies* in einer Zwischenüberschrift.[176] Dass er damit den Grundstein für einen neuen Paradigmenwechsel legen würde, hatte er damals vermutlich weder geahnt noch beabsichtigt. Denn er verwendete den Begriff beiläufig und (zunächst) nicht im Sinne des Kuhnschen[177] Paradigmenwechsels, um die räumliche Wende bei Michel Foucault zu markieren. Was einen solchen Wechsel in der Wissenschaft auszeichnet, fasst Jan Loffeld zusammen:

> „[E]in Paradigmenwechsel zeichnet sich [grundsätzlich] dadurch aus, dass das Alte, bisher funktional Taugliche, sich für neue Problemkonstellationen als weniger brauchbar erweist und daher womöglich neu adaptiert werden müsste."[178]

Der Namensgeber Soja sah in den Werken (*Von anderen Räumen* 1967 und *Raum, Wissen und Macht* 1982) von und den Interviews (*Fragen an Michel Foucault zur Geographie* 1976) mit Foucault eine Raumwende begründet.[179] Erst mit dem starken (Selbst-)Zuspruch seitens Soja, der den Begriff im Nachhinein als „eine der wichtigsten intellektuellen wie politischen Entwicklungslinien des späten 20. Jahrhunderts"[180] tituliert, erfuhr der Begriff gesteigerte Aufmerksamkeit.[181] Stephan Günzel fasst trefflich zusammen: „Soja kann weniger als Schöpfer eines neuen Raumdenkens in den Kultur- und Sozialwissenschaften gelten, sondern vielmehr als ein Resonanzverstärker."[182] Als die eigentlichen Schöpfer des Paradigmenwandels gelten die bereits erwähnten französischen Theoretiker Henri Lefebvre

---

Söder / Hubertus Schönemann (Hg.), Wohin ist Gott? Gott erfahren im säkularen Zeitalter, Freiburg i. Br. 2013, S. 183–211, S. 197.

[175] Vgl. Christian Schmid, Stadt, Raum und Gesellschaft. Henri Lefebvre und die Theorie der Produktion des Raumes, München 2005, S. 62.

[176] Edward Soja, Postmodern Geographies. The Reassertion of Space in Critical Social Theory, London 1989, S. 39. Weitere Belegstellen des Begriffs lassen sich nur an drei Stellen finden (S. 16, 50 und 154), wo dem Begriff allerdings keine große und unspezifische Bedeutung zukommt (vgl. Jörg Döring / Tristan Thielmann, Einleitung: Was lesen wir im Raume? Der Spatial Turn und das geheime Wissen der Geographen, in: Dies. [Hg.], Spatial Turn. Das Raumparadigma in den Kultur- und Sozialwissenschaften, Bielefeld 2008, S. 7–45, S. 7).

[177] Vgl. Thomas Kuhn, Die Struktur wissenschaftlicher Revolutionen. Aus dem Amerikanischen von Kurt Simon, Frankfurt a. M. 1973.

[178] Jan Loffeld, In die Räume des „Heiligen" vortasten, in: Katharina Karl / Stephan Winter (Hg.), Gott im Raum?! Theologie und spatial turn: aktuelle Perspektiven, Münster 2021, S. 291–312, S. 291.

[179] Vgl. Günzel, Raum Handbuch, S. 90.

[180] Edward Soja, Thirdspace. Journeys to Los Angeles and Other Real-and-Imagined Places, Cambridge 1996, S. 340.

[181] Vgl. Günzel, Raum Handbuch, S. 90.

[182] Günzel, Raum Handbuch 2010, S. 91.

und Michel Foucault, welcher an die soziale Perspektive Lefebvres anschloss.[183] Bis zu Sojas Monographie *Thirdspace* erfuhr der Ausdruck ‚spatial turn', bis auf wenige Ausnahmen wie Fredric Jameson[184], äußerst wenig Resonanz.[185] Soja war bemüht seinen kreierten Begriff populär zu machen. Der Grund hierfür war das Anliegen, die spatiologischen Aspekte gegenüber den zeitlichen Beeinflussungen hervorzuheben und somit zu einer Wiederbeachtung des Raum-Labels in der kritischen Sozialtheorie zu gelangen.[186] Soja bemängelte die zu positive und zu einseitige Konnotation von Zeit (Entwicklung, fortschrittlich, dynamisch), im Gegensatz zu den ablehnenden Raumkonnotationen des 20. Jahrhunderts (starr, fix, tot, gegeben usw.).[187] Sein Ziel war es, das Verhältnis von Geschichte und Geographie bzw. Zeit und Raum, welche im Übrigen die beiden Basiskategorien von Wahrnehmung bilden,[188] neu zu bestimmen.

Die Ursache[189] für diese Schieflage war vor allem der Faschismus Mitte des 20. Jahrhunderts, der die Beherrschung von Mensch und Natur fokussierte.[190] Dass Raumdenken und nationalsozialistische Expansionspolitik eine tendenzielle Dethematisierung von Raum nach sich zogen, sei allgemein bekannt, so Julia Lossau.[191] Entsprechend galt die Raumkategorie nach dem II. Weltkrieg etwa für Adorno und Horkheimer lange als „die absolute Entfremdung"[192]. Der Historiker Karl Schlögel spricht von einem durch die Nationalsozialisten kontaminierten Begriff:

> „Raum und alles, was mit ihm zu tun hatte, war nach 1945 obsolet, ein Tabu, fast anrüchig. Wer die Vokabel benutzte, gab sich als jemand von gestern, als ewig Gestriger zu erkennen. [...] Raum zog eine ganze Kette von Assoziationen und Bildern nach sich: ‚Raumnot', ‚Volk ohne Raum', ‚Ostraum', ‚Raumbewältigung', ‚Grenzraum', ‚Siedlungsraum', ‚Lebensraum'."[193]

---

[183] Vgl. Gerok-Reiter/Hammer, Spatial Turn/Raumforschung, S. 483f.
[184] Fredric Jameson, Postmodernism, or, The cultural logic of late capitalism, Durham 1991.
[185] Vgl. Günzel, Raum Handbuch, S. 90.
[186] Vgl. Döring / Thielmann, Was lesen wir im Raume, S. 9.
[187] Vgl. Soja, Postmodern Geographies, S. 4.
[188] Vgl. Tim Freytag, Raum und Gesellschaft, in: Ders. / Julia Lossau / Roland Lippuner (Hg.), Schlüsselbegriffe der Kultur- und Sozialgeographie, Stuttgart 2014, S. 12–24, S. 13.
[189] Die Kategorie erfuhr aber lange vor den Ereignissen des 20. Jahrhunderts Ablehnung. So herrschte seit dem Platonismus eine grundsätzliche Skepsis bzw. Abwertung gegenüber Körper und Materie, so Hartmut Böhme (vgl. Hartmut Böhme, Einleitung: Raum – Bewegung – Topographie, in: Ders. (Hg.), Topographien der Literatur. Deutsche Literatur im transnationalen Kontext, Stuttgart / Weimar 2005, S. IX–XXIII, S. X).
[190] Vgl. Günzel, Raum. Eine kulturwissenschaftliche Einführung, S. 63.
[191] Vgl. Julia Lossau, Räume von Bedeutung. Spatial turn, cultural turn und Geographie, in: Moritz Czáky / Christoph Leitgeb (Hg.), Kommunikation. Gedächtnis. Raum, Bielefeld 2009, S. 29–43, S. 29.
[192] Theodor W. Adorno, Dialektik der Aufklärung. Philosophische Fragmente, in: Rolf Tiedemann (Hg.), Gesammelte Schriften, Bd. 3, Frankfurt a. M. 1997, S. 205.
[193] Schlögel, Im Raume, S. 52.

2.3 Eine geographische Inventur von Raumkonzepten

In der Folge der Nachkriegszeit bis zum Ende des 20. Jahrhunderts war der Raumbegriff für die Sozialwissenschaften schlicht ein Tabuthema, so Günzel.[194] Erst durch die Arbeiten von Foucault und Lefebvre sowie die später von Soja ins Leben gerufene Raumwende, kam es zum besagten Paradigmenwechsel. In *Postmodern Geographies* rezipierte Soja Lefebvres *La production de l'espace* und machte damit nicht nur das raumschaffende Denken des französischen Sozialphilosophen populär, sondern befeuerte auch den spatial turn im Allgemeinen. Lefebvre entwarf in seinem Werk eine theoretische Trias (siehe Abb. 1: Lefebvres Trialektik der sozialen Räumlichkeit[195]), bestehend aus dem wahrgenommenen Raum (espace perçu), dem gelebten Raum (espace vécu) und dem vorgestellten Raum (espace conçu).[196] Die prägnante Grundthesis Lefebvres lautet: „Der soziale Raum ist ein soziales Produkt."[197]

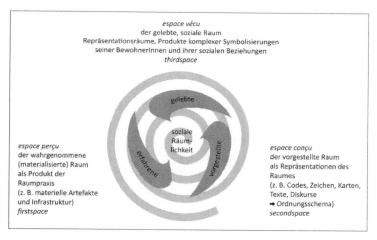

Abb. 1: Lefebvres Trialektik der sozialen Räumlichkeit

Soja sah in dem Hauptwerk des französischen Soziologen eine Überwindung der Raumvergessenheit.[198] Interessant ist überdies, dass Soja bei einem Vortrag vor gut 10 Jahren, als die Turn-Debatte im deutschen Sprachraum breit diskutiert

---

[194] Vgl. Günzel, Raum. Eine kulturwissenschaftliche Einführung, S. 63. Siehe auch: Walter Prigge, Raumdebatten in Deutschland seit 1945, in: Tom Fecht / Dietmar Kamper (Hg.), Umzug ins Offene. Vier Versuche über den Raum, Wien / New York 2000, S. 23–29.
[195] Kerstin P. Hofmann / Stefan Schreiber, Raumwissen und Wissensräume. Vielfältige Figurationen eines weiten Forschungsfeldes für die Altertumswissenschaften, in: eTopoi 5 (2015), S. 9–38, Abb. 1: Trialektik der sozialen Räumlichkeit, S. 14.
[196] Vgl. Marian Füssel, Tote Orte und gelebte Räume. Zur Raumtheorie von Michel de Certeau S. J., in: Historical Social Research 38 (2013), H. 3, S. 22–39, S. 33.
[197] Lefebvre, La production de l'espace, S. 36.
[198] Döring / Thielmann, Was lesen wir im Raume, S. 7.

wurde, den spatial turn selbst zum wichtigsten aller Turns erhob.[199] Mit solch steilen Thesen wurde der Sozialgeograph der Rolle des Resonanzverstärkers durchaus gerecht.

Entgegen der Annahme, der spatial turn sei etwas Neues, gibt es auch Skeptiker wie Matthias Wüthrich, die der Ansicht sind, es sei besser von einem „spatial re-turn"[200] zu sprechen als von einer Kehre oder Wende. Die Begründung liegt in der Annahme, dass Raum schon immer ein wichtiges und wiederkehrendes Thema in den unterschiedlichen Wissenschaften war. Angefangen bei Aristoteles über Newton und Leibniz bis hin zu Georg Simmel. Außerdem müsse genau genommen vom Plural, also von spatial turns die Rede sein, da es nicht die *eine* Trendumkehr, sondern zahlreiche und unterschiedliche Raumdebatten gebe, so Döring und Thielmann.[201]

Nichtsdestotrotz zählt der Raumdrift zu den wichtigsten Wenden des cultural turn. Die zweifelsohne zentrale Erkenntnis jenes Diskurses sei, dass Gesellschaft und Raum stark miteinander verwoben sind, so Judith Miggelbrink.[202] Diese Annahme fußt wiederum auf dem Wechsel des ‚ontologischen Aggregatzustands' von absolut zu relational. Ein weiterer Zugewinn ist die Kategorie ‚Raum', egal ob als heuristisches Mittel oder Methode – sie ist für viele Disziplinen interessant. Der Grund für das rege Raum- und Ortsinteresse ist simpel: Neben der Zeit, sind unser Denken, unser Miteinander, unsere Sprache, unser Handeln und unsere Umwelt von räumlichen Dimensionen geprägt. Solche zunächst trivial erscheinenden Aspekte im Blick zu haben, ist vielen Wissenschaften wichtig geworden. Vor allem die rasante Zunahme der kulturellen und ökonomischen Globalisierung und die damit verbundenen Auswirkungen auf räumliche Konstruktionen und regionalisierte Identitäten führten zu einer gesteigerten Raumbegeisterung vieler Disziplinen.[203] Hierzu passen die Worte von Gebhardt und Reuber:

---

[199] Edward Soja: „Wir sollten anerkennen, dass der spatial turn mehr ist als der letzte Neueinsteiger in die Wochencharts des akademischen Interesses. Wie ich höre, ist in einem kürzlich erschienenen deutschsprachigen Buch von nicht weniger als sieben verschiedenen turns die Rede: translational, performative, iconic usw. Ich hingegen behaupte, dass der spatial turn von einer viel tiefer gehenden Wirkung ist als diese Klein-turn Versammlung in der Sekundärliteratur" (Edward Soja, Vom ‚Zeitgeist' zum ‚Raumgeist'. New Twists on the Spatial Turn, in: Jörg Döring / Tristan Thielmann (Hg.), Spatial Turn. Das Raumparadigma in den Kultur- und Sozialwissenschaften, Bielefeld 2008, S. 241–263, 242f.). Die Veröffentlichung, die Soja hier anspricht, bezieht sich auf Doris Bachmann-Medick (2006).

[200] Wüthrich, Raum Gottes, S. 97.

[201] Vgl. Döring / Thielmann, Was lesen wir im Raume, S. 11.

[202] Vgl. Miggelbrink, Räume und Regionen, S. 71.

[203] Vgl. Hans Gebhardt / Paul Reuber (Hg.), Humangeographie im Spannungsfeld von Gesellschaft und Raum, in: Dies. / Rüdiger Glaser / Ulrich Radtke (Hg.), Geographie. Physische Geographie und Humangeographie, Heidelberg ²2011, S.643–653, S. 647.

„Vor diesem Hintergrund ist es nicht verwunderlich, dass sich Soziologen, Ethnologen, Politologen, Kulturanthropologen und viele andere in ihren eigenen Makrotheorien auf die Such nach der Rolle raumbezogener Strukturierungsprinzipien [...] machen [...]."[204]

Die grundsätzliche Dynamik des Drifts verdankt sich vor allem der großen Vielzahl an transdisziplinären Zugriffen, wobei sich das darin enthaltene Potenzial freilich erst dann löse, wenn jede wissenschaftliche Disziplin ihre spezifische (Raum-)Expertise miteinbringe, so der Literaturwissenschaftler Michael C. Frank.[205] Nach gut 30 Jahren spielt die Raumkehre (immer noch) für viele wissenschaftliche Disziplinen eine wichtige Rolle in der Erkenntnisgewinnung – obgleich zu erwähnen ist, dass sich der spatial turn nicht in allen Bereichen gleichintensiv durchsetzen konnte.

2.3.3.1 Topographical Turn und Topological Turn

Wie der spatial turn selbst als Subturn aus dem cultural turn hervorging, so gibt es zwei Subturns, die aus dem spatial turn erwachsen sind. Die Rede ist vom topographical turn und dem topological turn, die im Folgenden kurz vorgestellt werden.

Die Kultur- und Literaturwissenschaftlerin Sigrid Weigel etablierte in einem ihrer Aufsätze den topographical turn, der an den Untertitel einer Berliner Tagung der Kulturwissenschaften von 2002 angelehnt ist.[206] ‚Topographie' meint hierbei allerdings nicht den kartographischen Gedanken eines vermessenen Reliefs, sondern bezieht sich auf ‚Graphie' (griechisch graphe) im Sinne von Schrift.[207] Sowohl die Beiträge der Berliner Tagung als auch der Artikel von Weigel verstehen unter Topographie den Vorgang räumlicher Einschreibung von Texten.[208] Wird der Begriff auf die Kulturwissenschaften im Allgemeinen ausgedehnt, markiere er nicht nur räumliche Praktiken und Semantiken in Texten, sondern auch in Bildern, historischen und gegenwärtigen Lebenswelten, so die Historikerin Susanne Rau.[209] Sigrid Weigel definiert ihre Wende selbst so:

---

[204] Gebhardt / Reuber, Humangeographie, S. 647.
[205] Vgl. Michael C. Frank, Die Literaturwissenschaften und der spatial turn: Ansätze bei Jurij Lotman und Michail Bachtin, in: Wolfgang Hallet / Birgit Neumann (Hg.), Raum und Bewegung in der Literatur. Die Literaturwissenschaften und der Spatial Turn, Bielefeld 2009, S. 53–80, S. 56.
[206] Sigrid Weigel, Zum ‚topographical turn'. Kartographie, Topographie und Raumkonzepte in den Kulturwissenschaften, in: KulturPoetik 2 (2002), H. 2, S. 151–165.
[207] Vgl. Stephan Günzel, Raum. Eine kulturwissenschaftliche Einführung, S. 112.
[208] Vgl. Stephan Günzel, Raum. Eine kulturwissenschaftliche Einführung, S. 112.
[209] Vgl. Rau, Räume, S. 243.

> „Es handelt sich beim ‚topographical turn' [...] um eine Transformation ‚klassischer' diskurshistorischer Kritik in den präskriptiven Entwurf für eine Theorie."[210]

Und weiter:

> „Der Raum ist hier nicht mehr Ursache oder Grund, von der oder dem die Ereignisse oder deren Erzählung ihren Ausgang nehmen, er wird selbst vielmehr als eine Art Text betrachtet, dessen Zeichen oder Spuren semiotisch, grammatologisch oder archäologisch zu entziffern sind."[211]

Doris Bachmann-Medick sieht in der topographischen Wende eine Unterströmung des spatial turn, in deren Fokus die Fragestellung steht, „wie literarische Texte Verortung reflektieren und ausgestalten [...] bis hin zur Reflexion ihrer eigenen Verortung in den neueren Literaturen der Welt"[212].

Daneben gibt es einen topologischen Ansatz. Ebner von Eschenbach umreißt den topological turn wie folgt:

> „Im Gegensatz zu einer topographischen Beschreibung ermöglicht eine topologische Perspektive, strukturtheoretische Aspekte von Räumlichkeit zum Vorschein zu bringen, die ohne sie verschlossen blieben."[213]

Stephan Günzel, der Namensgeber und prominenteste Vertreter des topologischen Ansatzes, sieht in seiner Kehrtwende eine Abwendung vom Raum und die Hinwendung zur Räumlichkeit.[214] Sein Ansatz geht gewisser Maßen eine Ebene weiter zurück als der spatial turn. Der Perspektivwechsel von Materialität hin zu Relationen – zur Topologie – steht für Günzel im Mittelpunkt. Damit können alternative Betrachtungen raumtheoretischer Einsätze und die Abkehr vom Substanzdenken bewirkt werden, so Günzel.[215] Ergänzend formuliert er:

> „Unter der topologischen Wende können diejenigen Elemente eines Denkens von Räumlichkeit gefasst werden, welche das spezifisch Neue gegenüber einer bloßen Aufwertung der Kategorie Raum [...] zu betonen versuchen."[216]

Der topologische Blickwechsel soll jedoch nicht als besser oder genauer verstanden werden. Vielmehr soll diese Perspektive als Ergänzung von Raum dienen,

---

[210] Weigel, Zum ‚topographical turn', S. 156.
[211] Weigel, Zum ‚topographical turn', S. 160.
[212] Bachmann-Medick, Cultural Turns, S. 308f.
[213] Malte Ebner von Eschenbach, Im Grenzbereich des Räumlichen. Vorüberlegungen zu einer topologischen Perspektive in der erwachsenenpädagogischen Raumforschung, in: Zeitschrift für Weiterbildungsforschung 40 (2017), H. 1, S. 91–118, S. 94.
[214] Vgl. Günzel, Spatial Turn – Topographical Turn – Topological Turn, 2008, S. 221.
[215] Ebner von Eschenbach, Im Grenzbereich des Räumlichen, S. 95.
[216] Stephan Günzel, Spatial Turn – Topographical Turn – Topological Turn. Über die Unterschiede zwischen Raumparadigmen, in: Jörg Döring / Tristan Thielmann (Hg.), Spatial Turn. Das Raumparadigma in den Kultur- und Sozialwissenschaften, Bielefeld 2008, S. 219–238, S. 221.

2.3 Eine geographische Inventur von Raumkonzepten

um blinde Flecken mit einem alternativen Herangehen aufzudecken, so Günzel.[217] Matthias Wüthrich kritisiert am topological turn, dass auf Kosten einer vermeintlich neuen Wende eine Engführung sowohl des spatial turn als auch des Raumbegriffes insgesamt erfolge.[218]

Fraglich ist prinzipiell, ob es bei den zwei Ansätzen tatsächlich notwendig ist, diese als Trendwenden zu betiteln und den Konzepten damit einen Kuhnschen Paradigmenwechsel zu unterstellen. Schließlich verstehe es sich von selbst, so der Kulturphilosoph Dirk Quadflieg, dass nicht jeder neue (oder wieder aufgerollte) Untersuchungsgegenstand den Zusatz Paradigmenwechsel bzw. turn verdiene.[219] Denn die Konzeption von Thomas Kuhn meint *weitreichende* wissenschaftliche Revolutionen und verknüpft damit große Namen wie Isaac Newton oder Albert Einstein. Interessanterweise empfiehlt Stephan Günzel selbst, mit dem Ausrufen von wissenschaftlichen Wenden eher zögerlich und mit Enthaltsamkeit umzugehen.[220] Andernfalls komme es bei all der Auffächerung und Ableitung von Wenden zu einer Schachtellogik, die einem Matrjoschka-Prinzip ähnele, so Michael C. Frank: topological turn und topographical turn sind Unterkategorien des spatial turn, der wiederum aus der cultural turn abgeleitet werden kann, der wiederum in enger Verbindung zum linguistic turn steht.[221]

Topographical turn und topological turn sind somit keine Aggregatzustände des spatial turn, sondern Nachfolgewirkungen bzw. Subkonzepte, die sich unter dem Metabegriff versammeln. Während der topographical turn sich dem Raum in der Literatur topographisch annähert, versucht der topological turn ein relationales Verständnis auszuloten, welches mehr der Räumlichkeit und weniger dem Raum nachgeht.

2.3.4 Die Raumwende aus Sicht der Geographie

In den 1970er Jahren kam es in der Geographie zu einem Wechsel des zu untersuchenden Metabegriffes. Der bis dahin zentrale Grundbegriff der Landschaft[222] wich dem Raumbegriff, der fortan die bestimmende Vokabel war und damit das

---

[217] Vgl. Stephan Günzel, Einleitung, in: Ders. (Hg.), Raumwissenschaften, Frankfurt a. M. 2009, S. 7–13, S. 11.
[218] Vgl. Wüthrich, Raum Gottes, S. 44.
[219] Vgl. Dirk Quadflieg, „Zum Öffnen zweimal drehen". Der spatial turn und die doppelte Wendung des Raumbegriffs, in: Suzana Alpsancar /Petra Gehring / Marc Rölli (Hg.), Raumprobleme. Philosophische Perspektiven, München 2011, S. 21–38, S. 22.
[220] Vgl. Günzel, Spatial Turn, S. 221.
[221] Vgl. Frank, Die Literaturwissenschaften und der spatial turn, S. 62.
[222] Der Landschaftsbegriff ist aber natürlich ein wichtiger und viel reflektierter Forschungsbereich innerhalb der Geographie. Siehe hierzu etwa: Olaf Kühne, Landschaft und Wandel. Zur Veränderlichkeit von Wahrnehmungen, Wiesbaden 2018.

Kerngeschäft geographischen Arbeitens vorgab, so Lossau.[223] Als der Paradigmenwandel zum Raum aufschlug, waren geographische Ansätze und Betrachtungen anfangs eher unterrepräsentiert.[224] Inzwischen hat sich das Bild der (geographischen) Raumexpertin jedoch etabliert. Entsprechend lohnt sich ein Blick auf das Comeback des Raumes aus der geographischen Expert:innenperspektive. Die Krönung zur Leitdisziplin erfolgt nicht durch die Geographie selbst, sondern vorrangig durch die Literatur- und Medienwissenschaften, so Günzel.[225]

Für die Geographie ist die gesteigerte Aufmerksamkeit für räumliche Kontexte eine ambivalente Angelegenheit. Einerseits findet das Fach nämlich den zentralen Begriff recht unvermittelt inmitten von sozial- und kulturwissenschaftlichen Diskursen wieder; andererseits ist die Geographie mit der räumlichen Wende fachwissenschaftlich verbunden.[226] Hierdurch befindet sich die Raumwissenschaft in einem Spagat zwischen Zuspruch und Skepsis. Zuspruch für das Interesse am eigenen Forschungsgegenstand und Skepsis bzw. Kritik gegenüber den Fehlern, die den anderen Wissenschaften in Bezug auf Raum unterlaufen.

Vor allem ein erkenntnistheoretischer Fehlschluss, löst bei vielen Geograph:innen Unbehagen aus.[227] Stellvertretend mahnt Gerhard Hard an, dass die Sozial- und Kulturwissenschaften einen epistemischen Fehler begehen, wenn sie versuchen „Nichträumliches [...] als räumlich-materiell Fixierbares [...] [oder als] ganz und gar Räumliches oder Physisch-Materielles erscheinen zu lassen"[228]. Aus kultur-geographischer Sicht birgt die Verräumlichung der Kultur jedenfalls die Gefahr, „Produkte sozialer Praktiken in scheinbar natürliche ‚geographische Gegebenheiten' zu verwandeln"[229], sie also zu verdinglichen und letztlich zu naturalisieren. Pierre Bourdieu würde in diesem Zusammenhang wohl vom „Naturalisierungseffekt"[230], also „etwas Kulturelles als etwas Natürliches wahrzunehmen"[231], sprechen. Die Folge der Verdinglichung sei das Vertauschen von Be-

---

[223] Vgl. Julia Lossau, Räume von Bedeutung, S. 33.
[224] Vgl. Julia Lossau, Mind the gap, S. 56.
[225] Vgl. Günzel, Raum Handbuch, S. 101. Günzel bezieht sich hierbei auf die Veröffentlichung von Döring und Thielmann (2008), die die Geographie darin zur Leitdisziplin erhoben haben.
[226] Vgl. Julia Lossau, Räume von Bedeutung, S. 30.
[227] Vgl. Julia Lossau, Räume von Bedeutung, S. 31.
[228] Hard, Raumfragen, S. 156.
[229] Julia Lossau / Roland Lippuner, In der Raumfalle. Eine Kritik des spatial turn in den Sozialwissenschaften, in: Georg Mein / Markus Rieger-Ladich (Hg.), Soziale Räume und kulturelle Praktiken. Über den strategischen Gebrauch von Medien, Bielefeld 2015, S. 47–64, S. 48.
[230] Pierre Bourdieu, Physischer, sozialer und angeeigneter physischer Raum, in: Martin Wentz (Hg.), Stadt-Räume. Die Zukunft des Städtischen, Frankfurt a. M. 1991, S. 25–34, S. 27.
[231] Pierre Bourdieu, Kunst und Kultur. Zur Ökonomie symbolischer Güter (= Schriften zur Kultursoziologie 4), Konstanz 2011, S. 12.

2.3 Eine geographische Inventur von Raumkonzepten

obachtung und Gegenstand, von Begriff und Sache sowie von semantischer Struktur und Realität, so Wolfgang Zierhofer.[232]

Jener epistemologische Fehlschluss wurde von Lossau und Lippuner als „Raumfalle"[233] betitelt. Malte Ebner von Eschenbach fasst bündig zusammen: „In die Raumfalle tappt, wer annimmt, die materielle Wirklichkeit bestimme das Handeln stärker als die in materiellen Räumen gelebten sozialen Praktiken."[234] Der Grund für den epistemologischen Fehler liegt erneut[235] in der komplexreduzierenden Funktion der Raumsprache, die dazu verleitet, symbolische Bedeutungszuschreibungen in die räumliche Umwelt so aussehen zu lassen, als seien sie Bestandteile der materiellen Welt.[236] Die Humangeographie ist jedoch spätestens seit der Abkehr vom Landschaftsbegriff „bemüht, naturalistische Begründungen sozialer Phänomene zu vermeiden"[237], so Lossau wörtlich. Seither erinnert die kulturgeographische Forschung stetig daran, dass die Bedeutung von Orten nicht von deren physiognomischer Erscheinung oder der Stofflichkeit abhänge, sondern von semantischen Einschreibungen und Traditionen.[238] So stellt Weichhart fest, dass es nicht zuletzt die Aufgabe der Sozialgeographie sei, „die Beziehung zwischen dem Sozialen und dem Räumlichen"[239] zu untersuchen. Auch Stephan Günzel hebt die mahnende Kritik der Raumspezialisten hervor und fügt an:

> „Worin sich die Human- und Kulturgeographie gegenüber den anderen Disziplinen in der Tat auszeichnet, ist, dass sie sich mit dem *spatial turn* seinen geodeterministischen Tendenzen kritisch auseinandergesetzt hat."[240]

In der Tat haben viele dem Raum zugewandte Wissenschaften eine kritische Auseinandersetzung mit den überwundenen geodeterministischen Raumkonzepten übersprungen. Folglich könnte die Gefahr bestehen, ungewollt in der Nähe solcher Konzepte zu landen.

Ferner vermittelt das Lesen einzelner Veröffentlichungen den Eindruck, dass sich die Geographie als wissenschaftliche Disziplin abgehängt fühlen könnte, wenn andere Nachbardisziplinen das Raumthema besser oder breiter diskutieren als sie selbst. So schreibt Jürgen Pohl beispielsweise:

---

[232] Vgl. Wolfgang Zierhofer, State, Power and Space, in: Social Geography 1 (2005), H. 1, S. 29–36, S. 31.
[233] Julia Lossau / Roland Lippuner, In der Raumfalle. Eine Kritik des spatial turn in den Sozialwissenschaften, in: Georg Mein / Markus Rieger-Ladich (Hg.), Soziale Räume und kulturelle Praktiken. Über den strategischen Gebrauch von Medien, Bielefeld 2015, S. 47–64.
[234] Ebner von Eschenbach / Mattern, Die konkrete räumliche Wirklichkeit, S. 1.
[235] Siehe Kapitel 2.3.1 Der Raumbegriff – Fluch und Segen zugleich.
[236] Vgl. Lossau, Räume von Bedeutung, S. 41.
[237] Lossau, Räume von Bedeutung, S. 39.
[238] Vgl. Lossau, Räume der Bedeutung, S. 41.
[239] Weichhart, Entwicklungslinien, S. 409.
[240] Günzel, Raum Handbuch, S. 101.

> „Die Wiederentdeckung des Raumes ist nicht nur eine große Chance für die Geographie, sondern auch eine disziplinpolitische Herausforderung. Denn je mehr die Nachbardisziplinen den Raum als eines ihrer Probleme begreifen, um so [sic!] mehr gerät die Geographie in ihrer ‚räumlichen Nische' in eine Legitimationskrise."[241]

Ungeachtet der eher unbegründeten Sorge, andere rauminteressierte Disziplinen könnten der Geographie ihren Rang bzw. Grundbegriff ablaufen, gibt es, wie das Zitat zeigt, doch vereinzelte Stimmen, die mit solch einem Szenario rechnen.

Kurzum sah sich die Geographie im Zuge des spatial turn mit einer Raumeuphorie der Nachbarwissenschaften konfrontiert. Eine ambivalente Situation: Auf der einen Seite erfreute man sich der wachsenden Beliebtheit für den eigenen Gegenstand. Andererseits betrachtete man die teils unreflektierte Verwendung von Raumsemantiken und das naturalisierende Verdinglichen des Räumlichen mit großer Skepsis. Doch gerade die Kritik der (Human-)Geographie trug dazu bei, dass sie sich als Mutterdisziplin herauskristallisierte und somit häufig als erste Ansprechpartnerin für spatiologische Fragestellungen gilt.

2.3.5 Lost in Space? Die Raumkehre in der Theologie

Seit Beginn des spatial turn, vor gut 30 Jahren, sind auch in der Theologie Raumfragen präsent.[242] So schreibt der Pastoraltheologe Franz Schregle, dass die Raumkategorie seit Beginn des 21. Jahrhunderts in der Theologie Resonanz finde.[243] Betrachtet man den deutschsprachigen Raum, fällt auf, dass die Debatte zunächst intensiver auf Seiten der evangelischen Theologie geführt wurde.[244] Auf katholischer Seite trat die Hinwendung zum räumlichen Paradigmenwechsel später auf, was sich in den vergangenen Jahren mit einem verstärkten Interesse an Räumen und Orten änderte. Dies belegen kürzlich erschienene Zeit-

---

[241] Jürgen Pohl, Kann es Geographie ohne Raum geben? Zum Verhältnis von Theoriediskussion und Disziplinpolitik, in: Erdkunde 47 (1993), H.4, S. 255–266, S. 260.
[242] Vgl. Magdalena L. Frettlöh, Der trinitarische Gott als Raum der Welt. Zur Bedeutung des rabbinischen Gottesnamens maqom für eine topologische Lehre von der immanenten Trinität, in: Rudolf Weth (Hg.), Der lebendige Gott. Auf den Spuren neueren trinitarischen Denkens, Neukirchen-Vluyn 2005, S. 197–232, S. 197f.
[243] Vgl. Franz Schregle, Pastoral in ländlichen Räumen. Wegmarkierungen für eine landschaftliche Seelsorge (= Studien zur Theologie und Praxis der Seelsorge 77), Würzburg 2009, S. 236.
[244] Vgl. Martin Schneider, Raum – Mensch – Gerechtigkeit. Sozialethische Reflexionen zur Kategorie des Raumes, Paderborn 2012, S. 22 bzw. FN 32.

schriftenausgaben[245], Sammelbände[246], Dissertationen[247] und Symposien[248]. Infolgedessen lässt sich mit Thomas Erne berechtigterweise von einer „Wiederentdeckung des Raumes"[249] innerhalb der Theologie sprechen. Obgleich die theologische Forschung bislang eine Hinwendung zum Räumlichen unternimmt, ist dies eher eine von vielen Forschungsperspektiven, denen sich theologisches Arbeiten aktuell widmet. Entsprechend kann von einer *dezidierten* Priorisierung des Raumparadigmas keine Rede sein. Gerrit Spallek fasst prägnant zusammen, weshalb Räume besonders relevant für die Theologie sind:

> „Gerade weil Räume ebenso erklärende wie erklärungsbedürftige Medien sind, sind sie (und die mit Räumen verbundenen Theorien) von hoher Relevanz für die Theologie."[250]

Im Kanon der Theologie fallen vor allem zwei Fachrichtungen auf, die sich mit Raum- und Ortsfragen näher beschäftigen: die Bibelwissenschaften[251] und die Praktische Theologie.[252] Praktisch-theologische Fächer wie die Religionspädagogik[253], die Pastoraltheologie und die Liturgiewissenschaften rücken, so Hans-Joachim Sander, die geographischen Auseinandersetzungen mit Räumen und Orten immer weiter in den Fokus ihrer Forschungen.[254] Beispielsweise werden in den Liturgiewissenschaften Kirchenbauten bzw. sakrale Transformationsorte[255]

---

[245] Beispielsweise: Bibel und Kirche, Erzählte Räume 73 (2018), H. 2 sowie Lebendige Seelsorge, Pastoralgeographie 68 (2017), H. 4 und Verkündigung und Forschung, Raum – der spatial turn in Theologie und Religionswissenschaft 62 (2017), H. 1.

[246] Beispielsweise: Katharina Karl / Stephan Winter (Hg.), Gott im Raum?! Theologie und spatial turn: aktuelle Perspektiven, Münster 2021.

[247] Beispielsweise: Gerrit Spallek, Tor zur Welt? Hamburg als Ort der Theologie (= Theologie im Dazwischen – Grenzüberschreitende Studien 1), Ostfildern 2021.

[248] Beispielsweise: „*Die Theologie und der spatial turn: Ein interdisziplinäres Fachgespräch*" (Universität Augsburg 2018) und „*Raumdesign. Raumkonzepte im theologischen Diskurs. Interdisziplinäre und interkulturelle Zugänge*" (Akademie der Diözese Rottenburg-Stuttgart 2015).

[249] Thomas Erne, Die Wiederentdeckung des Raumes in der Evangelischen Theologie, in: Zeitschrift der GAGF 21 (2007), H. 2, S. 5–13.

[250] Spallek, Tor zur Welt?, S. 404.

[251] Vgl. Ingrid Schoberth, „Du stellst meine Füße auf weiten Raum" – Raummetaphern und leibhaftiges Leben, in: Reinhold Bernhardt / Ulrike Link-Wieczorek (Hg.), Metapher und Wirklichkeit. Die Logik der Bildhaftigkeit im Reden von Gott, Mensch und Natur, Göttingen 1999, S. 240–251.

[252] Vgl. Wüthrich, Raum Gottes, S. 97f.

[253] Vgl. Christina Föllmer, Kirchenraumpädagogik für Kinder, in: Katrin Bederna / Hildegard König (Hg.), Wohnt Gott in der Kita? Religionssensible Erziehung in Kindertageseinrichtungen, Düsseldorf 2009, S. 208–215.

[254] Vgl. Hans-Joachim Sander, Der ewige Gott hat Raum. Theologie im spatial turn, in: Theologische Revue 109 (2013), H. 2, S. 91–110, S. 104f.

[255] Siehe hierzu: DFG-Forschungsprojekt „TRANSARA. Sakralraumtransformation", wo sieben Forschungsgruppen aus vier Universitäten bzw. Hochschulen das Thema der Sakralraumtransformation aus unterschiedlichen Perspektiven betrachten (DFG-Forschungsprojekt „TRANSARA. Sakralraumtransformation", in: https://transara.de/ [Abrufdatum: 18.10.2021]).

verstärkt aus einer raumsensiblen Perspektive betrachtet. Für sakrale bzw. pastorale Orte interessiert sich darüber hinaus auch die Pastoraltheologie; jedoch weniger aus einem liturgischen Blick, sondern vielmehr aus einem pastoral-konzeptionellen Interesse. Dies betont unter anderem der Tübinger Theologe Stephan Winter:

> „Auch in der Pastoraltheologie ist das Paradigma des Raums seit Längerem angekommen als ein möglicher Zugang pastoraltheologischen Denkens. Denn Pastoral an sich ist ein räumlicher Vorgang."[256]

So verweist etwa Thomas Schmitt darauf, dass Räume immer „Kontext, Medium und Ziel pastoralen Handelns"[257] sind und damit hohe Relevanz für die Pastoraltheologie besitzen.

In der Exegese des Neuen[258] und Alten Testaments[259] finden räumliche Narrative durchaus Beachtung. Dahin gehend lassen sich die dahinterstehenden Raumkonzepte in biblischen Erzählungen entdecken, so Baumgärtner, Klumbies und Sick.[260] Hingegen genießen in der systematischen Theologie raumtheologische Reflexionen derzeit vor allem in einer topologischen Theologie der Glaubensräume[261] Beachtung. Die beiden Salzburger Theologen Hans-Joachim Sander und Gregor Maria Hoff entfalten den topologischen Diskurs auf Dogmatik und Fundamentaltheologie in ihrer aktuellen Reihe in gleichem Maße. Im gleichen Zuge ist die kürzlich erschiene Arbeit von Fabian Brand zu erwähnen, in der der Würzburger Systematiker die Entwicklung einer Trinitätstheologie unter der Mithilfe von Raumtheorien zu erschließen versucht.[262] Zudem sei auch in der

---

[256] Katharina Karl, Pastorale Raumbeziehungen. Bedeutungen des spatial turn für die Pastoraltheologie, in: Dies. / Stephan Winter (Hg.), Gott im Raum?! Theologie und spatial turn: aktuelle Perspektiven, Münster 2021, S. 207–221, S. 207.

[257] Thomas Schmitt, Religion in räumlichen Bezügen denken? Grundzüge und Perspektiven geographischer Religionsforschung, in: Lebendige Seelsorge 68 (2017), H. 4, S. 231–238, S. 237.

[258] Beispielsweise: Rainer Schwindt, Vom Ort zum Raum. Exegetische und systematische Überlegungen zur Geschichte von Jesus und der Syrophönizierin (Mk 7,24–31), in: Münchner Theologische Zeitschrift 60 (2009) S. 62–75. Oder: Paul-Gerhard Klumbies, Das Raumverständnis in der Markuspassion, in: Ders. / Ingrid Baumgärtner/ Franziska Sick (Hg.), Raumkonzepte. Disziplinäre Zugänge, Göttingen 2009, S. 127–147.

[259] Beispielsweise: Susanne Gillmayr-Bucher, König Salomos Tempel und Königreich. Neue Einblicke durch eine literarische Analyse der Räume, in: Bibel und Kirche 73 (2018), H. 2, S. 62–70. Oder: Nele Spiering-Schomborg, Räume des Schreckens. Narratologische Überlegungen zum alttestamentlichen Erzählen von sexualisierter Gewalt, in: Bibel und Kirche 73 (2018), H. 2, S. 71–79.

[260] Vgl. Baumgärtner / Klumbies / Sick, Raumkonzepte, S. 10.

[261] Hans-Joachim Sander, Glaubensräume. Topologische Dogmatik, Bd. 1.1 Ostfildern 2019. Gregor M. Hoff, Glaubensräume. Topologische Fundamentaltheologie, Bd. 2.1, Ostfildern 2021.

[262] Vgl. Fabian Brand, Gottes Lebensraum und die Lebensräume der Menschen. Impulse für eine topologische Theologie, Münster 2021.

Schöpfungstheologie ein Augenmerk auf räumliche Bezüge gelegt worden, so Martin Schneider:

> „Mit dem Schöpfungshandeln Gottes rücken auch räumliche Bezüge seines Offenbarungs- und Heilshandelns in den Blick. So ist es nicht verwunderlich, dass dogmatische Reflexionen meist dann auf räumliche Kategorien zurückgreifen, wenn es um die Immanenz und die Transzendenz Gottes, um seine Nähe und Distanz, um seine Anwesenheit und Abwesenheit geht."[263]

Aus sozialethischer Perspektive sind ebenfalls Anknüpfungspunkte zu theoretischen Überlegungen von Raum gegeben; etwa wenn es um die Beleuchtung (un)gerechter Raumkonstellationen gehe, können laut Schneider gesellschaftliche Raumverhältnisse oder Raumpraktiken auf ihre ethischen Qualitäten hin überprüft und analysiert werden.[264]

Abschließend kann gemutmaßt werden, dass das Potenzial des spatial turn für verschiedene theologische Forschungsrichtungen größer ist, als man zunächst annehmen würde. Bezieht die Theologie das spatiologische Forschungsparadigma stärker in ihren Kanon ein, lassen sich unter anderem weitere Reflexionen über räumliche Transformationen und Phänomene im Bereich der gelebten Religion anstellen, so Wüthrich.[265] Gleiches gelte für „die dogmatische Rekonstruktion spatiologischer Sachzusammenhänge oder die historische Rekonstruktion von biblischen Weltbildern und deren Implikationen für die damalige Raumkonstruktion"[266]. Obwohl derweilen durchaus ein Interesse an Räumen und Orten seitens der Theologie besteht, wäre ein gesteigertes Aufkommen an raumsensibler Forschung weiter zu forcieren; nicht nur, um der Aktualität des Themas verpflichtet zu bleiben, und damit Forschung an den Fragen der Zeitgeschichte zu betreiben, sondern auch, um den Menschen und das Wort Gottes über eine räumliche Perspektive in den Blick zu nehmen.

2.4 Pastoralgeographie – oder: Weshalb es eine raumsensible Pastoraltheologie braucht

Bei Benno Werlen heißt es: „Forschungsansätze sind wie Brillen, anhand derer man die Wirklichkeit – oder zumindest das, was man dafür hält – unterschiedlich

---

[263] Schneider, Raum – Mensch – Gerechtigkeit, S. 46.
[264] Vgl. Schneider, Spatial Turn in der christlichen Sozialethik. Ein Plädoyer, in: Jahrbuch für Christliche Sozialwissenschaften 53 (2012), S. 221–244, S. 234.
[265] Vgl. Wüthrich, Raum Gottes, S. 97.
[266] Wüthrich, Raum Gottes, S. 97.

sieht."[267] Dieser Satz des Schweizer Humangeographen zeigt, dass jede Forschungsperspektive über unterschiedliche Sehschärfen und blinde Flecken verfügt. Die Frage, die sich damit für Pastoraltheologie stellt, ist: Fehlt der Pastoraltheologie ein *dezidierter* Blick für den Raum? Und falls ja, kann sie diesen Umstand ignorieren?

Diese Arbeit würde die erste Frage bejahen und die Folgefrage verneinen. Denn bislang gibt es in der Pastoraltheologie zwar durchaus Studien, die die Raumthematik aufgreifen – aber noch keine Untersuchung, die diese in einer eigenen Monographie exemplarisch und konzeptionell durcharbeitet. Infolgedessen ist es ein Anliegen dieser Arbeit, Pastoraltheologie für den Raum zu sensibilisieren und gleichsam diese theologisch-konzeptionelle Leerstelle zu minimieren. Für solch einen thematischen Blickwechsel bedarf es eines adäquaten Forschungsansatzes. Nicht nur, da es der logische Schluss einer kontextuellen Pastoraltheologie ist, neue Mittel und Wege zur Erschließung der praktischen Wirklichkeit zu finden, sondern auch, weil es die Umstände[268] erfordern. Immerhin gibt es in der Pastoral bzw. Pastoraltheologie den Ruf nach einer „Pastoral der Zwischenräume oder der Orte und Gelegenheiten"[269], so Matthias Sellmann. Diesen Aufruf bzw. Umstand zu ignorieren, wird einer Pastoraltheologie des 21. Jahrhunderts nicht gerecht. Denn eine Theologie, die nicht gegenwartswachsam für räumliche Transformationen und Konstellationen ist, verfehlt, wie die Kirche selbst, ihr Ziel in der Welt von *heute* präsent zu sein. Dementsprechend gilt es einem „geographischen Analphabetismus"[270] entgegenzusteuern, den sich weder die Theologie im Allgemeinen noch die Pastoraltheologie im Speziellen leisten können. Schlussfolgernd fordern die Gegebenheiten einen Forschungsansatz, der eine raumsensible Pastoraltheologie konzeptionell diskutiert und die bislang bestehenden Überlegungen miteinbezieht.

Bereits 2011 diskutierten die Pastoraltheologen Ulrich Feeser-Lichterfeld und Rainer Krockauer in einem Aufsatz[271], ob es an der Zeit wäre, eine *Pastoralgeographie* innerhalb der Praktischen Theologie zu etablieren. 2017 folgte der Beitrag[272] von Matthias Sellmann, indem er sich ebenfalls für eine Pastoralgeo-

---

[267] Benno Werlen, Landschaft, Raum, Gesellschaft. Entstehungs- und Entwicklungsgeschichte wissenschaftlicher Sozialgeographie, in: Geographische Rundschau 47 (1995), H. 9, S. 513-522, S. 513.
[268] Nach Kristian Fechtner müsse eine spätmoderne Praktische Theologie im buchstäblichen Sinne „umständlich" sein. Will sagen: den Umständen entsprechend (vgl. Fechtner, Praktische Theologie als Erkundung, S. 66).
[269] Matthias Sellmann, „Für eine Kirche, die Platz macht!" Notizen zum Programm einer raumgebenden Pastoral, in: Diakonia (2017), H. 2, S. 74-82. S. 74f.
[270] Hans Gebhardt et al. (Hg.), Geographie. Physische Geographie und Humangeographie, Heidelberg ²2011, S. 5.
[271] Ulrich Feeser-Lichterfeld / Rainer Krockauer, Orte, Räume, Schwellen … – braucht es eine „Pastoralgeographie"?, in: εvangel. Magazin für missionarische Pastoral 2 (2011), H. 4, S. 13-19.
[272] Siehe Verweis 311.

2.4 Pastoralgeographie

graphie ausspricht. Im selben Jahr widmete die Zeitschrift *Lebendige Seelsorge* dem Thema eine eigene Ausgabe. Betrachtet man zudem die momentanen kirchlichen Transformationskonzepte der (Erz-)Bistümer, wird schnell deutlich, dass geographische Floskeln und räumliche Chiffren längst in die strukturgebenden Konzepte bzw. Leitdokumente der Bistümer eingeflossen sind.[273] Offensichtlich gibt es also doppelten Bedarf für eine konzeptualisierten Pastoralgeographie.

Angesichts dessen scheint die Etablierung einer raumsensiblen Pastoraltheologie innerhalb der Praktischen Theologie notwendig und lohnenswert, um gegenwärtige Raum- und Ortsfragen in Theologie und kirchlichem Feld zielführend bearbeiten zu können. Im Folgenden wird daher der Versuch unternommen eine pastoralgeographische Konzeption zu skizzieren. Dabei unterstützen zunächst drei Leitfragen:

Zunächst die selbstreflexive Grundfrage: I.) Was soll Pastoralgeographie sein? Dann: II.) Wie ist sie pastoral-theologisch zu legitimieren? Und: III.) Welche Lücken oder Themen vermag sie zu schließen bzw. zu fokussieren und wo liegen ihre potenziellen Einsatzgebiete? Im darauffolgenden Kapitel wird die daraus abgeleitete Kriteriologie des pastoralgeographischen Konzeptionsvorschlags angeführt.

2.4.1 Konzeptionelle Ausrichtung

Die beiden Kategorien, die das Dasein des Menschen schon immer geprägt haben und immer prägen werden, sind Zeit und Raum. Allerdings wird die Zeit in vielen Aspekten der Kategorie des Raumes vorgeschaltet. Besonders die Praktische Theologie, die den Menschen in Gänze wahrnehmen muss, darf der räumlichen Glaubens- und Lebenspraxis des Volkes Gottes nicht ausweichen. Demzufolge ist es ihre Aufgabe auch räumliche „Grenzerfahrungen"[274] zu bearbeiten.

Wenn man, wie Matthias Sellmann, davon ausgeht, dass die Pastoralgeographie die theoretischen Topoi des spatial turn bespielt und sich mit den praktischen Herausforderungen des pastoralen Raumes intensiv auseinandersetzt,[275] sollte dafür – neben Pastoralsoziologie und Pastoralpsychologie – eine weitere, eigenständige Subdisziplin innerhalb der Pastoraltheologie eingeführt werden. Der Grund hierfür ist simpel. Pastoraltheologische Raumforschung verfolgt eine eigene, spezielle Forschungsperspektive, welche mit den bisher verwendeten

---

[273] Zu nennen wären hier Prozesse wie „Kirche am Ort – Kirche an vielen Orten" (Rottenburg-Stuttgart), „Wo Glaube Raum gewinnt" (Berlin), „Missionarische Kirche vor Ort" (Münster) oder auch „Das Neue des pastoralen Raums" (Paderborn) (vgl. Sellmann, Für eine Kirche, die Platz macht, S. 75).

[274] Henning Luther, Religion und Alltag. Bausteine zu einer Praktischen Theologie des Subjekts, Stuttgart 1992, S. 45.

[275] Vgl. Sellmann, Für eine Kirche, die Platz macht, S. 78.

(soziologischen und psychologischen) Perspektiven weder adäquat eingeholt noch bearbeitet werden kann.

Bei Pastoralgeographie, wie sie im Folgenden verstanden und umgesetzt wird, handelt es sich um eine klassische Patchworkdisziplin, die sich vorwiegend zwischen Pastoraltheologie und Sozialgeographie bewegt und an einem raumsensiblen Theologietreiben an der Schnittstelle von Geographie, Pastoraltheologie und Soziologie interessiert ist. Dabei richtet sich ihr Hauptaugenmerk auf das Reflektieren, Entwickeln und Erforschen von postmodernen Raum- und Ortstransformationsprozessen innerhalb kirchlicher Strukturen und pastoraler Praktiken. Entsprechend dieser Zuweisung geht es darum, Grenzlinien aufzudecken, zwischen Peripherien und Zentren zu pendeln, wachsam für spatiologisch gelagerte Phänomene, Konstellationen und Kontraste zu sein sowie neue, noch nicht entdeckte oder transformierte Orte des Volkes Gottes selbst aufzuspüren oder sich diese von Akteur:innen zeigen zu lassen. Kurzum: Sich der Weite des pastoralen Raumes zu widmen. Dass dies bisweilen ‚theologiegenerativ' sein kann, behauptet unter anderem Gerrit Spallek, der die Hypothese vertritt, dass Theologie massiv von den Orten beeinflusst und inspiriert wird, an denen man sie betreibt.[276]

Als praktisch geleitete Disziplin kommt es der Pastoralgeographie weniger darauf an, Theorien in die Praxis hineinzulesen, als vielmehr die Theorien aus der Praxis abzuleiten und, wie für die Praktische Theologie üblich, die Praktiken des Volkes Gottes zu analysieren. Mit Praktiken sind im Falle der pastoralgeographischen Forschung vorwiegend Raumpraktiken wie die der Raumproduktion, -konstruktion und -wahrnehmung gemeint. Für eine solche Perspektive braucht es vor allem eine „Kunst der Wahrnehmung"[277] für Raum- und Ortsverhältnisse. Erst dadurch kann sich eine „kritisch-analytische Kompetenz in der Wahrnehmung, Beschreibung und Gestaltung von Grenzen, Räumen, Schwellen und vielen weiteren Orten menschlichen Lebens und Handelns"[278] etablieren. Mit Uta Pohl-Patalong ist es nicht nur die primäre Aufgabe der Praktischen Theologie als „Wahrnehmungswissenschaft"[279] „religiös konturierte Wirklichkeit wahrzunehmen"[280], sondern auch entsprechend „zu reflektieren, ohne sie sofort in kirchlich-christliche Kategorien zu pressen"[281]. Hier wird erneut auf die sensible Wahrnehmung von Wirklichkeit und ihren Räumen angespielt. Außerdem braucht es für die Namensgeber Feeser-Lichterfeld und Krockauer eine

---

[276] Vgl. Gerrit Spallek, Tor zur Welt?, S. 13.
[277] Albrecht Grözinger, Praktische Theologie als Kunst der Wahrnehmung, Gütersloh 1995.
[278] Feeser-Lichterfeld / Krockauer, Orte, Räume, Schwellen, S. 15.
[279] Wolf-Eckart Failing / Hans-Günter Heimbrock, Gelebte Religion wahrnehmen. Lebenswelt – Alltagskultur – Religionspraxis, Stuttgart 1998, S. 11.
[280] Uta Pohl-Patalong, Praktische Theologie interreligiös? Die Vielfalt der Religionen als Herausforderung und Chance für praktisch-theologisches Denken, in: Praktische Theologie 38 (2003), H. 2, S. 96–108, S. 98.
[281] Pohl-Patalong, Praktische Theologie interreligiös?, S. 98.

Mischung von Pastoralverständnis und Raumkompetenz, die mit einer kritisch-analytischen Wahrnehmung für Orte, Räume, Plätze und Schwellen gegenwartswachsam ist.[282] Pastoralgeographie braucht also in erster Linie ein Gespür für die räumlichen Spots des menschlichen Lebens. Gerrit Spallek spricht in diesem Zusammenhang von einer „Theologie vor Ort"[283], die von Neugierde getrieben nach den Zeugnissen, Spuren und Repräsentationen Gottes inmitten der menschlichen Lebenswirklichkeit suchen müsse.[284] Pastoralgeographie ist in Anbetracht der Lage nicht nur eine sinnvolle Ergänzung zum Kanon der Pastoraltheologie, sondern sie ist auch notwendig, da die momentane Situation in Pastoral, Kirche und wissenschaftlichem Diskurs eine stärkere Berücksichtigung des Raumes fordert.

2.4.2 Integration der geographischen Perspektive(n)

Geht man von der zuvor behaupteten Mutmaßung aus, es müsse Platz für eine neue Unterdisziplin in der Pastoraltheologie gemacht werden, so muss natürlich begründet werden, wie diese neue pastoraltheologische Forschungsrichtung in das Selbstverständnis des Faches zu integrieren ist.

Die praktisch-theologische Blickrichtung muss auf die Wirklichkeit der Menschen bzw. die „Praxis des Volkes Gottes"[285] hin ausgerichtet sein. Da sich die Wirklichkeit des Volkes Gottes in Zeit und Raum – und damit an konkreten Orten – abspielt, braucht es folglich eine Pastoraltheologie, die im Stande ist, die räumliche Gegenwartssituation der Menschen (und der Kirche) adäquat zu erfassen und folglich zu deuten. Von dort aus habe die Praktische Theologie die Aufgabe „den fälligen Selbstvollzug der Kirche zu reflektieren"[286], so Stefan Knobloch. Die Pastoraltheologie im Speziellen ist „ein theologischer Diskurs über menschliche Erfahrungen an pastoral relevanten Orten"[287].

Allerdings reicht es nicht, wachsam für das Themenfeld des spatial turn zu sein. Vielmehr braucht es auch einen empirischen ‚Werkzeugkasten', um die Raumphänomene eruieren zu können. Zum Glück ist dies kein Problem für eine

---

[282] Vgl. Feeser-Lichterfeld / Krockauer, Orte, Räume, Schwellen, S. 15.
[283] Gerrit Spallek, Vor Ort in Hamburg. Teilnehmende Beobachtung als Ausgangspunkt von Theologie, in: Zeitschrift für Pastoraltheologie 40 (2020), H. 2, S. 145–150, S. 146.
[284] Vgl. Spallek, Vor Ort in Hamburg, S. 146.
[285] Stefan Knobloch, Was ist Praktische Theologie? (= Praktische Theologie im Dialog 11), Friborg 1995, S. 98.
[286] Knobloch, Was ist Praktische Theologie?, S. 99. Mit Rekurs auf Karl Rahners Lexikonartikel zu ‚Pastoraltheologie' (Karl Rahner, Art. Pastoraltheologie. I. Wissenschaftstheoretisch, in: Handbuch der Pastoraltheologie, Bd. 5: Lexikon der Pastoraltheologie, Freiburg i. Br. 1972, S. 393–395, S. 394).
[287] Christian Bauer, Denken in Konstellationen?, in: Pastoraltheologische Informationen 35 (2015), H. 2, S. 5–12, S. 7.

praktisch-theologisch Disziplin, die sich mitunter dem empirischen Forschen verschrieben hat und aufgrund ihrer „Methodenneugier"[288] zudem Methodenpluralismus propagiert. Wobei an die folgenden Worte von Rainer Bucher erinnert sei: „Pastoraltheologie muss die relative Methodenfreiheit, die sie besitzt, mit wirklicher Lust auf das Abenteuer der Wahrnehmung beantworten."[289] Der ‚Methodenkoffer' der Geographie bietet der Pastoraltheologie das passende ‚Werkzeug', um Produktionen, Wirkungen und Wahrnehmungen von Räumen zu erschließen. Damit erweitert und verbessert sie ihr empirisches Handwerk um neue Methoden. Das Zurückgreifen auf Techniken und Instrumente der empirischen Nachbarwissenschaften ist nach Bucher unentbehrlich, um Neues entdecken zu können.[290]

Für den Ausbau des traditionellen Instrumentariums spricht sich auch Johannes van der Ven aus, der das intradisziplinäre Profil der Pastoraltheologie bzw. der Praktischen Theologie für äußerst wichtig erachtet.[291] Er erklärt: „Das Modell der Intradisziplinarität geht davon aus, daß die Praktische Theologie selbst empirisch werden muß."[292] Die Pastoraltheologie ist im Sinne der Interdisziplinarität dazu verpflichtet neue Partnerinnen wie die Ethnologie oder eben die Geographie zu suchen, auf deren Methodenmix und Techniken sie zurückgreift, um selbst zu neuen Erkenntnissen zu gelangen. Sie besitzt faktisch den Auftrag mit anderen empirischen Disziplinen ‚fremdzugehen'. Hierzu passt eine Feststellung von Jochen Ostheimer: „Denn nur wenn sich die Praktische Theologie interdisziplinär und multiperspektivisch ausrichtet, ist sie imstande, die ‚Gesamtheit der Wirklichkeit' (GS 2) zu erfassen."[293] Dieses intradisziplinäre Vorgehen weiß die Theologie schon lange für sich zu nutzen. Ein klassisches Beispiel von intradisziplinärer Integration wäre die Moraltheologie von Thomas von Aquin, die ohne die aristotelische Ethik nicht denkbar gewesen wäre.[294] „[Und wenn Theologie] das Projekt kreativer Erinnerung der innovatorischen Entdeckungen des Glaubens von seinem Beginn in der Begegnung mit Jesus bis heute [ist]"[295], so sind neue Wege des Theologietreibens unabdingbar, um Neues im

---

[288] Rainer Bucher, Theologie im Risiko der Gegenwart. Studien zur kenotischen Existenz der Pastoraltheologie zwischen Universität, Kirche und Gesellschaft (= Praktische Theologie heute 105), Stuttgart 2010, S. 195.

[289] Rainer Bucher, Pastoraltheologie als Kulturwissenschaft des Volkes Gottes, in: Doris Nauer / Rainer Bucher / Franz Weber (Hg.), Praktische Theologie. Bestandsaufnahme und Zukunftsperspektiven, Stuttgart 2005, S. 66–70, S. 69f.

[290] Vgl. Bucher, Theologie im Risiko, S. 192.

[291] Vgl. Johannes van der Ven, Praktische Theologie und Humanwissenschaften. Der Modus der Kooperation, in: Herbert Haslinger et al. (Hg.), Handbuch Praktische Theologie I. Grundlegungen, Mainz 1999, S. 267–278, S. 273.

[292] Ven, Praktische Theologie und Humanwissenschaften, S. 273.

[293] Jochen Ostheimer, Zeichen der Zeit lesen. Erkenntnistheoretische Bedingungen einer praktisch-theologischen Gegenwartsanalyse, Stuttgart 2008, S. 29.

[294] Vgl. Ven, Praktische Theologie und Humanwissenschaften, S. 273.

[295] Bucher, Theologie im Risiko, S. 88.

2.4 Pastoralgeographie

Glauben zu finden. Dafür braucht es dann neue theoretische Konzepte und geeignete Methoden, um adäquat das beschreiben zu können, was bisherige pastoraltheologische Ansätze nicht in Gänze leisten können.

Jedoch genügt es nicht Pastoraltheologie für die räumliche Dimension zu sensibilisieren, ihr eine ‚Raumbrille' aufzusetzen und ihr das richtige Werkzeug an die Hand zu geben. Vielmehr verlangt es auch die Einstellung bzw. den Drang hinauszugehen, was der Pastoraltheologie mehr ins Profil geschrieben ist als jeder anderen theologischen Fachrichtung. So stellt Rainer Bucher mit folgenden Worten fest:

> „[Denn Pastoraltheologie] hat zwischen den Archiven des Glaubens unserer Väter und Mütter und den Räumen des heutigen Lebens das Spiel des kreativen Kontrastes anzustiften, hat die Orte heutiger Entdeckungen des Glaubens im Volk Gottes aufzusuchen, hat ein neues Spiel der Präsenz des Vergangenen anzuzetteln. Das ist ihre Grundaufgabe."[296]

Auf der evangelischen Seite umreißt Kristian Fechtner in ähnlicher Weise das Arbeitsfeld der praktisch-theologischen Disziplin:

> „Praktische-theologische Arbeit ist *Erkundung*, mithin absichtsvolle und angeleitete Wahrnehmung dessen, was ist. Erkundungen werden unternommen, um fremdes, aber auch um vermeintlich vertrautes Terrain zu sondieren. Es gilt, die Pfade und Spuren des Religiösen zu verfolgen, innerhalb und außerhalb von Kirche. Um das Feld religiöser Praxis zu erkunden, bedarf es gleichsam detektivischer Ermittlung. Detektivisch im Sinne des literarischen Genres verstanden meint: herausfinden und aufdecken, Bedeutung entschlüsseln, öffentlich machen und Konsequenzen ziehen."[297]

Erst wenn die Pastoraltheologie mit der raumsensiblen Brille sowie dem richtigen methodischen Werkzeug ausgerüstet ist, und wenn sie dann noch den ‚Drang nach Frischluft' verspürt, lässt sich treffend von einer Pastoralgeographie sprechen. Geprägt durch die Lust exkursionsartig auf pastoralgeographische Streifzüge zu gehen, begibt sie sich ins Feld der Wirklichkeit, wo sie sich der ganzen Fülle des pastoralen Raumes (Räume, Orte, Grenzen, Schwellen und Schnittstellen) zuwendet und diesen mit ihren Raumwerkzeugen untersucht. Zurück am Schreibtisch betrachtet sie das eingesammelte Material mit einer raumsensiblen Lupe und wendet theoretisch-spatiologische Konzeptionen auf die theologischen Themen an, um sie anschließend mit den Glaubensarchiven, die nach Schüßler die Versprechen Gottes beinhalten,[298] in Verbindung zu bringen.

---

[296] Bucher, Theologie im Risiko, S. 194.
[297] Kristian Fechtner, Praktische Theologie als Erkundung, S. 56.
[298] Vgl. Michael Schüßler, „Fresh Ex": Aufbruch in die Kirchenträume von gestern?, in: Ökumenische Rundschau 65 (2016), H. 3, S. 334–344, S. 344.

Pastoralgeographie darf sich, wie jede pastoraltheologische Disziplin, nicht nur im pastoralen Praxisfeld aufhalten, sondern sie muss ebenso mit den theologischen Diskursarchiven vertraut sein.[299] Nur wenn sie hierbei sattelfest ist, gelingt ihr das Pendeln „zwischen den Diskursarchiven der Vergangenheit und den Praxisfeldern der Gegenwart"[300]. Bedeutsam ist somit nicht nur der Schritt raus in die Welt, sondern auch wieder rein an den theologischen Schreibtisch. Zum einen, um nicht mit dem Feld zu verkleben, zum anderen, um die Befunde wie beispielsweise „Leutetheologien"[301] in das theologische Diskursarchiv aufnehmen zu können. Dies geht mit der Arbeitsdefinition von Pastoraltheologie konform, die Christian Bauer so definiert:

> „Pastoraltheologie verkörpert als Krisenwissenschaft des Volkes Gottes jene theologische Diskursivierung pastoraler Praktiken, welche die Differenz von Archiv theologischer Diskurse und Feld pastoraler Praktiken abduktiv bearbeite[t]."[302]

In einem anderen Ton, der jedoch das gleiche meint, spricht Michael Schüßler von einem ständigen „Kreuzen der Grenzen"[303] bzw. „Crossing"[304] zwischen pastoralen (Praxis-)Feldern und theologischen Archiven. Mit einem pastoraltheologischen Blick nach innen, zu den Diskursarchiven, und einem geographischen Blick nach außen, in die Welt bzw. Wirklichkeit der Menschen, fügt sich eine explorativ ausgerichtete Pastoralgeographie nahtlos in das doppeltgelagerte Kerngeschäft der Pastoraltheologie ein.

Rekapitulierend lässt sich festhalten, dass der hier vorgeschlagene Ansatz einer Pastoralgeographie das wagt, was einer pastoraltheologischen Konzeption, die im Lichte des II. Vatikanums steht, ins Profil geschrieben sein muss: Neues wagen, um Neues zu erfahren.

---

[299] Vgl. Bauer, Konstellative Pastoraltheologie, S. 93.
[300] Bauer, Konstellative Pastoraltheologie, S. 11.
[301] Monika Kling-Witzenhausen, Die Stimmen der Gläubigen hörbar machen. Leutetheologien von Schwellenchrist(inn)en und ihre Implikationen für akademische Theolog(inn)en, in: Agnes Slunitschek / Thomas Bremer (Hg.), Der Glaubenssinn der Gläubigen als Ort theologischer Erkenntnis, Freiburg i. Br. 2020, S. 195–215.
[302] Christian Bauer, Kritik der Pastoraltheologie. Nicht-Orte und Anders-Räume nach Michel de Certeau und Michel Foucault, in: Ders. / Michael Hölzl (Hg.), Gottes und des Menschen Tod? Die Theologie vor der Herausforderung Michel Foucaults, Mainz 2003, S. 181–216, S. 201.
[303] Micheal Schüßler, Mit Gott neu beginnen. Die Zeitdimension von Theologie und Kirche in ereignisbasierter Gesellschaft (= Praktische Theologie heute 134), Stuttgart 2013, S. 56.
[304] Schüßler, Mit Gott neu beginnen, S. 56. Schüßler bezieht sich hierbei auch auf Niklas Luhmanns These, dass Kreuzen kreativ sei (vgl. Niklas Luhmann, Die Gesellschaft der Gesellschaft, 2 Bde., Frankfurt a. M. 1998, S. 61).

2.4.3 Einsatzgebiete und Praxisfelder

Damit die Etablierung einer neuen Forschungsrichtung überhaupt sinnvoll sein kann, bedarf es selbstverständlich einer thematischen Pluralität, die nicht nur untersuchbar ist, sondern auch theologische Relevanz besitzt. Mittels pastoralgeographischer Perspektive kann es gelingen die nun aufgeführten Praxisfelder weiter bzw. auf neue Weise zu untersuchen. Neben den zunächst einleuchtenden Einsatzgebieten, die Matthias Sellmann vorschlägt, wie die Vergrößerung von Pfarrterritorien, die Aufhebung der Einteilung von territorialer und kategorialer Pastoral oder die Umnutzung von Kirchengebäuden,[305] gibt es noch andere Bereiche, in denen pastoralgeographische Kompetenz und Feingefühl verlangt sein können.

Zu ergänzen wäre die Aufzählung zunächst um Netzwerkforschung, die innerhalb der Praktischen Theologie betrieben wird.[306] Aus einer pastoralgeographischen Perspektive kommt besonders das Feld der Vernetzung von Gemeinden bzw. pastoralen Orten in den Blick. Bislang lag der Fokus der theologischen Forschung auf sozialtheoretisch-gelagerten Untersuchungen des Networkings. Geographische Ansätze, die lokale oder territoriale Vernetzungsaspekte miteinschließen, können hier sinnvoll implementiert werden, um so die praktischtheologische Forschung um eine räumliche Dimension zu erweitern, denn auch in der Humangeographie rückt die Untersuchung von Netzwerkanalysen zunehmend in den Fokus.[307] Zudem können Visualisierungen von Netzwerkkarten mittels computergestützter Programme wie NetDraw oder UCINET als geographische Tools eingeholt werden. Leitende Forschungsfragen, die das Räumliche mit in die Analyse von Netzwerken einbinden, können etwa darauf abzielen, welche Rolle der Raum in einem Netzwerk spielt. Dabei könnte es um die Fragen gehen, „wie Räume durch (alltägliche) Praktiken und Kommunikation in spezifischen Netzwerkzusammenhängen sozial hergestellt und reproduziert werden"[308]. Oder anders gewendet: Welche Bedeutung von Netzwerken kommt nicht (nur) den Akteur:innen als Knotenpunkte zu, sondern auch den Raumstellen bzw. konkreten Orten?[309] Mit einer solchen Sehhilfe lassen sich in der raumbezogenen Netz-

---

[305] Vgl. Sellmann, Für eine Kirche, die Platz macht, S. 74.
[306] Felix Roleder / Birgit Weyel, Vernetzte Kirchengemeinde. Analysen zur Netzwerkerhebung der V. Kirchenmitgliedschaftsuntersuchung der EKD, Leipzig 2019. Und auf katholischer Seite: Tobias Dera et al., Forschungsbericht zum Projekt „Kirche im Netzwerk pastoraler Orte und Ereignisse", Tübingen 2019. Online unter: https://publikationen.uni-tuebingen.de/xmlui/handle/10900/94969 [Abrufdatum: 26.11.2019].
[307] Malte Steinbrink, Jan-Berent Schmidt, Philipp Aufenvenne, Soziale Netzwerkanalyse für HumangeographInnen. Einführung in UCINET und NetDraw in fünf Schritten (= Potsdamer Geographische Praxis 5), Potsdam 2013.
[308] Steinbrink, Schmidt, Aufenvenne, Sozialnetzwerkanalyse, S. 14.
[309] Vgl. Steinbrink, Schmidt, Aufenvenne, Sozialenetzwerkanalyse, S. 13.

werkforschung das Verhältnis von Raum und Netzwerk adäquat hinterfragen und sozialräumliche Vernetzungen räumlich darlegen.

Ebenso kann die neue Unterdisziplin herangezogen werden, um diözesane Strukturprozesse, die heutzutage auffallend oft geographisch konnotiert sind, zu beobachten, zu analysieren oder gar pastoralgeographisch zu begleiten. Blickt man wie Matthias Sellmann in die aktuellen Leitdokumente der (Erz-)Diözesen, so fällt auf, dass diese zum Teil stark mit den Begrifflichkeiten des spatial turn markiert sind.[310] Die katholische Kirche befindet sich also augenscheinlich selbst inmitten von räumlichen Transformationsprozessen. Bedingt durch die voranschreitende Entleerung kirchlicher Räume und Räumlichkeiten – leere Kirchen, Seminarräume, Pfarrhäuser, Gemeindezentren und Ausbildungsstätten[311] – sind Fragen der Raumnutzung brennender denn je. Die Herausforderungen der Leere und des damit entstehenden Platzes werden die katholische Kirche in den nächsten Jahren weiter begleiten und vor viele Herausforderungen stellen, da die „Sockelbildung"[312] noch lange nicht abgeschlossen ist. Eine raumsensible Pastoraltheologie kann hierbei federführend sein oder zumindest im Umgang mit der Leere von Räumlichkeiten (neue) Anregungen beisteuern sowie gemeinsam mit den pastoralen Praktiker:innen passende „Taktiken"[313] der weiteren Nutzung entwickeln. Und vor allem kann sie auf die Chancen hinweisen, welche räumliche Leere und Schrumpfung mit sich bringen können.

Ein weiteres Einsatzgebiet für pastoralgeographische Forschung ist mit Sicherheit die Citypastoral. Deren geographische Wirkfelder sind Großstädte, Quartiere sowie der verdichtete Kultur- und Sozialraum[314] des Städtischen. Besonders an diesen urbanen Hotspots der Spätmoderne lassen sich (kirchen-)räumliche Transformationsprozesse ablesen und auskundschaften. In diesem Terrain gilt es, besondere „Glaubensräume"[315] aufzuspüren, „Heterotopien"[316]

---

[310] Vgl. Sellmann, Für eine Kirche, die Platz macht, S. 75.
[311] Vgl. Sellmann, Für eine Kirche, die Platz macht, S. 75.
[312] Rainer Bucher, Liquidierungen. Der Verkauf von Kirchen und die aktuelle Neukonstellation pastoraler orte, in: Angelika Büchse et al. (Hg.), Kirchen. Nutzung und Umnutzung. Kulturgeschichtliche, theologische und praktische Reflexionen, Münster 2012, S. 31–46, S. 33.
[313] Hier im Sinne von Michel de Certeau, der darunter Folgendes versteht: „Als „Taktik" bezeichne ich demgegenüber ein Kalkül, das nicht mit etwas Eigenem rechnen kann und somit auch nicht mit einer Grenze, die das Andere als eine sichtbare Totalität abtrennt. Die Taktik hat nur den Ort des Anderen" (Certeau, Die Kunst des Handelns, S. 23). Siehe hierzu Kapitel 5.3 Perspektivwechsel – oder: Ein Ausblick für zukünftiges Handeln.
[314] Der Sozialraum lässt sich mit der Methodik einer Sozialraumanalyse erforschen. Siehe hierzu: Spatscheck, Christian / Wolf-Ostermann, Karin, Sozialraumanalysen. Ein Arbeitsbuch für soziale, gesundheits- und bildungsbezogene Dienste, Opladen / Toronto 2016.
[315] Hans-Joachim Sander, Glaubensräume. Topologische Dogmatik, Bd. 1.1 Ostfildern 2019. Gregor M. Hoff, Glaubensräume. Topologische Fundamentaltheologie, Bd. 2.1, Ostfildern 2021.
[316] Michel Foucault, Andere Räume, in: Martin Wentz (Hg.), Stadt-Räume. Frankfurt a. M. / New York 1991, S. 65–72.

2.4 Pastoralgeographie

und „Nicht-Orte"[317] zu begehen und sich von diesen für die Spurensuche Gottes inspirieren zu lassen. Dabei können nicht nur die Schnittstellen von Sakral- und Profanraum, sondern auch die kreative Vermittlung des Evangeliums unter lokalräumlichen Einflüssen betrachtet werden.

Ebenso kann der Einsatz und die Verwendung von kartographischem Material intensiviert werden. So können nicht nur bereits bestehende geographische Informationssysteme (GIS) unterstützte Kartierungen wie beispielsweise der Diözesanatlas[318] der Diözese Rottenburg-Stuttgart in die pastorale Forschung miteinbezogen werden, sondern ebenso kartographische Visualisierungen von Netzwerkkarten oder Mental Maps[319]. Die visuellen Übersichten können dann mit geographischen Ansätzen gelesen und entschlüsselt werden. Beispielsweise lassen sich durch Schemata der Karteninterpretation Karteninhalte systematisch erschließen,[320] um daraus anschließend theologische Erkenntnisse zu gewinnen. Die Humangeographie wird nicht müde, neue technische Möglichkeiten für die Beantwortung ihrer Fragestellungen zu erproben. So können auch neuste Methodentrends wie etwa virtuelle Spaziergänge per Google-Streetview[321] von pastoralgeographischem Interesse sein, etwa dann, wenn Orte aus der Ferne zu erkunden sind.

Die Seelsorgepraxis könnte ebenfalls ein mögliches Feld spatiologischer Betrachtungen sein. Nämlich dann, wenn bestimmte Atmosphären Räume beherrschen. Nach der Auffassung des evangelischen Theologen Manfred Josuttis sollten in der Seelsorgepraxis stärker Atmosphären und lautlose Kraftfelder beachtet werden.[322] Er fordert eine Verlagerung von den Ebenen der Argumentation hin zu raumkonstituierenden Praktiken.[323] So können beispielsweise neben Trauerphasen auch Trauerräume[324] Berücksichtigung erfahren. Orte der Seelsorge selbst können natürlich ebenfalls einer raumsensiblen Betrachtung unterzogen werden, um so den Einfluss von Räumen auf Seelsorgeprozesse in den Blick zu

---

[317] Augé, Orte und Nicht-Orte, S. 90ff.

[318] Diözesanatlas der Diözese Rottenburg-Stuttgart, in: https://www.drs.de/dioeze/dioezesanatlas.html [Abrufdatum: 23.06.2021].

[319] Roger Downs / David Stea, Image and Environment. Cognitive Mapping and Spatial Behavior, Chicago 1973.

[320] Vgl. Brigitta Schütt, Art. Karteninterpretation, in: Onlinelexikon der Kartographie und Geomatik. Online unter: https://www.spektrum.de/lexikon/kartographie-geomatik/karteninterpretation/2611, [Abrufdatum: 29.11.2019], o. S.

[321] Siehe hierzu etwa: Mirka Dickel / Fabian Pettig, Unheimliches Fukushima. Auf Streifzug durch die Geisterstadt Namie mit Google Street View, in: Holger Jahnke / Antje Schlottmann / Mirka Dickel (Hg.), Räume visualisieren, Münster 2017, S. 247–267.

[322] Vgl. Manfred Josuttis, Segenskräfte, Potentiale einer energetischen Seelsorge, Gütersloh 2000, S. 127–180.

[323] Vgl. Josuttis, Segenskräfte, S. 127–180.

[324] Vgl. Sabine Holzschuh, Raum und Trauer. Eine praktisch-theologische Untersuchung zu Abschiedsräumen (= Studien zu Theologie und Praxis der Seelsorge 65), Würzburg 2006.

nehmen. Ein vorstellbares Instrumentarium können hier Raumanalysen[325] sein.

Ein letzter Teilbereich will noch erwähnt sein – die Raummacht. Es kann durchaus behauptet werden, dass die Pastoraltheologie, spätestens seit Michel Foucault (Stichwort: Pastoralmacht), sehr sensibel für kirchliche und pastorale Machtfragen ist. Nun sind Raumfragen zwangsläufig immer mit Machtfragen[326] gekoppelt. Aleida Assmann schreibt hierzu:

> „Raum [ist] immer schon ein zentraler Motor kolonialer und imperialer Politik gewesen. Immer geht es in diesem Handlungs-Dispositiv auf irgendeine Weise darum, Raum umzuformen und auszubeuten und ihn damit zur zentralen Dimension der Manifestation von Macht zu machen."[327]

Aber nicht nur der physische Raum spiegelt Machtverhältnisse wider. Auch der unreflektierte Gebrauch von Raumchiffren wiederholt und festigt (oft unbemerkt) Machtasymmetrien.[328] Darauf verweist etwa Peter Weichhart:

> „[Denn] wer Begriffe in einem bestimmten Sinne verwendet, tut dies nicht nur, um Information zu transportieren, sondern auch, um den Adressaten zu beeinflussen, ihm eine bestimmte Reaktion nahezulegen."[329]

Daraus schlussfolgernd sollte es ein Anliegen von Pastoralegeographietreibenden sein, sprachliche wie physische Raumungleichheiten zu entlarven, um damit Machtstrukturen aufzubrechen. Daher sind sowohl verfestigte wie verflüssigte Raumstrukturen auf (Ohn-)Machtverteilungen hin zu untersuchen. Beispielsweise lassen sich im geographischen Medium der Karte Machtdispositive finden. Denn wie sich die Geschichte aus den Narrativen der Sieger zusammensetzt, so sind auch Karten das Produkt der Macht von Überlegenen. Die „Räume der Verlierer"[330] konsequent im Blick zu haben und so die verstummten Stimmen zu hören, sollte die neue Forschungsrichtung daher unbedingt leisten. Oder in Anlehnung an Johann Baptist Metz gesprochen: Es muss auch die „Antigeschichte"[331] erzählt werden.

Die eben beleuchteten Forschungsfelder sind als erste Vorschläge zu verstehen, die bereits jetzt Potential besitzen. Viele weitere, noch im Verborgenen

---

[325] Claudia Intelmann, Der Raum in der Psychoanalyse. Zur Wirkung des Raumes auf den psychoanalytischen Prozeß, München 2004.
[326] Beispielsweise: „Wer setzt sich mit welchen Mitteln in einem Streit um den richtigen Platz oder die Ausgestaltung des Raumes durch?" (Rau, Räume, S. 165).
[327] Assmann, Geschichte findet Stadt, S. 15.
[328] Vgl. Neil Smith, Homeless/global. Scaling places, in: John Bird et al. (Hg.), Mapping the Futures. Local Cultures, Global Change, London 1993, S. 87–119, S. 98.
[329] Weichhart, Entwicklungslinien, S. 80.
[330] Feeser-Lichterfeld / Krockauer, Orte, Räume, Schwellen, S. 16.
[331] Johann Baptist Metz, Glaube in Geschichte und Gesellschaft. Studien zu einer praktischen Fundamentaltheologie, Mainz 1977, S. 97.

schlummernde Bereiche wie etwa das Verhältnis von Raum und Identität sind für zukünftige pastoralgeographische Studien auszumachen. Doch bereits jetzt zeigt der hier umrissene Facettenausblick: Pastoralgeographische Kompetenzen können an vielen Stellen nicht nur sinnvoll ansetzen, sondern auch neue und ergänzende Ergebnisse versprechen. Zugleich besteht die Hoffnung den pastoralen Praktiker:innen vor Ort neue Sichtweisen für ihr tägliches pastorales Handeln mitgeben zu können. Nicht um sie zu belehren, sondern schlicht, um sie zu unterstützen. Und wie Ulrich Feeser-Lichterfeld und Rainer Krockauer bereits 2011 angemerkt haben:

> „Wer sich um ein pastoralgeographisches Sensorium bemüht, wird erfassen, wie viele Christinnen und Christen sich an den verschiedenen Orten innerhalb von Gemeinde und insbesondere in den Räumen zwischen Gemeinde und Gesellschaft engagieren."[332]

2.4.4 Hexagonale Kriteriologie

Bisher wurden im Zuge des pastoralgeographischen Entwurfsversuchs sowohl die Legitimierungsfrage gestellt als auch die praktischen Themenfelder für jene Subdisziplin herauskristallisiert. Damit die Konzeption auf einem festen Fundament stehen kann, bedarf es einer Kriteriologie, die die pastoralgeographische Idee stützt und umgreift. Dahin gehend werden im Folgenden sechs Kriterien aufgezeigt, die das Grundgerüst bzw. die Grundvoraussetzungen einer Pastoralgeographie schaffen und die damit der hier verfolgten (raumsensiblen) Arbeitsweise eine inhaltliche Füllung geben (siehe Abb. 2: Hexagonale Pastoralgeographie – Illustration).

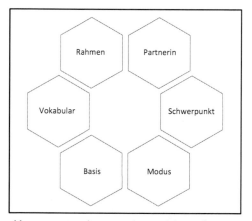

Abb. 2: Hexagonale Pastoralgeographie – Illustration

---

[332] Feeser-Lichterfeld / Krockauer, Orte, Räume, Schwellen, S. 19.

2.4.4.1 Der Rahmen

Als theoretischer Rahmen und systematisches Bezugsfeld dient der Pastoralgeographie der spatial turn. Der Raumdrift ist aber nicht nur aufgrund seiner breiten spatiologischen Bezugnahme von Bedeutung für systematisches und kritisches Hinterfragen, sondern auch, weil sich die Pastoraltheologie den Trends und Auswirkungen der cultural turns, zu denen der spatial turn bekanntlich gehört, zuwenden müsse, so Schüßler.[333] Entsprechend bedarf es einer Auseinandersetzung mit Phänomenen, die gegenwartsrelevant sind; nicht nur, um auf dem aktuellen Stand bezüglich der Forschungen in Kultur- und Sozialwissenschaften zu sein, sondern vor allem, um sich anstecken zu lassen von neuen, für die Theologie relevanten Forschungsfragen, systemtheoretischen Konzepten, neuen Methoden und vor allem von neuen Zugängen zur Wirklichkeit. Laut Wüthrich meint die Hinwendung zum Raum im Hinblick auf die Theologie eine

> „gesteigerte wissenschaftlich-theologische Aufmerksamkeit für die räumliche Seite der Praxis, der Symbolisierung und Reflexion des Christentums in seinen verschiedenen Gestalten in Geschichte und Gegenwart [...]."[334]

Michael Schüßler stellt anhand von *Lumen gentium* (LG 9–17) fest, dass sich theologisches Denken und Forschen vom Volk Gottes her ereignen muss.[335] Die räumliche Dimension, die das Volk Gottes nicht nur selbst produziert und wiederholt, sondern zugleich von dieser beeinflusst wird, braucht eine theologische Reflexion, die diese räumliche Praxis theoretisch bzw. systematisch bearbeitet. Dass hierfür ein souveräner Umgang mit spatiologischen Begriffen, Zusammenhängen und Konzeptionen von Nöten ist, scheint selbsterklärend.

2.4.4.2 Die Partnerin

Die Geographie ist eng mit dem spatial turn verbunden, da ihr Forschungsziel darin liegt, sich sowohl der physischen Welt bzw. Erdoberfläche als auch den Räumen und Orten menschlichen Lebens und Handelns zuzuwenden.[336] Für die Theologie ist vorrangig die Humangeographie, die sich im Spannungsfeld von Raum und Gesellschaft bewegt, interessant und anschlussfähig. Sie ist neben

---

[333] Vgl. Michael Schüßler, Pastoral Riot! Wie die ‚cultural turns' die (Praktische) Theologie aufmischen (sollten), in: Salzburger theologische Zeitschrift 17 (2013), H. 1, S. 3–24.
[334] Wüthrich, Raum Gottes, S. 97. Wüthrich zitiert hier zum Teil nach Karl Schlögel (vgl. Schlögel, Im Raume, S. 68).
[335] Schüßler, Mit Gott neu beginnen, S. 57.
[336] Vgl. Hans Heinrich Blotevogel, Art. Geographie, in: Lexikon der Geographie, Bd. 2, Heidelberg / Berlin 2002, S. 14–16, S. 15.

2.4 Pastoralgeographie

ihrer Schwester, der physischen Geographie, für die Erforschung der wechselseitigen Zusammenhänge „zwischen Gesellschaften einerseits und räumlichen Organisationsmustern und deren zeitlichen Veränderungen andererseits"[337] zuständig. Eine Pastoraltheologie, die den Menschen auch vom Raum her ernst nimmt und verstehen möchte, kommt an humangeographischen Expertisen nicht vorbei. Im Kanon der Humangeographie ist es vor allem die Sozialgeographie, an welche die Pastoraltheologie sinnvoll andocken kann. Denn die Welt sozialgeographisch zu betrachten heißt, die Zusammenhänge von räumlichen und gesellschaftlichen Phänomenen zu untersuchen.[338]

Sie als Partnerin auf Augenhöhe an der Seite zu haben, um Raum- und Ortsfragen aus einer vorzugsweise sozialräumlichen Perspektive zu diskutieren, ist eine Bereicherung für die Pastoraltheologie im Speziellen und die Theologie im Allgemeinen. Ihr (geographisches) Expertenwissen und die darin gebündelte Erfahrung mit spatiologischen Sachzusammenhängen kann dienlich sein, wenn erkenntnistheoretische Fallen zu umgehen sind (siehe Kapitel 2.3.4 Die Raumwende aus Sicht der Geographie). Neben den theoretischen Ansätzen und geographischen Themen, kann die Theologie zudem stark von dem bereits angesprochenen Methodenpool der Geographie profitieren, um so neue Zugänge und Erkenntnisse für die qualitative und quantitative Sozialforschung zu erlangen. Zudem geht es nicht „nur darum, möglichst viel Wirklichkeit wahrnehmend einzufangen, sondern auch darum, sie möglichst genau darstellend wiederzugeben"[339]. Entsprechend scheint besonders der Einsatz visueller Methoden bzw. Medien wie Fotos, Karten, Plänen, GIS, (Kurz-)Filmen oder Simulationen dienlich, um ein ‚theographisches' Forschen nicht nur zu fördern, sondern auch angemessen umzusetzen. Schließlich gilt: Geographie zu betreiben ist immer „a quintessentially visual enterprise"[340]. Lässt sich also (Pastoral-)Theologie von der (Sozial-)Geographie an die Hand nehmen, profitiert sie vom spatiologischen Expertenwissen, lernt verstärkt visuell zu arbeiten und kann auf die erprobten Methoden der Geographie zurückgreifen.

---

[337] Spektrum, Onlinelexikon der Geographie, Art. Humangeographie, in: https://www.spektrum.de/lexikon/geographie/humangeographie/3596 [Abrufdatum: 14.09.2021], o. S.
[338] Vgl. Gebhardt / Reuber, Humangeographie, S. 644.
[339] Bauer, Schwache Empirie?, S. 92.
[340] Daniel Sui, Visuality, Aurality, and Shifting Metaphors of Geographical Thought in the Late Twentieth Century, in: Annals of the Association of American Geographers 90 (2000), H. 2, S. 322–343, S. 322.

2.4.4.3 Der Schwerpunkt

Die dritte Säule, die eine pastoralgeographische Idee stützt, ist der Umstand, dass Pastoraltheologie veränderte räumliche Herausforderungen der Postmoderne wahrnehmen und annehmen muss, um daraus theologisch-reflektierte Erkenntnisse ziehen zu können. Theologie, und vor allem die Pastoraltheologie, kann den räumlichen Herausforderungen ebenso wenig ausweichen wie den zeitlichen Herausforderungen[341]. So ist es zwingend notwendig einer „theologischen Gegenwartsanalyse"[342] auch im räumlichen bzw. geographischen Sinne nachzukommen. Im Zuge der Postmoderne verändern sich nicht nur altbekannte kirchliche Orte wie etwa Sakralbauten, sondern auch die Gläubigen finden gänzlich neue Orte in der Peripherie, der City oder an den Schwellen und Schnittstellen, wo das Evangelium in „situativen Konkretion[en]"[343] wirksam wird.

Die räumliche Herausforderung beinhaltet jedoch nicht nur die geographischen Gegebenheiten und Verflüssigungen unserer Zeit, sondern auch den Menschen als räumliches Wesen. Dass Raum sich nicht vom Subjekt ablösen lässt, da die Räumlichkeit ein existenzieller Bestandteil des menschlichen Daseins ist, bleibt evident.[344] Oder wie es Eugène Minkowski schreibt: „Der Raum ist eben so [sic!] unentbehrlich zur Entfaltung des Lebens wie die Zeit."[345] Insofern gewinnt auch die Aussage von Johannes Paul II. – „Der Mensch ist der Weg der Kirche" (Redemptor Hominis 14) – eine räumliche Fokussierung. Denn letztlich ist der Mensch „die Summe seiner Räume"[346], so Sandra Maria Geschke. Räume (und Orte) gehören somit nicht nur zum Leben, sie machen es aus. Entsprechend sind die Raumkonstellationen des Menschen unbedingt energischer von der Theologie zu berücksichtigen. Wie wichtig das Ernstnehmen einer anthropologischen Raumperspektive ist, betont der Phänomenologe Karlfried Graf von Dürkheim:

> „Der konkrete Raum des entwickelten Mensch ist ernst zu nehmen in der ganzen Fülle der in ihm erlebten Bedeutsamkeiten, denn in der Eigenart seiner Qualitäten,

---

[341] Tobias Kläden / Michael Schüßler (Hg.), Zu schnell für Gott? Theologische Kontroversen zu Beschleunigung und Resonanz, Freiburg i. Br. 2017.

[342] Vgl. Roman Siebenrock, Experiment Mensch. Karl Rahners theologische Gegenwartsanalyse, in: Monika Datterl / Wilhelm Guggenberger / Claudia Paganini (Hg.), Welt am Abgrund. Zukunft zwischen Bedrohung und Vision, Innsbruck 2019, S. 201–220.

[343] Michael Schüßler, Praktische Theologie im Ereignis-Dispositiv. Positionen zwischen Dekonstruktion und Option, in: Pastoraltheologische Informationen 35 (2015), H. 2, S. 97–103, S. 99.

[344] Vgl. Bollnow, Mensch und Raum, S. 22.

[345] Eugène Minkowski, Le temps vécu. Etudes phénoménologiques et psychopathologiques, Paris 1933, S. 367.

[346] Sandra Maria Geschke, Doing Urban Space. Ganzheitliches Wohnen zwischen Raumbildung und Menschwerdung, Bielefeld 2013, S. 9.

Gliederungen und Ordnungen ist er Ausdrucks-, Bewährungs- und Verwirklichungsform des in ihm lebenden und erlebenden und sich zu ihm verhaltenden Subjekts."[347]

2.4.4.4 Der Modus

Im Sinne einer explorativen Pastoraltheologie[348] ist das Draußen auszukundschaften. So kennt es auch die Geographie. Denn zu ihrem Kerngeschäft gehört das Lernen vor Ort (Stichwort: Exkursion). Mut, Entdeckungsfreude und Neugier sind dabei die wichtigsten Leitwörter. Der Impuls muss vorherrschend sein, rauszugehen an die Orte des Volkes Gottes. Mit Papst Franziskus bzw. *Evangelii gaudium* (Nr. 71) bedeutet dies: „Gebt euch nicht mit einer am Reißbrett entworfenen Theologie zufrieden. Der Ort eures Nachdenkens sollen die Grenzbereiche sein." Die Orte des Dazwischen sind am besten durch die Menschen selbst zu lokalisieren. Mit Bruno Latour gesprochen, wäre das Bild der Ameise aus der Akteur-Netzwerk-Theorie (kurz: ANT wie im Englischen die Ameise) gemeint.[349] Latour schlägt unter anderem vor, sich als Forscher:in an die Fersen der Akteur:innen zu heften und ihnen, wie eine Ameise, nachzugehen, um so der räumlichen Wirklichkeit der Menschen auf die Spur zu kommen. In diesem explorativen Modus lässt sich immerzu etwas von Gott entdecken. Bei diesen Erkundungen sind die Stellen der postmodernen Transformation in Erfahrung zu bringen und mit den sozialen Konstruktionen sowie Vorstellungen von bereits bekannten Orten abzugleichen, um nicht nur (Vor-)Wissen über die bekannten Orte zu reproduzieren.[350] Ausschlaggebend ist – im Vergleich zu standardisierten Exkursionen, die zumeist durchgeplant sind und festen Laufrouten folgen – das Überraschungsmoment, welches sich auf unbekannten Spuren im Feld zeigt. Frei nach dem Motto: Wer in alte Fußstapfen tritt, findet keine neuen Pfade. Diese neuen Wege bieten im besten Falle neue, überraschende Einsichten, die in der Folge mit den Texten bzw. Diskursen der theologischen Archive in Verbindung gebracht werden müssen (siehe Kapitel 4. Ausführungen). Dies ist mit dem Modus einer explorativen Pastoraltheologie gemeint, die wie Indiana Jones, „ihr akademisches Wissen nicht nur aus Büchern"[351], sondern auch aus den „Abenteuern der Gegenwart"[352] bezieht. Eine raumsensible Pastoraltheolo-

---

[347] Graf Karlfried von Dürkheim, Untersuchungen zum gelebten Raum. Neue Psychologische Studien, Bd. 6, München 1932, S. 389.
[348] Siehe auch den Kurzfilm von Christian Bauer: „Explorative Theologie". Online unter: https://www.youtube.com/watch?v=XzBOL8nnUTQ&ab_channel=TheologieamAndersort [Abrufdatum: 29.11.2019].
[349] Bruno Latour, Eine neue Soziologie für eine neue Gesellschaft. Einführung in die Akteur-Netzwerk-Theorie. Aus dem Englischen von Gustav Roßler, Frankfurt a. M. 2007.
[350] Vgl. Julia Lossau, Räume von Bedeutung, S. 40f.
[351] Christian Bauer, Konstellative Pastoraltheologie, S. 11.
[352] Christian Bauer, Konstellative Pastoraltheologie, S. 11.

gie soll folglich selbst zur geographietreibenden Wissenschaft von Gott werden. Schließlich muss ein Pastoralpsychologe ebenso Psychologie wie Theologie betreiben, was analog für Pastoralsoziolog:innen gilt. Zwar muss nicht jedes Raum- oder Orts-Artefakt selbst ausgegraben werden – Indiana Jones wurden schließlich auch Artefakte zugetragen –, doch die kritische Analyse des erhobenen Materials muss durch die Pastoraltheolog:innen selbst erfolgen. Oder wie Stefan Knobloch dies treffend auf die human- und sozialwissenschaftlichen Erkenntnisse ausweitet: „Diese ‚Ersatzteile' müssen erst durch die theologische Verarbeitung zum Konstruktionsmaterial der Praktischen Theologie assimiliert werden."[353]

Schlussendlich kommt es für eine Pastoralgeographie also darauf an, Ungewohntes und Neues zu wagen, ins Risiko der Gegenwart einzutauchen, welches nur im Vertrauen auf die Gnade Gottes Bestand haben kann, die dem (pastoralen) Handeln stets zuvorkommt, so Feeser-Lichterfeld und Krockauer.[354]

2.4.4.5 Die Basis

Ein weiteres Kriterium ist die theologische Basis, auf der eine Pastoralgeographie aufbaut. Entscheidend ist hierbei eine Grundierung durch das II. Vatikanische Konzil. Zum einen bestehe die Gefahr, dass mit einer pastoralgeographischen Konzeption, die nicht auf Basis des II. Vatikanischen Konzils fußt, vorkonziliare Ansprüche und Gedanken wie Missionsansprüche oder gar koloniale Machtbestimmungen verbunden werden, so Feeser-Lichterfeld.[355] Zum anderen ist das „Pastoralkonzil"[356] die erste Bezugsgröße spätmoderner Pastoraltheologie. Die Pastoralkonstitution, die Marie-Dominique Chenu als den „Höhepunkt"[357] des II. Vatikanischen Konzils sah, muss jede pastoralgeographische Ausrichtung mitbestimmen.

Der Leitgedanke von *Gaudium et spes* findet sich bereits im Titel: „Über die Kirche in der Welt von heute." Wird dieser Satz raumsensibel gelesen und aufgefasst, zeigt sich ein räumlich ausgerichteter Auftrag des Konzils. Nämlich Kirche *in* Raum und Zeit zu sein. Kirche muss sich – wie Jesus selbst – im täglichen In-der-Welt-sein erfahren und erfahrbar für die Menschen sein. Nimmt man dies

---

[353] Knobloch, Was ist Praktische Theologie?, S. 100.
[354] Vgl. Feeser-Lichterfeld / Krockauer, Orte, Räume, Schwellen, S. 17.
[355] Vgl. Ulrich Feeser-Lichterfeld, Pastoral (auch) vom Raum her denken?! Wozu Theologie und Kirche das Gespräch mit der Geographie suchen sollten, in: Lebendige Seelsorge 68 (2017), H. 4, S. 226–230, S. 226.
[356] Rainer Bucher, An neuen Orten. Studien zu den aktuellen Konstitutionsproblemen der deutschen und österreichischen katholischen Kirche, Würzburg 2014, S. 445. Bucher bezieht sich hierbei auf die Eröffnungsrede des II. Vatikanischen Konzils von Papst Johannes XXIII.
[357] Marie-Dominique Chenu, Volk Gottes in der Welt, Paderborn 1968, S. 15.

als Pastoraltheologin oder Pastoraltheologe ernst, muss man „nach den Zeichen der Zeit forschen und sie im Licht des Evangeliums deuten" (GS 4). Jener Terminus ist für das Konzil und dessen Interpretation von höchster Bedeutung. Christian Bauer verweist darauf, dass die Qualität des Ausdrucks, das quantitative Vorkommen um ein Vielfaches übersteige.[358] Die Zeichen der Zeit stehen dafür, dass sich Verweise auf die „Präsenz Gottes" (GS 11) auch außerhalb der Kirche finden lassen.[359] Also gerade in den Räumen, die sich außerhalb der römisch-katholischen Kirche befinden. Klassischerweise werden die Zeichen der Zeit durch den Dreischritt[360] der Praktischen Theologie von Sehen – Urteilen – Handeln erhoben.[361] Im Handbuch Praktische Theologie formuliert Norbert Mette eindringlich, dass es die Aufgabe der Praktischen Theologie sei, die Zeichen der Zeit zu erkunden.[362] Nichts weniger will die Pastoralgeographie: Die Zeichen der Zeit (Mt 16,3), die sich stets in den Räumen der Menschen entfalten und an konkreten Orten manifestieren, aufzuspüren und in theologiegenerativer Weise zu deuten.

2.4.4.6 Das Vokabular

Der letzte Stützpfeiler verweist auf die Wichtigkeit der korrekten Anwendung spatiologischer Formulierungen und Begrifflichkeiten, ist es doch für den wissenschaftlichen Sprachgebrauch unabdingbar das richtige Vokabular zu beherrschen, zu verwenden und einzuhalten; weniger um sich abzugrenzen, sondern eher, um Fehlformulierungen und überladene Worthülsen zu vermeiden. Hat sich einmal ein gewisses wissenschaftliches Vokabular etabliert, entspringt daraus eine Sensibilisierung für ungenaues, unreflektiertes oder gar falsches Raum- und Ortsvokabular innerhalb der Theologie. Das Aufspüren solcher inhaltsleeren oder unpräzisen Verwendungen erfordert natürlich die Kompetenz, wie die eines jeden Geographen oder einer jeden Geographin, ständig zwischen den einzelnen Raumperspektiven bzw. Raumkonzepten sicher wechseln zu können. Prominente Beispiele für räumliche Redewendungen sind etwa ‚Pastoraler Ort' oder ‚Pastoraler Raum', die die Pastoraltheologie häufig durchdringen, für die aber selten konkretisiert werden kann, welche Raumkonzepte sich dahinter verbergen. Denn ist es nicht fatal für eine universitäre Wissenschaft wie die

---

[358] Vgl. Bauer, Konstellative Theologie, S. 227.
[359] Vgl. Bauer, Ortswechsel der Theologie, S. 769.
[360] „Der Dreischritt „Sehen – Urteilen – Handeln" geht zurück auf Josef Cardijn und wurde in der Christlichen Arbeiterjugend (CAJ) als der Weg einer an Lebenspraxis interessierten Reflexion auf das Evangelium erprobt" (Josef Hochstaffl, Die Konzeption von Praxis, in: Handbuch Praktische Theologie. Grundlegungen, Bd. 1, Herbert Haslinger [Hg.], Mainz 1999, S. 318–332, S. 324).
[361] Vgl. Ostheimer, Zeichen der Zeit lesen, S. 28.
[362] Vgl. Norbert Mette, Trends in der Gegenwartsgesellschaft, in: Herbert Haslinger et al. (Hg.), Handbuch Praktische Theologie I. Grundlegungen, Mainz 1999, S. 75–90, S. 75ff.

Theologie, eigene Metaphern zu generieren, die sie selbst nicht näher beschreiben oder gar definieren kann? Eine gewisse Aufmerksamkeit für derart virulente Begrifflichkeiten und deren Aufarbeitung erscheint daher unabdingbar.

Nach Rainer Bucher ist es die Pflicht jeder theologischen Disziplin ihren Wahrnehmungs- und Sprachgebrauch zu verbessern.[363] Diesem Aufruf muss auch eine Pastoralgeographie nachkommen, indem sie (bewusst) eine angemessene und fachlich korrekte Raumsprache verwendet. In Anlehnung an den Appell von Susanne Rau, bedeutet dies, „sich einen ganz bewussten Umgang mit den [spatiologischen] Begriffen anzugewöhnen"[364]. Aber auch die Anreicherung an Raumchiffren braucht es; wenngleich diese so gewählt und kommuniziert werden müssen, dass nicht nur andere (Raum-)Wissenschaften an einem Austausch beteiligt werden können, sondern auch Menschen, die sich für die Textarbeit der Pastoraltheologie interessieren. Will sagen: Es braucht also sowohl eine präzise Artikulation von Orts- und Raummetaphern[365] im wissenschaftlichen Diskurs wie auch eine Ausdrucksform, die den Lai:innen der Raumkehre (möglicherweise Theologiestudierende oder pastorale Praktiker:innen) verständlich und nachvollziehbar ist. Zumal es mitunter die Aufgabe der Theologie sei, ihre eigene Sprachfähigkeit so zu fördern, dass ihre Sprachcodes auch außerhalb ihrer eigenen Sphäre verständlich und dialogfähig sind, so Ulrike Wagner-Rau.[366]

Der hexagonal ausgerichtete Kriterienkatalog bildet die Merkmale ab, anhand derer pastoralgeographisches Theologietreiben gelingen kann, um so die angesprochene Leerstelle im Kanon der Patoraltheologie ein Stück weit zu schließen und den heuristischen Pfad der vorliegenden Arbeit aufzuzeigen. Wenngleich diese erste Zusammenschau nur das Grundgerüst eines theologischen Ansatzes bildet, können (und sollen) ergänzende Attribute im Zuge weiterer pastoralgeographischer Veröffentlichungen angeschlossen werden. Der hier vorgeschlagene Ansatz versteht sich also ausdrücklich nicht als abgeschlossenes, unumstößliches Konzept, sondern – ganz im Gegenteil – als skizzenhafter Erstversuch eines explizit pastoralgeographischen Arbeitens.

---

[363] Vgl. Bucher, Theologie im Risiko, S. 195.
[364] Rau, Räume, S. 52.
[365] Bernhard Waldenfels äußert sich zur Thematik der Raummetaphern wie folgt: Raummetaphern sorgen für die Übertragung von Sinnlich-Räumlichem (vgl. Bernhard Waldenfels, Ortsverschiebungen, Zeitverschiebungen. Modi leibhaftiger Erfahrung, Frankfurt a. M. 2009, S. 122). „Doch die *Phora*, wörtlich das Tragen von einem Ort zum andern, das in der *Meta-phora* steckt, macht aus der ‚Metapher' selbst eine Metapher" (Waldenfels, Ortsverschiebungen, S. 122).
[366] Vgl. Ulrike Wagner-Rau, Praktische Theologie als „Schwellenkunde". Fortschreibung einer Anregung von Henning Luther, in: Eberhard Hauschildt / Ulrich Schwab (Hg.), Praktische Theologie für das 21. Jahrhundert, Stuttgart 2002, S. 177–191, S. 182.

2.5 Phänomenologischer Brückenbau

Um nun auf den empirischen Teil der Arbeit, der sich mit den Raumwahrnehmungen von Kirchenbesucher:innen auseinandersetzt, überleiten zu können, braucht es einen theoretischen Rahmen, der die Raumwahrnehmungen reflexiv erschließbar macht. Hierzu gibt es zwei Möglichkeiten sich der Wahrnehmung von Räumen anzunähern: Erstens einen psychologischen und zweitens einen phänomenologischen Zugang. Da sich die Arbeit jedoch nicht mit den kognitiven Leistungen auseinandersetzt, scheidet der psychologische Weg aus, und der phänomenologische Weg wird eingeschlagen.

Phänomenologische Überlegungen zur Ontologie des Raumes gibt es seit Beginn des 20. Jahrhunderts. Als Begründer gelten die beiden Freiburger Philosophen Edmund Husserl und sein Schüler Martin Heidegger. Die Überlegungen bieten den Vorteil zentrale Begriffe wie Raum, Atmosphäre oder Stimmung erkenntnistheoretisch zu umreißen und in Verbindung miteinander zu setzen. Und noch wichtiger: Sie bietet darüber hinaus den Vorteil, „die Erfahrung derjenigen anzuerkennen, die [Raum] praktizieren"[367], so der US-amerikanische Philosoph Edward Casey. Insofern lässt sich eine phänomenologische Herangehensweise optimal mit den anstehenden empirischen Beobachtungen verbinden. Damit bildet der phänomenologische Zugang die Brücke vom theoretischen Diskurs zur empirischen Raumerkundung.

Aus phänomenologischer Perspektive sind drei Bestandteile für eine Raumwahrnehmung vordergründig: Sinne, Leib und Bewegung. Es ist für Phänomenolog:innen evident, dass sich eine allumfassende Raumwahrnehmung zunächst über die Sinne und dann im Zusammenspiel mit dem Leib und der Bewegung des Daseins an einem Ort, zu einer ganzheitlichen Sensorik konstituiert.[368] Diese drei Kategorien werden im Hinblick auf ihre Rolle bei der Raumwahrnehmung zunächst separat beleuchtet. Anschließend wird auf das Ineinandergreifen, und der damit entstehenden Eindrucksganzheit, eingegangen. Essenziell ist zudem das Phänomen der Atmosphäre, welches sich aus dem Akt der Raumwahrnehmung ableitet und ihn zugleich mitbeeinflusst. Hierbei müssen jedoch die verwandten Begriffe ‚Aura' und ‚Stimmung' angefügt werden, um die Unterschiede zum Atmosphären-Begriff deutlich zu machen. Im Schlusskapitel des phänomenologischen Zugangs sind die hintergründigen Einflussfaktoren von Raumwahrnehmung bedeutsam, da sich so die Gedankengänge zur Raumwahrnehmung verdichten und zu einem Abschluss kommen. Zunächst sind jedoch ein paar Anmerkungen zum phänomenologischen Grundgedanken und dem hier verfolgten Zugang voranzustellen.

---

[367] Casey, Vom Raum zum Ort, S. 57.
[368] Vgl. Schneider, Raum – Mensch – Gerechtigkeit, S. 77. Schneider bezieht sich hierbei auf die Kategorie des Raumes nach Elisabeth Jooß (Elisabeth Jooß, Raum. Eine theologische Interpretation (= Beiträge zur evangelischen Theologie 122), Gütersloh 2005, S. 79ff.).

2.5.1 Ein phänomenologischer Zugang

Raum ist philosophisch anschlussfähig: „Obwohl der Begriff des Raumes seit jeher immer auch Gegenstand philosophischer Reflexion gewesen ist, hat er doch nie wirklich in deren Mittelpunkt gestanden."[369] Doch lässt es sich ebenso wenig verneinen, dass mit dem spatial turn auch ein gesteigertes Interesse für den Raum seitens der Philosophie zu beobachten ist.

Dass die Praktische Theologie einen Philosophiebedarf hat, hat Rainer Bucher unlängst festgestellt.[370] Und wie schon Maurice Merleau-Ponty formulierte, „[heißt] Philosophie [...] in Wahrheit, von neuem lernen, die Welt zu sehen"[371]. Im Übrigen greift auch die deutsche Geographie mäßig, aber regelmäßig auf phänomenologische Reflexionen zurück.[372] In der angelsächsischen Geographie gehört die Phänomenologie spätestens seit der Etablierung der humanistic geography zum Methodenkanon der humangeographischen Wissensproduktion, so Simon Runkel.[373] Thomas Fuchs beschreibt die philosophische Denkrichtung wie folgt:

> „Phänomenologie läßt sich als der methodische und systematische Versuch begreifen, von der wissenschaftlichen Erklärung der Welt zu den Sachen selbst (Husserl) zurückzukehren."[374]

Die Parole des „Urvaters der Phänomenologie"[375] – „auf die Sachen selbst zurück[zu]gehen"[376] – verlangt, die Wesensstruktur der Dinge so aufzunehmen, wie sie sich uns in ihrem Sein geben. Zudem wird von der Annahme ausgegangen, dass die eigene Erfahrung ebenso von anderen nachvollzogen werden kann. Die leitende Grundvoraussetzung der Phänomenologie sieht Thomas Fuchs darin,

---

[369] Quadflieg, Zum Öffnen zweimal drehen, S. 21.
[370] Vgl. Bucher, Theologie im Risiko, S. 147ff.
[371] Merleau-Ponty, Maurice, Phänomenologie der Wahrnehmung. Übersetzt von Rudolf Boehm (= Phänomenologisch-psychologische Forschungen 7), Berlin 1966, S. 18.
[372] In der Geographie zuletzt etwa in der Landschaftsforschung. Siehe hierzu: Olaf Kühne, Landscape Theories. A brief introduction, Wiesbaden 2019, S. 31ff. Aber auch in der Atmosphärenforschung und dem Erleben von (Stadt-)Räumen spielen phänomenologische Konzepte und Überlegungen eine entscheidende Rolle. Siehe hierzu etwa: Olaf Kühne, Phänomenologische Landschaftsforschung, in: Ders. et al. (Hg.), Handbuch Landschaf, Wiesbaden, S. 135–144.
[373] Vgl. Simon Runkel, Gestimmte Denkräume. Anmerkungen zur Jürgen Hasse „Was Räume mit uns machen – und wir mit ihnen", in: Geographica Helvetica 72 (2017), H. 3, S. 295–301, S. 296.
[374] Thomas Fuchs, Leib, Raum, Person. Entwurf einer phänomenologischen Anthropologie, Stuttgart 2000, S. 26.
[375] Yoshihiro Nitta / Tōru Tani (Hg.), Aufnahme und Antwort. Phänomenologie in Japan, Bd. 1, Würzburg 2011, S. 118.
[376] Edmund Husserl, Logische Untersuchungen, Bd. 2, Erster Teil. Untersuchungen zur Phänomenologie und Theorie der Erkenntnis (= Husserliana 19/1), Den Haag 1984, S. 10.

2.5 Phänomenologischer Brückenbau

„daß wir mit jeder Erfahrung *mehr* erfahren als nur ein gegenständliches Faktum: nämlich die Seinsweise des Begegnenden ebenso wie die Struktur unserer Erfahrung selbst, die es freizulegen gilt."[377]

Die Phänomenologie versucht demnach, die Dinge und deren Seinsweise „aus der *Beziehung* von Subjekt und Welt"[378] zu erschließen. Nur wenn wir in Beziehung zu den Dingen bzw. Phänomenen treten, sind sie wahrzunehmen, zu erkennen und in der Folge zu reflektieren. Im Grunde genommen untersuchen alle Wissenschaftler:innen Phänomene. Was jedoch die Phänomenologie als Phänomen auffasst, schildert Hermann Schmitz wie folgt: „[Ein] Phänomen ist, was [sich] bei jeder Variation beliebiger Annahmen unveränderlich so aufdrängt, dass sein Vorkommen nicht [...] abgestritten werden kann."[379] In ähnlicher Weise definiert es auch Günter Figal: „Phänomen [...] ist das, was sich zeigt, und als Sichzeigendes ist es, [...] was in originär gebender Anschauung gegeben ist."[380]

Der hier angewendete Zugang erfolgt nicht in der Art, dass eine bestimmte Tradition (z. B. französische Phänomenologie) oder ein bestimmter Ansatz aufgegriffen wird, sondern in einem phänomenologischen Denkstil nach Ludwik Fleck.[381] Der Fleck'sche Denkstil ist die gemeinsame Basis die eine Gruppe von Denker:innen teilt. Einen solchen Personenkreis betitelt Fleck als „Denkkollektiv"[382], welches als „Träger [...] eines besonderen Denkstils"[383] fungiert. Es wird somit versucht, aus einem großen Pool an phänomenologischer Forschung, die zentralen Erkenntnisse darzulegen und zu diskutieren. Die Soziologin Katja Sabisch resümiert passend:

> „Die FLECKsche Denkstilanalyse kann als eine historiografische Wissenssoziologie beschrieben werden, da sie diachrone und synchrone Untersuchungen von wissenschaftlichen Texten systematisiert."[384]

Dieser Zugang bietet den Vorteil Engführungen einer bestimmten phänomenologischen Tradition oder Konzeption zu umgehen. Zugleich ermöglicht das so einbezogene Denkkollektiv die Bezugnahme auf verschiedene phänomenologische Gedanken zu den Grundbegriffen der Raumwahrnehmung. Begriffe wie Leib, Wahrnehmung oder Atmosphäre können so, mit Rekurs auf unterschiedliche Entwürfe, adäquat eingeholt und dargelegt werden. Dass sich phänomeno-

---

[377] Fuchs, Leib, Raum, Person, S. 26.
[378] Fuchs, Leib, Raum, Person, S. 26.
[379] Schmitz, Der leibliche Raum, S. 1.
[380] Figal, Unscheinbarkeit, S. 56.
[381] Vgl. Ludwik Fleck, Entstehung und Entwicklung wissenschaftlicher Tatsachen. Einführung in die Lehre vom Denkstil und Denkkollektiv, Frankfurt a. M. 1980.
[382] Fleck, Entstehung und Entwicklung einer wissenschaftlichen Tatsache, S. 54.
[383] Fleck, Entstehung und Entwicklung einer wissenschaftlichen Tatsache, S. 55.
[384] Katja Sabisch, Die Denkstilanalyse nach Ludwik Fleck als Methode der qualitativen Sozialforschung. Theorie und Anwendung, in: Forum Qualitative Sozialforschung 18 (2017), H. 2, S. 1–17, S. 4.

logische Hilfestellungen für raumtheoretische Konzeptualisierungen praktisch-theologischer Studien eignen, hat Clemens W. Bethge unlängst in Bezug auf die Kirchenraumthematik festgestellt.[385]

2.5.2 Raumwahrnehmung

In der Psychologie wird Wahrnehmung gemeinhin als Prozess aufgefasst, welcher Umweltreize über das menschliche Nervensystem und die Sinnrezeptoren aufnimmt und sensorisch darstellt.[386] David Myers hält hierzu fest:

> „In der Folge wird diese sensorische Information organisiert und interpretiert und erlaubt es damit, bedeutungsvolle Gegenstände und Ereignisse zu erkennen (Wahrnehmungsorganisation und -interpretation)."[387]

Allerdings grenzt jenes Wahrnehmungsverständnis diejenigen sinnlichen Aspekte aus, die der Mensch in sich verspürt. Dadurch würde der Mensch auf sein rationales Vermögen reduziert, so Anne Brandl.[388] Die wahrnehmende Person wird so von der Psychologie als passiver Empfänger von externen Sinnesinformationen angesehen.[389] Einem solch kausalen Einbahndenken zwischen Objekt und Subjekt verwehrt sich ein phänomenologisches Wahrnehmungsverständnis. Jenes versucht hingegen Wahrnehmung als ganzheitlichen, situativen und wechselseitigen Prozess zu verstehen, um so einen Dualismus von äußerer und innerer Wahrnehmung (Sinne vs. Leib) zu überwinden. Unter Berücksichtigung der drei Bestandteile (Sinne, Leib und Bewegung) definiert Anne Brandl Wahrnehmen folgendermaßen:

> „Wahrnehmen ist die menschliche Fähigkeit des sinnlichen, unmittelbaren Erlebens von etwas als etwas in einer bestimmten, räumlich und zeitlich bedingten Situation. Voraussetzung des räumlichen Wahrnehmens ist die Bewegung des Körperleibes, sodass im Wahrnehmen eine Beziehung zwischen dem Wahrnehmenden und dem Wahrgenommenen, ein oszillierendkreativer Prozess zwischen Subjekt und Objekt entsteht."[390]

Entsprechend jenes Wahrnehmungsverständnisses, werden nun die drei Wahrnehmungsfaktoren separat und prägnant ausgeführt, um hervorzuheben wie sie die Raumwahrnehmung ermöglichen bzw. beeinflussen. Daran anschließend

---

[385] Vgl. Clemens W. Bethge, Kirchenraum. Eine raumtheoretische Konzeptualisierung der Wirkungsästhetik (= Praktische Theologie heute 140), Stuttgart 2015.
[386] Vgl. David Myers, Psychologie, Heidelberg 2005, S. 204.
[387] Myers, Psychologie, S. 204.
[388] Brandl, Die sinnliche Wahrnehmung, S. 35.
[389] Vgl. Brandl, Die sinnliche Wahrnehmung, S. 35.
[390] Brandl, Die sinnliche Wahrnehmung, S. 34.

wird auf das Ineinandergreifen der Faktoren eingegangen, die erst in ihrem Zusammenspiel das Vernehmen von Atmosphäre ermöglichen.

2.5.2.1 Sinnliche Wahrnehmung

Wie bereits angeklungen, sind für die Wahrnehmung in erster Linie die Sinne verantwortlich. So gilt: „Jedes Lernen setzt sinnliche Eindrücke der Welt voraus."[391] Ohne seine Sinneskanäle könnte das Ich nicht an dem In-der-Welt-sein partizipieren. Die heutige Wahrnehmungsforschung kennt, je nach Auffassung, zwischen acht und 13 Sinne.[392] Die aristotelische Lehre unterteilte hingegen in fünf[393] Sinneskanäle: Seh-, Hör-, Tast-, Geruchs- und Geschmackssinn. Je nach phänomenologischem Ansatz lassen sich selbstverständlich weitere Unterkategorien[394] bilden bzw. finden. Für den hier aufgezeigten Kurzaufriss bieten solche Überlegungen allerdings wenig Mehrwert. Viel wichtiger ist zu betonen, dass es eine Rangfolge der Sinne gibt. Auch wenn zweifelsohne alle Sinne an der Raumwahrnehmung beteiligt sind, steht der Sehsinn, gefolgt vom Hörsinn, an der Spitze der Hierarchie, so Jürgen Hasse.[395] Besonders in Zeiten von iconic turn[396] und Digitalisierung neigt man noch schneller dazu, die anderen Sinne in die zweite Reihe zu stellen. Daher wird der Sehsinn nicht grundlos „als König unter den Sinnen"[397] betitelt.

In der phänomenologischen Wahrnehmungsforschung wird diese privilegierte Stellung durch eine gleichintensive Bearbeitung aller Sinne versucht zu

---

[391] Jürgen Hasse, Fundsachen der Sinne. Eine phänomenologische Revision alltäglichen Erlebens (= Neue Phänomenologie 4), Freiburg i. Br. / München 2005, S. 33.

[392] Vgl. Rainer Schönhammer, Einführung in die Wahrnehmungspsychologie. Sinne, Körper, Bewegung, Stuttgart / Wien 2009, S. 13.

[393] Je nach Sichtweise kann um weitere Sinne ergänzt werden. Beispielsweise Wärme-, Gleichgewichts- oder Schmerzsinns. Rudolf Steiner, der Begründer der anthroposophischen Lehre, ging bereits 1916 von insgesamt 12 Sinnen aus. Unter anderem ergänzte er die fünf klassischen Sinne um den Wärme- und Gleichgewichtssinn. Vgl. Rudolf Steiner, Das Rätsel des Menschen. Die Geistigen Hintergründe der menschlichen Geschichte. 15. Vorträge, gehalten in Dornach vom 29. Juli bis 3. September 1916 (= Kosmische Geschichte und menschliche Geschichte 1), Dornach 1964.

[394] So beispielsweise bei Jürgen Hasse, der den Seh- bzw. Gesichtssinn in sehen, blicken, schauen und Anschauung untergliedert (vgl. Hasse, Fundsachen, S. 37ff.).

[395] Vgl. Hasse, Fundsachen, S. 33.

[396] Der Begriff meint eine bildwissenschaftliche Forschungsrichtung, die sich seit den 1990ern der Betrachtung und Analyse von Bildern widmet (vgl. Christa Maar / Hubert Bruda (Hg.), Iconic Turn. Die neue Macht der Bilder, Köln 2004). Sie gilt als Gegenströmung zum linguistic turn (Richard Rorty, The Linguistic Turn. Essays in Philosophical Method, Chicago 1992).

[397] Jörg U. Lensing, Sound-Design – Sound-Montage – Soundtrack-Komposition. Über die Gestaltung von Filmton, Berlin ³2018, S. 14.

vermeiden. So rät der Geograph und Wahrnehmungsforscher Rainer Kazig, unter Rückbezug auf die Studien von Jean-Paul Thibaud und Jürgen Hasse zur atmosphärischen Wahrnehmung, davon ab, den Sehsinn pauschal über die anderen Sinne zu stellen.[398] Bereits Maurice Merleau-Ponty verwies darauf, dass jeder Sinn seinen eigenen Raum wahrnehme. Davon ausgehend ergibt sich das Gesamtbild eines wahrgenommenen Raumes erst durch die Berücksichtigung aller Sinne. Folglich liegt der phänomenologische Fokus auf einer Wahrnehmung, in der alle Sinne gleichwertig beleuchtet werden.

Multisensorisches Wahrnehmen bedeutet jedoch stets ausschnitthaftes Wahrnehmen und damit auch nicht-wahrnehmen von etwas, so Böhme.[399] Zum einen, da jeder Mensch von „seinen rezeptorischen und effektorischen Organen [abhängig ist]"[400]. Zum anderen wird jeder Mensch von seinen Dispositionen[401] beeinflusst, so Thomas Fuchs.[402] Durch die Vielzahl an Reizen wird der Mensch zur Selektion gezwungen und ist dadurch nicht im Stande alles bewusst wahrzunehmen und in der Folge abzuspeichern. Udo Rudolph macht auf die starke Selektion bei der Reizaufnahme aufmerksam:

> „Der Aufnahme der Umweltreize sind Kapazitätsgrenzen gesetzt, die zum einen aus der Menge der einströmenden Reize zu erklären sind, zum anderen durch die begrenzte Leistung visueller, haptischer, olfaktorischer, akustischer und gustatorischer Fähigkeiten, sofern man der Gliederung in nur fünf Sinne folgt. Dies bedingt eine starke Selektion. Alle folgenden mentalen Informationsverarbeitungsprozesse werden unter dem Begriff Kognition zusammengefasst."[403]

Die Selektion des Raumeindrucks beginnt jedoch bereits durch die unterschiedlich stark ausgeprägten Sinneskanäle. Ob ein Sinnesorgan stärker oder weniger stark genutzt wird, hängt auch von den biologischen Voraussetzungen ab. Besitzt eine Person beispielsweise eher schlechte Augen, ist aber in der Lage sehr gut zu riechen, liegt der Schwerpunkt der Raumwahrnehmung stärker im olfaktorischen Wahrnehmen. Zudem sind soziale und kulturelle Prägung mitverantwortlich für die Gewichtung der sinnlichen Raumwahrnehmung. So ist mit Martin Schneider hinzuzufügen: „Im Prozess der Sozialisation lernen Menschen aber auch, ihre Sinne besser oder schlechter auszubilden oder sich auf die Sinne unterschiedlich zu verlassen."[404]

---

[398] Vgl. Kazig, Landschaft mit allen Sinnen. Zum Wert des Atmosphärenbegriffs für die Landschaftsforschung, in: Dietrich Bruns / Olaf Kühne (Hg.), Landschaften, Theorie, Praxis und internationale Bezüge, Schwerin 2013, S. 221–232, S. 224.
[399] Vgl. Gernot Böhme, Aisthetik. Vorlesungen über Ästhetik, München 2001, S. 33.
[400] Schneider, Raum – Mensch – Gerechtigkeit, S. 215.
[401] Mit Dispositionen sind unter anderem Gewohnheiten, Wertevorstellungen oder persönliche Einstellungen gemeint (vgl. Schneider, Raum – Mensch – Gerechtigkeit, S. 216).
[402] Vgl. Fuchs, Leib, Raum, Person, S. 258.
[403] Udo Rudolph, Motivationspsychologie kompakt, Weinheim / Basel ²2007, S. 208.
[404] Schneider, Raum – Mensch – Gerechtigkeit, S. 216.

2.5.2.2 Leibliche Wahrnehmung

Wie bereits hervorgehoben, bildet der Begriff der Leiblichkeit einen Reflektionsanker, um aus Sicht der Phänomenologie Raumwahrnehmung sinnvoll erschließen zu können. Die Leiblichkeit könnte gewissermaßen als die Fähigkeit des Daseins verstanden werden, mittels des eigenen Leibes[405] wahrzunehmen. Thomas Fuchs merkt hierzu an:

> „Leiblichkeit ist die grundlegende Weise des menschlichen Erlebens – insofern der Leib nicht als Körperding, sondern als Zentrum räumlichen Existierens aufgefaßt wird, von dem gerichtete Felder von Wahrnehmung, Bewegung, Verhalten und Beziehung zu Mitwelt ausgehen. Leiblichkeit [...] transzendiert den Leib und bezeichnet dann das in ihm verankerte Verhältnis von Person und Welt [...]."[406]

Von Anne Brandl stammt der treffende Satz: „Leib ist man und einen Körper hat man."[407] Dieses Zitat markiert die phänomenologische Sichtweise auf das Begriffspaar. Denn im Unterschied zum Körper, der sozusagen ein Gegenstand des Daseins ist und zum Wahrnehmen der äußeren Sinne befähigt, ermöglicht der Leib das Spüren von etwas, so Philipp Thomas, der an den Leibbegriff von Hermann Schmitz anknüpft.[408] Die Differenz zwischen Leib und Körper lässt sich in ähnlicher Weise mit Gernot Böhme prägnant auf den Punkt bringen. Er schreibt:

> „Der Leib ist, um es kurz zu sagen, unsere eigene Natur, wie sie uns in Selbsterfahrung gegeben ist. Der Körper dagegen ist unsere eigene Natur, wie sie uns durch Fremderfahrung – also im Blick des Anatomen, Physiologen, Mediziners – gegeben ist."[409]

Der Leib ist für das Erfahren von Räumlichkeit unabdingbar. Er bildet gar den Mittelpunkt räumlichen Existierens.[410] Dass das Räumliche und der Leib zusammengehören, macht auch Herman Schmitz deutlich. Er bekundet, dass Räum-

---

[405] Dass sich der Leib phänomenologisch schwer erforschen lässt, weil er sich nie in Gänze in das Bewusstsein rücken lässt, ist allgemein bekannt (vgl. Fuchs, Leib Raum Person, S. 16). Zudem ist ein passendes Wortäquivalent für ‚Leib' in anderen Sprachen wie dem Englischen, Französischen oder Spanischen nicht gegeben. Um dennoch die Bedeutung von Leib vermitteln zu können, wird das Wort Körper in der Regel um ein passendes Adjektiv ergänzt (vgl. Carlos José Willatt Herrera, Ästhetische Erfahrung und Bildung. Eine phänomenologische, bildungstheoretische und pädagogische Neubetrachtung, Berlin 2018, S. 44 bzw. FN 66). So bildete etwa Merleau-Ponty die Begriffe *corps vivant*, *corps phénoménal* und *corps propre*.
[406] Fuchs, Leib, Raum, Person, S. 15.
[407] Brandl, Die sinnliche Wahrnehmung, S. 36.
[408] Vgl. Philipp Thomas, Selbst-Natur-sein. Leibphänomenologie als Naturphilosophie. Berlin 1996, S. 189.
[409] Gernot Böhme, Architektur und Atmosphäre, München 2006, S. 14.
[410] Vgl. Fuchs, Leib, Raum, Person, S. 15.

lichkeit und Leiblichkeit miteinander verwurzelt seien.[411] Und auch Merleau-Ponty behauptete in seiner Leibphänomenologie, dass sich Raum erst mit und durch den erfahrenden Leib konstituiere.[412] Für ihn bildet der Leib gar den ursprünglichen Auftakt jeder Wahrnehmung, Handlung und Äußerung.[413] Zum Leib reflektiert er:

> „Mein Leib ist nicht einfach ein Gegenstand unter all den anderen Gegenständen, ein Komplex von Sinnesqualitäten unter anderen Gegenständen, er ist ein für alle anderen Gegenstände empfindlicher Gegenstand, der allen Tönen ihre Resonanz gibt, mit allen Farben mitschwingt und allen Worten durch die Art und Weise, in der er sie aufnimmt, ihre ursprüngliche Bedeutung verleiht."[414]

Thomas Fuchs betitelt den Leib passend als „Resonanzkörper"[415], der uns die Teilhabe am affektiven Raum ermögliche.[416] Der Tübinger Philosoph Reiner Wimmer verwendet eine ähnlich manifestierende Beschreibung. Er bezeichnet den Leib als „Wahrnehmungs- und zugleich Empfindungs*organ*"[417]. Denn erst durch den Leib wird die Beziehung zur Welt für das Dasein möglich, so Fuchs ergänzend.[418] Oder wie Merleau-Ponty es ausdrückt: „Der Leib ist das Vehikel des Zur-Welt-Seins"[419].

Die leibliche Perspektive bietet aber nicht nur einen trefflichen Zugang zur Welt, sondern sie überwindet mithin eine Trennung von Objekt und Subjekt, da das Dasein nicht nur *etwas* wahrnimmt, sondern es auch immer *als etwas* wahrnimmt, so Brandl.[420] Demnach wird dem Wahrgenommenen gleichsam eine spezifische Bedeutung zugewiesen. Insofern wird es mit dem Leib aus phänomenologischer Perspektive möglich, die wechselseitige Beziehung zwischen Akteur:in und Aktant(en) adäquat zu fassen.

---

[411] Vgl. Hermann Schmitz, System der Philosophie, Bd. 1: Die Gegenwart, Bonn 1964, S. XI.
[412] Vgl. Merleau-Ponty, Phänomenologie der Wahrnehmung, S. 127.
[413] Vgl. Lisa Hessenberger, Sprache & Leiblichkeit. Theoretische Aspekte leiblichen Spracherlebens, Wien 2011, S. 18.
[414] Merleau-Ponty, Phänomenologie der Wahrnehmung, S. 276.
[415] Fuchs, Leib, Raum, Person, S. 21.
[416] Vgl. Fuchs, Leib, Raum, Person, S. 21.
[417] Reiner Wimmer, Zum Wesen der Stimmungen. Begriffliche Erörterungen, in: Friedrich Kümmel (Hg.), O. F. Bollnow: Hermeneutische Philosophie und Pädagogik, München 1997, S. 143–162, S. 147.
[418] Vgl. Fuchs, Leib, Raum, Person, S. 25.
[419] Merleau-Ponty, Phänomenologie der Wahrnehmung, S. 106.
[420] Vgl. Brandl, Die sinnliche Wahrnehmung, S. 35.

2.5.2.3 Bewegte Wahrnehmung

Ein Aspekt, der oftmals im Wahrnehmungsakt zu wenig Beachtung findet, ist die Bewegung. Unter anderem wies Casey daraufhin, dass Wahrnehmung nicht nur eine Angelegenheit des fühlenden, sondern auch des sich bewegenden Leibes sei.[421] Dabei ist das Bewegen im Raum kein einmaliges Ereignis, sondern etwas, das sich, nach Richard Sennett, stetig wiederholt.[422] Bevor der Leib jedoch in Bewegung versetzt wird, befindet er sich in einer Art Ausgangsposition. Anne Brandl hebt dies hervor:

> „Der Wahrnehmende befindet sich jedoch auch in einem räumlichen Hier, d. h. er konfiguriert mit seinem Leib einen bestimmten Ort, der aufgrund topographischer Gegebenheiten, der Perspektive und des Abstandes zum Wahrgenommenen sein Wahrnehmen bestimmt."[423]

Dieses, jeder Bewegung vorgelagerte ‚Hier', bezeichnet Edmund Husserl als den „Nullpunkt"[424], von dem sämtliche Raumachsen ausgehen (rechts, links, oben, unten, vorn, hinten).[425] In gleicher Weise sieht Bernhard Waldenfels im Hier den Startpunkt, von dem aus in verschiedene Richtungen gegangen werden kann.[426] Die Richtungsdimensionen unterteilen den Umraum des Daseins in leibliche Richtungen, wodurch Perspektiven der freien Bewegungen entstehen, so Jürgen Hasse mit Rekurs auf Graf Karlfried von Dürckheim.[427] Mit jenem Hier verbindet sich aber nicht nur das optionale Moment der gerichteten Bewegung, sondern auch die Orientierung im Raum, die jeglicher Reflexion vorgeschaltet ist. Bereits 1903 wies der Kunsthistoriker August Schmarsow auf die zentrale Stellung der Bewegung im Raum hin:

> „Die Ortsbewegung in der dritten Dimension erst bringt uns die Ausdehnung zum unmittelbaren Erleben. Die Entfernung kann ich abschreiten und abtasten, den Raum vor mir kann ich Stück für Stück zurücklegen. Nachdem ihn meine vorwärts blickenden Augen schon im Voraus überschaut haben, ordnen sich nun erst beim

---

[421] Vgl. Casey, Vom Raum zum Ort, S. 60.
[422] Vgl. Richard Sennett, Die offene Stadt. Eine Ethik des Bauens und Bewohnens, München 2018, S. 231.
[423] Brandl, Die sinnliche Wahrnehmung, S. 38.
[424] Edmund Husserl, Phänomenologie. Ideen zu einer reinen Phänomenologie und phänomenologischen Philosophie, Zweites Buch: Phänomenologische Untersuchungen zur Konstitution (= Husserliana 4), Den Haag 1952, S. 158.
[425] Vgl. Husserl, Phänomenologie, S. 158.
[426] Vgl. Bernhard Waldenfels, Topographie des Fremden. Studien zur Phänomenologie des Fremden, Bd. 1, Frankfurt a. M. 1997, S. 194f.
[427] Vgl. Hasse, Fundsachen der Sinne, S 178f. Unter Rekurs auf: Dürkheim, Graf Karlfried von, Untersuchungen zum gelebten Raum. Erlebniswirklichkeit und ihr Verständnis. Systematische Untersuchungen II, in: Felix Krüger (Hg.), Neue Psychologische Studien, Bd. 6, München 1932, S. 383–480, S. 402.

Durchwandeln die Einzelheiten in ihrem tatsächlichen Abstand zueinander, bewähren nach dem bloßen Augenschein nun erst ihre volle Realität, eben als Körper im Raum wie ich selber."[428]

Neue Distanzen, Perspektiven und Gegenstände können so vom bewegten Leib eingeholt werden. So gelingt es, laut Anne Brandl, dem Dasein Beziehungen zwischen anderen Subjekten und Objekten aufzurichten.[429] Der Impuls der Bewegung setzt aber auch die rein sinnliche Wahrnehmung in Gang. Ohne das Umherstreifen würden sich neue visuelle Perspektiven, unterschiedliche Gerüche, Temperaturschwankungen usw. nicht erfahren lassen. Man kann also nicht von einer umfänglichen Wahrnehmung sprechen, ohne dabei Bewegungen zu berücksichtigen. Zusätzlich ermöglicht die Bewegung dem Leib, den (Um)Raum des Subjekts zu entfalten.[430] Aus phänomenologischer Sicht wird gewissermaßen eine „partizipierende Beziehung von Leib und Umraum"[431] unterstellt, die mittels Bewegung aufgespannt wird, so Fuchs. Entsprechend lässt sich erst durch die Bewegung(en) von einer leiblichen Beteiligung am Raum sprechen.[432] Die Bewegung ist somit nicht nur notwendig, um sinnliche Reize einzusammeln, sondern auch, um den Leib überhauperst am Raumgeschehen zu beteiligen. Oder mit den Worten von Jürgen Hasse ausgedrückt: „Sie rhythmisiert, segmentiert und collagiert das atmosphärische Raumerleben."[433]

2.5.3 Der Wahrnehmungsakt: Zusammenführung der Faktoren

Die Wahrnehmung des umgebenden Raumes geschieht in einem Prozess, der aus phänomenologischer Sicht die drei aufgezeigten Bestandteile (sinnliche, leibliche und bewegte Wahrnehmung) in sich vereint. Die dabei entstehende Raumsymbiose manifestiert sich stets in einer ganzheitlichen „Eindrucks-Ganzheit"[434]. Das bedeutet: Während der Begehung eines Ortes, konstituiert sich der wahrgenommene Raum, innerhalb weniger Augenblicke, durch die Reize, die die Sinne aufnehmen und das, was vom Leib gespürt wird. Das Ergebnis des Gesamt-

---

[428] August Schmarsow, Unser Verhältnis zu den bildenden Künsten. Sechs Vorträge über Kunst und Erziehung, Leipzig 1903, S. 104.
[429] Vgl. Brandl, Die sinnliche Wahrnehmung, S. 34.
[430] Vgl. Schneider, Raum – Mensch – Gerechtigkeit, S. 76f.
[431] Fuchs, Leib, Raum, Mensch, S. 372 bzw. FN 2.
[432] Vgl. Simon Runkel, Klangräume der Erlebnisgesellschaft. Eine phänomenologische Untersuchung (= Wahrnehmungsgeographische Studien 27), Oldenburg 2014, S. 49.
[433] Jürgen Hasse, Atmosphären der Stadt. Aufgespürte Räume, Berlin 2012, S. 112.
[434] Gundula Linck, Leib und Körper. Zum Selbstverständnis im vormodernen China, Frankfurt a. M. u. a. 2001, S. 250.

2.5 Phänomenologischer Brückenbau

eindrucks bzw. der Gestalt[435] wird in Raumbildern abgespeichert und teilweise mit Gefühlen bzw. Stimmungen gekoppelt. Erst nach dem Gesamteindruck werden einzelne Eindrücke unterschieden bzw. vom Dasein vernommen und als Teilräume identifiziert, so Schneider.[436]

Im Grunde unterstreichen Merleau-Pontys Überlegungen dieses Resultat. Er verwendet den Begriff der ‚Synästhesie', um die Synthese der Raumwahrnehmung zu beschreiben.[437] Das Wort setzt sich aus den griechischen Ausdrücken ‚syn' (zusammen) und ‚aisthesis' (sinnliches Wahrnehmen) zusammen.[438] Die Synästhesie zeichnet sich gegenüber der Synthese dadurch aus, dass alle Sinneseindrücke präsent sind und sich miteinander verknüpfen. Merleau-Ponty markiert mit dem Begriff der Synästhesie die Verflochtenheit der einzelnen Sinneseindrücke ineinander und deren gleichzeitige Übersetzung: „Die Sinne übersetzen sich ineinander, ohne dazu eines Dolmetschers zu bedürfen, sie begreifen einander, ohne dazu des Durchgangs durch eine Idee zu bedürfen."[439]

Bereits in der aristotelischen Seelenlehre wird ein Vermögen des Menschen beschrieben, welches alle Informationen der fünf Sinne zusammenfasst und zu einer Erfahrung verknüpft, so Günzel.[440] Mit Johann Gottfried Herder kann hier vom sechsten Sinn, dem ‚sensorium commune' (Sinn der Wahrnehmung), gesprochen werden.[441] „Der *sensus communis* war für Herder das menschliche Vermögen, Wahrgenommenes intuitiv aufzufassen."[442] Dieses sensorium commune erfolgt nach der Ansicht Merleau-Pontys durch den Leib, der als synergisches System das Zusammenspiel der Sinne ermöglicht und den gesamtheitlichen Raumeindruck des Menschen hervorruft.[443] Also erst durch den in der Welt verankerten Leib[444] gelinge es dem Dasein per Synästhesie, die vielen Einzelwahrnehmungen zu bündeln und zu verarbeiten, so Werner Bischoff.[445] Darum zeigt

---

[435] Anstöße zur Gestalt erhielt Merleau-Ponty durch die Gestaltpsychologie seitens Max Wertheimers und Wolfgang Köhlers (vgl. Schneider, Raum – Mensch – Gerechtigkeit, S. 204).
[436] Vgl. Schneider, Raum – Mensch – Gerechtigkeit, S. 206.
[437] Vgl. Merleau-Ponty, Phänomenologie der Wahrnehmung, S. 264ff.
[438] Vgl. Achim Hahn, Syn-Ästhesie oder: Die Kommunikation der Sinne. Zur Wahrnehmungslehre von Wilhelm Schapp und Maurice Merleau-Ponty, in: Wolkenkuckucksheim, Internationale Zeitschrift für Theorie der Architektur 18 (2013), H. 31, S. 69–89, S. 70.
[439] Merleau-Ponty, Phänomenologie der Wahrnehmung, S. 274.
[440] Vgl. Stephan Günzel, Maurice Merleau-Ponty. Werk und Wirkung. Eine Einführung, Wien 2007, S. 32f.
[441] Vgl. Merleau-Ponty, Phänomenologie der Wahrnehmung, S. 274.
[442] Hahn, Syn-Ästhesie oder: Die Kommunikation der Sinne, S. 70.
[443] Merleau-Ponty, Phänomenologie der Wahrnehmung, S. 273f.
[444] Merleau-Ponty schreibt zu Beginn des zweiten Teils in *Phänomenologie der Wahrnehmung*: „Der eigene Leib ist in der Welt wie das Herz im Organismus […]". (Merleau-Ponty, Phänomenologie der Wahrnehmung, S. 239). Damit ist nicht die Lokalität in der Welt gemeint, sondern die grundsätzliche Verflochtenheit von Leib und Lebenswelt.
[445] Vgl. Werner Bischoff, Nicht-visuelle Dimensionen des Städtischen. Olfaktorische Wahrnehmung in Frankfurt am Main, dargestellt an zwei Einzelstudien zum Frankfurter Westend und Ostend, Oldenburg 2005, S. 121.

sich, weshalb sich die Phänomenologie weder für die Kategorisierung der Sinne noch für die kognitiven Zusammenführungen interessiert, sondern einzig und allein für die Frage der Gesamtwahrnehmung eines Raums.

2.5.4 Das Mehr des Raumes

Ein wesentlicher, bislang jedoch nicht diskutierter Bestandteil räumlicher Wahrnehmung, stellen Atmosphären dar. Die Thematik von Atmosphäre hat seit etwa 1990 (wieder) Konjunktur. Diskutiert wird das Phänomen vorrangig in der Philosophie bzw. Phänomenologie. Darüber hinaus rücke die Frage der Atmosphäre sowohl im geographischen Diskurs zunehmend in das Blickfeld (z. B. bei Hasse[446] und Kazig[447]) als auch in den Sozial- und Kulturwissenschaften (z. B. bei Goetz und Graupner[448] oder Pfaller und Wiesse[449]), so Rainer Kazig.[450] Die Vermutung liegt nahe, dass das seit Jahren gesteigerte Interesse an Überlegungen zum Atmosphärenphänomen mit dem spatial turn im Zusammenhang steht. Viel drängender scheint hingegen die atmosphärische Einflussnahme auf die Wahrnehmung von Räumen. Darauf beziehen sich die folgenden Ausführungen.

Zunächst leitet sich Atmosphäre etymologisch aus dem Altgriechischen ab und setzt sich aus ἀτμός (Dampf) und σφαίρα (Kugel) zusammen. Im physikalischen Sinn bezeichnet der Begriff die Gashülle, die unseren Planeten umgibt. In einem erweiterten Verständnis sei damit eine generelle Umhüllung bzw. eine umhüllende Umgebung gemeint, so Figal.[451] Jenes Phänomen trägt durch sein Vorherrschen zu einer Raumqualität bei, ohne jedoch eine physische Gestalt zu besitzen, so Hasse.[452] Demnach kann das Atmosphärenphänomen als eine „genuine Eigenart einer Wahrnehmungssituation"[453] bezeichnet werden. Dass

---

[446] Jürgen Hasse, Atmospheres and Moods. Two Modes of Being-with, in: Tonino Griffero / Marco Tedeschini (Hg.), Atmospheres and Aesthetics. A Plural Perspective, Cham 2019, S. 77–92.

[447] Rainer Kazig, Atmosphären und Landschaft, in: Olaf Kühne et al. (Hg.), Handbuch Landschaft. Wiesbaden 2019, S. 453–460.

[448] Rainer Goetz / Stefan Graupner (Hg.), Atmosphären. Annäherungen an einen unscharfen Begriff, München 2007.

[449] Larissa Pfaller / Basil Wiesse (Hg.), Stimmungen und Atmosphären. Zur Affektivität des Sozialen, Wiesbaden 2018.

[450] Vgl. Rainer Kazig, Atmosphären als Ressource von Partizipation und Quartiersentwicklung. Expertise im Auftrag des vhw – Bundesverband für Wohnen und Stadtentwicklung, in: https://www.vhw.de/fileadmin/user_upload/08_publikationen/studien/PDFs/Studien_Befragungen/2018_Abschlussbericht_Expertise_Atmospha__ren.pdf (2018) [Abrufdatum: 13.09.2021], S. 5.

[451] Vgl. Figal, Unscheinbarkeit, S. 221.

[452] Vgl. Hasse, Atmosphären der Stadt, S. 7.

[453] Andreas Rauh, Die besondere Atmosphäre. Ästhetische Feldforschungen, Bielefeld 2012, S. 176.

2.5 Phänomenologischer Brückenbau

Atmosphäre als Wahrnehmungswirklichkeit, weder dinglich noch eindeutig benennbar ist und keinem Wahrnehmungsorgan eindeutig zugeordnet werden kann, mache es schwer, so Christoph Rodatz, über Atmosphäre zu sprechen.[454] Dies liege vor allem am Fehlen der physischen Substanz, wodurch zumeist etwas Unklares, nicht direkt Greifbares mitschwinge, so der Philosoph Thomas Bulka.[455] Dennoch gibt es Explikationsversuche. Gernot Böhme präzisiert etwa, aufbauend auf der Leibphänomenologie von Hermann Schmitz, das aisthetische Phänomen wie folgt:

> „Atmosphäre ist die gemeinsame Wirklichkeit des Wahrnehmenden und des Wahrgenommenen. Sie ist die Wirklichkeit des Wahrgenommenen als Sphäre seiner Anwesenheit und die Wirklichkeit des Wahrnehmenden, insofern er, die Atmosphäre spürend, in bestimmter Weise leiblich anwesend ist."[456]

Atmosphäre ist also das situativ überkommende und bindende Phänomen zwischen dem Ausdruck des Raumes und der ihn leiblich wahrnehmenden Person. Atmosphäre wird nicht selten als eine Art Dunst angesehen, also etwas „Diffuse[s], das zwischen Subjekten und Objekten weht und diffundiert"[457]. Zumeist wird umgangssprachlich und verallgemeinernd vom Wahrnehmen von Atmosphären gesprochen.[458] Nach Rainer Kazig lässt sich die sinnliche Dimension des Atmosphärenbegriffs jedoch passender mit *empfinden* statt wahrnehmen beschreiben.[459] Denn Wahrnehmen beziehe sich auf das Wahrnehmen von Gegenständen, wohingegen Empfinden deutlicher auf das leibliche Erfahren bzw. sinnliche Vernehmen der Umwelt verweise, so der Humangeograph weiter.[460] Schließlich werden Atmosphären gespürt, da sie einen Menschen affektiv betreffen.[461] Kazig äußert sich hierzu wörtlich:

> „Mit dem Begriff des Empfindens wird die angesprochene Idee eines *mit der umgebenden Welt Seins* ausgedrückt, wobei der Empfindende nicht nur sich selbst, sondern auch seine Umgebung und sich in und mit seiner Umgebung erlebt."[462]

---

[454] Vgl. Christoph Rodatz, Der Schnitt durch den Raum. Atmosphärische Wahrnehmung in und außerhalb von Theaterräumen, Bielefeld 2010, S. 35.
[455] Vgl. Thomas Bulka, Stimmung, Emotion, Atmosphäre. Phänomenologische Untersuchungen zur Struktur der menschlichen Affektivität, Münster 2015, S. 71.
[456] Böhme, Atmosphäre als Grundbegriff, S.298.
[457] Andreas Rauh, Bruchlinien. Das Atmosphärenkonzept in Theorie und Praxis, in: Larissa Pfaller / Basil Wiesse (Hg.), Stimmungen und Atmosphären. Zur Affektivität des Sozialen, Wiesbaden 2018, S. 125–144, S. 128.
[458] Vgl. Kazig, Atmosphäre als Ressource, S. 5.
[459] Vgl. Rainer Kazig, Atmosphären. Konzept für einen nicht repräsentationellen Zugang zum Raum, in: Christian Berndt / Robert Pütz (Hg.), Kulturelle Geographien. Zur Beschäftigung mit Raum und Ort nach dem Cultural Turn, Bielefeld 2007, S. 167–187, S. 170.
[460] Vgl. Kazig, Landschaft mit allen Sinnen, S. 223.
[461] Vgl. Böhme, Aisthetik, S. 46.
[462] Kazig, Atmosphären als Ressource, S. 6.

Gleiches unterschreibt Jean-Paul Thibaud: „Wir sprechen eher davon, daß wir eine Atmosphäre erfahren oder empfinden, als daß wir sie wahrnehmen."[463] Wenn in der phänomenologischen Atmosphärenforschung dennoch von der ‚Wahrnehmung einer Atmosphäre' gesprochen wird, so wird damit nicht auf die Sinneswahrnehmung abgezielt, sondern das „Gewahrwerden, als Wahrnehmung der Wahrnehmung"[464] forciert. Also jener Moment, indem sich das Subjekt einer Atmosphäre bewusst wird. Um diese unglückliche Explikation zu umgehen und ein passenderes Adjektiv zu gebrauchen, wird in dieser Arbeit weiterhin vom Empfinden bzw. Spüren von Atmosphären und vom Wahrnehmen von Räumen gesprochen.[465]

Ein weiterer, nicht zu verachtender Diskussionspunkt ist das Verhältnis von Atmosphäre und Raumwahrnehmung. Thibaud verkündet, „daß Atmosphären in keiner Weise Gegenstände der Wahrnehmung sind"[466]. Er wendet die Perspektive und geht davon aus, dass Atmosphäre vielmehr die Rahmenbedingungen der Raumwahrnehmung vorschreibt: „Wir nehmen [...] eine Atmosphäre nicht wahr, sondern wir nehmen *gemäß* der Atmosphäre wahr."[467] Von diesem Hinweis her, wir deutlich, dass die empfundene Atmosphäre eines Raumes einen wesentlichen Einfluss auf die Raumwahrnehmung hat. Dennoch muss dem Verspüren einer Atmosphäre eine Raumwahrnehmung vorausgehen. Es entsteht eine konstituierende Korrelation zwischen dem Subjekt und dem Raum, der eine Atmosphäre überhaupt wahrnehmbar macht. Oder mit den Worten von Martin Schneider ausgedrückt: „Es gibt keine Atmosphäre ohne Wahrnehmenden."[468] Insofern lässt sich das Verhältnis von Atmosphäre und Raumwahrnehmung als rekursive Einflussnahme begreifen. Die so eingreifende Rückkopplung der Atmosphäre auf die je subjektive Wahrnehmung lässt den Raum in einer bestimmten Weise erfahren bzw. erleben. Insofern gibt es zwei Wahrnehmungsakte, die mit Atmosphäre im Prozess der Wahrnehmung zwischengeschaltet sind und in Bruchteilen einer Sekunde nacheinander ablaufen. Da allerdings eine Dichotomie von Wahrnehmung1 und Wahrnehmung2 den homogenen Wahrnehmungsprozess auflösen würde und für Verständnisschwierigkeiten in den weiteren Ausführungen sorgen könnte, wird Wahrnehmung – wie zuvor dargelegt – in einem Akt verstanden, der sich dem Dasein durch das Zusammenspiel von Bewegung, Sinnen und Leib offenbart. Beschäftigt man sich mit der Wirkung und

---

[463] Jean-Paul Thibaud. Die sinnliche Umwelt von Städten. Zum Verständnis urbaner Atmosphären, in: Michael Hauskeller (Hg.), Die Kunst der Wahrnehmung. Beiträge zu einer Philosophie der sinnlichen Erkenntnis, Kusterdingen 2003, S. 280–297, S. 284.
[464] Rauh, Die besondere Atmosphäre, S. 165f.
[465] Damit wird der eigenen Prämisse des pastoralgeographischen Ansatzes (einheitliches Vokabular) in dieser Arbeit nachgekommen.
[466] Thibaud, Die sinnliche Umwelt von Städten, S. 289.
[467] Thibaud, Die sinnliche Umwelt von Städten, S. 289.
[468] Schneider, Raum – Mensch – Gerechtigkeit, S. 209.

2.5.4.1 Umgebungsqualitäten

Eine Atmosphäre ist zunächst von den vorherrschenden „Umgebungsqualitäten"[469], wie es Gernot Böhme nennt, abhängig. Jürgen Hasse bezeichnet, in Anlehnung an Hermann Schmitz[470], Umgebungsqualitäten als „Halbdinge"[471], meint aber dasselbe, und erläutert, was darunter zu verstehen ist:

> „[Halbdinge] sind zum Beispiel Geräusche, Gerüche, Temperaturen, der Wind, das Licht, der Schatten etc. Es sind Erscheinungsweisen, die am Charakter der Dinge nicht zu fassen sind, aber in ihrer Flüchtigkeit die Eigenart einer Atmosphäre entscheidend mitgestalten."[472]

Die Zusammensetzung bzw. der Zustand einer Atmosphäre ist grundsätzlich nie wirklich stabil oder festgeschrieben, sondern fluide und dynamisch, so Thibaud.[473] Denn die einzelnen Umgebungsqualitäten variieren in ihrer eigenen Ausprägung. Beispielsweise ist die Atmosphäre gänzlich anderes, wenn man z. B. nachts bei Regen oder mittags bei Sonnenschein auf einem Friedhof[474] umherspaziert. So schwankt die Atmosphäre zwischen gruselig bis seelenruhig. Allerdings stimmen Atmosphären nicht nur das Befinden. Umgekehrt kann auch das Befinden Auswirkungen auf die jeweils verspürte Atmosphäre haben. Die Stimmung, mit der das Subjekt einen Raum – hier z. B. einen Kirchenraum – betritt, prägt die Wahrnehmung der Atmosphäre und ist damit zuerst mit den emotionalen Faktoren des Subjekts verbunden. Wie oben schon gezeigt werden konnte, konstituiert sich ein Raum aus dem Wechselspiel von Subjekt und Raum mit den entsprechenden Präpositionen, die den jeweiligen Elementen zugrunde liegen. Den Wechsel einer Atmosphäre zu einer anderen bemerkt das Ich bei einem Ortswechsel. Andreas Rauh bringt dies auf den Punkt:

---

[469] Gernot Böhme, Atmosphäre. Essays zur neuen Ästhetik, Frankfurt a. M. 1995, S. 22.
[470] Vgl. Hermann Schmitz, Neue Grundlagen der Erkenntnistheorie, Bonn 1994.
[471] Schmitz, Neue Grundlagen der Erkenntnistheorie, S. 80.
[472] Jürgen Hasse, Stadt als erlebter und gelebter Raum – kein Sein ohne Handeln?, in: Martin Döring et al. (Hg.), Stadt-Raum-Natur. Die Metropole als politisch konstruierter Raum, Hamburg 2003, S. 171–199, S. 180f.). Nach dem Terminus technicus von Schmitz, zeichnen sich Halbdinge dadurch aus, „daß sie verschwinden und wiederkommen, ohne daß es Sinn hat, zu fragen, wo sie in der Zwischenzeit gewesen sind" (Schmitz, Neue Grundlagen der Erkenntnistheorie, S. 80).
[473] Vgl. Thibaud, Die sinnliche Umwelt von Städten, S. 286.
[474] Das Wesen einiger Orte wird gerade durch ihre Atmosphäre getragen. Friedhöfe sind hierbei ein prominentes Beispiel (vgl. Hasse, Atmosphären der Stadt, S. 7).

> „Grenzen zwei Orte mit charakteristischer Atmosphäre aneinander, so kann das Wahrnehmungssubjekt aufgrund des Wechsels ihres Charakters darauf gestoßen werden [sic!], dass es sich in einer [anderen] Atmosphäre befindet."[475]

Bei dem Vollzug eines Ortswechsels wird die veränderte Atmosphäre also bewusst vernommen und gibt dem Dasein Auskünfte über die neue(n) Situation(en)[476]. So lässt es sich erklären, weshalb eine Atmosphäre zu Beginn eines Ortswechsels sehr deutlich wahrgenommen wird: Im anfänglichen Wahrnehmen eines Raumes trifft uns die Atmosphäre wie „mit einem Schlage"[477]. Ähnlich der Philosoph Tadashi Ogawa: „Die Atmosphäre ergreift den Menschen radikal."[478] Die ganze reflexive Wirklichkeit des Subjekts ist ständig auf verschiedene Atmosphären verwiesen und nimmt diese – zumindest subtil – wahr. Denn grundsätzlich gilt: Je länger sich das Subjekt an einem neuen Ort aufhält, desto deutlicher tritt die vernommene Atmosphäre allmählich in den Hintergrund zurück. Dieser Vorgang ist eng verbunden mit der Assimilation des Subjekts und seiner Sinne an die Umgebungsqualitäten. Bespielhaft lassen sich die verschiedenen Geruchseindrücke nennen, – im Kontext einer Kirche lässt sich mitunter erahnen, ob ein großes Fest in dem Raum vollzogen wurde (Stichwort: Weihrauch) – die deutlich wahrgenommen werden können. Mit dem Verstreichen der Zeit gewöhnt sich das Subjekt an die olfaktorischen Signale des Ortes, wodurch die Gerüche immer weniger auffallen. Das gleiche Phänomen gilt für alle Umgebungsqualitäten wie etwa die Lichtverhältnisse, an die sich die Augen innerhalb kürzester Zeit gewöhnen.

2.5.4.2 Aura

Neben den Umgebungsqualitäten konstituiert sich eine Atmosphäre auch über die materielle Wirkmacht von Objekten. So gilt: „Atmosphären sind [mitunter] an die Ausstrahlung der Gegenstände [...] gebunden."[479] Wirkung, Positionierung und Materialität der Gegenstände in einem Raum spielen dahin gehend in der phänomenologischen Atmosphärenforschung eine zentrale Rolle. Unter Rekurs auf das griechische *eidos*, welches die physiognomische Erscheinung von Objekten meint, lässt sich von der ‚Ausstrahlung' von räumlichen Arrangements bzw.

---

[475] Rauh, Die besondere Atmosphäre, S. 163f.
[476] Jean-Paul Thibaud macht darauf aufmerksam, dass eine Atmosphäre „die verschiedenen Komponenten einer Situation zusammenbindet und vereinheitlicht" (Thibaud, Die sinnliche Umwelt von Städten, S. 283).
[477] Hermann Schmitz, Personale und präpersonale Subjektivität, in: Logos. Zeitschrift für systematische Philosophie 6 (1999–2000), S. 52–66, S. 58.
[478] Tadashi Ogawa, Grund und Grenze des Bewußtseins. Interkulturelle Phänomenologie aus japanischer Sicht, Würzburg 2001, S. 99.
[479] Schneider, Raum – Mensch – Gerechtigkeit, S. 209.

2.5 Phänomenologischer Brückenbau

Gegenständen sprechen, so Schneider.[480] Die Soziologin Martina Löw verweist darauf, dass diese Ausstrahlung der Dinge vom Menschen eher passiv wahrgenommen werde.[481] Die vorhandenen Objekte kommen sozusagen auf das Dasein zu bzw. rücken ihm auf den Leib.[482] Im Umgang und Wahrnehmen legt die Materialität der Dinge bestimmte Handlungs- und Wahrnehmungserfahrungen nahe. Ergänzend hierzu Lars Frers: „Die Dinge sind somit weder bloß Objektives noch bloß Subjektives, sie und die Handelnden konstituieren sich gegenseitig im Handlungsprozess [...]."[483] Je nach Erfahrungen und Assoziationen mit einem Gegenstand, fällt die Wahrnehmung (und der Umgang) mit jenem so oder so aus. Insofern stellt das, was die Gegenstände ausstrahlen, einen wichtigen Faktor des wahrgenommenen Umraumes dar. Hieran anschlussfähig ist das Konzept der *Aura*.

Auf dessen Wortursprung verweist Zhuofei Wang: „Etymologisch kommt das Wort ‚Aura' [(αὔρα)] aus dem Griechischen und bedeutet Atem, Brise oder sanfter Wind."[484] Jene Begrifflichkeit wurde von Walter Benjamin in seinem Aufsatz *Kleine Geschichte der Photographie* (1931) eingeführt, um Fotografien (und Kunstwerke im Allgemeinen) angemessen charakterisieren zu können. Benjamin sinniert zum Verständnis von Aura:

> „Was ist eigentlich Aura? Ein sonderbares Gespinst von Raum und Zeit: einmalige Erscheinung einer Ferne, so nah sie sein mag. An einem Sommermittag ruhend einem Gebirgszug am Horizont oder einem Zweig folgen, der seinen Schatten auf den Betrachter wirft, bis der Augenblick oder die Stunde Teil an ihrer Erscheinung hat – das heißt Aura dieser Berge, dieses Zweiges atmen."[485]

Der Textausschnitt mache deutlich, dass das Geheimnis in einer synästhetischen Form erfahrbar sei, so die Sprach- und Literaturwissenschaftlerin Rahel Ziethen.[486] Gernot Böhme fasst zusammen: „Benjamin versuchte mit dem Begriff

---

[480] Vgl. Schneider, Raum – Mensch – Gerechtigkeit, S. 207.
[481] Vgl. Martina Löw, Raumsoziologie, Frankfurt a. M. 2001, S. 196.
[482] Vgl. Jürgen Hasse, Was Räume mit uns machen – und wir mit ihnen. Kritische Phänomenologie des Raumes, München 2014, S. 46. Hasse bezieht sich hier auf den Neurologen und Psychologen Erwin Straus (Erwin Straus, Die Ästhesiologie und ihre Bedeutung für das Verständnis der Halluzinationen, in: Ders. (Hg.), Psychologie der menschlichen Welt. Gesammelte Schriften, Berlin u. a. ²1960, S. 236–269, S. 261).
[483] Lars Frers, Zum begrifflichen Instrumentarium – Dinge und Materialität, Praxis und Performativität, in: http://userpage.fu-berlin.de/frers/begriffe.html#toc [Abrufdatum: 24.04.2020], o. S.
[484] Zhuofei Wang, Atmosphärische Gestaltung und Erfahrung, in: Juliane Rebentisch (Hg.), Das ist Ästhetik! Kongress-Akten der Deutschen Gesellschaft für Ästhetik, Bd. 4, Offenbach 2018, S. 1–11, S. 2.
[485] Walter Benjamin, Kleine Geschichte der Photographie, in: Rolf Tiedemann / Hermann Schweppenhäuser (Hg.), Walter Benjamin. Gesammelte Schriften, Bd. 2.1, Frankfurt a. M. 1991, S. 368–385, S. 378.
[486] Vgl. Rahel Ziethen, Kunstkommentare im Spiegel der Fotografie. Re-Auratisierung – Verklärung – Nicht-kontingente Experimente, Bielefeld 2013, S. 278.

der Aura jene Atmosphäre der Distanz und des Achtunggebietenden zu bestimmen, die originale Kunstwerke umgibt."[487] Aura wird von Benjamin weder definiert noch expliziert, sondern als Abgrenzungskriterium eingeführt, um zwischen einer nicht-auratischen Medientechnologien und einer auratisch-bürgerlichen Kunst differenzieren zu können, so Spangenberg.[488] Durch die Aura zeige sich die unwiederholbare Eigenart eines Originalwerks, so Wang.[489] Wohingegen Aura selbst, reproduzierbar ist.[490]

Im historischen Wörterbuch für ästhetische Grundbegriffe wird Aura von Peter Spangenberg als

> „diffuse, im naturwissenschaftlichen Sinne nicht objektivierbare, oft jedoch intensiv empfundene physisch-materielle ‚Ausstrahlung' [bezeichnet], die einen Wahrnehmungsgegenstand[491] zu umgeben scheint [...]."[492]

Danach fasst der Begriff „eine implizit wertpräferenzielle, sinnliche Erfahrung, der unmittelbar Bedeutung eingeräumt"[493] wird und sich auf eine „inkommunikabel erscheinende Singularität"[494] bezieht. Während folglich Aura von einem Kunstwerk bzw. Gegenstand ausstrahlt, diffundiert Atmosphäre aus der Gesamtheit der Umgebung heraus. Beiden gemeinsam ist aber die Notwendigkeit einer leiblichen Öffnung. Hierzu erneut Gernot Böhme: „Die Aura spüren heißt, sie in die eigene leibliche Befindlichkeit aufzunehmen. Was gespürt wird, ist eine unbestimmt räumlich ergossene Gefühlsqualität."[495]

Zusammenführend: Aura bezeichnet gewissermaßen den umgebenden Überschuss von Wahrnehmungsgegenständen, welcher nicht klar zu bestimmen, aber leiblich zu erfahren ist. Weiter wird damit eine ontologische Kausalität von Objekt und Subjekt in den Fokus gerückt, so Rauh.[496] Im Hinblick auf Kirchengebäude ist es deren Architektur, die – je nach Baujahr und ekklesiologischer Reflexion – ein gewisses metaphysisches Kirchenbild markiert und so auf das Subjekt (ein)wirkt. Das Atmosphärenkonzept erweitert gewissermaßen das

---

[487] Gernot Böhme, Atmosphäre als Grundbegriff einer neuen Ästhetik, in: Thomas Friedrich / Jörg H. Gleiter (Hg.), Einfühlung und phänomenologische Reduktion. Grundlagentexte zu Architektur, Design und Kunst, Berlin 2007, S. 287–310, S. 291.
[488] Vgl. Peter Spangenberg, Aura, in: Ästhetische Grundbegriffe. Historisches Wörterbuch in sieben Bänden. Absenz bis Darstellung, Bd. 1, Stuttgart 2000, S. 400–416, S. 404.
[489] Vgl. Wang, Atmosphärische Gestaltung, S. 2.
[490] Vgl. Böhme, Atmosphäre als Grundbegriff, S. 292.
[491] In einer neuzeitlichen Verwendung des Begriffs kann auch ein Subjekt der Träger von Aura sein (vgl. Spangenberg, Art. Aura, S. 401). Beispielsweise eine Kanzlerin oder ein Präsident, die bzw. der eine Machtaura ausstrahlt.
[492] Spangenberg, Art. Aura, S. 400.
[493] Rauh, Die besondere Atmosphäre, S. 33.
[494] Rauh, Die besondere Atmosphäre, S. 33.
[495] Böhme, Atmosphäre als Grundbegriff, S. 292.
[496] Rauh, Die besondere Atmosphäre, S. 95.

Konzept der Aura, um ein ontologisches Verhältnis von Wahrgenommenem und wahrnehmender Person mittels eines Zwischen – der Atmosphäre.

2.5.4.3 Stimmung

Auf der anderen Seite steht der Begriff ‚Stimmung', welcher immer wieder in der Atmosphärenthematik aufblitzt. Prominent wurde Stimmung erstmals bei Martin Heidegger, der die Gestimmtheit bzw. Befindlichkeit als Existential[497] des Daseins ausmachte.[498] Die wichtigste Stimmung – quasi die Grundstimmung – ist in *Sein und Zeit* die Angst, die das Dasein zu sich selbst kommen lässt bzw. den Weg für die eigentliche Existenz bereitet.[499] Mittels der Befindlichkeit wird die Welt im Hinblick auf Bedrohlichkeit, Bedeutsamkeit Dienlichkeit usw. wahrnehmbar, so Böhme ergänzend.[500] Daran anfügend ist Stimmung für den Philosophen und Psychiater Hubert Tellenbach schlicht als „die Einheit von Ich- und Weltgefühl"[501] zu verstehen.

Stimmungen gelten gemeinhin, wie auch Atmosphären, als eigentümlich anonym, so Figal.[502] Den Unterschied zwischen Atmosphäre und Stimmung markiert etwa Patrick Rupert-Kruse:

> „So bezeichnet Atmosphäre eine objektiv bestehende und spürbare Gegebenheit, während sich der Begriff der Stimmung auf einen affektiv-emotionalen Zustand des spürenden Subjekts bezieht."[503]

Die affektiven Auswirkungen auf unsere Stimmung sind möglich, da wir mit unserer Fähigkeit der Leiblichkeit fortlaufend an Atmosphären partizipieren.[504] Der Mensch vernimmt Atmosphären als etwas um ihn herum, Stimmungen als etwas an bzw. in ihm.[505] Jürgen Hasse resümiert: „Die Atmosphäre ist außerhalb meiner selbst, die Stimmung grundiert einen aktuell-affektiven Empfindungsgrund."[506]

---

[497] Existentialien sind nach den Überlegungen aus Sein und Zeit (1927) die ursprünglichen Daseinsweisen, die das In-der-Welt-sein des Daseins erschließen bzw. bestimmen.
[498] Vgl. Lenelis Kruse, Der gestimmte Raum, in: Thomas Friedrich / Jörg H. Gleiter (Hg.), Einfühlung und phänomenologische Reduktion. Grundlagentexte zu Architektur, Design und Kunst, Berlin 2007, S. 233–250, S. 233.
[499] Vgl. Heidegger, Sein und Zeit, S. 114f.
[500] Vgl. Böhme, Aisthetik, S. 80.
[501] Hubertus Tellenbach, Geschmack und Atmosphäre (= Neues Forum 8), Salzburg 1968, S. 9.
[502] Vgl. Figal, Unscheinbarkeit, S. 221.
[503] Rupert-Kruse, Atmosphären: Gestimmte Räume und sinnliche Wahrnehmung, o. S.
[504] Vgl. Gernot Böhme, Der Raum leiblicher Anwesenheit und der Raum als Medium von Darstellung, in: Sibylle Krämer (Hg.), Performativität und Medialität, München 2004, S. 129–140, S. 134.
[505] Vgl. Hasse, Atmosphären der Stadt, S. 19.
[506] Hasse, Atmosphären der Stadt, S. 19.

Die Differenz zwischen beiden Phänomenen liegt also darin, dass Stimmungen Möglichkeiten des Lebens und Erlebens sind, während Atmosphären das sind, was man durch die Wahrnehmung eines Raumes erfährt. Mit anderen Worten: Atmosphären treffen das Dasein von außen. Stimmungen von innen. Dem Moment der Betroffenheit durch eine Atmosphäre kann sich der Mensch ebenso wenig entziehen, wie dem Moment, indem ihn eine Stimmung überkommt. Er ist beiden Phänomenen schutzlos ausgeliefert. Gleiches bekundet Lenelis Kruse: „Stimmung ist nicht gerichtetes Erfassen eines seelischen Zustandes, sondern Stimmung überfällt, man ist ihr ausgeliefert."[507] Sowohl Stimmungen als auch Atmosphären können sich aber auch gemächlich an dem Leib entfalten. Denn grundsätzlich gilt: „Die Veränderungen der subjektiven Befindlichkeit können unbewusst bleiben oder bewusst registriert werden."[508] Die gewechselte Gestimmtheit zieht meistens ein verändertes Verhalten bzw. Handeln nach sich. Beispielsweise stimmt die Atmosphäre einer Kirche das Befinden einer Person in einer spezifischen Weise. Die Person wird folglich von dem atmosphärischen „Kraftfeld"[509] angesteckt und empfindet in dem Sakralbau anders als vor dem Gebäude. Beispiele für andere Orte, die einem bestimmten Zweck zugeneigt sind, wären z. B. Krankenhäuser, Schulen oder Bibliotheken. Die Einflussnahme auf die Stimmung durch das aisthetische Phänomen der Atmosphäre beschreibt Patrick Rupert-Kruse wie folgt:

> „Das atmosphärische Objekt evoziert eine Stimmung, es affiziert das Subjekt, welches dies entweder als Ingressions- oder Diskrepanzerfahrung sinnlich wahrnimmt und erlebt."[510]

Eine Atmosphäre wird danach nicht zu einer Stimmung transformiert, sondern sie kann eine bestimmte Stimmung des Daseins auslösen oder verändern. Damit eine Atmosphäre in der Lage ist, eine Stimmung auszulösen oder zu verändern, muss sie das Befinden der Person berühren, so Hasse.[511] In analoger Weise bekräftigt Thibaud: „Eine Atmosphäre kann uns stimulieren oder entspannen, uns packen oder mit sich reißen, uns tragen oder lähmen, und so weiter."[512] Auf der anderen Seite kann – je nach Stimmung(slage) – eine Atmosphäre so oder so empfunden werden. Aus den Schilderungen wird deutlich, dass das Subjekt in verschiedenen Konstellationen auf Atmosphären und Stimmungen verwiesen

---

[507] Kruse, Der gestimmte Raum, S. 234.
[508] Kazig, Landschaft mit allen Sinnen, S. 223.
[509] Der evangelische Theologe Manfred Josuttis bezeichnet die sakrale Atmosphäre von Kirchengebäuden als „symbolisches Kraftfeld" (Manfred Josuttis, Vom Umgang mit heiligen Räumen, in: Thomas Klie (Hg.), Der Religion Raum geben. Kirchenpädagogik und religiöses Leben, Münster 1998, S. 34–43, S. 38).
[510] Vgl. Patrick Rupert-Kruse, Atmosphären: Gestimmte Räume und sinnliche Wahrnehmung, in: https://arthist.net/archive/3033 (2012) [Abrufdatum: 08.04.2020], o. S.
[511] Vgl. Hasse, Atmosphären der Stadt, S. 7.
[512] Thibaud, Die sinnliche Umwelt von Städten, S. 287.

ist und diese wiederum auf die Raumwahrnehmung des jeweiligen Subjekts einwirken.

Kontrastiv zu Emotionen, die sich unter anderem durch eine gewisse Intentionalität auszeichnen, sind Stimmungen eher mit einer gesamtheitlichen Gestimmtheit zu übersetzen. Stimmungen fehlt prinzipiell ein konkretes intentionales Objekt.[513] Für die Philosophin Paola-Ludovika Coriando ist „*Emotion* primär, wenn auch nicht ausschließlich, die plötzliche, erlebnisbezogene Aufregung, in die uns ein bestimmtes Ereignis versetzt"[514]. Mit Emotion verbindet sich folglich eine eher kurze, flüchtige, intensiv erfahrbare Situation, die von (mindestens) einem Ereignis ausgelöst wird. Im Gegenzug sei das Erleben von Stimmungen oftmals länger andauernd und weniger intensiv als das Erleben von Emotionen, so Thomas Bulka ergänzend.[515] Bulka selbst hebt jedoch den mehrdeutigen Charakter der Stimmungen hervor, wonach sich seiner Ansicht, die eben angesprochenen Abgrenzungskriterien (Intentionalität, Intensität und Dauer) nicht eindeutig und damit bedenkenlos auf die zwei Kategorien des Affektiven (Stimmung und Emotion) anwenden lassen.[516] Er stellt dar, dass Stimmungen kürzer oder länger, intensiver oder weniger intensiv sein können und weder intentional auf ein Objekt gerichtet, noch vollkommen entkoppelt von diesem seien.[517]

2.5.4.4 Das Empfinden von Atmosphäre – ein Fazit

Als Ergebnissicherung für die vorliegende Studie bieten sich folgende Punkte an: Das aisthetische Phänomen der Atmosphäre bezeichnet zunächst eine nichtsubstanzielle, bestehende Gegebenheit, die für den Menschen spürbar bzw. erfahrbar ist.[518] So zeigt eine Atmosphäre dem Dasein das unsichtbare *Mehr* eines Raumes, ohne selbst lokalisierbar zu sein. Dieses diffuse *Zwischen* ergibt sich zunächst aus dem Befinden der wahrnehmenden Person und den vorherrschenden Umgebungsqualitäten.[519] Neben den Umgebungsqualitäten bestimmen die Gegenstände des wahrgenommenen Raumes, durch ihre Positionierung, Form und Materialität das Atmosphärische mit. Sie wirken auf das Dasein mit ihrer ausstrahlenden Aura ein. Folglich besteht der atmosphärische Schmelztiegel aus vorhandenen Dingen, bewegtem Leib und sinnlichen Umgebungswahrnehmun-

---

[513] Vgl. Rupert-Kruse, Atmosphären: Gestimmte Räume und sinnliche Wahrnehmung, o. S.
[514] Paola-Ludovika Coriando, Affektenlehre und Phänomenologie der Stimmungen. Wege einer Ontologie und Ethik des Emotionalen (= Philosophische Abhandlungen 85), Frankfurt a. M. 2002, S. 7.
[515] Vgl. Bulka, Stimmung, Emotion, Atmosphäre, S. 60.
[516] Vgl. Bulka, Stimmung, Emotion, Atmosphäre, S. 67ff.
[517] Vgl. Bulka, Stimmung, Emotion, Atmosphäre, S. 69f.
[518] Vgl. Rupert-Kruse, Atmosphären: Gestimmte Räume, o. S.
[519] Vgl. Böhme, Atmosphäre, S. 22f.

gen.[520] Dass eine Atmosphäre weder im wahrnehmenden Subjekt noch in den Gegenständen des Raumes steckt, sondern sich im *Zwischen* bzw. in der „Situation"[521] zeigt, welche durch die Interaktion des Subjekts mit dessen Umgebung hervorgerufen wird, sollte bis hierher klargeworden sein. Neben dieser Erkenntnis wurde ebenso gezeigt, dass die leiblich vernommene Sphäre im Stande ist, Einfluss auf die Stimmung(slage) des Subjekts zu nehmen, welche wiederum die Raumwahrnehmung des Menschen unterläuft und mitkonstituiert. Zudem ist eine Trennung von Subjekt und der Atmosphäre, die es umgibt, nicht möglich.[522] Das Dasein kann sich niemals einer Atmosphäre entziehen. So wie es dem Menschen nicht möglich ist, nicht nicht-wahrzunehmen, so kann er ebenso nicht nicht-spüren. Abschließend lässt sich das Phänomen der Atmosphäre mit Peter Weichhart folgendermaßen zusammenführen:

> „Man versteht darunter einerseits eine von der äußeren Umgebung vermittelte, subjektiv erfahrene Stimmung und andererseits die als objektiv angesehene Eigenschaft einer Umgebung, die sich aus der Konfiguration ihrer Anmutungsqualitäten ergibt und zu einer reproduzierbaren Stimmungslage oder Aura dieser Umgebung führt."[523]

2.5.5 Subtile Influencer

Wenn bisher vom Wahrnehmen eines Raumes die Rede war, wurde der Fokus bislang auf das individuelle Raumvernehmen des Menschen und die unmittelbar beteiligten Einflussfaktoren gelegt. Doch ob ein Raum und die darin wirkende Atmosphäre eher positiv oder ablehnend beschrieben werden, liegt nicht allein an der individuellen Wahrnehmung, sondern ebenso an soziokulturellen Prägungen. Die Perspektive des Wahrnehmens wird notwendiger Weise durch „überindividuelle, soziokulturell determinierte Sachverhalte"[524] bestimmt. Gleiches gilt natürlich für Atmosphären, so Schneider: „Die Wahrnehmung, auch die von Atmosphären, ist sozial vorstrukturiert und abhängig vom sozialen Kontext."[525] Obwohl ein fachübergreifender Konsens darüber besteht, dass alles Wahrnehmen, Denken und ästhetische Empfinden niemals natürlich gegeben ist, erfährt der externe Einfluss soziokultureller Vorkonstruktion in phänomenologischen Überlegungen nicht immer eine Erwähnung – etwa bei Gernot

---

[520] Vgl. Ogawa, Grund und Grenze des Bewußtseins, S. 100.
[521] Thibaud, Die sinnliche Umwelt von Städten, S. 282f.
[522] Vgl. Rodatz, Schnitt durch den Raum, S. 56.
[523] Weichhart, Entwicklungslinien, S. 414.
[524] Brandl, Die sinnliche Wahrnehmung, S. 38.
[525] Schneider, Raum – Mensch – Gerechtigkeit, S. 213.

2.5 Phänomenologischer Brückenbau

Böhme.[526] Um einen solch „naiven Realismus"[527] zu überwinden, braucht es einen Blickwechsel in die konstruktivistische Raumwahrnehmungsforschung, um zur Zusammensetzung der im Verborgenen liegenden Einflüsse – den ‚subtilen Influencern' – zu kommen. Nach Daniela Kloock und Angela Spahr bezeichnet Konstruktion „keine intentionale Handlung, sondern einen kulturell vermittelten vorbewussten Vorgang"[528]. Die räumliche Wahrnehmung hängt – neben gesammelten Erfahrungen, kulturellem Hintergrund, sozialer und religiöser Prägung – ebenso von Geschlecht und Alter ab.[529] So ändern sich im Laufe eines Lebens die ästhetischen Filter und Wahrnehmungsmuster. Dadurch treten Wandelungen von bereits verankerten Raumvorstellungen auf. Josef Moser hebt auf die unterschiedliche Erfahrungsweisen ab, die sich signifikant zwischen dem Erleben im Kindesalter und im Erwachsenleben ergeben. Beispielsweise wird die Atmosphäre eines Jahrmarkts oder Weihnachtsmarkts als Kind (zumeist) anders erlebt als aus der Sichtweise eines Erwachsenen.[530] Die situativen Raumwahrnehmungen und die im Gehirn abgespeicherten Raumbilder des Individuums verändern sich durch den täglichen sozialen Austausch und den medialen Einfluss oftmals schleichend. Folglich setzen sich Raumwahrnehmungen nicht nur aus den neuen, unmittelbaren Eigenwahrnehmungen vor Ort, sondern auch aus bereits übernommenen Fremdwahrnehmungen, die als apriori angenommen werden müssen, zusammen.[531]

Zusätzlich zu den sinnlichen Wahrnehmungen und abgespeicherten Raumbildern verändert sich auch der Leib im Laufe eines Lebens. Denn obwohl der Leib in der Natur wurzelt, unterliege auch er kulturellen Formungen, so der Architekt und Wahrnehmungsforscher Achim Hahn.[532] Insofern ist die anders bzw. neu erscheinende Atmosphäre eines bekannten Ortes, nicht nur auf das situative Moment von Umgebungsqualitäten, Befindlichkeit und dem Setting, der im Raum befindlichen Objekte, zurückzuführen.

---

[526] Martina Löw merkt etwa kritisch an, dass sich Gernot Böhme für die rein phänomenologische Perspektive der menschlichen Wahrnehmung interessiere, ohne Kultur- und Milieuunterschiede zu bedenken (vgl. Löw, Raumsoziologie, S. 208). Wobei zu Böhmes Verteidigung zu erwähnen ist, dass solche hintergründigen Mechanismen nicht zum Aufgabenbereich phänomenologischer Forschung gehören.
[527] Kühne, Landschaft und Wandel, S. 3.
[528] Daniela Kloock / Angela Spahr, Medientheorien. Eine Einführung, München ³2007, S. 56.
[529] Vgl. Herrmann, RaumErleben, S. 17.
[530] Vgl. Josef Moser, Atmosphären in der musiktherapeutischen Behandlung von Störungen, in: Musiktherapeutische Umschau 26 (2005), H. 3, S. 298–306, S. 300.
[531] Vgl. Volker Kaminske, Raumwahrnehmung und Raumvorstellung. Rahmenbedingungen und Entwicklung, in: Geographie und Schule 28 (2006) H. 164, S. 12–19, S. 12.
[532] Vgl. Achim Hahn, Syn-Ästhesie, S. 80.

2.5.6 Fazit der phänomenologischen Raumannäherung

Das Ziel des phänomenologischen Kapitels war es, die Raumwahrnehmung des Menschen theoretisch zu untermauern. Es konnte festgestellt werden, dass die Wahrnehmung von Räumen eine Konstitutionsleistung des Menschen ist.[533] Ausgangspunkt und Resonanzkörper ist der Leib, der im Dasein auf unterschiedliche Weise eingebunden ist. Das Dasein fasst durch seine Sinne und die Bewegung des Leibes räumliche Relationen auf, wodurch es einen Raum wahrnimmt. „Dieser Prozess kann nachvollzogen werden, wenn die Vielfalt der leiblichen *Bewegung*, der leiblichen *Sinne* und der leiblichen *Befindlichkeit* berücksichtigt wird."[534] In dem Verhältnis von wahrgenommenem Umraum und wahrnehmendem Dasein, entfaltet sich das aisthetische Phänomen der Atmosphäre. Dieses unsichtbare Kraftfeld setzt sich aus den vorherrschenden Umgebungsqualitäten, der Aura der Raumobjekte und den gegenwärtigen Personen zusammen, die das Ortssetting für das Dasein bestimmten. Von diesem Phänomen ausgehend, wird das Subjekt auf eine leiblich spürbare Art und Weise tangiert, wodurch es zu einem (teilweise starken) Einfluss auf die Stimmung des Daseins kommt. Demzufolge ist die Wahrnehmung eines Raumes ein vielschichtiger Prozess, der dem Dasein Orientierung sowie Interaktion mit dem In-der-Welt-sein ermöglicht. Dabei ist zu beachten, dass der Prozess immerzu von subtil wirkenden Kräften wie Alter, Geschlecht, soziale Prägung usw. mitbeeinflusst wird. Nachdem ein Raum mitsamt seiner Atmosphäre erfahren wurde, bleibt im Gedächtnis ein (veränderbares) Raumbild[535] zurück, welches mit den zuvor erlebten Erfahrungen und Emotionen verknüpft ist. Die verinnerlichten Raumeindrücke können sich dabei auf das Wahrnehmen anderer Räume übertragen bzw. auswirken.

---

[533] Vgl. Schneider, Raum – Mensch – Gerechtigkeit, S. 218.
[534] Schneider, Raum – Mensch – Gerechtigkeit, S. 214.
[535] Vgl. Detlev Ipsen, Raumbilder. Kultur und Ökonomie räumlicher Entwicklung, Pfaffenweiler 1997.

3. Durchführungen

3.1 Einleitung in den empirischen Teil

Nach der theoretischen Rahmung durch die Phänomenologie richtet sich nun der Fokus auf die empirische Erfassung von Raumwahrnehmungen zur Stuttgarter Marienkirche St. Maria. Diese sind pastoralgeographisch insofern interessant und relevant, da sie das erzählen und zeigen, was in einer nicht empirisch gewonnenen Analyse wegfallen würde. Nämlich das, was die Menschen, für die die sakralen Gebäude gebaut wurden, über solch einen Raum und dessen Nutzung denken und zu sagen haben.

Auf der ganzen Welt gibt es besondere Kirchengebäude, die durch ihre architektonische Form, ihre Geschichte oder ihre pure Größe begeistern. Doch wie so oft, kommt es weniger auf Referenzen oder den Ruf an, sondern darauf, Ideen in die Praxis umsetzen zu können und Neues zu wagen. In dieser Hinsicht konnte die besagte Hallenkirche, im Herzen Stuttgarts, vor ein paar Jahren, von sich reden machen. Die Marienkirche bestach eben nicht (nur) durch ihr physiognomisches Antlitz, welches aus dem postmodernen Stuttgarter Szeneviertel ausbricht, sondern mehr durch ihre Art der räumlichen Nutzung. Jenes Experiment rückt nun in den Mittelpunkt der Arbeit. Beginnend mit einer Verortung, weniger mit einer Standortanalyse, wird der Umraum des Kirchenbaus beleuchtet. Weniger aus einem Interesse, das stadtgeographisch spannende Umfeld zu betrachten, sondern mehr, um räumliche Bezüge zu verorten und die Situationslage von Kirchengebäude, Gemeinde und Stadtbevölkerung zu veranschaulichen. Daran anschließend zeigt ein historischer Aufriss die Entwicklung und die Umsetzung der Projektidee „St. Maria als …" in ihrer charismatisch-experimentellen Anfangsphase. Nach jener Darstellung folgen die empirischen Untersuchungen zu den Raumwahrnehmungen sowie deren Sortierung und Interpretation.

3.1.1 Lokalisierung

St. Maria ist eine von drei Pfarrgemeinden der Gesamtkirchengemeinde Stuttgart-Süd. 2017, zu dem Zeitpunkt als das Pilotprojekt angestoßen wurde, verzeichnete St. Maria mehr als 6.000 Gemeindemitglieder, die allerdings nicht mehr in der unmittelbaren Nähe der Kirche wohnten.[1] Von den besagten Ge-

---

[1] Vgl. Martin Haar, Marienkirche schließt für knapp drei Monate, in: https://www.stuttgarter-nachrichten.de/inhalt.kirchensanierung-im-sueden-marienkirche-schliesst-fuer-

meindemitgliedern sind nur wenige regelmäßige Gottesdienstbesuchende – was in Großstädten eher der Regel als der Ausnahme entspricht. Voll ist die Kirche lediglich zu liturgischen Hochfesten wie Weihnachten oder Ostern.

Der Bau der Kirche begann 1871, bis sie 1879 fertiggestellt und vom damaligen Bischof von Rottenburg Dr. Carl Joseph von Hefele auf den Namen *Mariä Heimsuchung* geweiht wurde.[2] Das Patrozinium verweist auf die Begegnung Marias mit Elisabeth. Parallel zur physiognomischen Erscheinung zeichnet sich die Kirche besonders dadurch aus, dass sie die erste katholische Kirche in Stuttgart nach der Reformation ist. Im Zuge des Zweiten Weltkrieges wurde das sakrale Gebäude massiv durch Bombeneinschläge beschädigt und 1949 wiederaufgebaut.[3]

Die neugotische Kirche ist im sogenannten Gerberviertel[4] aufzufinden, welches wiederum dem Stadtteil *Rathaus* zugehörig ist. Jenes Quartier fügt sich südlich des Stuttgarter Stadtbezirks *Mitte* an und wird durch die Bundesstraßen 14 sowie 27a begrenzt. Bedingt durch das rapide Wachstum der Stadt befindet sich die Kirche inzwischen im erweiterten Kreis des Stadtzentrums (siehe Abb. 3: Urbane Verortung St. Marias[5]).

St. Maria liegt direkt an der verkehrsberuhigten Tübingerstraße, die das Viertel durchzieht. Vor dem Kirchengebäude befindet sich ein Vorplatz, der täglich von jungen Menschen als Skatebereich genutzt wird. An jenes Areal schließt sich der Rupert-Meyer-Platz an, der nach dem Stuttgarter Jesuiten und NS-Widerstandskämpfer benannt ist. Der Bereich wird zumeist von sozialschwachen Menschengruppen aufgesucht, die dort verweilen. An den Rupert-Meyer-Platz fügen sich die Paulinenbrücke und der darunter befindliche Österreichische Platz an. Hinter dem Sakralbau befindet sich das Karls-Gymnasium.

---

knapp-drei-monate.ca48362d-df41-43d1-831a-a2c96d34a482.html (2017) [Abrufdatum: 15.06.2020], o. S.

[2] Vgl. Südgemeinden Stuttgart, in: http://www.kath-suedgemeinden-stuttgart.de/index.php?id=47 [Abrufdatum: 15.06.2020], o. S.

[3] Vgl. http://www.kath-suedgemeinden-stuttgart.de/index.php?id=47 [Abrufdatum: 15.06.2020], o. S.

[4] Der Name spielt, genau wie die Shoppingmall ‚Das Gerber', auf das Gewerbe der Gerber an, die dort, als das Viertel noch Randlage der Stadt war, ihren beruflichen Tätigkeiten im 1900 Jahrhundert nachgingen (vgl. Herbert Medek / Andrea Nuding, Heusteig-, Gerber-, Bohnenviertel – Stuttgarts 14 Innenstadt-Quartiere, Tübingen 2015, S. 137).

[5] Touristischer Stadtplan Stuttgart, in: http://karteplan.com/deutschland/stadt/stuttgart/touristischer-stadtplan-von-stuttgart.jpg [Abrufdatum: 12.01.2022].

3.1 Einleitung in den empirischen Teil

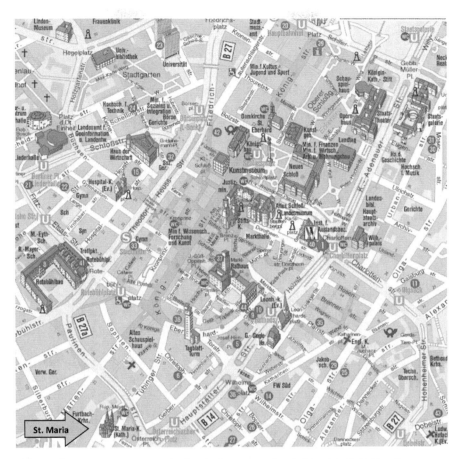

Abb. 3: Urbane Verortung St. Marias (Stadtplan: © 2016 Landeshauptstadt Stuttgart, Stadtmessungsamt)

Wie Rainer Bucher festhält, ist die Stadt nicht nur der Ort der Bettler und Armen, sondern auch der Reichen und Mächtigen.[6] So kennen die Mietpreise in Stuttgart, insbesondere in der Innenstadt, nur noch die Richtung nach oben. Im Zuge dieser Entwicklung setzt auch die Gentrifizierung immer stärker im südlichen Teil der Innenstadt ein. Die Folge: Es kam zunächst zu Verdrängungen der alteingesessenen Bevölkerung und anschließend dem Austauschen von Bevölkerungsschichten. Durch die veränderte Klientel wandelte sich auch die Umgebung um die Marienkirche. Obwohl sich die Umgebung primär durch Mozzarella-Bar, Bio-Eisdiele, Segway-Verleih und Shoppingmall auszeichnet, prägen

---

6 Vgl. Rainer Bucher, Aufgebrochen durch Urbanität. Transformationen der Pastoralmacht, in: Michael Sievernich / Knut Wenzel (Hg.), Aufbruch in die Urbanität. Theologische Reflexionen kirchlichen Handelns in der Stadt, Freiburg i. Br. 2013, S. 215–250, S. 224.

sozialschwache Gruppen (Drogenkonsumierende, Obdachlose usw.) das Bild des Viertels mit. Kurzum: St. Maria befindet sich „zwischen Armut und Kommerz"[7] in einem postmodernen Szeneviertel der Stuttgarter Innenstadt, welches von Heterogenität und Kurzlebigkeit frequentiert ist. Es zeigt sich also ein Szenario, das die Stuttgarter Kirche mit vielen anderen Stadtkirchen bzw. Stadtgemeinden in Deutschland teilt: Das kirchliche Leben – so wie man es in den letzten Jahrzehnten kannte – ist auf dem Rückzug. Wenn zudem die Messebesuchenden ausbleiben und ein leerer Sakralbau zum Status quo wird, ist es an der Zeit nach kreativen Ansätzen zu suchen und eine Kirche nicht nur als liturgischen Ort beizubehalten, sondern neu zu interpretieren und Alternativen zu erproben. Dies ereignete sich im Zuge des Pilotprojekts „St. Maria als …", welches nun skizziert wird.

3.1.2 St. Maria – ein Raum der Wandlung

Alles begann im September 2015, als der Kirchengemeinderat Beschädigungen an der Marienkirche feststellte. An der Decke des Gebäudes löste sich eine Verputzplatte und fiel auf die Kirchenbänke hinab. Die Sorge um Schäden am Interieur und um das Verletzungsrisiko von Kirchenbesuchenden zog eine aufwändige Reparatur des Deckenbereichs nach sich. Im Oktober 2016 folgte dann die Leerung des Mittelschiffs, um freie Flächen für die entsprechenden Bauarbeiten zu schaffen. Querschiffe, Altarbereich und Sakristei blieben von der Leerung unberührt. Der nun geschaffene Freiraum stellte die Verantwortlichen zunächst vor eine große Herausforderung. Denn fortan musste die Gemeinde mit einer leeren Kirche, in bester Innenstadtlage umgehen, ohne zu wissen, wie der Raum gefüllt werden könnte. Doch anstatt sich von der neuen Situation einschüchtern zu lassen, fasste man die Leere als Chance für Impulse von außen auf – frei nach dem Motto: „Nicht mehr wir überlegen […] was wir alles tun können, damit Menschen in die Kirche kommen, sondern wir lassen uns ein auf das, was uns andere sagen."[8] Demnach folgten die Verantwortlichen implizit der Aussage von Norbert Mette:

> „Krisenzeiten tragen die Chance in sich, aus einer grundsätzlichen Rückbesinnung auf das, worum es eigentlich geht, heraus Orientierungen für weiterführende Lösungen zu gewinnen."[9]

---

[7] Jens Dangschat, Zwischen Armut und Kommerz. Urbane Herausforderungen an die Stadtkirchen, in: Hans Werner Dannowski et al. (Hg.), Kirche in der Stadt, City-Kirchen. Bilanz und Perspektiven, Bd. 5, Hamburg 1995, S. 151–161.

[8] Hofstetter-Straka, „St. Maria als", S. 151f.

[9] Norbert Mette, Christliche Gemeinde im Horizont des Reiches Gottes, in: Matthias Sellmann (Hg.), Gemeinde ohne Zukunft? Theologische Debatte und praktische Modelle, Freiburg 2013, S. 226–244, S. 226.

3.1 Einleitung in den empirischen Teil

In Abstimmung mit dem Kirchengemeinderat und dem Stuttgarter Stadtdekanat gingen die Verantwortlichen eine Kooperation mit dem Aktivistenkollektiv *Stadtlücken* ein, welches mit stadtplanerischem Know-how ein Nutzungskonzept für die Kirche entwickelte. Das Konzept zielte darauf ab, sich die Ideen für die weitere Verwendung des Kirchenraumes von den Stadtbewohnenden schenken[10] zu lassen. Die Zusammenarbeit mit dem Verein startete im Februar 2017. Bei dem Stuttgarter Kollektiv *Stadtlücken e.V.* handelt es sich um eine aus vorwiegend jungen Menschen bestehende Gruppe, die sich überwiegend aus Stadt- und Raumplaner:innen, Architekt:innen und Künstler:innen zusammensetzt. Der ehrenamtlich agierende Verein beschreibt sich auf der eigenen Internetseite mit folgenden Zeilen:

> „Stadtlücken ist ein gemeinnütziger Verein, initiiert von jungen Gestalter*innen unterschiedlicher Disziplinen. Er wurde aus dem Bedürfnis heraus gegründet, das Bewusstsein für öffentlichen Raum und Stadterfahrung zu schärfen und ein digital-analoges Netzwerk für das gemeinsame Entwickeln einer lebenswerten Stadt zu fördern."[11]

Das Kollektiv startete unter dem Slogan „St. Maria als – Wir haben eine Kirche, haben Sie eine Idee?"[12] einen Ideenfindungsprozess, der die Stadtbevölkerung einlud, ihre Ideen und Vorstellungen für die Nutzung des gewonnenen Freiraumes mit den Verantwortlichen zu teilen. Ein schwedisches Einrichtungshaus bringt mit einem Werbespruch das auf den Punkt, was auch die Stadtlücken und die Verantwortlichen erkannten: „Ideen sind unsere wertvollste Ressource" (IKEA). Um die Einfälle entsprechend einholen zu können wurden 60 sogenannte ‚Ideenschenker-Boxen' angefertigt und an Freunde der Gemeinde, Menschen aus der Umgebung, Politiker, Kirchenverantwortliche, Professor:innen und kulturschaffende Personen gesendet. Den leeren Boxen lag die Bitte bei, konkrete Ideen für den Kirchenraum zu gestalten, der Box beizulegen und zurückzuschicken. Von den 60 versendeten Ideenschenker-Boxen kamen 31 zurück. Als Inszenierungsstrategie veranstaltete man eine Ausstellung, um die teilweise sehr liebevoll gestalteten Boxen der Öffentlichkeit zu präsentiert. Die Ausstellungsphase (21. Mai bis 3. Juni 2017) wurde mit einem Workshop verknüpft, wodurch weitere spannende Ideen an die Durchführenden des Projekts herangetragen wurden. Von der Fülle und Qualität der Ideen begeistert und beflügelt, galt es nun, einige der vorgeschlagenen Einfälle zu realisieren. So wurde für 2018 ein

---

[10] Nach dem digitalen Wörterbuch der deutschen Sprache meint ‚schenken' in seiner ersten Bedeutung: „jmdm. etw. ohne Gegenleistung zu dauerndem Besitz geben, um ihn damit zu erfreuen". Online unter: https://www.dwds.de/wb/schenken [Abrufdatum: 14.06.2021], o. S. Damit gehen die Ideen der Menschen an die Verantwortlichen und deren Raumwunder über, ohne dass diese etwas dafür geben müssten. Der Impuls zu schenken ist somit ein selbstloser Akt der Stadtbevölkerung an die Marienkirche.
[11] Stadtlücken, in: http://www.stadtluecken.de/ [Abrufdatum: 16.06.2020].
[12] St. Maria als, in: https://st-maria-als.de/ [Abrufdatum: 16.06.2020].

Veranstaltungsplan entwickelt, der mit unterschiedlichen und abwechselnden Events die Nutzungsmöglichkeiten des Kirchengebäudes auf neue Weise erprobte. Neben den wechselnden, oft profan gelagerten Veranstaltungen sorgte die Beibehaltung der Gottesdienste, die ebenfalls in der entleerten Kirche und damit unter einem neu zu entdeckenden Liturgiesetting stattfanden, für eine beständige, sakrale Weiternutzung. Die wechselnden Angebote in und um das Kirchengebäude wurden von unterschiedlichsten Gruppen, Initiativen, Vereinen und Anwohnenden genutzt. Die durchgeführten Events sorgten nicht nur für neue Nutzungen der Kirche und positive Rückmeldungen aus dem Quartier und der Presse, sondern auch für einen gesteigerten Zulauf an Menschen, die begannen, sich stärker für die offenstehende Kirche ihres Viertels zu interessieren. Resonanz und Zuspruch waren im Jahre 2018 so groß, dass das Projekt in die Verlängerung für 2019 ging.

Grundsätzlich konnte jede Art von Veranstaltung, nach einer formlosen Anfrage an die Verantwortlichen geplant und umgesetzt werden, solange die Würdigung des Kirchenraumes nicht verletzt wurde.[13] Somit wurden Veränderungen an der Bausubstanz untersagt. Zudem sollte jedes vorgeschlagene Ereignis kostenlos sein, um die Partizipation aller Stuttgarter:innen zu ermöglichen. Entsprechend waren kommerzielle Ideen bzw. Nutzungen nicht erwünscht. Das polyvalente Spektrum an Raumwandlungen reichte von sportlicher Nutzung (Trampolinspringen im Mittelschiff), über Tanzveranstaltungen (Silent-Disko) bis hin zu caritativen Verwendungen wie Obdachlose zum Essen einzuladen oder ihnen durch die Barber Angels[14] die Haare schneiden zu lassen. Die gesamte Bandbreite an vorgeschlagenen und umgesetzten Ideen ist auf der eigens eingerichteten Internetseite[15] bilddokumentarisch einsehbar.

Das dynamische Konzept macht(e) die neugotische Kirche im Herzen Stuttgarts besonders. Nicht nur weil die ständigen Raumtransformationen als Plattform für Ideenumsetzungen dienten und somit viel Neues zuließen, sondern auch Altes bzw. Sakrales beibehielten. Das erweiterte Nutzungskonzept funktioniert, ohne dabei der sakralen Nutzung Konkurrenz zu machen. Die Kontraste von sakraler und profaner Nutzung stehen sich nicht gegenüber, sondern nebeneinander. Diese Koexistenz lässt einen Raum der Wandlung im doppelten Sinne entstehen: Einen Sakralraum, in dem die Wandlung im liturgischen Sinne stattfindet und einen Profanraum, der sich von Nutzung zu Nutzung immer wieder wandelt.

An dieser Stelle will erneut und nachdrücklich darauf hingewiesen sein, dass sich die hier verfasste Studie einzig und allein mit dieser ersten Erprobungs-

---

[13] Vgl. Wesely, Das Mittelschiff als Labor für neue Nutzungen, o. S.
[14] Die Barbar Angels sind ein Kollektiv aus Haarschneider:innen, welches Bedürftigen in ganz Deutschland kostenlose Friseurdienstleistungen anbietet. Siehe hierzu: http://b-a-b.club/ [Abrufdatum: 17.06.2020].
[15] https://st-maria-als.de/ [Abrufdatum: 16.06.2020].

phase bzw. dem Wirkzeitraum von „St. Maria als ..." (2017 bis 2019) beschäftigt. Aus der Betrachtungsperspektive fällt also ausdrücklich die Zeit nach jener experimentellen Übergangslösung. Diesbezüglich werden Folgeereignisse wie die institutionelle Konsolidierung St. Marias „zu einem Ort der Vernetzung und des Dialogs"[16] und die zukünftige Innenraumgestaltung der baulichen Substanz, welche von dem Gewinnerkonzept eines 2020 ausgeschriebenen Architekturwettbewerbs[17] geprägt sein wird, nicht berücksichtigt.

Um theologische Reflexionen zu diesem besonderen Ort anstellen zu können, werden im Folgenden zunächst empirische Datenerhebungen angestellt, bevor diese anschließend mit den Diskursarchiven der Theologie verknüpft werden (siehe Kapitel 4. Ausführungen).

3.2 Reflexive Fotografie als methodischer Ansatz

Die Methodenfrage ist in einer praktisch-theologischen Arbeit eine der wichtigsten, da sie „die Frage nach dem Weg (griech. *hódos*) [stellt], auf dem man zu neuen Erkenntnissen kommt"[18]. Dementsprechend braucht es einen möglichst passenden (empirischen) Zugang, um der Beantwortung der Forschungsfrage nachkommen zu können.

> „Fotografien gehören zu unserem Alltag, mir ihren allgegenwärtigen visuellen Impulsen setzen wir uns permanent – bewusst und noch häufiger unbewusst – auseinander. Mehr noch als Texte zählen sie zu den wichtigsten Informationsträgern unserer Zeit [...]."[19]

Im Volksmund heißt es: Ein Bild verrät mehr als tausend Worte. Diesem Credo folgend scheinen visuell-empirische Anwendungen vielversprechend, um Räumen, die erst durch Bedeutungszuschreibungen zu dem werden, wofür sie gehalten werden,[20] aufzudecken und einzuholen. Da sich die Arbeit in einem wesentlichen Teil der Reflexion des Kirchenprojekts „St. Maria als ..." widmet, sind besonders die Raumwahrnehmungen von Menschen interessant, die im Raum Stuttgart leben bzw. sich dort häufig aufhalten. Diese Eindrücke zu ergründen, ist das zentrale Anliegen des empirischen Teils dieser Arbeit.

---

[16] Nicole Höfle, Eine Kirche des Dialogs, in: https://www.drs.de/ansicht/artikel/eine-kirche-des-dialogs-8163.html (2021) [Abrufdatum: 19.10.2021], o. S.
[17] Vgl. Nicole Höfle, Ideenwettbewerb für „St. Maria als" ist entschieden, in: https://www.kath-kirche-stuttgart.de/service/journal/detail/ideenwettbewerb-fuer-st-maria-als-ist-entschieden (2021) [Abrufdatum: 20.10.2021].
[18] Bauer, Konstellative Pastoraltheologie, S. 380.
[19] Ulrike Pilarczyk / Ulrike Mietzner, Das reflektierte Bild. Die seriell-ikonografische Fotoanalyse in den Erziehungs- und Sozialwissenschaften, Bad Heilbrunn 2005, S. 7.
[20] Vgl. Herrmann, RaumErleben, S. 8.

Die praktisch-theologischen Fächer bedienen sich regelmäßig der empirischen Forschung, um durch deren ‚Werkzeuge' eine wirklichkeitsnahe Außenperspektive auf die Dinge zu erhalten. Somit bietet Empirie der Theologie nicht weniger als die Chance, die Menschen zu Wort kommen zu lassen, die sonst nicht gehört würden. Empirisch zu klären ist für eine praktisch orientierte Theologie vor allem: Welchen empirischen Zugang wählt eine Pastoraltheologie, die raumsensibel bzw. pastoralgeographisch vorgeht und sich in der Konsequenz für die Kirchenraumwahrnehmungen der Urbanist:innen Stuttgarts interessiert?

Horst Niesyto schreibt: „Die Anwendung von Methoden ist immer in Zusammenhang mit den jeweiligen Forschungsansätzen, Fragestellungen und konkreten Gegenständen zu sehen."[21] Ohne diese Orientierungen verfehlt jede noch so innovative Methode ihren Sinn. Die Wahrnehmungsforschung der Geographie verfügt über ein Methodenspektrum, welches das visuelle Erfassen von Raumwahrnehmungen vermag. Die Potenziale und das Wissen über einen Ort sind in die Raumwahrnehmung der Menschen eingebettet, so Casey.[22] Und so liegt, aus humangeographischer Sicht, der Fokus der Forschung nicht nur auf den Orten und Räumen, „sondern vielmehr [darauf], wie die Menschen diese sehen [bzw. wahrnehmen]"[23].

Seit den 1990ern (Stichwort: iconic turn) befindet sich der Einsatz von visuellen Methoden im Aufschwung.[24] Was viele wissenschaftliche Disziplinen zu dieser Zeit erst für sich entdeckten, war und ist für die Geographie ihr alltägliches Tun. Hierzu Peter Dirksmeier bündig: „Die Geographie benutzt seit jeher verschiedene Arten von Visualisierungen zur Konstruktion und Kommunikation ihres Wissens."[25] Dies macht sie somit „in erster Linie [zu] eine[r] bild*anwendende[n]* Disziplin"[26]. Visuelle Methoden wie etwa Mental-Mapping, reflexive Fotografien oder die Erstellung von Filmdokumentationen haben sich als probate Mittel in der Wahrnehmungsforschung bewährt. Sie bieten schlicht den Vorteil räumliche Wahrnehmungen, die von den Informant:innen zumeist selbst erstellt werden, in visualisierter Form sichtbar zu machen. Neben dem visuellen Vorteil verfügen diese Methoden über die eben erwähnte Stärke, die Personen

---

[21] Horst Niesyto, Bildverstehen als mehrdimsenionaler Prozess. Vergleichende Auswertung von Bildinterpretationen und methodische Reflexion, in: Winfried Marotzki / Ders. (Hg.), Bildinterpretation und Bildverstehen. Methodische Ansätze aus sozialwissenschaftlicher, kunst- und medienpädagogischer Perspektive, Wiesbaden 2006, S. 253–286, S. 271.

[22] Vgl. Casey, Vom Raum zum Ort, S. 60.

[23] Benno Werlen, Sozialgeographie. Eine Einführung, Bern / Stuttgart / Wien 2000, S. 269.

[24] Vgl. Raphaela Kogler, Bilder und Narrationen zu Räumen. Die Zeichnung als visueller Zugang zur Erforschung sozialräumlicher Wirklichkeiten, in: Jeannine Wintzer (Hg.), Sozialraum erforschen. Qualitative Methoden in der Geographie, Berlin / Heidelberg 2018, S. 261–277, S. 262.

[25] Peter Dirksmeier, Urbanität als Habitus. Zur Sozialgeographie städtischen Lebens auf dem Land, Bielefeld 2009, S. 151.

[26] Antje Schlottmann / Judith Miggelbrink, Visuelle Geographien – ein Editorial, in: Social Geography 4 (2009), H. 1, S. 13–24, S. 13.

3.2 Reflexive Fotografie als methodischer Ansatz

selbst zu den Schöpfenden und Erstellenden ihrer eigenen Wahrnehmungen zu machen. Damit stellen sie die Bewusstwerdung der subjektiven Einstellung zum Erkundungsgebiet in den Fokus, so Budke und Wienecke.[27] Besonders in Fragen der Raumwahrnehmung sind visuelle Zugänge dadurch im Vorteil, dass sie erlauben die Raumeindrücke der Befragten nicht nur festzuhalten, sondern sie für den Forschenden in visueller Form zugänglich und (visuell) vergleichbar zu machen.[28] Für die empirische Untersuchung des Stuttgarter Kirchenprojekts wurde die Methode der reflexiven Fotografie erwählt, da sie im Hinblick auf die Beantwortung der Forschungsfrage einige besondere Vorzüge bietet, wie das Folgekapitel aufzeigen wird. Doch zunächst: Was versteht man unter reflexiver Fotografie als Forschungsmethode?

Die Methode kommt ursprünglich aus den Sozialwissenschaften bzw. dem Teilbereich der *visual sociology*.[29] „Visuelle Soziologie bezeichnet allgemein die Benutzung von Fotografien, Film und Video, um eine Gesellschaft und ihre visuellen Artefakte zu studieren."[30] Die Fotografie wird von der visuellen Soziologie genutzt, um Ausschnitte der Realität bzw. Momentaufnahmen empirisch nachvollziehbar und erklärbar zu machen, wodurch sie als „Spiegel der Wirklichkeit"[31] fungiert. Zumeist fordert das Konzept der reflexiven Fotografie die Studienteilnehmenden auf, zu einem abgesprochenen Themenkomplex Fotoaufnahmen zu machen.[32] Unter dem Einsatz eines Smartphones, einer Einweg-, Digital- oder Polaroidkamera gehen die Raumerkundenden auf die Suche nach Motiven, die den Themenkomplex tangieren bzw. die zuvor durch entsprechende Aufgabenstellungen aufgetragen wurden. Dies geschieht häufig losgelöst von der forschenden Person:

> „The test person photographs autonomously without being influenced by the scientific observer and appears in the subsequent interview as an expert on his own photographs."[33]

Im Anschluss an die Fotorallye findet üblicherweise ein Interview statt, in dem die Bildproduzent:innen reflexiv über die gewählten Motive befragt werden

---

[27] Vgl. Alexandra Budke / Maik Wienecke (Hg.), Exkursion selbst gemacht. Innovative Exkursionsmethoden für den Geographieunterricht (= Praxis Kultur- und Sozialgeographie 47), Potsdam 2009, S. 100.

[28] Vgl. Daniel Münderlein / Olaf Kühne / Florian Weber, Mobile Methoden und fotobasierte Forschung zur Rekonstruktion von Landschaft(sbiographien), in: Olaf Kühne et al. (Hg.), Handbuch Landschaft, Wiesbaden 2019, S. 517–534, S. 520.

[29] Vgl. Dirksmeier, Urbanität als Habitus, S. 163.

[30] Dirksmeier, Urbanität als Habitus, S. 163.

[31] Andreas Feininger, Die neue Foto-Lehre, Düsseldorf / Wien 1965, S. 28.

[32] Vgl. Dirksmeier, Urbanität als Habitus, S. 168.

[33] Peter Dirksmeier, Der husserlsche Bildbegriff als theoretische Grundlage der reflexiven Fotografie: Ein Beitrag zur visuellen Methodologie in der Humangeographie, in: Social Geography 2 (2007), H. 1, S. 1–10, S. 1.

bzw. von sich aus über die abgelichteten Visualisierungen erzählen. Damit nutzt die reflexive Fotografie die von den Pionier:innen selbst gemachten Bilder als Ausgangs- und Gestaltungsmittel, um ein Interview zu führen.[34] Anders verhält es sich bei semiotischen Ansätzen. Diese verwenden ein bereits bestehendes Bildmaterial (Zeitungen, Magazine, Fotoalben usw.), „um das zugrundeliegende Zeichensystem der sichtbaren Bilder und ihrer Auswahlentscheidungen und Absichten zu erklären"[35]. Bereits Sigfried Kracauer verwies darauf, dass es durch die Fotografie möglich sei, ein situatives Raumkontinuum festzuhalten, da sie alle sichtbaren Dinge eines Raumausschnittes erfasse.[36] Zudem sei, nach der Auffassung von Boris von Brauchitsch, die Fotografie prädestiniert, um die Atmosphäre, eines Raumes zu konservieren und beliebig abrufbar zu machen.[37] Wobei kritisch angefügt sein will, dass atmosphärisches Wirken nur bedingt durch ein einziges Foto nachvollziehbar wird. Die Vorzüge einer reflexiven Fotografie werden im Folgenden hervorgehoben.

3.2.1 Vorzüge der reflexiven Fotografie

Die Fotografie[38] im Allgemeinen ist zunächst eine technisch einfache Möglichkeit, Bilder herzustellen.[39] Insofern ist die Handhabung für die meisten Menschen nicht nur einfach und umgänglich, sondern auch vertraut. Dirksmeier spricht in diesem Zusammenhang von einer „leicht zu erlernenden Kulturtechnik"[40].

Zweitens können die Raumpionier:innen der bzw. dem Forschenden ihre Raumeindrücke mit ihren selbst gemachten Fotos direkt nach der Raumerkundung zeigen und erklären. Damit birgt die Methode den Vorteil, die Wahrnehmungen von Wissenschaftler:in und Informant:in einfach zu trennen bzw. nicht

---

[34] Vgl. Alice Keller, Einsatz von digitalen Foto-Lesetagebüchern zur Erforschung des Leseverhaltens von Studierenden, in: Bernhard Mittermaier (Hg.), eLibrary – den Wandel gestalten. 5. Konferenz der Zentralbibliothek Forschungszentrum Jülich, Jülich 2010, S. 33–48, S. 36.

[35] Dirksmeier, Urbanität als Habitus, S. 163.

[36] Vgl. Siegfried Kracauer, Die Photographie, in: Ders. (Hg.). Das Ornament der Masse, Frankfurt a. M. 1963, S. 21–39, S. 23.

[37] Vgl. Boris von Brauchitsch, Städtische Atmosphären im Spiegel der Fotografiegeschichte, in: Die alte Stadt 35 (2008), H. 2, S. 175–186, S. 177f.

[38] Der Phänomenologe Lambert Wiesing definiert die allgemeine Fotografie als: „[D]as technische Herstellen von Abbildern einer Sache durch optische Transformation und Konservierung von Lichtspuren. In diesem engen Sinne von Fotografie ist diese in erster Linie durch ihren auf Ähnlichkeit basierenden Objektbezug bestimmt: Fotografie stellt berechenbar Abbilder von sichtbaren Gegenständen her [...]" (Lambert Wiesing, Artifizielle Präsenz. Studien zur Philosophie des Bildes, Frankfurt a. M. 2005, S. 83–84).

[39] Vgl. Dirksmeier, Urbanität als Habitus, S. 160.

[40] Dirksmeier, Urbanität als Habitus, S. 160.

3.2 Reflexive Fotografie als methodischer Ansatz

zu vermischen, da die Interviewpartner:innen das visuelle Produkt völlig autonom selbst bestimmen. Insofern wird das Risiko gemindert, dass „die Wahrnehmungs-, Denk- und Handlungsschemata des wissenschaftlichen Beobachters auf die Teilnehmenden projiziert [werden]"[41]. Die Objektivierung erfolgt jedoch bereits durch die direkte Dokumentation der Partizipierenden. Denn das, was die fotografierende Person vor dem Schnappschuss wahrgenommen bzw. gesehen hat, wird vom Kameraobjektiv fixiert, ohne dabei verzerrte Begleiterscheinungen verursacht zu haben, so Smith.[42] Ähnlich formuliert es Peter Dirksmeier: „Das Objektiv ist dabei die Membran, die den subjektiven Blickwinkel des Akteurs durch den Akt der Aufnahme vorangehend operationalisiert [...]."[43] Diese Fähigkeit des Kameraobjektivs, den „Ausschnitt der Wirklichkeit in einem einzigen Moment fest[zuhalten]"[44], ist in der visuellen Forschung einzigartig.

Eng mit der Übergabe der Produktion, ist der Vorteil verbunden, dass die Befragten selbst zu den Expert:innen der eigenen Fotos werden, so Nora Rudersdorf.[45] Faktisch wird so ein Rollentausch erwirkt: „Der Wissenschaftler ist der Laie."[46] Er ist lediglich vor Ort, um die Instruktionen bzw. Arbeitsanweisungen zu vermitteln und das Interview aufzuzeichnen und gegebenenfalls Leitfragen einfließen zu lassen. Bedingt durch dieses offene Setting verfügt die Methodik über einen hohen Grad an Kontingenz, da keine bereits angenommenen Ordnungen neu bzw. wiederentdeckt werden.[47] Die aktive Einbindung der Befragten verhindert gleichwohl, dass sie zu ‚Beforschten' degradiert werden. Demnach geht es um ein „researching with, not on"[48].

Weiter erleichtern die Fotos nicht nur den Einstieg in das Interview für die Pionier:innen, sie dienen ihnen auch als gedanklicher Leitfaden und Erinnerungsstütze.[49] In diesem Zusammenhang ermöglichen es fotografiebasierte Methoden „durch visuelle Kommunikation Sprachbarrieren zu überbrücken"[50]. So kann mit Bildern das ausgedrückt werden, was verbal nur schwer sagbar ist. Dar-

---

[41] Dirksmeier, Urbanität als Habitus, S. 153.
[42] Vgl. Dale E. Smith / Robert C. Ziller, A Phenomenological Utilization of Photographs, in: Journal of Phenomenological Psychology 7 (1977), H. 2, S. 172–182, S. 173.
[43] Dirksmeier, Urbanität als Habitus, S. 162f.
[44] Dirksmeier, Urbanität als Habitus, S. 162.
[45] Vgl. Nora Rudersdorf, Persönliche Bezugspunkte und das Konzept des *sens of place*. Fotografiegestützte Leitfadeninterviews und Qualitative Inhaltsanalyse, in: Jeannine Wintzer (Hg.), Qualitative Methoden in der Sozialforschung. Forschungsbeispiele von Studierenden für Studierende, Heidelberg 2016, S. 109–116, S. 112.
[46] Dirksmeier, Urbanität als Habitus, S. 168.
[47] Vgl. Dirksmeier, Urbanität als Habitus, S. 168.
[48] Phil Mizen / Yaw Ofosu-Kusi, Researching with, not on. Using fotografy in researching street children in Accra, Ghana, in: Matt Smith (Hg.), Negotiating Boundaries and borders: qualitative methodology and development research (= Studies in qualitative methodology 8), Oxford 2006, S. 57–84.
[49] Vgl. Rudersdorf, Persönliche Bezugspunkte und das Konzept des *sens of place*, S. 113.
[50] Münderlein, Mobile Methoden, S. 518.

über hinaus sichern die gemachten Fotos die Befragten ein Stück weit ab, da sich diese mit einer gewissen Vorbereitung in das Interview begeben können, was in der Regel zu einer entspannten Gesprächsatmosphäre beiträgt.

Zudem ist die praktische Umsetzung mittels Digitalkamera oder Smartphone sehr gut durchführbar. Ganz davon abgesehen, dass die Methode über einen aktiv-kreativen Anreiz verfügt. Schließlich werden die Beteiligten dazu angeregt und zugleich herausgefordert, ihre eigenen Motive zu suchen und auszuwählen. Im Zuge des technischen Handlings muss auch der Vorteil der Aufzeichnungsschnelligkeit angemerkt werden, mit der die wahrgenommenen Objekte abgelichtet werden können. Denn so werden spontane Handlungen der Partizipierenden nicht nur möglich, sondern auch begünstigt. Der schnelle Schnappschuss verleitet zur spontanen Nutzung des Aufnahmeapparats, wodurch vor allem die primären Raumwahrnehmungen eingeholt werden können.

Ferner ist das Gebiet der Fotografie aus pastoralgeographischer Perspektive – im Sinne einer terra incognita – bearbeitungswürdig. Hier Potenziale für weitere pastoraltheologische Studien zu öffnen ist ein Mitanliegen des gewählten Zugangs. Immerhin wird in den empirischen Studien der Praktischen Theologie fast ausschließlich mit verbalen Aussagen, textuellen und/oder partizipierenden Methoden gearbeitet. Visuelle Zugriffe und Ansätze tauchen bislang selten auf der ‚empirischen Landkarte' auf. Ein Anschluss an phänomenologische Überlegungen ist ebenfalls gegeben, da sie das einzufangen versucht, was mit Worten oftmals nur schwerlich vermittelt werden kann. Die im Interview zum Tragen kommenden Fotos können zudem dazu beitragen, die Stimmung, gerade bei längeren Interviews, aufzulockern sowie den Fokus von den Befragten zu nehmen und ihn auf die Bilder und persönlichen Sichtweisen zu verschieben, so Rudersdorf.[51] Überdies erlauben die gemachten Aufnahmen den Partizipierenden ein reflexives und tiefgreifenderes Denken mit Blick auf den eigenen Bezug und die zuvor abgestimmten Themenfelder, so Peter Dirksmeier.[52]

Wie bereits erwähnt, verbindet sich mit der reflexiven Fotografie zumeist ein Fotointerview. Dieses Anschlussinterview wird häufig als ‚Fotoelizitation' bezeichnet.[53] Es schließt sich in der Regel direkt an die Fotorallye an, kann aber

---

[51] Vgl. Rudersdorf, Persönliche Bezugspunkte und das Konzept des *sens of place*, S. 112.
[52] Vgl. Peter Dirksmeier, Zur Methodologie und Performativität qualitativer visueller Methoden – Die Beispiele der Autofotografie und reflexiven Fotografie, in: Eberhard Rothfuß / Thomas Dörfler (Hg.), Raumbezogene qualitative Sozialforschung, Wiesbaden 2013, S. 83–101, S. 90.
[53] Vgl. Kogler, Bilder und Narrationen zu Räumen, S. 266. Siehe auch: Douglas Harper, Photography as Social Science Data, in: Uwe Flick / Ernst von Kardorff / Ines Steinke (Hg.), A Companion to Qualitative Research, London 2004, S. 231–236. Und: Douglas Harper, An Argument for Visual Sociology, in: Jon Prosser (Hg.), Image-based Research. A Sourcebook for Qualitative Researchers, London 1998, S. 24–41.

3.2 Reflexive Fotografie als methodischer Ansatz

auch zu einem späteren Zeitpunkt durchgeführt werden. Dabei werden die fotografierten Motive dem/der Forschenden gezeigt und die dahinterstehenden Intentionen der Pionier:innen offengelegt. Den Einblick in die dahinterstehenden Bedeutungen hebt etwa Ferdinand Fellmann positiv hervor:

> „[Bilder bilden] nicht nur ab, was ist, sondern liefern dem Betrachter eine Deutung, durch die das, was ist, verständlich wird. In diesem Sinn lassen sich Bilder als Medium auffassen, das als eine virtuelle, von Bewußtsein und Gegenstand verschiedene Wirklichkeit betrachtet werden muß."[54]

Insofern eröffnen die gemachten Fotografien, neben dem diskursiven Zugang über die Sprache, einen weiteren Weg der ästhetischen Kommunikation, so Hasse.[55] Das Gesagte in Textform wird somit um visuelle Daten ergänzt, wodurch eine doppeltgelagerte Auswertung möglich wird. Allerdings muss an dieser Stelle erwähnt werden, dass sich ab dem Interview die Offenheit der Methodik häufig minimiert, da die Einflussnahme durch die forschende Person zunimmt. Insofern gesteht Andreas Eberth ein, dass eine völlige Ausklammerung subjektiver Einflüsse seitens der forschenden Person unmöglich sei.[56]

Um offenzulegen, wie sich die Eigenschaften von Bildern empirisch nutzen bzw. auswerten lassen, bedarf es eines kurzen theoretischen Einstiegs in das, was unter *Bild* überhaupt zu verstehen ist. Schließlich wird erst mit einer bildtheoretischen Grenzziehung ersichtlich, auf was man sich bezieht, wenn Bilder und Fotografien empirisch diskutiert und ausgewertet werden.

3.2.2 Bildtheoretische Vorüberlegungen

Üblicherweise können mit einem Bild zweierlei Dinge gemeint sein: Entweder ein Medium bzw. physisches Abbild von etwas, also ein „physisches Bild"[57], welches beispielsweise in einem Bilderrahmen klemmt, oder eine Vorstellung im menschlichen Bewusstsein.[58] Edmund Husserl bezeichnete letztere Art als „geis-

---

[54] Ferdinand Fellmann, Von den Bildern der Wirklichkeit zur Wirklichkeit der Bilder, in: Klaus Sachs-Hombach / Klaus Rehkämper (Hg.), Bild – Bildwahrnehmung – Bildverarbeitung. Interdisziplinäre Beiträge zur Bildwissenschaft, Wiesbaden 1998, S. 187–195, S. 193.
[55] Vgl. Jürgen Hasse, Fotografie, in: http://jhasse.com/fotografie/ [Abrufdatum: 02.06.2020], o. S.
[56] Vgl. Andreas Eberth, Raumwahrnehmungen reflektieren und visualisieren. Erforschung sozialer Räume mittels reflexiver Fotografie, in: Jeannine Wintzer (Hg.), Sozialraum erforschen. Qualitative Methoden in der Geographie, Berlin / Heidelberg 2018, S. 280–295, S. 284.
[57] Tilman Reitz, Der Mensch im Bild. Konservative Alternativen zur Kunstgeschichte, in: Philosophische Rundschau 50 (2003), H. 3, S. 169–177, S. 170.
[58] Vgl. Dirksmeier, Urbanität als Habitus, S. 155.

tiges Bild"[59]. Diese Vorstellung wird von der Wahrnehmungsgeographie etwa mit der Mental-Map-Methode untersucht. Hierbei steht die Reproduktion immaterieller Bilder in Form von gezeichneten Kartenschemata im Fokus.[60] Doch für das Arbeiten mit Fotografien bietet sich naheliegender Weise die physische Bildinterpretation an. Wie Dirksmeier feststellt, unterlässt die visuelle Soziologie in ihrer Methodologie häufig das Rekurrieren auf eine Bildtheorie.[61] Er selbst setzt in seinen Habitusstudien auf einen theoretischen Bildbegriff, der es erlaubt, die Bilder der Befragten vertieft zu hinterfragen. Für seine Methodologie schließt er an Edmund Husserl an, der phänomenologische Überlegungen zum physischen Bild ausführt.

Der Phänomenologe unternimmt eine dreigeteilte Gliederung des physischen Bildes in Bildträger, Bildsujet und Bildobjekt.[62] Dabei spielt für ihn die Intention des Bildproduzenten keine Rolle, da – ganz im phänomenologischen Sinne – nur die momentane Erscheinung, die dem/der Betrachter:in entgegentritt, relevant ist, so Nico Brömßler beifügend.[63]

Bildträger meint die Materialität bzw. die physische Gestalt. Beispielsweise das Stück Papier oder die Holzplatte, auf welchem sich das aufgetragene Bild befindet.[64] In jedem Fall ist der Bildträger zugleich die Grenze, die das Bild von seiner Umgebung abtrennt und sogleich die Einheit des Bildes generiere, so Georg Simmel.[65] Auf der zweiten Ebene steht das Bildsujet, welches die realen Objekte meint, die im jeweiligen Bild dargestellt sind wie etwa Blumen in einem Stillleben. Das Bildobjekt meint hingegen die im Bildträger festgehaltenen, tatsächlich sichtbaren Objekte, wie etwa die *gemalten* Blumen. Es zeichnet sich durch seine Sichtbarkeit für den Menschen aus und „ist jene interpretative Komponente, die [den] Inhalt transportieren soll"[66]. Oder mit Dirksmeier verkürzt gesagt: Es ist die wahrnehmbare bzw. sichtbare Darstellung des Bildsujets.[67] Mit der husserlschen Phänomenologie wird das Bild als artifizielle Präsenz angesehen, wodurch das Bildobjekt faktisch zum Träger des „Sujet-Bewusstseins"[68] wird.[69]

---

[59] Edmund Husserl, Phantasie, Bildbewusstsein, Erinnerung. Zur Phänomenologie der anschaulichen Vergegenwärtigungen (= Husserliana 23), Den Haag 1980, S. 23.
[60] Vgl. Kevin Lynch, The Image of the City, Cambridge 1960.
[61] Vgl. Dirksmeier, Urbanität als Habitus, S. 166.
[62] Vgl. Kogler, Bilder und Narrationen zu Räumen, S. 264.
[63] Vgl. Nico Brömßler, Bild – Präsenz – Symbol. Susanne Langers Philosophie des Bildes, Berlin 2019, S. 76.
[64] Vgl. Kogler, Bilder und Narrationen zu Räumen, S. 264.
[65] Vgl. Georg Simmel, Der Bilderrahmen. Ein ästhetischer Versuch, in: Rüdiger Kramme et al. (Hg.), Aufsätze und Abhandlungen 1901–1908, Bd. 1 (= Georg Simmel Gesamtausgabe 7), Frankfurt a. M. 1995, S. 101–108, S. 102.
[66] Kogler, Bilder und Narrationen zu Räumen, S. 264.
[67] Vgl. Dirksmeier, Urbanität als Habitus, S. 156.
[68] Husserl, Phantasie, Bildbewusstsein, Erinnerung, S. 45.
[69] Vgl. Dirksmeier, Urbanität als Habitus, S. 159.

3.2 Reflexive Fotografie als methodischer Ansatz

Diese Ansicht bringt für den/die Forscher/in den Vorteil der Objektivierung.[70] Mit dem Bildobjekt können nach Lambert Wiesing prinzipiell vier Formen gemeint sein: das starre Bildobjekt, das bewegte und zugleich determinierte Bildobjekt des Films, das manipulierbare Animationsbildobjekt und das interaktive Bildobjekt der Animation.[71] Für die Methodik der reflexiven Fotografie ist freilich die erste Erscheinungsform relevant.

Der hier von Peter Dirksmeier vorgeschlagene phänomenologische Zugang zur Bildtheorie ist der, dass nicht, wie bei einem semiotischen Konzept, auf die Interpretationsfähigkeit eines Bewusstseins abgezielt wird, sondern, dass die Bilder von der forschenden Person als Zuschauer/in gesehen werden.[72] Dirksmeier wörtlich: „Sie bietet mit der Unterscheidung von Bildträger, Bildsujet und Bildobjekt ein Instrumentarium an, das den Aspekt des Sehens prägnant hervorhebt."[73] Im Unterschied zum semiotischen Lesen eines Bildes beruft sich das phänomenologische Sehen auf ein sinnliches Bewusstsein.[74] Somit ist ein Bild nach phänomenologischem Verständnis ein Medium, welches ein Bildsujet als erkennbaren Gegenstand abbildet.[75]

Neben dem Gewinn des phänomenologischen Gedankenguts hilft jener philosophische Ansatz die Methode dahin gehend abzusichern, dass das Verhältnis der verbalen und visuellen Daten bestimmt wird.[76] Hierzu erneut Dirksmeier:

> „Edmund Husserls Diktum der artifiziellen Präsenz des Bildsujets im Bildobjekt sichert das Verständnis über den sichtbaren Gegenstand in der Fotografie und in den textuellen Ausführungen zwischen dem Probanden und dem wissenschaftlichen Beobachter theoretisch ab."[77]

So sorgt eine terminologische Unterscheidung in Bildträger, Bildsujet und Bildobjekt für eine

> „kontrollierte Einbeziehung der Interpretationsleistung des wissenschaftlichen Beobachters, ohne sie absolut zu setzen, da Bildsujet und Bildobjekt direkt in einem über die reine Sichtbarkeit vermittelten Zusammenhang stehen [...]."[78]

---

[70] Vgl. Dirksmeier, Urbanität als Habitus, S. 160.
[71] Vgl. Dirksmeier, Urbanität als Habitus, S. 157. Unter Rekurs auf: Wiesing, Artifizielle Präsenz. Studien zur Philosophie des Bildes, S. 122.
[72] Vgl. Dirksmeier, Urbanität als Habitus, S. 159.
[73] Dirksmeier, Urbanität als Habitus, S. 159.
[74] Vgl. Dirksmeier, Urbanität als Habitus, S. 159.
[75] Vgl. Dirksmeier, Urbanität als Habitus, S. 159. Sowie: Vgl. Husserl, Logische Untersuchungen, S. 436f.
[76] Vgl. Mike Crang, Qualitative Methods: There is Nothing Outside the Text?, in: Progress in Human Geography 29 (2005), H. 2, S. 225–233, S. 230.
[77] Vgl. Dirksmeier, Urbanität als Habitus, S. 167.
[78] Dirksmeier, Urbanität als Habitus, S. 167.

Wenngleich Bildträger und Bildobjekt untrennbar miteinander verbunden sind, so sind sie dennoch terminologisch eindeutig zu unterscheiden. Zudem mache, so der Humangeograph, der sichtbare Zusammenhang von Bildsujet und Bildobjekt keine interpretativen Zwischenschritte erforderlich.[79] Basierend auf der künstlichen Präsenz des Bildsujets in Form des Bildobjekts, sei der/die Wissenschaftler:in in der Lage, hinter die Interpretation des/der Interviewpartner:in zurückzugehen, ohne die direkte Verbundenheit von Bildsujet und Bildobjekt zu verlieren.[80] Mit einer semiotischen Bildtheorie wäre dies unmöglich, da alle physischen Bilder als Zeichen angesehen werden, die von der Interpretation des/der Forschenden abhängig sind.[81] Um die Problematik von semiotischen Ansätzen weiß auch Dirksmeier:

> „Die Semiotik versteht das Zeichen und folglich das Bild als ein Werkzeug, das der Wiedergabe von Sinn dient. Das Zeichen fußt auf einer vorgegebenen Ordnung, die nur ein Wiedererkennen durch ein interpretierendes Bewusstsein erlaubt, keinesfalls aber ein Erkennen von Neuem."[82]

Eine bildtheoretische Absicherung aus phänomenologischer Perspektive umgeht das Manko der Zentrierung auf die forschende Person,

> „da sie zum einen die Interpretationsleistung der Teilnehmer sowie ihre Auswahlentscheidungen unabhängig vom wissenschaftlichen Beobachter betont, zum anderen gleichzeitig den Forscher über die Auswertung der qualitativen Interviews in den Interpretationsprozess zurückholt [...]."[83]

Eine so verankerte reflexive Fotografie grenzt die Interpretationsleistung des Beobachters bis zur Auswertung der Interviews ab.

3.3 Forschungsdesign

Jede Methode braucht einen Untersuchungsplan, welcher auf die Methode abgestimmt ist, damit diese im Stande ist, das abzubilden, worauf die Forschungsfrage abzielt. In diesem Fall: Wie nehmen die Menschen den Kirchenraum wahr? Um sowohl Antworten auf die Fragestellung zu bekommen als auch den Interviewpartner:innen möglichst viele Freiheiten und autonome Handhabe zu ermöglichen, setzt sich das Forschungsdesign folgendermaßen zusammen:

---

[79] Vgl. Dirksmeier, Urbanität als Habitus, S. 167.
[80] Vgl. Dirksmeier, Urbanität als Habitus, S. 167.
[81] Vgl. Winfried Nöth / Lucia Santaella, Bild, Malerei und Photographie aus Sicht der Peirceschen Semiotik, in: Uwe Wirth (Hg.), Die Welt als Zeichen und Hypothese. Perspektiven des semiotischen Pragmatismus von Charles Sanders Peirce, Frankfurt a. M. 2000, S. 354–374.
[82] Dirksmeier, Urbanität als Habitus, S. 159.
[83] Dirksmeier, Urbanität als Habitus, S. 168f.

3.3 Forschungsdesign

Über die Kontaktaufnahme per Telefon oder E-Mail durch den Forschenden wurden mit 11 Raumpionier:innen Termine für Einzelinterviews auf dem Vorplatz der Marienkirche vereinbart. An dem Treffpunkt wurden die Partizipierenden zunächst in das Forschungsvorhaben bzw. das Dissertationsprojekt des Forschers eingeweiht. Anschließend wurde den Raumpionier:innen die Idee des Kirchenprojekts „St. Maria als ..." dargelegt. Um den subjektiven Einfluss und damit die persönliche Haltung des Forschenden gegenüber dem Pilotprojekt möglichst gering zu halten, erfolgte die Informationspreisgabe nicht über den Input des Forschenden, sondern mittels Projektflyer (siehe Anhang), den die Verantwortlichen zur Ausgabe und Information für Projektinteressierte einige Monate zuvor in der Kirche ausgelegt hatten. Insofern wurden keine Informationen zu dem Kirchenprojekt durch den Forschenden selbst ausgegeben. Die Pionier:innen lasen sich die Informationen des Flyers durch, bevor sie, nach eventuellen Rück- und Verständnisfragen, den Arbeitsauftrag entgegennahmen. Zur besseren Vergleichbarkeit wurden alle Raumerkundungen zur Mittagszeit und abseits von Veranstaltungen im Innenraum durchgeführt. So fanden alle Befragten die Kirche im ‚unbefüllten' bzw. ungenutzten Zustand auf.

Die Arbeitsanweisung, die in Form eines foliierten Kärtchens an die Rauminformant:innen übergeben wurde (siehe Anhang), bestand darin, fünf Fragen zum Kirchenraum mittels selbst geschossener Fotografien zu beantworten. Die Fotos konnten dabei wahlweise mit der zur Verfügung stehenden Digitalkamera oder – nach dem Credo des „bring-your-own-device-Ansatzes"[84] – mit dem eigenen Smartphone gemacht werden. Den Partizipierenden wurde nahegelegt, dass sie pro zu beantwortende Frage mindestens ein Foto machen sollten. Mehrere Fotos zu einer Frage waren dabei selbstverständlich möglich. Mit dem Arbeitsauftrag (foliiertes Kärtchen), einem Fotoapparat (Digitalkamera oder Smartphone) und der Einweisung in die Projektidee (Flyer) ausgestattet, wurden die Raumpionier:innen sodann alleingelassen, um die Kirche autonom von außen und innen zu erkunden. So wurde eine Einflussnahme des Forschers auf Wahrnehmung, Sujetauswahl und leibliche Öffnung sowie auf die Teilhabe am Raum unterbunden. Denn auch aus phänomenologischer Perspektive ist es wichtig ein Setting bereitzustellen, welches den Raumerkundenden auf ihrem Streifzug möglichst viel Freiheit ermöglicht, um so ihre „leibliche Richtung"[85] völlig offen zu lassen, wodurch sie sich dorthin ziehen lassen können, wo ihr Leib sie hintreibt. Gleichzeitig wurde so der Weg für eine Raumaneignung geebnet, die durch das Erkunden von Plätzen, Grenzlinien, Wegen und Bereichen erfolgt.[86]

Nicht selten werden die erzeugten Fotoaufnahmen den Interviewpartner:innen nach der Motivjagd postalisch oder digital zu gesendet, damit sich diese

---

[84] Ebert, Raumwahrnehmungen reflektieren und visualisieren, S. 285.
[85] Schmitz, Der leibliche Raum, S. 27.
[86] Vgl. Achim Frohnhofen, Raum – Region – Ort. Sozialräumliche Perspektiven Jugendlicher aus einer Landschaft zwischen Umstrukturierung und Demontage, Essen 2001, S. 85.

auf ihre Wahrnehmungen rückbesinnen können, um so vorbereitet zu einem später angesetzten reflexiven Interview Aussagen tätigen zu können.[87] Im Falle der hier angewendeten Studie wurde das Interview jedoch unmittelbar nach der Fotorallye angesetzt und durchgeführt. Die Entscheidung, das Fotointerview direkt im Anschluss an die Erkundung anzuschließen, wurde getroffen, da die „Verbindung mit der Erinnerung der Rezipient*innen umso mehr abnimmt, je weiter sich der zeitliche Abstand zwischen Aufnahme und Betrachtungszeitpunkt ausdehnt"[88].

Das bedeutet: Je unmittelbarer die Fotoelizitation an das Fotografieren anknüpft, desto frischer und prägnanter sind die erzählten Erinnerungen, Wahrnehmungen und Intentionen. Obendrein waren terminliche Gründe bei Forscher und Befragten sowie die Befristung des Projektzeitraumes ausschlaggebend für das direkte Anschließen des Interviews.

Unmittelbar nach der Erkundungsphase und der Beantwortung des Fragenkatalogs durch die geknipsten Fotos, kehrten die Rauminformant:innen zum Treffpunkt vor der Kirche zurück, wo der Forschende auf die Pionier:innen wartete und zum Interview bereitstand. Aufgrund des Lautstärkepegels am Vorplatz der Marienkirche wurden die Interviews direkt hinter dem Kirchengebäude auf einer Parkbank durchgeführt. Dabei war das Fotointerview in zwei Teile untergliedert:

Zunächst sollten die Partizipierenden dem Forschenden ihre Fotos präsentieren. Dank Smartphone- oder Digitalkameradisplay konnten die Ablichtungen sofort bereitgestellt und gezeigt werden. Während der Präsentation der Fotos begründeten die Befragten, weshalb sie mit den jeweiligen Fotos die Fragen für beantwortet hielten. Nach der Vorführung der Fotografien zu den Fragen der Fotorallye und eventuellen Rückfragen durch den Interviewenden rückten die Leitfadenfragen in den Fokus des Interviews. Im Zentrum des zweiten Teils der Befragung standen Fragen bezüglich der empfundenen Atmosphäre, der persönlichen Einstellung gegenüber dem Projekt „St. Maria als ..." und den persönlichen Intentionen zur Nutzung des Kirchenraumes. Die elf Interviews dauerten in der Regel zwischen 15 und 25 Minuten, während die Fotostreifzüge im Durchschnitt 20 Minuten Zeit in Anspruch nahmen.

3.3.1 Auswahl und Akquise der Befragten

Parallel zur Entscheidung über das methodische Equipment steht die Personengruppe im Zentrum des Settings. Im Zeitraum von Mitte August bis Ende Februar

---

[87] Vgl. Dirksmeier, Urbanität als Habitus, S. 168.
[88] Carsten Heinze, Siegfried Kracauer und der dokumentarische Film, in: Ders. / Arthur Schlegelmilch (Hg.), Der dokumentarische Film und die Wissenschaften. Interdisziplinäre Betrachtungen und Ansätze, Wiesbaden 2019, S. 7–58, S. 40.

2020 wurden die Raumpionier:innen zum Kirchenraum und ihren diesbezüglichen Wahrnehmungen interviewt. Der Prämisse verpflichtet, dass Raumerleben, neben individuellen Erfahrungen und Eigenschaften, stets geschlechts-, milieu-, und altersspezifisch ist, sollten in der qualitativen Erhebung möglichst viele unterschiedliche Personen (Alter, Geschlecht, Bildungsstand) ausgewählt werden (siehe Anhang). Folglich wurde ein möglichst heterogener Pool an Bereitwilligen angestrebt. Zudem galt die Profilsanforderung, dass die Teilnehmenden mit dem Stuttgarter Cityraum vertraut sind und sich regelmäßig dort aufhalten, um die gestellten Fragen zum Umfeld der Kirche angemessen beantworten zu können. Neun Personen wohnten zum Zeitpunkt der Befragung direkt in Stuttgart, zum Teil in unmittelbarer Nähe zur Marienkirche. Die zwei übrigen Befragten sind Pendler aus dem Ballungsraum, die einen Großteil ihrer Zeit in Stuttgart verbringen. Durch das Erfragen des Berufs konnte in Ansätzen die Diversifizierung der sozialen Milieus erbracht werden. Die Altersspanne der Partizipierenden reicht von 22 bis 74 Jahre. Von den elf Personen sind sechs weiblich und fünf männlich. Während der Fotostreifzüge produzierten die Befragten insgesamt 110 Bilder. Die Akquise des Personenkreises erfolgte über gemeinsame Bekanntschaften des Forschenden und der Teilnehmer:innen (Stichwort: Schneeballverfahren). Diese vermittelten ihm unbekannte Dritte, die sich zu einem Interview bereiterklärten. Die Bereitwilligen wurden dann telefonisch oder per E-Mail für Termine angefragt. Die an der Studie Teilnehmenden mussten dem Forscher selbstverständlich unbekannt sein, um den Grad der Objektivität zu gewährleisten.

3.3.2 *Frage- und Auftragsintentionen*

Um sowohl zu einer sinnvollen visuellen wie auch interviewbasierten Auswertung zu gelangen, sind die Arbeitsaufträge für die Raumpionier:innen ebenso wie die Leitfragen elementar. Demgemäß sind Leitfragen und Arbeitsaufträge im Hinblick auf die dahinter stehenden Intentionen transparent zu halten, was das Anliegen dieses Unterkapitel ist.

Vor dem Beginn des eigentlichen Fotointerviews wurde eine Einstiegsfrage vorgeschoben: *„Wann warst Du das letzte Mal in einer Kirche?"* Die Frage diente sowohl einem entspannten Interviewseinstieg für Interviewer und Partner:in als auch zur Einschätzung der subjektiven Themenrelevanz für die teilnehmende Person. So konnte in Ansätzen abgeschätzt werden, wie nahe die Person dem üblichen Kirchengottesdienstschema steht oder zumindest, wie sie grundsätzlich Kirchenbesuchen gegenüber eingestellt ist.

Das daran anschließende Fotointerview bestand aus fünf Arbeitsaufträgen, die grundsätzlich das Ziel verfolgten, die verschiedenen Raumwahrnehmungen der Partizipierenden einzuholen. Aus den einzelnen Fotos und Äußerungen ließen sich dann allumfassende Raumeindrücke erkennen bzw. ableiten (siehe Kapitel 3.4 Datenauswertung). Jeder Arbeitsauftrag forderte, wie bereits erwähnt, dazu auf, mindestens eine Fotografie zu erbringen. Ein Limit an erzeugten Fotografien gab es nicht. Der erste Auftrag lautete:

1) *Wie nimmst du den Raum wahr? Fotografiere markante Stellen, die für dich den Raum besonders machen.*

Mit dieser Aufgabenstellung war klar die Intention verbunden, dass sich die Pionier:innen bewusst auf ihre Wahrnehmung konzentrieren und diese bewusst oder spontan per Schnappschuss in Bildern festhielten. Insofern verbindet sich mit der Frage auch die leibliche Öffnung der Fotografierenden. Das Abzielen auf ‚markante Stellen' sollte nicht nur die prägnantesten Raumwahrnehmungen hervorbringen, sondern sogleich für eine Suche nach Motiven motivieren und somit in die Erkundung des Raumes einleiten.

2) *Fotografiere eine Stelle oder einen Ort, an dem du dich wohlfühlst.*

Jene Fragestellung zielte darauf ab, die Exploration weiter anzutreiben und die atmosphärische Öffnung mit den positiv vernommenen Stellen des Raumes zu verknüpfen. Folglich standen das, was die Erkundenden für interessant oder spannend hielten und die Richtung, in die sie sich folglich hingezogen fühlten, im Fokus der Frage. Anhand der fotografischen Verortung der positiven Spots sollte die Einverleibung bzw. das Verschmelzen von Raum und Dasein für die Auswertung ablesbar gemacht werden. Denn durch das visuelle Festhalten jener Bereiche wurde der Einfluss des Raumes auf die Raumentdecker:innen erkennbar und in Verbindung mit den entsprechenden Textpassagen für den Forschenden nachvollziehbar.

3) *Gibt es Dinge, die dich an dem Raum stören oder die dir unpassend erscheinen? Falls ja, fotografiere sie bitte.*

Mit der gewendeten Frage, welche Dinge unstimmig auf die Pionier:innen wirken, sollten die Partizipierenden abermals auf die Wahrnehmung des Raumes achten. Da eine Bewusstwerdung des Räumlichen nicht nur über positiv vernommene Eindrücke geschieht, sondern ebenso für unpassend erscheinende Konstellationen und Gegebenheiten funktioniert, wurde nach diesen Spots gefragt. Zum einen, um das Gesamtbild der Raumwahrnehmung zu komplementieren, zum anderen, um an die subjektiv empfundenen ‚kritischen' Stellen des Kirchenraumes heranzukommen. Solche Spots können hinsichtlich der Auswertung besonders vielversprechend sein, da sie auf mögliche (unsichtbare) Schwellen, Grenzen, Umdeutungen oder Neukonnotationen des Raumes verweisen.

3.3 Forschungsdesign

4) Welche Bereiche in und um das Gebäude enthalten deiner Meinung nach das größte Nutzungspotenzial für eine Kirche, die den Menschen ihren Raum anbietet? Fotografiere die einzelnen Bereiche.

Die letzten beiden Arbeitsaufträge widmeten sich mehr der Reflexion und der kreativen Eigenleistung der Partizipierenden, weniger der Raumwahrnehmung der Kirche. Folglich sollte diese Frage die vermuteten Nutzungspotenziale aufdecken. Die Frage verbindet die Möglichkeiten der gegebenen Situation mit der reflektierten Eigenleistung der Pionier:innen, sich zukünftige Nutzungen vorzustellen und die Potenziale eines Kirchenraumes aus der Sicht der Stadtmenschen darzulegen. Damit sollte zugleich festgestellt werden, was sich die Erkundenden prinzipiell an Nutzungen vorstellen könnten und was nicht.

5) Welches Detail drückt für dich am besten das Anliegen des Projekts aus? Fotografiere es.

Die Abschlussfrage hatte erneut eine doppelte Intention: Erstens sollte sie die Raumerkundung durch ein Abschlussfoto zu Ende bringen. Zweitens sollte festgestellt werden, wie sich das Projektanliegen exemplarisch im Raum widerspiegeln bzw. manifestieren lässt. Auf diese Weise wurde eine reflektierte Auseinandersetzung von der Projektidee „St. Maria als ..." und dem Kirchen(um)raum von den Pionier:innen eingeholt.

Im Sinne einer Erweiterung bestand der zweite Teil des Interviews in der Erörterung der nur schwer zu visualisierbaren Intentionsbereiche, die sich in drei Kategorien unterteilen lassen: das Fühlen im Raum, empfinden von Atmosphäre, die persönliche Einschätzung und Meinung zum Projekt „St. Maria als ..." sowie die individuelle Verbindung zum Raum und den eigenen Wünschen der Nutzung. Die eigene, rein subjektive Wunschnutzung wurde erfragt, um die Grenzen zukünftiger Verwendungen zu umreißen, wodurch sich die Interpretationen der Kirchennutzung für die Zukunft ableiten lassen. Die ersten drei Leitfragen lauteten:

„Wie würdest Du die Atmosphäre beschreiben?", „Wie hast Du dich in dem Kirchenraum verhalten oder gefühlt?" und „Gab es einen Ort, an den Du nicht wolltest?"

Die erste Frage sollte schlicht die verspürte Atmosphäre in narrativer Form einholen. Die Frage nach der konkreten Atmosphäre lässt sich gerade auf der Mikroebene problemlos stellen, so Hasse: „Konkret lokalisierbar ist eine Atmosphäre insbesondere an einem überschaubaren Ort."[89] Insofern bietet sich die Frage für einen Ort wie St. Maria durchaus an. Die zweite Frage schloss lückenlos an die erste Frage an, indem sie auf die Gefühlslage und das Verhalten in der Kirche zielte. Damit war der Versuch verbunden, den Pionier:innen das Beschreiben der atmosphärischen Auswirkungen auf das eigene Sein zu erleichtern. Die dritte Frage drehte sich um das verortbare Unwohlsein, welches wiederum von der Atmosphäre und bereits gemachten Erfahrungen abhängig ist (siehe Kapitel 2.5.5 Subtile Influencer).

---

[89] Hasse, Atmosphären der Stadt, S. 11.

Der zweite Block der Leitfragen wendete sich den persönlichen Einschätzungen zum Kirchenprojekt bzw. der offenen Nutzung des Kirchenareals zu. Hierzu wurden folgende Fragen formuliert:

„Würdest Du sagen, die Kirche wird ihrem Auftrag gerecht, wenn sie solche Projekte wie ‚St. Maria als ...' umsetzt?", „Glaubst Du, solch ein Projekt ist sinnvoll für Stuttgart und seine Menschen?" und *„Siehst Du auch Probleme, die das Unterfangen des Projekts mit sich bringen kann?"*

Erstere Frage hatte das Ziel, die Einschätzung der Projektidee mit dem Evangelium in Verbindung zu bringen, um so zu erfahren ob, und wenn ja, wie die Menschen der Stadt den Auftrag der Kirche, die frohe Botschaft zu verkündigen und zu leben, in dem Projekt umgesetzt sehen. Weiter wurde der Nutzen des Projekts für die Stadt und deren Menschen in den Blickpunkt gerückt. Hiermit war die Hoffnung verbunden, den Mehrwert für Stadtstruktur, -leben und -image bewerten zu lassen. Eine Einschätzung zum Sinngehalt des offenen Nutzungsmodells für die Stadt und ihre Menschen war hier das Ziel der Formulierung. Mit der Frage nach eventuellen Problemen der Nutzung, sollte ein kritisches Reflektieren bei den Befragten angestoßen werden, um neben allen positiv konnotierten Resonanzen auch mögliche negative Auswirkungen, Probleme und Schwierigkeiten des Nutzungsformats ins Blickfeld zu bekommen.

Der dritte und letzte Leitfragenabschnitt forcierte den persönlichen Bezug zum Kirchenraum und das kreative Entwerfen der befragten Person. Dabei waren folgende Fragen zu beantworten:

„Wenn Du entscheiden könntest, was mit der Kirche und ihrem Raum geschehen soll, was würdest Du damit machen?" und *„Gibt es ein Foto, welches Dir besonders wichtig ist bzw. das Du herausgreifen magst?"*

Letztere sollte als Resümee der Exploration dienen und an die zentrale, nachwirkende Raumwahrnehmung anknüpfen. Hingegen sollte die Frage nach den eigenen Nutzungsinterpretationen, die sich während und nach der Erkundung einstellten, die Verwendungsmöglichkeiten des Kirchen(um)raumes aufdecken.

3.4 Datenauswertung

Für die Erhebungsmethode der reflexiven Fotografie gibt es grundsätzlich zwei Auswertungsoptionen: Entweder es werden lediglich die textbasierten Transkriptionsdaten ausgewertet oder es erfolgt eine doppelte Auswertung der visuellen wie auch text-basierten Daten. Im ersten Fall dienen die Fotografien lediglich als Impulsgeber und Stützen während der Einzelinterviews.[90] Da sich die reflexive Fotografie aber gerade dadurch auszeichnet, zwei Datenebenen

---

[90] Vgl. Eberth, Raumwahrnehmungen reflektieren und visualisieren, S. 286. Sowohl die Studie von Eberth als auch die von Dirksmeier verfolgen den erstgenannten ‚Impulsansatz'.

3.4 Datenauswertung

miteinander zu kombinieren und damit den meisten qualitativen Methoden überlegen ist,[91] zielt das hier angewendete Analysekonstrukt auf eine Auswertung beider Datengrundlagen ab. Dementsprechend werden in den folgenden Kapiteln zwei Untersuchungen vorgenommen: eine quantitative Analyse der geschossenen Fotografien und eine qualitative Analyse der transkribierten Interviews. Für die quantitative Bearbeitung steht jedoch grundlegend fest: „Die Erhebung und Quantifizierung von Bildaspekten sagt allerdings wenig über deren Bedeutung aus."[92] Lediglich die Häufigkeiten von Motivwahl, abgelichteten Objekten und den Aufnahmestandorten wird damit transparent. Daher ist es notwendig die Bedeutungen der Fotos durch die Interviews zu ermitteln. Gleichzeitig wird so die Erfassung von individuellen Raumwahrnehmungen komplettiert. Schließlich hilft jede zusätzliche Datenebene, die in der Lage ist, die vielschichtigen Raumeindrücke der Befragten aufzuzeigen. Ziel der qualitativen Inhaltsanalyse ist es, einen intersubjektiven Einblick in die Textanalyse bereitzustellen und die Inhalte der Interviews systematisch-strukturiert darzulegen. Quantitative Untersuchungen des Bildmaterials können hingegen weitere Auffälligkeiten der Raumwahrnehmungen allein durch gewisse Häufigkeiten offenlegen.

Allerdings ist nach Anna Brake hinzuzufügen, dass konkrete Auswertungsansätze für fotobasierte Interviews bzw. reflexive Fotografien, die beide Datenquellen gleichermaßen beachten und aufeinander beziehen, bislang nicht entwickelt wurden.[93] Mit dem Versuch diese Forschungslücke zu schließen, soll der hier verfasste Auswertungsansatz in der Folge eine Triangulation von visuellem und schriftlichem Material leisten, um die Bedeutungsimplikationen erkennbar zu machen. Die Verzahnung der beiden Ebenen wird in einer anschließenden Metainterpretation unternommen (siehe Kapitel 3.5 Die zentralen Erkenntnisse der doppelten Datenauswertung). Jianghong Li und Jaya Earnest sehen in der Kombination von qualitativer und quantitativer Methode nichts weniger als „das Beste aus zwei Welten"[94].

---

[91] Vgl. Dirksmeier, Urbanität als Habitus, S. 176.
[92] Susanne Kinnebrock / Thomas Knieper, Männliche Angie und weiblicher Gerd? Visuelle Geschlechter- und Machtkonstruktionen auf Titelseiten von politischen Nachrichtenmagazinen, in: Christina Holtz-Bacha (Hg.), Frauen, Politik und Medien, Wiesbaden 2008, S. 83–103, S. 92.
[93] Vgl. Anna Brake, Photobasierte Befragung, in: Stefan Kühl / Petra Strodtholz / Andreas Taffertshofer (Hg.), Handbuch Methoden der Organisationsforschung: Quantitative und Qualitative Methoden, Wiesbaden 2009, S. 369–391, S. 379.
[94] Jianghong Li / Jaya Earnest, Das Beste aus zwei Welten. Vorteile einer Kombination von quantitativen und qualitativen Forschungsmethoden, in: WZB Mitteilungen (2015), H. 150, S. 30–33.

3.4.1 Quantitative Fotoanalyse

Roland Barthes stellt heraus, dass „Photographie nicht dann subversiv [ist], wenn sie erschreckt, aufreizt oder gar stigmatisiert, sondern wenn sie nachdenklich macht"[95]. Inspiriert von diesem Zitat, stand die Frage im Raum, was die gemachten Fotografien selbst an Erkenntnissen preisgeben, wenn sie näher betrachtet werden. Um die qualitative Untersuchung der „Auswertungseinheit"[96] des Folgekapitels sinnvoll ergänzen zu können, folgt nun ein quantitativer Einblick in das visuelle Datenmaterial. Alle Fotografien, die im Folgenden aus dem Konvolut herausgegriffen werden, sind im Anhang einsehbar.

In der theologischen Forschung wird in der Regel nicht mit Fotografien gearbeitet. Dieses Manko gilt jedoch genauso für die empirische Sozialforschung, behauptet Anna Brake:

> „Fotografien als Datengrundlage spielen in der empirischen Sozialforschung nach wie vor eine allenfalls untergeordnete Rolle, obwohl die Alltagswelt in immer stärkerem Maße als Bilderwelt erfahren wird."[97]

Fotos bieten den großen Vorteil, einen Moment in simultaner Weise festzuhalten. Oder mit den Worten von Theodor W. Adorno: „Im Bild ist alles gleichzeitig."[98] Möchte man Fotoaufnahmen analysieren, sei es nach dem Medienpädagoge Horst Niesyto wichtig, die ersten Blickfokussierungen zu dokumentieren.[99] Diese Bewusstmachung der eigenen Sehgewohnheiten und Präferenzen können für spätere Distanzierungen dienlich sein.[100] Ähnlich wie bei einem Text, verrät ein Foto etwas über seinen Auslöser:

> „Wie eine Handschrift (vage) Auskunft über eine Person gibt, so der Stil des Fotografierens über die Person des Fotografen, seine ästhetischen Präferenzen, aber auch seine Art und Weise, die Welt zu bedenken oder nur naiv hinzunehmen."[101]

Die nähere Betrachtung von Fotografien bietet gleichzeitig den Vorteil, den (ungewollten) Bedeutungsüberschuss destillieren zu können. Hierzu schreibt Bourdieu:

---

[95] Roland Barthes, Die helle Kammer. Bemerkungen zur Photographie, Frankfurt a. M. 1985, S. 47f.
[96] Philipp Mayring beschreibt mit dem Begriff den Umfang aller Interviews (Philipp Mayring, Qualitative Inhaltsanalyse. Grundlagen und Techniken, Weinheim / Basel ^{12}2015, S. 88).
[97] Brake, Photobasierte Befragung, S. 369.
[98] Theodor W. Adorno, Über einige Relationen zwischen Musik und Malerei, in: Werner Spieß (Hg.), Pour Daniel-Henry Kahnweiler, Stuttgart 1965, S. 33–40, S. 35.
[99] Vgl. Niesyto, Bildverstehen als mehrdimensionaler Prozess, S. 274.
[100] Vgl. Niesyto, Bildverstehen als mehrdimensionaler Prozess, S. 274.
[101] Hasse, Atmosphären der Stadt, S. 40.

3.4 Datenauswertung

> „Das adäquate Verständnis eines Photos [...] stellt sich nicht allein dadurch her, dass man die Bedeutungen übernimmt, die es verkündet, d. h. in gewissem Maße die expliziten Absichten ihres Urhebers; man muss auch jenen Bedeutungsüberschuss entschlüsseln, den es ungewollt verrät."[102]

Nun wäre die Destillation von Bedeutungsüberschüssen bei jedem einzelnen der 110 Fotoexemplare jedoch mit einem gewaltigen Arbeitsaufwand verbunden. Alternativ lassen sich übergreifende Bedeutungszusammenhänge des visuellen Datenkonvoluts auch aus quantitativen Untersuchungen ableiten. Schließlich ergeben sich aus Häufigkeiten und Seltenheiten ebenfalls wichtige Informationen, die übergeordnete Kausalitäten erkennbar machen, welche eine rein interpretative Einzelbetrachtung der Fotos nicht aufzudecken vermag. So äußert sich zur quantitativen Bildinhaltsanalyse Katharina Lobinger:

> „Generell gilt, dass die [quantitative] Inhaltsanalyse nicht belegen kann, wie Betrachteinnen [sic!] und Betrachter verstehen oder bewerten, was sie sehen. Die Inhaltsanalyse kann aber zeigen, welchen Inhalten hohe Priorität eingeräumt wird und welchen nicht."[103]

Gerade die quantitative Bildinhaltsanalyse eigne sich nach Lobinger, wenn eine große Anzahl von Bildern zu untersuchen sei.[104] Wobei evident ist: „Die Erhebung und Quantifizierung von Bildaspekten sagt allerdings wenig über deren Bedeutung aus."[105] Vielmehr stehen die reinen Signifikanzen in der visuellen Analyse im Fokus, die ohne Zweifel nur eine beschränkte Aussagekraft besitzen.

Essenziell bei empirischen Unterfangen, die mit Fotos oder Bilder im Allgemeinen arbeiten, ist die Kontextualisierung der Bildaufnahmen. Schließlich gilt: „Fotografien ohne Kontext gleichen eher vagabundierenden Zeichenträgern, denn je nach Kontext können fotografische Bilder ihre Bedeutung wandeln."[106] Mit dem Begriff ‚Kontext' sind wichtige Informationen zu verknüpfen, die nach Jon Prosser und Dona Schwartz in ‚external context' und ‚internal context' aufgeteilt werden können.[107] Der äußere Kontext meint Faktoren wie Forschungsansatz und Rahmen des Forschungsprojekts, während der innere Kontext

---

[102] Pierre Bourdieu, Einleitung, in: Ders. et al. (Hg.), Eine illegitime Kunst. Die sozialen Gebrauchsweisen der Photographie, Frankfurt a. M. 1981, S. 11–21, S. 18.
[103] Katharina Lobinger, Visuelle Kommunikationsforschung. Medienbilder als Herausforderung für die Kommunikations- und Medienwissenschaft, Wiesbaden 2012, S. 228.
[104] Vgl. Lobinger, Visuelle Kommunikationsforschung, S. 227.
[105] Kinnebrock / Knieper, Visuelle Geschlechter- und Machtkonstruktionen, S. 92.
[106] Ulrike Pilarczyk, Selbstbilder im Vergleich. Junge Fotograf/innen in der DDR und in der Bundesrepublik vor 1989, in: Winfried Marotzki / Horst Niesyto (Hg.), Bildinterpretation und Bildverstehen. Methodische Ansätze aus sozialwissenschaftlicher, kunst- und medienpädagogischer Perspektive, Wiesbaden 2006, S. 227–251, S. 227.
[107] Jon Prosser / Dona Schwartz, Photographs within the Sociological Research Process, in: Ders. (Hg.), Image-based Research. A Sourcebook for Qualitative Researchers, London 1998, S. 115–130.

Aspekte der Aufnahmesituation oder die Beziehung von Akteur:in zum Umfeld umfasst.[108] Durch das zuvor vorgestellte Forschungsdesign ist eine transparente Kontextabsicherung nach außen gegeben. Nach innen wird die Kontextualisierung durch das gewonnene Interviewmaterial abgesichert, wodurch die Intentionen der Schnappschüsse nachvollziehbar werden. Schließlich erhalten die Bilder erst im Kommunikationsprozess mit den Pionier:innen ihre Bedeutungsgehalte.[109] Auf die Wichtigkeit des Kontextes, abgesichert durch Interviews, verweist auch Brake:

> „Hier kommt also den [...] durchgeführten Interviews in erster Linie die Aufgabe zu, eine weitergehende Kontextualisierung der Fotografien zu gewährleisten, um der prinzipiellen Mehrdeutigkeit von Fotografien im Auswertungsprozess gerecht zu werden."[110]

Darüber hinaus will erwähnt sein, dass Interpretationen des Visuellen generell enorm von der Subjektivität der forschenden Person abhängig sind. Dabei sollte der, von Subjektivität durchdrungene, Analyse- und Interpretationsprozess nicht ausgeklammert werden, sondern so offen und transparent wie möglich gehalten werden, um eine intersubjektive Zugänglichkeit zu gewährleisten.[111] Schließlich gilt nach Bauer die Maxime:

> „Es geht um ein methodologisch abgesichertes Arbeiten, das sich seiner eigenen subjektiven Anteile nicht nur bewusst ist, sondern diese auch auf der Ebene der Theoriebildung selbst in Rechnung stellt – und gerade dadurch einen höheren ‚Objektivitätsgrad' erreicht."[112]

Der Transparenz des Interpretationsprozesses wird sowohl durch die doppelte Auswertung als auch durch den dargelegten Versuch einer Metainterpretation (siehe Kapitel 3.5 Die zentralen Erkenntnisse der doppelten Datenauswertung) versucht nachzukommen.

3.4.1.1 Ergebnisse der visuellen Auswertung

Um den Datensatz von 110 Fotografien quantitativ sortieren und anschließend auswerten zu können, ist zunächst eine inhaltliche Kategorisierung der Bilder hilfreich. Inhaltliche Kategorien geben schlicht an, was in den Bildern darge-

---

[108] Vgl. Prosser / Schwartz, Photographs within the Sociological Research Process, S. 125.
[109] Vgl. Elke Grittmann / Katharina Lobinger, Quantitative Bildinhaltsanalyse, in: Thomas Petersen / Clemens Schwender (Hg.), Die Entschlüsselung der Bilder. Methoden zur Erforschung visueller Kommunikation, Köln 2011, S. 145–162, S. 148.
[110] Brake, Photobasierte Befragung, S. 375.
[111] Vgl. Niesyto, Bildverstehen als mehrdimensionaler Prozess, S. 279.
[112] Bauer, Schwache Empirie?, S. 94.

3.4 Datenauswertung

stellt wird.[113] Wie bei jeder quantitativen Inhaltsanalyse gilt auch bei der Bildinhaltsanalyse: „Jede quantitative Analyse ist abhängig von einer vorherigen Kategorisierung."[114] Insofern wurden die Bilder nach inhaltlichen Sinnzusammenhängen gebündelt bzw. induktiv erschlossen. So wurden die visuellen Inhalte gleicher oder ähnlicher Semantik ausgemacht, differenziert und entsprechend geordnet. Dabei wird das Material neben Motivwahl und den festgehaltenen Gegenständen zusätzlich nach den Aufnahmeorten sortiert. Die daraus resultierenden Ausprägungen werden anschließend in Häufigkeitsdiagrammen dargestellt, um signifikante Ausschläge deutlich zu machen.[115] Aus den Auffälligkeiten und Mustern der quantitativen Betrachtung werden unmittelbare Schlussfolgerungen abgeleitet.

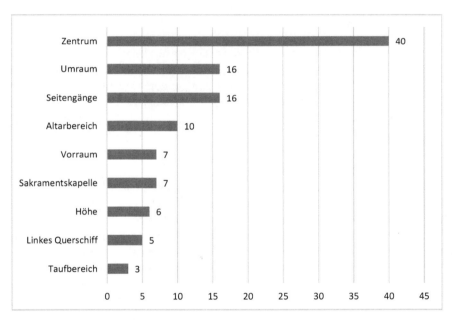

Abb. 4: Häufigkeitserverteilung der wahrgenommenen Teilräume

---

[113] Vgl. Grittmann / Lobinger, Quantitative Bildinhaltsanalyse, S. 156.
[114] Anke Lüdeling, Das Zusammenspiel von qualitativen und quantitativen Methoden in der Korpuslinguistik, in: Werner Kallmeyer / Gisela Zifonun (Hg.), Sprachkorpora. Datenmengen und Erkenntnisfortschritt, Berlin / New York 2007, S. 28–48, S. 29.
[115] Aktuelle Studien der Humangeographie verwenden solche Darstellungen in der quantitativen Bild- und Videoanalysen. Siehe hierzu: Olaf Kühne / Florian Weber, Hybrid California. Annäherungen an den Golden State, seine Entwicklungen, Ästhetisierungen und Inszenierungen, Wiesbaden 2020, S. 88ff. Sowie: Olaf Kühne / Corinna Jenal, The Multivillage-Metropolis Baton Rouge. A Neopragmatic Landscape Approach, 2020 Wiesbaden, S. 151ff.

Zunächst zur „Frage der Priorität"[116]: Welche Bereiche der Kirche wurden fotografiert? Die erste Grafik (siehe Abb. 4: Häufigkeitsverteilung der wahrgenommenen Teilräume) verweist darauf, welche Bereiche des Kirchenareals abgelichtet wurden und in welcher Häufigkeit sie auftreten. Auf dem ersten Rang der Abfolge liegen die Motive, die das Zentrum bzw. Mittelschiff aufführen. Mit 40 von 110 Aufnahmen entspricht dies einem Anteil von gut 36 %. Zählt man die Gangmotive, die sich seitlich an den mittleren Bereich anschließen, hinzu, wird offenkundig, dass jedes zweite Foto das Mittelschiff oder dessen Seitengänge abbildet, womit sich eine eindeutige Pointierung auf den größten Teilraum der Marienkirche belegen lässt. Zugleich sind es Mittelbau und Vorraum bzw. Narthex, die die größten räumlichen Veränderungen aufweisen, was die entsprechende Fokusausrichtung der Raumpionier:innen erklären würde. Zusammen mit den seitlichen Bereichen dominieren die Motive des Umraumes (jeweils 16 Aufnahmen). Wobei hier zwei Dinge zum äußeren Areal angemerkt werden müssen: Zum einen stammen neun der 16 Schnappschüsse aus Interview 9, zum anderen haben sieben von elf Pionier:innen den Umraum überhaupt nicht erkundet, was zum Teil auf die schlechten Wetterbedingungen zurückzuführen ist. Insofern wäre der Außenbereich eher als marginale Größe der Raumwahrnehmung zu klassifizieren. Der dritte Rang entfällt auf den Chor bzw. Altarbereich, der auf zehn Fotos auftaucht. Hierbei ist auffällig, dass fast alle Bilder vor den Stufen, und damit von unten nach oben, aufgenommen wurden. Lediglich zwei Fotos zeigen, wie der Altar von dessen Erhöhung aus abgelichtet wurde. So könnte bereits durch diese Beobachtung ein Distanzwahren gegenüber dem Presbyterium vermutet werden (siehe Kapitel 3.5 Die zentralen Erkenntnisse der doppelten Datenauswertung). Im Ranking folgen dann kleinräumige Bereiche: Sakramentskapelle (sieben Ablichtungen), Vorraum (sieben Ablichtungen) und linkes Querschiff (fünf Ablichtungen). Damit fallen die als eigenständige Räume wahrgenommenen Zonen (siehe Kapitel 3.4.2.2 Ergebnisse der Interviewauswertung) im Vergleich zum Zentrum ab, bilden jedoch zusammen mit dem Altarbereich einen Anteil von gut 26 %. Demnach entfällt jedes vierte Fotomotiv auf einen eigenen, kleinräumigeren Kirchenbereich. Zu erwähnen sind zudem sechs Aufnahmen (siehe Anhang), die die Vertikale des Kircheninneren präsentieren; womit sich eine gewisse, imposante Erscheinung für die Höhe bzw. Größe der Kirche vermuten lässt. Mit nur drei Abbildungen belegt das Areal des Taufsteins den letzten Rang. Wie die dazu gehörigen Texte zeigen, hängt dies mutmaßlich mit der geringen Beleuchtung und dem unästhetisch wirkenden Design zusammen (siehe Kapitel 3.4.2.2 Ergebnisse der Interviewauswertung – 4. Kategorie).

Neben der räumlichen Priorisierung zeigt das visuelle Material zudem, welche Dinge abgebildet wurden. Entsprechend wurden die Fotografien daraufhin untersucht, welche profanen und sakralen Objekte im Fokus standen. Zunächst

---

[116] Philip Bell, Content Analysis of Visual Images, in: Theo van Leeuwen / Carey Jewitt (Hg.), Handbook of Visual Analysis. London / New Delhi 2006, S. 10–34, S. 14.

3.4 Datenauswertung

zur Frage: Welche sakralen Objekte wurden abgelichtet? (siehe Abb. 5: Häufigkeitsverteilung der sakralen Objekte).

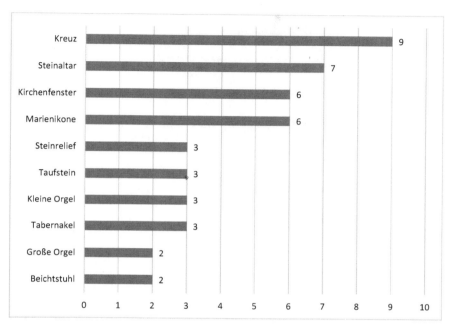

Abb. 5: Häufigkeitsverteilung der sakralen Objekte

Von 44 sakralen Objektfokussierungen entfallen neun auf die Abbildung des Altarkreuzes. Wobei dieses lediglich auf zwei Fotos eine deutliche Fokussierung erhielt, was die Schlussfolgerung erlaubt, dass der Altar bewusst aus den beiden Motiven ausgeklammert wurde, um das Kruzifix einfangen zu können. In den übrigen sieben Fällen taucht das Symbol der Christenheit in Verbindung mit dem Steinaltar auf, der selbst mit sieben Ablichtungen den zweiten Rang einnimmt. Rang Drei teilen sich die Marienikone und die Kirchenfenster. Letztere wurden nur dann berücksichtigt, wenn sie denn bewusst im Fokus der Aufnahmen standen. Tabernakel, Steinrelief, Taufbecken und die kleine Orgel wurden jeweils dreimal fotodokumentarisch vermerkt. Die große Orgel und der Beichtstuhl sind hingegen nur zweimal in der Auswahl wiederzufinden. Die Orgel taucht vermutlich nur deshalb zweimal auf, da der Zugang zur Galerie gesperrt war. Ein weiterer interessanter Fakt ist: in den Fotorallyes Sechs und Sieben wurde jeweils nur ein sakrales Objekt aufgenommen (siehe Foto 6 (Interview 6) – zu Frage 2 bzw. Foto 7 (Interview 7) – zu Frage 4). In Interview 5 blieben sakrale Gegenstände hingegen vollkommen unberücksichtigt. Insofern ist anzunehmen, dass der geweihte Ort weniger durch die altbekannten Gegenstände heraussticht als vielmehr durch die profanen Dinge, die hinzugefügt wurden.

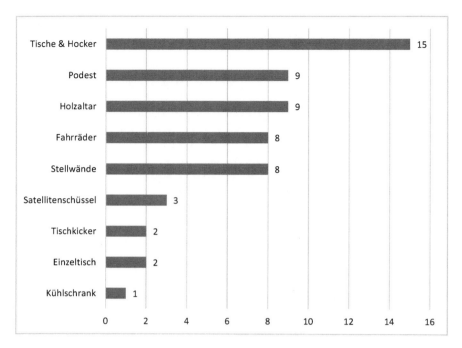

Abb. 6: Häufigkeitsverteilung der profanen Objekte

Das dritte Häufigkeitsdiagramm zeigt, welche der profanen Objekte abgelichtet wurden (siehe Abb. 6: Häufigkeitsverteilung der profanen Objekte). 47 für den Ort untypische Dinge sind auf den 110 Fotografien ausfindig zu machen. Dabei lassen sich die Objekte in hölzerne Applikationen und Gebrauchsutensilien des Vorraumes unterteilen. Auf dem ersten Rang befinden sich die provisorischen Holzhocker und -tische, die in unterschiedlichen Konstellationen auf dem Holzpodest Verwendung fanden. Mutmaßlich wurden diese deshalb so häufig abgelichtet, da sie zum einen mit der gewohnten Sicht der Reihenanordnung brechen als auch direkt im Zentrum des Mittelschiffs aufzufinden waren und so den Pionier:innen bei der Begehung sofort auffielen. Rang Zwei teilen sich der ‚neue' Altar und die hölzerne Unterbaukonstruktion mit jeweils neun Treffern. Erneut sind beide Dinge direkt im Zentrum des mittleren Bereichs aufzufinden, wodurch sie schnell in den Blick der Pionier:innen gerieten. Gerade beim ‚neuen' Altar wird ersichtlich, dass er häufiger bildlich eingefangen wurde als der eigentliche Altar. Diese augenscheinliche Bedeutungsverschiebung lässt sich auch in der Interviewanalyse belegen (siehe Kapitel 3.4.2.2 Ergebnisse der Interviewauswertung – 3. Kategorie). Die Fahrräder und Stellwände tauchen jeweils achtmal auf. Dahin gehend lässt sich etwas unerwartet feststellen: die Zweiräder sind offenbar nicht weniger irritierend als die Stellwände. Sehr wenige Fokussierungen entfallen hingegen auf die Satellitenschüssel (dreimal), den Kühlschrank (einmal), den Tischkicker (zweimal) und den einzelnen Tisch (zweimal),

3.4 Datenauswertung

der sich an der Schwelle zum Mittelschiff befindet. Obwohl diese Dinge für ein klassisches Kirchensetting alles andere als gewöhnlich sind, sahen die Partizipierenden offenbar wenig Anlass diese Dinge abzufotografieren. Insofern lässt sich durch diese geringe, quantitative Ausprägung behaupten: Der Raum zeichnet sich für die Befragten augenscheinlich mehr durch seine hölzernen Ergänzungen im Zentrum als durch die profanen Nutzgegenstände des Eingangsbereichs aus.

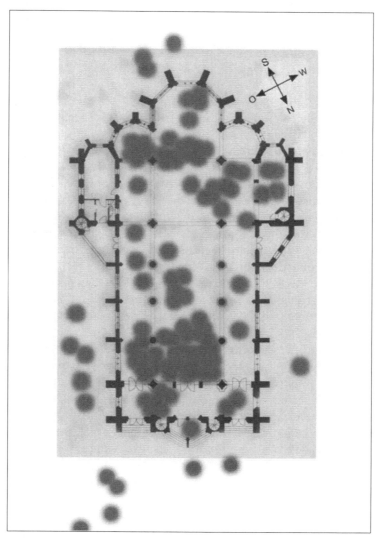

Abb. 7: Aufnahmestandorte der Raumpionier:innen

Darüber hinaus lassen sich durch die Fotomotive die Aufnahmestandorte der Raumpionier:innen ermitteln. Damit kann der Frage nachgegangen werden: Von wo aus wurde fotografiert? (siehe Abb. 7: Aufnahmestandorte der Raumpionier:innen[117]). Mit solch einer raumsensiblen Sortierung wird sogleich dem eigenen Aufruf Folge geleistet, Theologie stärker aus einer räumlichen Perspektive zu betreiben (siehe Kapitel 2.4 Pastoralgeographie – oder: Weshalb es eine raumsensible Pastoraltheologie braucht). Die sich ergebende Verteilung am Grundriss der Marienkirche lässt erkennen, an welchen Spots die meisten Raumeindrücke dokumentiert wurden, wodurch sich weitere Informationen aus den Bildern gewinnen lassen. So wurde unter anderem sichtbar, dass wesentlich mehr Fotos vor dem Chor aufgenommen wurden als im Altarbereich selbst. Dies könnte auf ein gewisses Distanzwaren gegenüber einer vernommenen Grenze hindeuten (siehe Kapitel 3.5 Die zentralen Erkenntnisse der doppelten Datenauswertung). Weiter offenbart sich, dass im vorderen, östlichen Abschnitt des Sakralbaus mit Abstand die meisten Motive produziert wurden. Zugleich zeigt sich, wie wenig der westliche Teil aufgesucht wurde. Der Grund hierfür könnte der Lichteinfall durch die östlichen Kirchenfenster sein, der den westlichen Abschnitt des Innenraumes stärker ausleuchtete. Der abgedunkelte östliche Bereich könnte den Raumerkundenden beim Eintritt in die Kirche einen gewissen Schutz geboten haben. Neben der Ost-West-Diskrepanz im vorderen Teil der Kirche, fällt eine Markierungsanhäufung zwischen Vierung und Altarbereich auf. Offensichtlich wurden einige Fotos an der Schwelle zum Chor aufgenommen, was erneut die Vermutung nahelegt, dass ein Überschreiten der Altarstufen für einige der Rauminformant:innen ein gewisses Hindernis darstellte. Recht homogen sind hingegen die Standpunktmarkierungen in den beiden Seitenkapellen. Konträr hierzu ist der Taufbereich, der keinen Aufnahmestandort verzeichnet. Der Grund hierfür könnten die kahle Ausstattung und die mangelnde Ausleuchtung des Taufsteins sein.

Zu den Aufnahmestandorten des Außenbereichs lassen sich nur wenige Informationen ableitet. So wurde das die Kirche umgebende Areal – im Vergleich zum Innenraum – nur wenig erkundet, was im Umkehrschluss die These zulässt: für die Interviewpartner:innen war das Spannende in dem Sakralbau zu entdecken. Außerhalb wurde hauptsächlich am hochfrequentierten Bereich der Tübingerstraße und dem Kirchenvorplatz fotografiert, da es hier Dinge wie Skateanlage (siehe Foto 5 (Interview 2) – zu Frage 4) und Elektro-Riksha (siehe Foto 16 (Interview 9) – zu Frage 3) zu entdecken gab. Schlussendlich zeigen die Aufnahmestandorte welche Stellen jedoch häufiger und welche seltener aufgesucht wurden.

---

[117] Fünf der 110 Bilder konnten aufgrund zu weniger Motivinformationen bezüglich der Standortkonkretisierung nicht berücksichtigt werden.

3.4.2 Qualitative Inhaltsanalyse

Die Auswertung der transkribierten Interviews wurde mit Hilfe einer qualitativen Inhaltsanalyse nach Philipp Mayring durchgeführt. Der Methodenpsychologe unterscheidet hierbei verschiedene qualitative Techniken.[118] Da die hier verwendete Art der qualitativen Inhaltsanalyse das Ziel hat, das Datenmaterial zusammenzufassen und zu strukturieren, um daraus zentrale Erkenntnisse ableiten zu können, bietet sich Mayrings Variante der induktiven Kategorienbildung an.[119] Im Gegensatz zur deduktiven Kategoriendefinition gilt:

> „Eine induktive Kategoriendefinition hingegen leitet die Kategorien direkt aus dem Material in einem Verallgemeinerungsprozess ab, ohne sich auf vorab formulierte Theoriekonzepte zu beziehen."[120]

Das prozesshafte Schema der induktiven Kategorienbildung vollzieht sich nach Mayring in sechs Teilschritten (siehe Abb. 8: Prozessmodell induktiver Kategorienbildung nach Mayrin[121]) und ist an einer gegenstandsnahen, naturalistischen Erfassung des Materials interessiert.[122] Nach Mayring sind Fragestellung und Richtung der Materialanalyse vor der eigentlichen Untersuchung der Daten anzugeben, um eine qualitative Inhaltsanalyse überhaupt sinnvoll durchführen zu können.[123] Da die Forschungsfrage klar auf die Raumwahrnehmungen abzielt, gilt es nun die Richtung der Datenanalyse aufzuzeigen bzw. wie der Umfang an Untersuchungsmaterial Schritt für Schritt ausgewertet wurde. Als digitales Instrument zur Datenanalyse wurde MAXQDA verwendet.

---

[118] Vgl. Mayring, Qualitative Inhaltsanalyse, S. 65ff.
[119] Vgl. Mayring, Qualitative Inhaltsanalyse, S. 85.
[120] Mayring, Qualitative Inhaltsanalyse, S. 85.
[121] Nach Mayring, Qualitative Inhaltsanalyse, Abb. 12: Prozessmodell induktiver Kategorienbildung, S. 86.
[122] Vgl. Mayring, Qualitative Inhaltsanalyse, S. 86.
[123] Vgl. Mayring, Qualitative Inhaltsanalyse, S. 58.

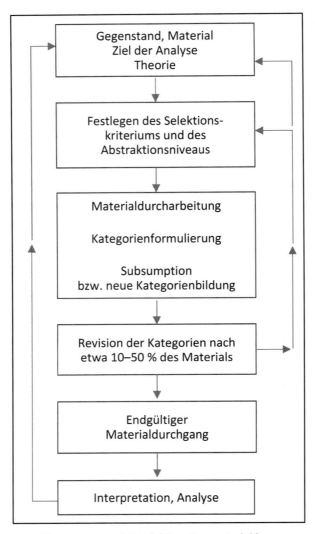

Abb. 8: Prozessmodell induktiver Kategorienbildung

3.4.2.1 Kategoriensystem

Zunächst wurde ein Abstraktionsniveau für die zu bildenden Kategorien entworfen. Die Kategorien wurden dabei induktiv aus den Terminologien der befragten Personen abgeleitet.[124] Jene Kategorien wurden aus den kodierten Textauszügen

---

[124] Vgl. Udo Kuckartz, Qualitative Inhaltsanalyse. Methoden, Praxis, Computerunterstützung, Weinheim / Basel ³2016, S. 35.

3.4 Datenauswertung

zusammengesetzt (siehe Anhang). Der Prozess des Kodierens meint grundsätzlich, „dass Sinneinheiten aus den Interviews [...] in allgemeiner, abstrahierender Weise katalogisiert werden"[125]. Die Größe einer kodierten Analyseeinheit reicht dabei von einem einzelnen bzw. zusammenhängenden Satz bis zur umfänglichen Antwort auf eine Frage. Die inhaltstragenden Textauszüge wurden nicht selten mit mehr als einer Kategorie kodiert, um übergreifende, kategoriale Aussagen gewinnen zu können. So wurde das Textmaterial regelgeleitet bearbeitet und systematisch überprüfbar gemacht. Sowohl die Kategorien als auch die kleinteiligeren Kodes, welche wiederum Subkategorien zugeordnet sind (siehe Anhang), versuchen die Textinhalte strukturiert, komprimiert und prägnant wiederzugeben. Sind Auszüge aufgetaucht, die nicht in das bisherige System einzuordnen waren, wurden neue Kategorien eingeführt und das System entsprechend erweitert.[126] Die Kategorien wurden „damit immer aus dem Material entwickelt, überarbeitet, angepasst und rücküberprüft"[127]. Eine solche Subsumptionsprüfung ist elementar, um entscheiden zu können, ob die bisherigen Passagen mit den (vorläufigen) Kategorien kompatibel sind. Wenn dies nicht der Fall war, wurden neue Kategorien aus dem Material abgeleitet oder das Abstraktionsniveau der Apriori-Kategorien angepasst. Mit dem mehrfachen Revidieren der Ausgangskategorien blieben schlussendlich acht Hauptkategorien übrig. Folglich wurde der endgültige Materialdurchgang (siehe Abb. 8, Teilschritt 5) erst dann vollzogen, als das Kategoriensystem unverändert blieb. Das Kategoriensystem ermöglicht dabei sowohl eine Sortierung des schriftlichen Materials wie auch spätere Metainterpretationen, indem sie den Inhalt und Sinn des Textkörpers wiedergeben und so zur Beantwortung der Fragestellung beitragen, so Christina Ramsenthaler.[128]

Darüber hinaus ist anzumerken, dass das angewendete Kategoriensystem nicht als hierarchische Anordnung zu verstehen ist, sondern als lineare Liste.[129] Dementsprechend deuten die Häufigkeiten an Kodierungen nicht (zwangsläufig) auf unterschiedliche Kategoriengewichtungen oder höhere Signifikanzen hin. Hinzuzufügen ist außerdem, dass – obgleich versucht wurde den gesprochenen Dialekt wiederzugeben – im Fokus der empirischen Erhebungen nicht die Ausdrucksweisen der Interviewbeteiligten, sondern die Gesprächsinhalte standen. Zudem wurden prosodische Parameter (z. B. Lautstärke) wie auch nicht-sprach-

---

[125] Siegfried Krotz, Neue Theorien entwickeln. Eine Einführung in die Grounded Theory, die heuristische Sozialforschung und die Ethnographie anhand von Beispielen aus der Kommunikationsforschung, Köln 2005, S. 180.
[126] Vgl. Christina Remsenthaler, „Was ist Qualitative Inhaltsanalyse?", in: Martin Schnell et al. (Hg.), Der Patient am Lebensende. Eine Qualitative Inhaltsanalyse, Wiesbaden 2013, S. 23–42, S. 30.
[127] Ramsenthaler, Was ist „Qualitative Inhaltsanalyse?", S. 30.
[128] Vgl. Ramsenthaler, Was ist „Qualitative Inhaltsanalyse?", S. 25.
[129] Vgl. Andreas Eberth, Alltagskulturen in den Slums von Nairobi. Eine geographiedidaktische Studie zum kritisch-reflexiven Umgang mit Raumbildern, Bielefeld 2019, S. 107.

liche Parameter (Mimik, Gesten) inhaltsanalytisch ausgeklammert.[130] Aus dem Prozess der Inhaltsanalyse ergaben sich die folgenden acht Kategoriendefinitionen, die durch entsprechende Kodierregeln die eindeutige Zuweisung der Kodes vereinfachte und so Abgrenzungsprobleme zwischen den Kategorien unterband.[131]

1. **Raumwahrnehmungen** als Kategorie wurde kodiert, wenn von (Teil-)Bereichen des Kirchen(um)raumes berichtet wurde oder wenn Formulierungen des Räumlichen auftauchten wie beispielsweise Weite, Offenheit, Schwelle oder Enge.
   Inhalt der Kategorie: Die Kategorie enthält sämtliche Verlautbarungen der sektionellen Raumbeschreibung, um die Raumseparierungen ausfindig zu machen.

2. **Atmosphäre** als Kategorie wurde kodiert, wenn die Interviewten von atmosphärischen Aspekten berichteten. Dazu zählen solche die Atmosphäre konstituierenden Gegebenheiten wie Lichtverhältnisse, Gefühle, Geräusche, Gerüche und die Ausstrahlung materieller Raumelemente.
   Inhalt der Kategorie: Die Kategorie bedient alle atmosphärischen Aspekte.

3. **Sakral** als Kategorie wurde kodiert, wenn von Heiligkeit, sakralen Objekten oder kirchentypischen Dingen gesprochen wurde.
   Inhalt der Kategorie: Die Kategorie umreißt jegliche Zuschreibungen von Heiligkeit, Sakralität und Kirchlichkeit.

4. **Profan** als Kategorie wurde kodiert, wenn profane Objekte benannt wurden oder kirchenuntypische Dinge auftauchten.
   Inhalt der Kategorie: Die Kategorie fasst alle Aspekte des Profanen zusammen.

5. **Gemeinschaft** als Kategorie wurde kodiert, wenn die Begegnung mit Menschen, Aspekte des Einladens und Willkommenseins sowie das (mögliche) Partizipieren am Projekt angesprochen wurden.
   Inhalt der Kategorie: Die Kategorie eint die Aspekte von Gemeinschaft und Begegnung.

6. **Probleme** als Kategorie wurde kodiert, wenn die Teilnehmenden mögliche Problematiken oder Vorbehalte der Kirchennutzung bzw. des Projekts benannten.
   Inhalt der Kategorie: Die Kategorie umfasst sämtliche geäußerte Bedenken und Probleme der Kirchenraumnutzung.

---

[130] Vgl. Eberth, Alltagskulturen, S. 106.
[131] Vgl. Mayring, Qualitative Inhaltsanalyse, S. 97.

3.4 Datenauswertung   141

7. **Potenzial** als Kategorie wurde kodiert, wenn die konkrete oder potenzielle Nutzung des Kirchen(um)raumes angesprochen wurde, oder wenn Aspekte des Zukünftigen benannt wurden.
Inhalt der Kategorie: Die Kategorie umreißt das Themenfeld der Raumnutzung und alle Aspekte, die mit Zukunft zu tun haben.

8. **Regeln und Ordnung** als Kategorie wurde kodiert, wenn die Interviewten von kirchlichen Verhaltensweisen, Regeln und Ordnungen sprachen.
Inhalt der Kategorie: Die Kategorie eint angesprochene, sozialkonstruierte Verhaltensregeln und Ordnungsstrukturen.

3.4.2.2 Ergebnisse der Interviewauswertung

Da bisher die Ergebnisse der quantitativen Auswertung vorliegen und der theoretische Input zur qualitativen Inhaltsanalyse soeben dargelegt wurde, folgt nun das Auswerten der induktiv erschlossenen Textkategorien. Aus beiden Erkenntnishorizonten (quantitativer Bildanalyse und qualitativer Inhaltsanalyse) werden anschließend die zentralen Erkenntnisse zu einer Metainterpretation trianguliert. Dass dabei gewisse Redundanzen zu den folgenden Kategorisierungen nicht gänzlich zu vermeiden sind, sei hiermit angemerkt. Abgerundet wird der empirische Teil der Arbeit durch eine selbstkritische Reflexion des angewendeten Forschungsansatzes (siehe Kapitel 3.6 Ein kritischer Rückblick auf das Forschungsdesign).

1. Kategorie – Raumwahrnehmungen
Um ein differenziertes Bild der wahrgenommenen Räume zeichnen zu können, wurde der Textkörper zunächst daraufhin untersucht, welche Teilräume von den Pionier:innen zu Protokoll gegeben wurden. Von außen nach innen vorgehend, ließen sich folgende Bereiche kodieren: Umraum des Gebäudes, Vorraum, Zentrum, Sakramentskapelle, östliches Querschiff und Altarbereich. Zudem wurden vereinzelt Aspekte der Höhe und der Ecken des Gebäudeinneren angesprochen. Darüber hinaus wurden jegliche Arten von Grenzen oder Schwellen aufgezeigt, die die befragten Personen während ihren Suchbewegungen wahrgenommen haben. Doch zunächst zum Umraum der Kirche:

In den Interviews 1, 2, 6, 9 und 10 nahmen sich die Partizipierenden die Zeit, um um den Kirchenbau zu laufen und Fotos zu schießen. Da die Erkundung des Außenbereichs den Pionier:innen freigestellt war und teilweise regnerische Wetterbedingungen vorherrschten, hielten sich die übrigen Partizipierenden lediglich im Innenraum der Kirche auf. Jene Interviews, die den Umraum berücksichtigen, legen das Hauptaugenmerk auf den Vorplatz der Marienkirche, welcher Sitzgelegenheiten und Mitnutzung der Fläche für die Stuttgarter Skater-Szene anbietet (siehe Foto 5 [Interview 2] – zu Frage 4). Das dadurch gewonnene

Nutzungspotenzial wird etwa in Interview 1 erwähnt (vgl. Interview 1, Pos. 34). Zudem wird in den Interviews 1 und 9 der Außenbereich zur Tübingerstraße hin angesprochen, der sonst keine Hervorhebung erfährt (vgl. Interview 1, Pos. 24a und Interview 9, Pos. 16). Zwischen dem Karls Gymnasium und St. Maria befindet sich eine weitere, freie Fläche mit Sitzbänken und Bäumen (siehe Foto 17 [Interview 9] - zu Frage 4). Jener Platz hinter der Marienkirche wird in Interview 9 diskutiert und mit einem hohen Nutzungspotenzial verbunden (vgl. Interview 9, Pos. 30a).

Weiter wird der Vorraum bzw. Narthex, der vorwiegend als Lagermöglichkeit für unterschiedliche Utensilien (Fahrräder, Tischkicker, Kühlschrank usw.) dient, von einzelnen Personen als eigenständiger Raumabschnitt benannt bzw. wahrgenommen (vgl. Interview 5, Pos. 36 und Interview 9, Pos. 24). Das Hauptaugenmerk in den Raumwahrnehmungen liegt jedoch auf den inneren Bereichen: dem Mittelschiff als Zentrum, der Sakramentskapelle (östliche Nische), dem gegenüberliegenden Querschiff (westliche Nische) und dem leicht erhöhten Chor.

Das Zentrum des Kircheninneren besticht vor allem durch seine Weite[132] und Zentralität (vgl. Interview 2, Pos. 34). Jener Abschnitt des Innenbereichs meint sowohl die freie Fläche, markiert durch die hölzerne Empore, als auch die beiden Flure abseits des Podests (vgl. Interview 3, Pos. 40 und siehe Foto 8 (Interview 3) - zu Frage 4 sowie Foto 9 [Interview 3] - zu Frage 4). An das Zentrum als eigenständigen Teil des Raumes, grenzen für die Befragten drei (Teil-)Räume. Zwei davon befinden sich in den Verwinkelungen bzw. Querschiffen rechts und links des Altarbereichs, der selbst den dritten Teilraum markiert. So wirkte für einige der Teilnehmenden der Abschnitt um die Sakramentskapelle eindrücklich und eigenständig. Denn er wird ausdrücklich „als in sich geschlossene[r] Raum" (Interview 11, Pos. 22) bewertet. Dies wird damit begründet, dass sich der Bereich durch drei Wände vom weitläufigen Zentrum abkapseln würde (vgl. Interview 11, Pos. 24 und siehe Foto 2 [Interview 11] - zu Frage 1). Gleichzeitig wirkt der Bereich aber nicht nur aufgrund seiner physiognomischen Gestalt wie ein eigener Raum, sondern auch aufgrund des atmosphärischen Settings. Diesen Rückschluss lässt folgende Aussage erahnen:

> „Und dann der andere Ort, ehm ... ist auch so ein kleiner Altar im Nebenbereich, an der Seite. Mit auch eh ... ja, ich denk auch zum Innehalten schon gemacht. Und mit viel Liebe zum Detail. Also eh, man hat da den Altar, man hat gleichzeitig noch Blumen auf dem Tisch, es brennen Kerzen und es ist so ein bisschen abseits" (Interview 1, Pos. 20a).

---

[132] Nach Otto F. Bollnow markiert der Begriff „immer die Offenheit eines Bewegungsfeldes, in dem sich dem menschlichen Expansionsdrang, seinem erobernden Ausgriff in den Raum nichts mehr entgegenstellt" (Bollnow, Mensch und Raum, S. 231).

3.4 Datenauswertung

So wird schon durch die Benennung als ‚Ort' deutlich, dass hier ein neuer bzw. eigenständiger Raum wahrgenommen wird. Zugleich sorgt das angesprochene Setting offensichtlich für eine Abtrennung gegenüber dem restlichen Kircheninneren, da der Bereich von profanen Einflüssen ‚verschont' bliebe und folglich als ‚sakrale Bastion' betitelt werden könnte. Weiter wird jener Bereich als ‚geschaffener' Raum bezeichnet:

> „Und gleichzeitig aber auch diese Räume schafft, um sich wohlzufühlen und aber auch zur Ruhe zu kommen. Also dieser Bereich [Sakramentskapelle], wo man sich hinsetzen kann zum Beispiel" (Interview 1, Pos. 40a).

Außerdem wird der Raumabschnitt sowohl als zu dunkel (vgl. Interview 5, Pos. 67–70 und Interview 10, Pos. 86–88), als auch angenehm hell beschrieben (vgl. Interview 11, Pos. 108a), was ihn aufgrund seiner Lichtkomposition von der übrigen Raumkomposition der Kirche für die Pionier:innen abzugrenzen scheint. Je nach äußeren Bedingungen war der Bereich mit Licht durchflutet oder abgedunkelt. Neben dem Aspekt der Beleuchtung wird das Areal aufgrund seiner kleinen Größe im Verhältnis zum weitläufigen Mittelschiff als „heimeliger" und „kuscheliger" (Interview 9, Pos. 10) beschrieben. Gleiches findet sich in Interview 11, in dem der Mann die besagte Nische mit einem „Gefühl der Geborgenheit" (Interview 11, Pos. 20) innerhalb des großen Kirchenraumes assoziierte. Zusammengefasst: Der Abschnitt wird angesichts seines sakralen Settings, der vernommenen Atmosphäre und den physiognomischen Gegebenheiten als eigenständiger Raum wahrgenommen.

Selbiges scheint auf den gespiegelten Eckbereich um die Marienikone zuzutreffen (siehe Foto 4 (Interview 4) – zu Frage 2). Diese Vermutung legt jedenfalls eine Textpassage aus Interview 4 nahe:

> „Lustigerweise tatsächlich so die hintere Ecke mit dem Mariabild, weil's irgendwie gemütlich war. Vom Licht von den Bänken drum rum, also so ein kleines Umfeld, nicht so ein riesiger Raum" (Interview 4, Pos. 26).

Jene Stelle scheint also ebenfalls aufgrund der Positionierung im Gebäudewinkel, der vornehmlich hellen Lichterverhältnisse und des Bestuhlungssettings als eigenständiger Raum begriffen zu werden (siehe Foto 4 (Interview 4) – zu Frage 2 und vgl. Interview 11, Pos. 108a). So wird jene Raumstelle zugleich als ein ruhiger „Ort zum Nachdenken" (Interview 6, Pos. 22) klassifiziert. Wie auch beim gegenüberliegenden Querschiff scheint die Nische angesichts des religiös bzw. sakral konnotierten Settings dazu beizutragen, dass der Bereich als eigenständiger Raum begriffen wird. Spannend sind aber nicht nur die beiden Querschiffe, sondern auch die gegenüberliegenden Ecken des Mittelschiffs (siehe Foto 2 (Interview 8) – zu Frage 2). Die Interviews 7 und 8 zeugen davon, dass die Befragten sich in die Ecken nahe dem Eingangsbereich zurückzogen und sich dort wohl(er) fühlten:

„Und man saß da ein bisschen im Eck von dem Raum und konnte dann den ganzen Raum wahrnehmen und sehen; das fand ich angenehm. Genau" (Interview 7, Pos. 16). „Da hab' ich jetzt fotografiert, wo ich gestanden bin. Und zwar, ich hab' lieber des bissel, ned so vorne in der [ersten Reihe], sondern einfach so ein bisschen als stiller Beobachter. Da war mir es irgendwie immer lieber" (Interview 8, Pos. 20a sowie Foto 1 [Interview 8] – zu Frage 1).

Beide Ausschnitte markieren die Ecke als eine Raumstelle, die als Rückzugsort dient und zugleich zu einem Überblick über den Entfaltungsbereich des Kircheninneren befähigt. Jenes Phänomen fasst Interviewpartner 9 treffend zusammen: „Menschen scheuen sich, glaube ich, auf freie Flächen zu gehen, sondern bleiben erst mal in Nischen, wo irgendwas steht oder so" (Interview 9, Pos. 40). Nach Jürgen Hasse werden Ecken, Nischen und separierte Räume sowohl symbolisch als auch leiblich prägnanter erlebt als andere Raumstellen.[133] Zudem würden sie in ihrem Erleben zwischen einem Gefühl der Enge und Weite variieren.[134]

Auf den Erkundungsstreifzügen nimmt der Chor eine gesonderte Rolle ein, da er sich allein durch seine Stufen bzw. die leichte Erhöhung vom Rest des Innenbereichs abtrennt. Hierzu wörtlich Interviewpartner 1: „Und dieser Altar steht letztendlich getrennt von diesem unteren Bereich. Aber er steht so ein bisschen an einer extra ... also, weil weiter oben" (Interview 1, Pos. 12). Auch in Interview 4 wirkt der Bereich räumlich abgekapselt:

„Ich glaube, ich würde tatsächlich aber diesen Altarbereich verändern, weil der jetzt so abgekapselt ist und würde mehr von diesen, quasi, Basteltischen aufstellen" (Interview 4, Pos. 94).

Was sich hier bereits erahnen lässt, nämlich dass der Bereich ebenso durch seine Leere als eigenständiger Teilraum wahrgenommen wird, zeigt ein Auszug aus Interview 11: „Dann ging es quasi weiter mit dem Altarbereich, den man quasi so als nächstes, sag ich jetzt mal, sieht, weil der war im Prinzip leer" (Interview 9, Pos. 6a). Es kann also gemutmaßt werden, dass der besagte Bereich durch seine physiognomische Erhöhung, durch die Ausrichtung der Architektur auf ihn hin und durch die ihn umgebende Leere als räumliche Einheit auf die Pionier:innen wirkte.

Neben den bisher benannten Raumstellen in und um die Kirche sind zwei weitere Entdeckungen hervorzuheben: Zum einen wird das Kircheninnere auch in die Vertikale wahrgenommen. Zum anderen werden gewisse Raumgrenzen erfahren bzw. verspürt. Ersteres lässt sich an den Aussagen über die beeindruckende Höhe oder das zu sehende Gewölbe festmachen. In den Interviews 7 und 8 wird die Höhe als etwas „Besonderes" (Interview 7, Pos. 12) bzw. als das

---

[133] Vgl. Hasse, Atmosphären der Stadt, S. 101.
[134] Vgl. Hasse, Atmosphären der Stadt, S. 102.

3.4 Datenauswertung

"Schönste" (Interview 8, Pos. 68) der Kirche beschrieben. Dass die Höhe eindrücklich auf so mache Person gewirkt haben muss, belegen zudem die sechs[135] Fotoaufnahmen, die die Vertikale abbilden, in den Interviews jedoch wenig oder gar keine Ansprache erfuhren.

Als zweite Entdeckung sind die Raumgrenzen anzuführen, die die Raumpionier:innen während ihrer Exploration verspürten. So wurde etwa das Areal des Beichtstuhls aufgrund von unangenehmen Erinnerungen einer Person gemieden (vgl. Interview 9, Pos. 46–50). In Interview 4 vermied die Befragte die Sakramentskapelle, veranlasst durch die zu sakral wirkende Atmosphäre und die physiognomische Abgrenzung zum Rest des Kircheninneren, zu betreten:

> B: „Ich weiß gar nicht genau. Da war irgendwas da hinten unter den ... ich hab' da nur kurz, also ich bin nicht reingelaufen. Das mit dem Gewölbe ...
> A: Das Seitenschiff, oder?
> B: Ja genau. Da ist auch irgendwas Kirchliches [Tabernakel ist gemeint]. Und das war ...
> A: Und da wolltest du nicht hin?
> B: Ne.
> A: Weißt du auch warum?
> B: Lustigerweise. Also es war nicht das Licht [lachend], weil das war eigentlich gemütlich, aber irgendwie war mir das zu kirchlich in dem Moment. Es hat nicht zum Rest gepasst, fand ich. Das war nochmal mitunter durch dieses Seitending [Sakramentskapelle] so getrennt" (Interview 4, Pos. 60–66).

An dieser Stelle zeigt sich etwas Besonderes: nämlich wie der von Profanität durchdrungene Kirchenraum auf die Interviewpartnerin so ungewohnt wirkte, dass sie das ursprünglich Kirchliche wie die Sakramentskapelle mitsamt Tabernakel und Kirchenbankreihen als zu kirchlich empfand und sich in der Folge nicht an jene Raumstelle begab, obwohl durch das einfallende Licht eine gewisse Gemütlichkeit von der Person vernommen wurde.

Abgesehen von den zwei Bereichen rechts und links des Mittelschiffs ist ein Areal in den Interviews häufig mit einer Schwelle konnotiert worden. Die Rede ist von dem (ursprünglichen) Altarbereich. Für einige Pionier:innen löste besagtes Feld etwas Unnahbares aus. So berichtete die dritte Interviewpartnerin von einem heiligen Bereich, an den man nicht gehen sollte:

> „Ja, einfach aus Respekt irgendwie. Ich finde da sollen nicht einfach Leute so rumlaufen. Das ist schon ein bisschen heilig. Obwohl ich nicht so ein ‚Jeden-Tag-Kirchenmensch' bin, aber ich finde irgendwie, das ... das ist ein bisschen heilig. Da sollte man nicht rumtrampeln" (Interview 3, Pos. 98).

Auch die vierte Interviewteilnehmerin verspürte allein durch die Stufen eine Schwelle, die sie nicht übertreten wollte oder konnte (vgl. Interview 4, Pos. 73–

---

[135] Siehe Anhang: Foto 4 (Interview 5) – zu Frage 3, Foto 2 (Interview 7) – zu Frage 1, Foto 6 (Interview 8) – zu Frage 5, Foto 2 (Interview 9) – zu Frage 1, Foto 3 (Interview 9) – zu Frage 1, Foto 4 (Interview 9) – zu Frage 1.

74). Zudem hatte sie dem Steinaltar gegenüber – ganz im Gegensatz zu dem hölzernen Altar – ein Distanzwahren empfunden (vgl. Interview 4, Pos. 72–74). Die Partizipierenden von Interview 5 und 6 vermieden es nicht, den besagten Bereich zu betreten, weil sie eine Grenze oder ein Unwohlsein verspürten, sondern aus purem Desinteresse an dem Areal (vgl. Interview 5, Pos. 63–66 und Interview 6, Pos. 104–106). So löste der recht kahle und eher leere Bereich keine Neugierde oder Spannung für Person 5 aus (vgl. Interview 5, Pos. 63–66). Auch die Person des nachfolgenden Interviews empfand die Stelle als „eher uninteressant" (Interview 6, Pos. 106).

Hingegen wollte Teilnehmerin 7, die sich stärker zu den profan konnotierten Bereichen und Objekten hingezogen fühlte, den Bereich um das Marienbild und sein sakrales Setting nicht näher erkunden. Der Grund hierfür war schlicht, dass jenes Areal in ihren Augen einem bekannten Kirchensetting glich und sie sich mehr für das interessierte, was an dem Kirchenraum nun neu bzw. profan sei (vgl. Interview 7, Pos. 58–62). Allerdings entgegnet sie auf die Nachfrage, warum sie die Stufen zum Altar nicht hinauflief, Folgendes:

> „Weil man's nicht macht. Vielleicht. Oder weil man denkt, man macht's nicht. Oder weil auch in vielen Kirchen, die man so besucht, jetzt Notre Dame oder so was, da ist ja auch immer alles abgesperrt. D. h. irgendwie ist des ... darf man da vielleicht nicht hin. Genau. Da war ich nicht. Da bin ich extra ... das ist mir dann auch aufgefallen, dass ich da extra so drum rum gegangen bin" (Interview 7, Pos. 56).

Jener Auszug belegt, dass es sich nicht nur um ein reines Desinteresse am Sakralen handelte, wie von ihr behauptet. Vielmehr war es (auch) eine aus Erfahrungen und Erlerntem gespeiste Entscheidung, die Raumstelle aufgrund von Respekt oder Ehrfurcht nicht aufzusuchen; obgleich sie unbewusst getroffen wurde. Gleiches zeichnete sich in Interview 11 ab:

> B: „Ne, ich bin nicht zum Altar hochgelaufen.
> A: Und warum?
> B: Na ja, ich hab' ihn ja gesehen [lachen].
> A: Gab's da keine Schwelle oder so?
> B: Ne. Des isch ja so abgespeckt, dass es ehm ... wie gesagt, ich nehme es gar nicht mehr so als Altar wahr, weil es war auch kein ... wie gesagt, es war kein Kreuz dr'uf. Und wenn Sie sonst in die Kirche gehen, geht man ned auf den Altar drauf. So haben wir es mal gelernt und so isch des noch geblieben. Eh, man muss andere Meinungen auch respektieren und man sollte ned mit dem, eh, wie der Elefant durch den Porzellanladen laufen" (Interview 11, Pos. 136–140).

Trotz der Angabe, seine Nicht-Begehung liege in einem gewissen Desinteresse und einem wenig sakral wirkenden Altar begründet, zeigt sich in den Folgesätzen durchaus, dass der Mann den Altarbereich primär aufgrund von Respekt und beigebrachtem Verhalten nicht aufsuchen wollte. Der Aspekt des Respekts ist ebenso für Person 8 zentral, was er auch so benennt:

3.4 Datenauswertung

> „Oh, Respekt halt. Muss man ned ... ich lauf ned gern überall hinein so. Ja, ja. Gut, ich glaub das isch ja auch ein bissel ein Zentrum da vorne, gell? Ja, ja, ne, ne, des reicht mir von da hinten zu gucken" (Interview 8, Pos. 92).

Darüber hinaus gab es Personen, die keine Barriere verspürten oder schlicht kein Interesse an dem besagten Bereich hatten. So erkundeten die Interviewpartner:innen 1, 2, 9 und 10 jene Raumstelle ohne Scheu oder Unwohlsein, wovon auch die Fotoperspektiven und deren Aufnahmestandorte zeugen (siehe Foto 5 [Interview 1] – zu Frage 2, Foto 6 [Interview 2] – zu Frage 4, Foto 18 [Interview 9] – zu Frage 4 und Foto 14 [Interview 10] – zu Frage 5). Jene vier Personen suchten den Bereich auf, um von dort das Raumgefüge mit einer Top-down-Perspektive einfangen zu können und sich einen Überblick über die Räumlichkeiten zu verschaffen (vgl. beispielsweise Interview 9, Pos. 51–54). Dabei gingen sie völlig frei von Einschüchterung die Stufen hinauf, inspizierten den Altar und seinen Umraum, um dann ihre Schnappschüsse machen zu können. Folglich sprechen sowohl deren Begehungen als auch die Fotomotive gegen ein Unwohlsein oder eine Raumgrenze gegenüber dem (erhöhten) Presbyterium.

2. Kategorie – Atmosphäre

Atmosphäre ist ein zentrales Phänomen, welches Raumwahrnehmungen unmittelbar tangiert (siehe Kapitel 2.5.4.4 Das Empfinden von Atmosphäre – ein Fazit). Infolgedessen wurden diejenigen Textstellen kodiert, die Atmosphären konstitutiv miterschließen. Gemeint sind atmosphärische Bestandteile wie etwa Gerüche oder Lichtverhältnisse (siehe Kapitel 2.5.4.1 Umgebungsqualitäten). Zunächst zu den akustischen Signalen:

Diese spielen in den Interviews eine untergeordnete Rolle, da die meisten Raumpionier:innen schlicht keine Geräusche vernommen haben. Zum einen, da das Kircheninnere selbst keine Geräusche hervorruft und zum anderen, da sich die Begehenden während der Erkundungen fast ausschließlich allein in der Kirche aufhielten und somit die Geräusche von anderen Kirchenbesucher:innen ausblieben. Entsprechend ruhig wurde der Kirchenraum wahrgenommen, was zwei Stellen exemplarisch belegen:

> „Also es ist sehr still. Es war im Prinzip echt ... es war niemand da. Das ist erst mal so ein bisschen unheimlich, weil man natürlich wissen möchte, was ist wo und es ist ja auch ein neuer Ort" (Interview 9, Pos. 36a).
> „Also ich war alleine da drin und des war ehm, von dem her dann sehr ruhig. Also keine anderen eh, ja Geräusche, die einen ablenken" (Interview 10, Pos. 74a).

Beide Auszüge belegen eine extreme Stille, die mit dem Fernbleiben anderer Personen einhergeht. Interessanterweise trägt die Ruhe in Interview 9 dazu bei, dass der Ort „ein bisschen unheimlich" (Interview 9, Pos. 36a) wahrgenommen wurde. Hingegen wird die Stille in Interview 10 positiv bewertet, da die fehlenden Geräusche keine Ablenkung der Raumwahrnehmung nach sich zogen. Die Geräuschlosigkeit sorgte unter anderem für ein ruhiges und bedächtiges Verhalten der Raumpionier:innen (vgl. Interview 6, Pos. 64). Während der sechsten Raumerkundung probte jemand an der Kirchenorgel Gottesdienstlieder. Wenngleich die Antwort auf die Frage, wie dies die Atmosphäre beeinflusst habe, recht kurz ausfiel, so lässt sich ein positiver Effekt auf das atmosphärische Setting ableiten:

> A: „Wie würdest du die Atmosphäre beschreiben? In der Kirche oder in dem Kirchenraum? Bei dir hat ja jetzt noch die Orgel gespielt ...
> B: Genau, das hat natürlich auch irgendwie so ne, ich find, auch ne Wärme, ein Stück weit, ausgestrahlt. Fand ich" (Interview 6, Pos. 53–54).

Die Interviewte beschreibt knapp, wie die gehörte Melodie den Kirchenraum mit Wärme erfüllte. Entsprechend lässt sich behaupten, dass sich die Orgelmusik positiv auf die Raumwahrnehmung der Interviewbeteiligte auswirkte.

Weiter sind Exzerpte zur Bewegung kodiert. Wie bereits im Theorieteil der Arbeit vermerkt, ist die (Erkundungs-)Bewegung des Leibes essenziell, um den Raum und dessen Atmosphäre wahrnehmen zu können (siehe Kapitel 2.5.2.2 Leibliche Wahrnehmung). Dies ist exemplarisch am nachfolgenden Interviewauszug zu erkennen: „[H]ab' das auf mich wirken lassen. Genau. Also ich bin, ja, durch die Kirche gelaufen, hab' mir eben die verschiedenen Dinge angeschaut [...]" (Interview 6, Pos. 64). Mittels des bewegten Leibes erfolgte eine gewisse Orientierung und folglich eine Adaption an den zu erspähenden Ort. Obendrein zeigt sich an zwei Ausschnitten, wie der Kirchenraum die Bewegung der Raumpionier:innen unmittelbar beeinflusste. Die Stellen lassen vermuten, dass die beiden Befragten eher langsam durch das zu entdeckende Areal gingen und von dem Wahrgenommenen in ihrer Bewegung bereits beeinflusst wurden:

> „Also man ... es lädt nicht dazu ein, dass man irgendwie sportlich aktiv wird oder sich schnell bewegt oder rennt oder so in die Richtung geht" (Interview 7, Pos. 48).
> „Also im Außenbereich war ich eher schneller. Da geht des, ist ja quasi öffentlicher Bereich. Aber in der Kirche, finde ich, sollte man sich bedacht, respektvoll, ehrwürdig verhalten" (Interview 9, Pos. 42).

Besonders interessant erscheinen vor allem die Stellen im Untersuchungsmaterial, die zeigen, wie die Atmosphäre eine Handlung auslöste oder unterband. So konnten mehrere Sätze kodiert werden, die ein Hinsetzen der Pionier:innen aufgrund des atmosphärischen Settings dokumentieren. Beispielsweise in Interview 1:

> „Also eh, man hat da den Altar, man hat gleichzeitig noch Blumen auf dem Tisch, es brennen Kerzen und es ist so ein bisschen abseits. Man kann sich so ein bisschen zurückziehen und ist trotzdem, ja also nicht abgetrennt so richtig. Also es ist trotzdem leicht zugänglich. Und da saß ich in der ersten Reihe und fand es einen sehr schönen Ort" (Interview 1, Pos. 20b).

3.4 Datenauswertung

Die gleiche Handlung wurde bei der Frau aus Interview 3 eingeleitet, obgleich in einem anderen Raumabschnitt der Kirche: „Also dieser Raum und diese Stühle, da hab' ich mich da hingesetzt. Aber irgendwie gab's da ... ich fand's ruhig und angenehm" (Interview 3, Pos. 22). Ähnliche Kodes sind auch in Interview 6 (Pos. 22–24 und 54) zu finden. Es ist nicht ungewöhnlich, dass Menschen, die eine Kirche betreten, dort durch eine gewisse Stimmung dazu animiert werden, sich auf die Kirchenbänke zu setzen. Allerdings zeigt es für St. Maria, wie sehr das Gebäude als Kirche wahrgenommen wurde und folglich immer noch gängige Kirchenhandlungen nach sich zog. An zwei weiteren Textstellen wird zudem deutlich, dass die Atmosphäre des Kirchenraumes als ungewohnt vernommen wurde. In Interview 4 berichtet die Frau, wie sie etwas tat, was sie in einer Kirche normalerweise nie tun würde; nämlich sich auf den Boden zu setzen:

> „Am Anfang sehr bedacht, also so leise gehen und benehmen, so wie ich das halt gewohnt bin. Aber gegen Ende z. B. was, was ich normal in einer Kirche nie machen würde, nämlich mich einfach auf dieses Podest hier bzw. auf den Boden setzen. Also gleich so ein bisschen wie Zuhause" (Interview 4, Pos. 48).

An dieser Stelle lässt sich erkennen, wie die Atmosphäre des Gebäudes die Raumbegehende anfangs deutlich zu kirchenadäquaten Aktionen wie einem leisen Gang anstiftete, während die Raumwahrnehmung im Laufe der Erkundung und während des Bewegens des Leibes eine Neueinschätzung der Atmosphäre nach sich zog, sodass sich die Person „ein bisschen wie Zuhause [fühlte]" (Interview 4, Pos. 48) und sich in der Folge niedersetzte. Scheinbar nahm der Kirchenraum durch seine teils profane Komposition einen positiven Einfluss auf die Stimmung der Frau, welche sich in diesem Zuge wohler fühlte und eine Handlung tätigte, die sie sonst in einer Kirche nicht in Betracht ziehen würde. Weiter gesteht der Pensionär von Interview 11 ein, dass er unwissentlich eine ‚Sünde' begangen habe, als er das Gotteshaus betrat:

> B: „Jetzt fällt mir gerade ein: Ich habe eine Sünde begangen, indem ich meine Mütze ned abgenommen hab'.
> A: Machen Sie das normalerweise?
> B: Ja! Ja, ja. Des eh ... aber ich mein.
> A: Aber warum haben Sie das vergessen?
> B: Weil es nicht nach Weihrauch gerochen hat [beide lachen]. Sie haben, wenn Sie in eine katholische Kirche reingehen, haben Sie zuerscht olfaktorisch den Weihrauchgeruch und optisch das ewige Licht. Und das war für uns mit dem Posaunenchor auch interessant. Wir haben mal am [Ort2] in einer Kirche gespielt. Das war ein evangelischer Gottesdienst, war aber eine katholische Kirche, da hat vorher ein katholischer Gottesdienst stattgefunden, da haben wir hinterher alle nach Weihrauch gerochen.
> A: Also Ihnen hat hier ein so ein bissel das Signal hier gefehlt, oder?
> B: Ja. Des war schon ein bissel säkularisiert" (Interview 11, Pos. 112–118).

Indem er, bedingt durch das Fehlen des olfaktorischen Signals des Weihrauchgeruchs, vergaß seine Mütze abzuziehen, zeigt sich, wie das Fernbleiben einer atmosphärischen Komponente die Wahrnehmung und die damit einhergehenden Handlungen abermals signifikant beeinflusste. Wie am Ende des Abschnitts zu lesen ist, nahm er den Kirchenraum dadurch als etwas ‚säkularisierter' wahr.

Des Weiteren wurden Passagen herausgefiltert, die die Materialität von Objekten beinhalten. Damit ist eine Situation gemeint, in der Objekte oder deren Beschaffenheit dazu beitragen, dass sich die Person gestimmt fühlt. Schließlich treten nach Jürgen Hasse in der ganzheitlichen Wahrnehmung dominante Gestaltungsmerkmale über ihre Form und Materialität in den Vordergrund des sinnlichen Erlebens eines Gebäudes.[136] Vor allem die hölzernen Elemente in Form des provisorischen Podestes, der Stellwände sowie der Hocker und Tische wurden von den Informant:innen aufgrund ihrer baustofflichen Beschaffung äußerst positiv bewertet. Das Holz strahle im Gegensatz zu den kalt wirkenden Steinen eine gewisse Wärme aus, so etwa in Interview 5 zu lesen (vgl. Interview 5, Pos. 14). Und weiter an anderer Stelle: „Ja. Ich finde der [hölzerne] Boden macht's relativ hell und einladend. Es strahlt ja so ein bisschen Wärme aus, genau" (Interview 5, Pos. 26). Die Beschaffenheit durch die hölzernen Elemente nehmen dem Raum offenbar eine gewisse Kälte und hellen ihn gleichzeitig auf, wie auch folgende Passage beweist:

> „Weil insgesamt, finde ich, haben sie durch das ganze Holz irgendwie den Raum voll aufgehellt und gemütlich gemacht. Genau. Und auch das Holz an den [aufgestellten] Wänden" (Interview 4, Pos. 14).

Die hölzerne Einkleidung wird ebenso in Interview 5 positiv bewertet:

> „Es ist erst mal was anderes, wenn man hier reinkommt. Es ist nicht so das Gewohnte, was man erwartet. Es gibt keine Bänke. Hier ist alles mit Holz ausgelegt. Und es hat mehr Raum" (Interview 5, Pos. 6).

Starre Bankreihen kritisiert im Übrigen auch der Erfurter Liturgiewissenschaftler Benedikt Kranemann, da sie „eine vielfältig-kreative Nutzung des einzelnen Kirchenraumes und eine Bewegung im Raum"[137] verhindern würden.

Die positive Beurteilung der Pionier:innen ist überdies auf die Holzhocker und -tische auszuweiten:

> „Genau. Da hab' ich die Holzhocker und die Holztische fotografiert [...]. Das Material fand ich angenehm, auch als man so den Tisch angefasst hat. Das fand ich sehr angenehm" (Interview 7, Pos. 16).

Das Material wirkte auf die Frau offenbar so angenehm, dass sie es direkt berühren wollte, wodurch sich das Hineinstrahlen der Objekte (siehe Kapitel 2.5.4.2 Aura) in den atmosphärischen Raum belegen lässt. Obwohl der Einsatz der hel-

---

[136] Vgl. Hasse, Atmosphären der Stadt, S. 105.
[137] Kranemann, Umnutzen statt abreißen, S. 190f.

3.4 Datenauswertung

len Holzapplikationen als Gewinn für die Räumlichkeit zu bewerten ist, irritiert sie das ästhetische Empfinden von Pionier 8; obgleich er um Sinn und Zweck, nämlich die leichtere Handhabung für Veranstaltungen wie Konzerte, weiß, stört ihn das Holzpodest (vgl. Interview 8, Pos. 56). Seiner Ansicht nach entwürdigt der provisorische Holzboden das Gebäude und die Leistung, die hinter dessen Errichtung stecke:

> „Weil der Kontrast isch der, was mir so auffällt, was ich da so seh', was da an Leistung reingesteckt wurde. Dieses Gebäude isch ja ungeheuerlich. Das wäre heute gar nicht mehr möglich. Nicht mehr zu bezahlen. Und da isch des irgendwie so ein Zwiespruch" (Interview 8, Pos. 56).

Die beiden meist kodierten Subkategorien im Bereich der Atmosphäre sind die empfundenen Emotionen, welche durch die atmosphärische Wirkung sowie die Lichtverhältnisse des Kirchenraumes auftreten (siehe Anhang). Letztere sind von dem Tonus bestimmt, die Kirche sei zu dunkel: „Ehm, der erste Eindruck war kalt und dunkel" (Interview 11, Pos. 108b). Die erfahrene Dunkelheit sorgte beispielsweise bei einer Interviewpartnerin, die allein in der Kirche war, dafür, dass sie sich nicht wohl fühlte (vgl. Interview 5, Pos. 22). In ähnlicher Weise ist dies in Interview 4 zu lesen: „Also ich hab' den Raum eigentlich ziemlich ruhig wahrgenommen. Ich finde ihn ziemlich düster insgesamt. Also so vom Licht" (Interview 4, Pos. 10a). Mitentscheidend für die Wahrnehmungen der beiden Frauen ist höchst wahrscheinlich auch das Wetter. Denn während jener zwei Raumbegehungen, die am selben Tag, direkt hintereinander folgten, donnerte und regnete es stark in Stuttgart, wodurch wenig bis gar kein Sonnenlicht durch die Kirchenfenster schien. Insofern sind die beiden Wahrnehmungen mit großer Wahrscheinlichkeit auch auf die Wettersituation zurückzuführen. Schließlich können Wetterwechsel atmosphärische Eindrücke unmittelbar beeinflussen bzw. verändern, so Hasse.[138] Sowohl der Bereich um das Taufbecken (vgl. Interview 4, Pos. 12–14) als auch die Sakramentskapelle (vgl. Interview 5, Pos. 67–70) und die Empore, auf der sich die Orgel befindet (vgl. Interview 5, Pos. 22), werden als zu dunkel beschrieben. Die Interviews 1 und 10 fanden dagegen an sehr sonnigen Tagen statt. In beiden Interviews wird besonders der Altarbereich aufgrund der zenitalen Lichtflut äußerst positiv wahrgenommen:

> „Und dann schien gerade durch die bunten Kirchenfenster die Sonne und ich stand direkt in dem Bereich, neben dem schlichten Kreuz. Und die Sonne schien durch die bunten Fenster und es war eh ... ganz wunderbar und ein ganz schöner Ort" (Interview 1, Pos. 20c)
> „Aber anziehend [war] dieses Licht hinten, hinter dem Altar. Des zieht einen richtig nach vorne" (Interview 10, Pos. 74b).

---

[138] Vgl. Hasse, Atmosphären der Stadt, S. 106.

Der anziehend wirkende Lichtkegel verleitete die Raumpionier:innen dazu, den Bereich direkt aufzusuchen und näher zu erkunden. Zugleich zeigen die eben zitierten Zeilen, wie gut sich beide Personen an jener Raumstelle fühlten.

Andere Kirchenbereiche wurden ebenfalls durch eine entsprechende Helligkeit positiv(er) erfahren. Der Befragte aus Interview 2 empfand das Zentrum des Gebäudes durch die offenstehende Eingangstür und das viele Licht als sehr angenehm (vgl. Interview 2, Pos. 16). Oder auch die Sakramentskapelle, die von Interviewpartner 1 und 11 durch ihr helles Erscheinen auf beide Pioniere sehr einladend wirkte (vgl. Interview 1, Pos. 20c und Interview 11, Pos. 130). Schlussendlich lässt sich festhalten, dass die Lichtverhältnisse eine signifikante Rolle für die Atmosphäre der Stuttgarter Kirche spielen. Dies lässt sich nicht nur durch die bisher aufgezeigten Textpassagen erkennen, sondern auch anhand der Tatsache, dass mehr Licht im Inneren der Kirche nötig sei bzw. gefordert wurde (vgl. Interview 3, Pos. 118 und Interview 10, Pos. 74b).

Die Kategorie der Atmosphäre schließt zudem Emotionen mit ein, welche in den Interviews geschildert wurden. Zunächst auffällig: Es wurden hauptsächlich positive Emotionen benannt. So schilderten einige, dass sie sich in der Kirche wohl fühlten (vgl. z. B. Interview 1, Pos. 40a, Interview 6, Pos. 55–60, Interview 7, Pos. 18, Interview 9, Pos. 36b oder Interview 10, Pos. 76). Dennoch tauchen in dem Material Momente des Unwohlseins auf, wie etwa bei der Teilnehmenden in Interview 5, die sich, vermutlich verstärkt durch das Unwetter, allein in der Kirche eher unwohl fühlte (vgl. Interview 5, Pos. 42a). In Interview 3 sind gleich mehrere Emotionen zu finden. Dort fühlte sich die Frau im Bereich des östlichen Querschiffs äußerst ruhig und dankbar für die Dinge, die sie habe (vgl. Interview 3, Pos. 84). Zugleich erwähnte sie, sie habe keine Angst (vgl. Interview 3, Pos. 70), sondern verspüre vielmehr eine Sicherheit in dem sakralen Gebäude (vgl. Interview 3, Pos. 74). Zudem fühlte sie sich „traurig aus irgendeinem Grund" (Interview 3, Pos. 70). An diesem Interview zeigt sich abermals, wie die äußeren Umstände in der Lage sind, bestimmte Emotionen auszulösen, da der Kirchenraum hier aufgrund des aufziehenden Unwetters zur Schutzhülle für die Frau wurde.

Ein situatives zur Ruhekommen findet sich in ähnlicher Weise in Interview 7, in dem das Empfinden von Ruhe dargelegt wird: „Ja, also ruhig, schon. [...]. Also man ist schon bedächtig. Aber nicht eingeschüchtert, so [lachend]" (Interview 7, Pos. 48). Und weiter:

> „Es ist natürlich schon ruhig und man ist selber auch ein bisschen... man wird schon ruhiger, aber man hat nicht das Gefühl man kriegt jetzt auf die Finger gehauen, wenn man da zu laut ist oder so in die Richtung. Also es war ruhig und trotzdem aber entspannt, ja" (Interview 7 Pos. 46).

Insofern ergibt sich die empfundene Ruhe weniger aus einem zwingenden kirchlichen Narrativ, sondern mehr aus einer aufgebrochenen, entspannten Atmosphäre, die die gegenwärtige Stimmung tangiert.

3.4 Datenauswertung

In Interview 4 spricht die Frau von einem gewissen Freiheitsgefühl, welches der Raum in ihr erwecke:

> „Wenn ich in die andere Richtung gucke, so Richtung Altar, dann finde ich's irgendwie groß und frei und so ein bisschen – viele Möglichkeiten – also eher angenehm. Eher ein Ort zum Wohlfühlen. Genau" (Interview 4, Pos. 46).

Neben der Weite erwirken die hohen Decken „[et]was Befreiendes" (Interview 4, Pos. 44), so die Stuttgarterin. Damit lässt sich festhalten: Der geschaffene Freiraum und die hohen Decken wirken sich positiv auf die Raumwahrnehmungen aus, indem sie zu einem Freiheitsgefühl beitragen. Auf der anderen Seite kann die Weite des Innenraumes ein gewisses Unbehagen auslösen, wie Person 9 berichtet:

> „Nein, ne eigentlich nicht. Vielleicht ein bisschen verloren, weil diese freie Fläche halt so ein bisschen ungewohnt ist und Menschen scheuen sich glaube ich, auf freie Flächen zugehen, sondern bleiben erst mal in Nischen, wo irgendwas steht oder so. Eh, ja" (Interview 9, Pos. 40).

Anders verhält es sich bei dem älteren Mann, der durch seine Posaunenchorerfahrungen daran gewöhnt ist, sich in großen Räumlichkeiten zurechtzufinden, weshalb er von der Größe des Kircheninneren überhaupt nicht eingeschüchtert sei (vgl. Interview 11, Pos. 122). Person 8 war hingegen eher vom Innenraum bzw. Gebäude eingeschüchtert:

> „Ha, weil des halt irgendwie nen Ausdruck hat. Also es isch gewaltig von der Wirkung her, vom Bauwerk her, von der Architektur. Es isch eine unheimliche Leistung auch gewesen von denen Leute, die des gemacht haben. Das steckt unheimlich was dahinter. Das isch des was mich also … und des hat auch ne Ausstrahlung. Es macht ehrfürchtig [lachen]" (Interview 8, Pos. 10).

Der Rückschluss, er habe sich nicht ganz wohlgefühlt, lässt sich auch daran erkennen, dass er sich in eine der Ecken des Mittelschiffs zurückzog, um ein Foto (Foto 1 (Interview 8) – zu Frage 1) zu machen und sich nicht der Weite des Raumes aussetzen zu müssen (vgl. Interview 8, Pos. 20–22).

3. Kategorie – Sakral

Als dritte Kategorie konnte der sakrale Gehalt von St. Maria destilliert werden. Dabei umfasst das kategoriale Themenfeld die Erwähnungen von Heiligkeit und sakralen Objekten. Anknüpfend an den Altarbereich, werden zunächst der Altar und dessen Umfeld auf Grundlage der Interviewdaten ausgewertet.

Jener Bereich nimmt in einem Gotteshaus in der Regel eine zentrale Stellung ein, da sich an ihm die zentralen Geschehnisse der Messe ereignen. In dem gesammelten Material ist die Bedeutung jener Raumstelle ambivalent. In Interview 1 betont der Befragte etwa wie angenehm hell das Areal sei und wie geborgen er sich in dessen Umgebung fühlte:

> „Aber er steht so ein bisschen an einer extra ... also weil weiter oben. Und gleichzeitig ist er einfach trotzdem im Zentrum. Und er ist so schön schlicht. Also es ist drum herum nicht viel. Es steht nicht viel drauf, es ist ein Altar. Man sieht ein Kreuz und eh, ich werde später noch dazu kommen, aber die Sonne schien durch die Fenster direkt, noch so mit auf den Altar. Und das war ein sehr schöner Ort. Ein Ort der Stille und der Begegnung. Und ein Ort, an den man sonst auch nicht gehen kann" (Interview 1, Pos. 12).

Während in der Raumwahrnehmung der meisten Pionier:innen der Steinaltar eine eher untergeordnete Rolle spielte, was allein an der geringen Anzahl gemachter Fotos zu besagtem Objekt deutlich wird (siehe Kapitel 3.4.1.1 Ergebnisse der Fotoauswertung), ist die Person von Interview 8 der Ansicht, der Bereich sei das Zentrum des Kirchenraumes und mache den Raum in erster Linie aus (vgl. Interview 8, Pos. 14–16). In den meisten anderen[139] Interviews findet jener Gegenstand keinerlei Erwähnung. Im übrigen Textkörper wird der Altar selbst häufig aufgrund seiner Ästhetik kritisiert – wie beispielsweise in Interview 4:

> „Dann hab' ich noch den Altar fotografiert, weil das ist halt so was richtig Kirchliches, sage ich mal, mit den Kirchenfenstern dahinter – der Altar im Vordergrund – und gleichzeitig so kahl [lachend]. In einer Kirche, die so wie ich das jetzt mitbekommen hab', eigentlich gemütlich wirken soll. Also, und so ein bisschen, sag ich mal, einen Schutzort darstellen soll. Und das fand ich dann wieder sehr gegenteilig" (Interview 4, Pos. 18).

Obwohl also der Altar etwas typisch Kirchliches darstellt und zum Standardrepertoire einer Kirche gehört, verkörpere er für die Befragte etwas Gegenteiliges, das nicht zum wahrgenommenen Schutzraumkonzept passe. Zusätzlich sind Passagen aus Interview 10 vielversprechend. Dort berichtet die Person wie ansprechend die Lichtquelle des Chors auf sie wirkte und wie sie sich davon angezogen fühlte (vgl. Interview 10, Pos. 74b). Den Altar als Objekt beurteilte sie hingegen als „ganz kalt" (Interview 10, Pos. 100) und fühlte sich mehr an einen „Seziertisch" (Interview 10, Pos. 102) als an einen Altar erinnert; ganz im Gegensatz zu dem provisorischen Holzaltar, der in der Mitte des Hauptschiffs platziert war und der für sie mehr die Begegnung auf Augenhöhe und Gemeinschaft ausstrahle (vgl. Interview 10, Pos. 64). Somit erschien ihr der Altar wie eine Art Fremdkörper im atmosphärisch neuen Setting. In Interview 9 berichtet die Person, dass der Steinaltar und der ihn umgebende Bereich, bis auf das Fehlen eines Kreuzes, zwar komplett sei, dass der Altar aber einen leeren, fast schon nackten Eindruck auf ihn mache (vgl. Interview 9, Pos. 6b). Im elften Interview wird ebenfalls bekundet, dass der Altar nicht gefalle (vgl. Interview 11, Pos. 30). Dies liege (erneut) am Stil des Objektes:

---

[139] Beispielsweise in den Interviews 2, 3, 5, 6 und 7.

3.4 Datenauswertung

> B: „Weil der vom Stil her, meiner Ansicht nach nicht reinpasst.
> A: Aha. Des ist eigentlich interessant, dass Sie sagen, der Altar stört Sie. Inwiefern stört er Sie vom Stil her?
> B: Des isch eh ... der isch mir zu abstrakt.
> A: Was heißt des? Zu kantig? Oder ...
> B: Ja, des isch zu kantig. Des isch ja ne Kirche. Es isch ein bissle Barock und des isch schon streng geometrisch. Und des finde ich, passt nicht zusammen.
> A: Für die Kirche oder grundsätzlich?
> B: Grundsätzlich" (Interview 11, Pos. 32-38).

Hier zeigt sich abermals ein ästhetisches Empfinden, welchem der Altar offensichtlich nicht entspricht. In der nachfolgenden Textpassage wird zudem deutlich, dass es dem Mann nicht nur aufgrund der Materialität und der Form unästhetisch erschien, sondern, dass ihm auch die kirchliche Kodierung des sakralen Gegenstandes fehlte:

> „Ja, nur vom Stil her. Es isch so, was man sagen muss, der Altar isch schmucklos. Wenn ein Parament dranhängen würde oder wenn ein Kreuz draufstehen würde, wäre es vielleicht besser. [...] Aber des isch einfach ... sagen wir mal, des isch ein zweckmäßiges Möbel" (Interview 11, Pos. 44-46).

Offensichtlich vermisst er bei dem Objekt typisch sakrale Indikatoren wie Kreuz oder Parament, um den Altar als solchen zu würdigen. In dem gegenwärtigen Zustand wirke es lediglich wie ein Möbelstück, welches seinen Zweck erfülle.

Ein weiteres, typisch katholisches Kirchenobjekt ist der Beichtstuhl. Jener wurde nur in zwei Interviews thematisiert, was die Textstellen jedoch nicht weniger interessant macht. Der Pendler (Interview 2) fotografierte den Beichtstuhl als Antwortmotiv auf die Frage, was ihn in dem Raum störe (siehe Foto 4 [Interview 2] – zu Frage 3). Er erklärt seine Motivwahl wie folgt:

> „Ja, Beichtstuhl fotografiert, weil der ehm, im Prinzip zu der ehm Offenheit eh ... nicht passt. Und sich dann quasi genau das Gegenteil darstellt. Und man sich da so abgesperrt fühlt. Ich weiß nicht [lachen]. Aber das finde ich allgemein sehr unpassend so, dass man sich nicht sehen kann. Man keine Einblicke hat so, was so verborgen ist" (Interview 2, Pos. 22).

Das Objekt steht für den Mann also im völligen Widerspruch zu der Idee der Öffnung des Kirchenraumes, da der Beichtstuhl für ihn der Inbegriff von Intransparenz zu sein scheint. Er verbindet mit dem Beichtstuhl eher Verborgenheit, Verschwiegenheit und Enge. Also das genaue Gegenteil eines transparenten, offenen und freien Kirchensettings, das den Menschen der Stadt seinen Raum anbietet. Damit macht der Textauszug deutlich, wie sakrales und profanes Setting konträre Assoziationen auslösen und in der Folge die zentrale Botschaft des Projekts unterlaufen können. Der Beichtstuhl ist, wie bereits erwähnt, auch Thema in einem zweiten Interview. Der neunte Interviewpartner gibt auf die Frage, welche Bereiche er denn nicht begangen habe, folgende Antwort:

„Wo ich auch nicht war, war so der Beichtstuhl. [...] Eh, da war nichts Interessantes. Da war tatsächlich nur der Beichtstuhl, sonst war da glaube ich gar nichts und eh ... Beichtstuhl erinnert mich immer an die Kommunion, wo man dem Pfarrer seine Sünden gebeichtet hat, des war ein sehr merkwürdiger Moment, damals. Und das, glaube ich, löste so ein bisschen so unwohle Erinnerungen halt aus. Einfach weil man das als Kind nicht so ... nicht so gerne irgendwie tut. Das war ne komische Situation" (Interview 9, Pos. 46–50).

Auch hier wird eine negative Konnotation bzw. Erinnerung mit dem Beichtstuhl verbunden. Die zurückliegenden Ereignisse aus der Kindheit werden durch das Objekt ausgelöst und sorgen in der Folge für ein plötzliches Aufflammen eines Unwohlbefindens, welches in der Konsequenz das Meiden der Raumstelle nach sich zog.

Ein weiteres sakrales Objekt ist das aufgestellte Marienbild in der östlichen Seitenkapelle. In Interview 3 wird beschrieben, wie die Ikone und das dazugehörige Setting (brennende Kerzen, frische Blumen und der Stuhlkreis) besinnlich, ruhig und einladend wirkten:

B: „Ich glaube, ich würde ne ... aus irgendeinem Grund mag ich dieses hier am meisten.
A: Das mit dem Marienbild drauf und den Blumen?
B: Ja.
A: Aber genau beschreiben kannst du es nicht, warum du das besonders findest?
B: Nein. Einfach wie ich mich gefühlt hab in dem Moment dort.
A: Kannst du es nochmal sagen, wie du dich da gefühlt hast?
B: Einfach ruhig und ja wie gesagt, dankbar für die Sachen die ich hab'. Man merkt dann, dass oder man denkt, man hat es nicht wirklich so schlimm, als die wirklich sind" (Interview 3, Pos. 78–84).

Zu Beginn des Interviews spricht die Frau davon, dass das Marienmotiv nicht ausschlaggebend für sie war, sondern vielmehr die brennenden Kerzen: „Ne, das hätte irgendein Bild sein können, ehrlich gesagt. Die Kerzen haben mich angezogen" (Interview 3, Pos. 24). Das dortige Setting wird ebenso von anderen Interviewpartnerinnen als einladend und klassisch kirchlich beschrieben – beispielsweise in Interview 4:

„Lustigerweise tatsächlich so die hintere Ecke mit dem Mariabild, weil's irgendwie gemütlich war. Vom Licht von den Bänken drum rum, also so ein kleines Umfeld, nicht so ein riesiger Raum. Und ich finde die gute Mischung aus – man sieht zwar dieses Mariabild, ehm, was ja total zur Kirche gehört und gleichzeitig hat man aber nicht so ... es wird einem nicht so aufgezwungen. Weißt du wie ich mein? Die Kirche. Also es ist ein schlichter, neutraler Ort mit so einem kleinen Hinweis, dass es eine Kirche sein könnte. Und das fand ich irgendwie ganz gut" (Interview 4, Pos. 26).

So auch in Interview 6:

„Ja, das fand ich eigentlich ganz schön. Und zwar dieses Bild.
A: Das mit dem Marienbild.

3.4 Datenauswertung

> B: Ja, irgendwie so ein Ort zum Nachdenken und für die Ruhe ist. Also gerade, wenn man so in die Kirche kommt und sich irgendwie besinnen möchte, gibt es einem eigentlich das Gefühl, finde ich, weswegen ich in die Kirche gehe" (Interview 6, Pos. 20–22).

Lediglich die Befragte von Interview 7 konnte mit dem Eckbereich wenig anfangen. Auf die Nachfrage, weshalb es sie nicht an diese Stelle im Raum gezogen habe, antwortete sie:

> „Ja, weil mich die anderen Dinge mehr interessiert haben. Also suspekt war's mir nicht, aber es war auch der einzige Teil in der ganzen Kirche, der jetzt mit Kerzen so beleuchtet war. Das war mir zu offensichtlich präsent, dass ich gesagt hab', es gibt bestimmt noch andere Dinge, die man sich angucken kann, ja" (Interview 7, Pos. 58–62).

Damit war der Bereich für sie nicht uninteressant, jedoch weniger verlockend als die profane Öffnung. Hierauf verweist auch die Motivwahl der Fotos, da der besagte Bereich nicht fotografiert wurde (siehe Fotos Interview 7).

Des Weiteren wird die Orgel auf der Empore dezent angesprochen. Zum einen spricht der ältere Mann des letzten Interviews darüber, wie beeindruckend er diese mitsamt der Höhe empfand (vgl. Interview 11, Pos. 48). Seine Begeisterung für Empore und Orgel rühren vermutlich aus seiner Leidenschaft Posaune zu spielen und im Kirchenchor zu singen (vgl. Interview 11, Pos. 116 und Pos. 134). Aber auch der Student von Interview 9 fühlte sich von der Ästhetik des kirchlichen Musikinstruments angesprochen, was er selbst mit seiner Technikaffinität begründet (vgl. Interview 9, Pos. 6c).

In Interview 10 taucht ein sakraler Gegenstand auf, welcher zuvor von den anderen Pionier:innen keinerlei Erwähnung erfuhr. Die Rede ist von einem Steinrelief, welches sich an der Rückseite der Sakramentskapelle befindet (siehe Foto 6 (Interview 10) – zu Frage 2). Dieses Objekt gefiel der Frau offensichtlich so gut, dass sie sagte: „Ich weiß ned, aber ich hab' mich heute in den Jesus verliebt, der da im Stein isch" (Interview 10, Pos. 82). Denn für sie drücke das Motiv das In-Beziehung-Treten Jesu mit den Menschen überaus treffend aus (vgl. Interview 10, Pos. 88–90). Und sie ergänzt an anderer Stelle:

> „Und ich mag eh, also dieser Jesus guckt so toll, der hat wunderbare Augen, so wach, und der guckt so klar und irgendwie, da isch so viel Kraft in diesem Stein. Also dieses Jesusbild spricht mich total an. [...] da, würde ich hinsitzen, wenn ich beten wollte" (Interview 10, Pos. 20–22).

Offenbar hat die steinerne Abbildung Christi die (religiösen) Gefühle der Interviewpartnerin so stark tangiert, dass sie sich direkt zur religiösen Praxis des Betens verleitet sah. Mit diesem Interviewausschnitt zeigt sich also auch, dass es nicht immer den pompösen, offensichtlich sakralen Präsenzeffekt des katholischen Glaubens in einer Kirche braucht, um Gläubige in ihrer Gottessehnsucht abzuholen und anzusprechen.

Mit dem Taufbecken wird ein weiteres sakrales Objekt in der Marienkirche singulär angesprochen. Dieses wird – abgesehen von der Frau von Interview 4 – von allen Interviewpartner:innen ignoriert. Sie fotografierte es lediglich, da es ihrer Ansicht nach zu kahl und zu dunkel wirke (vgl. Interview 4, Pos. 12–14). Zudem ergänzte sie:

> „Ich finde da fehlt das Licht. Ich finde durch die Becken ... also auch allein das Taufbecken schon, ist so, so gradlinig, so – weißt du? – so unpassend, finde ich irgendwie. Also das widerspricht dem Ganzen, der ganzen Kirche hier total, finde ich" (Interview 4, Pos. 32).

Hier vermischen sich erneut zwei Aspekte mit dem Gegenstand: Zum einen die ästhetisch-materielle Bewertung der Frau, die einen Konflikt im Angesicht der hölzernen, offenen Raumgestaltung mit dem älteren, steinernen Erscheinungsbild des sakralen Interieurs sieht. Und zum anderen die atmosphärische Komposition, der es an Lichtmenge mangele.

Im Gegensatz zum Taufbecken steht der Tabernakel, der sich in der Sakramentskapelle befindet und von niemandem beim Namen genannt werden konnte, nicht selten im Fokus des sakralen Narrativs. Die Personen der Interviews 4, 5 und 10 konnten nichts mit dem kirchlichen Objekt anfangen und wahrten gleichzeitig Distanz zu dem goldenen Kubus (vgl. Interview 4, Pos. 61–64). Weiter war der Informantin von Interview 10 nicht ersichtlich, ob es sich bei dem Gegenstand um etwas spezifisch Katholisches handele: „Also des Goldene, des weiß ich ned. Da hab' ich gedacht: Isch des jetzt katholisch oder isch des jüdisch? Oder ich kann des gar nicht zuordnen" (Interview 10, Pos. 96). Weshalb der Tabernakel hier für Irritationen sorgte, lässt sich nur vermuten. Zum einen könnte es erneut ästhetische Gründe gehabt haben. Auf der anderen Seite könnte der unbekannte Sinn und Zweck des Kubus für eine Ablehnung und ein eventuelles Distanzwahren gesorgt haben. Diametral dazu wird jene Ecke von Raumpionier 1 mit einem Wohlgefühl assoziiert:

> „Und dann der andere Ort, ehm ... ist auch so ein kleiner Altar im Nebenbereich, an der Seite. Mit auch eh ... ja, ich denk auch zum Innehalten schon gemacht. Und mit viel Liebe zum Detail. Also eh, man hat da den Altar, man hat gleichzeitig noch Blumen auf dem Tisch, es brennen Kerzen und es ist so ein bisschen abseits. Man kann sich so ein bisschen zurückziehen und ist trotzdem, ja also nicht abgetrennt so richtig" (Interview 1, Pos. 20a).

Der Bereich der Sakramentskapelle mitsamt Tabernakel wirkte auch hier in ähnlicher Weise auf den Mann ein. Als Ort der Stille und des Gebets verleitete das sakrale Ensemble den Stuttgarter zum Hinsetzen und Innehalten: „Und da saß ich in der ersten Reihe und fand es einen sehr schönen Ort" (Interview 1, Pos. 20b). Dass der Tabernakel dabei mitausschlaggebend ist, lässt das dazu abgelichtete Bild durch seine Fokussierung auf den sakralen Gegenstand erahnen (siehe Foto 4 [Interview 1] – zu Frage 2).

3.4 Datenauswertung

Neben den physischen Sakralobjekten finden sich vier Äußerungen im Datensatz, in denen das Thema der Heiligkeit angesprochen wird. Alle Passagen haben gemeinsam, dass sie der Stuttgarter Kirche etwas Heiliges zusprechen und dies für sie das Raumgefüge deutlich mitbestimmt. So äußerte die dritte Person, dass irgendetwas Heiliges einer Kirche grundsätzlich anhaften sollte (vgl. Interview 3, Pos. 110b), womit sie sich gleichzeitig gegen das Auflösen von sakralen Gehalten positioniert. Neben jener Meinung sprechen sich die Interviewpartner 8 und 9 deutlich für den Verbleib einer ‚heiligen Atmosphäre' der Stuttgarter Marienkirche aus, die sie für unabdingbar halten:

> „Ha, ich weiß nicht. Ich hab' da ... des stört irgendwie eine gewisse Heiligkeit. Weil die Heiligkeit – mein ich mal – des isch doch irgendwie so ein Zufluchtsort wo man dann vielleicht irgendwo ... so ein Raum hat ja auch irgendwie Schwingungen" (Interview 8, Pos. 36).
> „Aber das sind halt so z. B. gute Gelegenheiten, wo man einfach mal Leute kennenlernen kann, um sich innerhalb der Kirche wohl fühlen kann, aber trotzdem so ne gewisse religiöse Atmosphäre noch zumindest im Hintergrund, hat" (Interview 9, Pos. 62).

Den Aussagen entsprechend, braucht es für die zwei folglich eine atmosphärische Schwingung, um den Gehalt des Sakralbaus zu würdigen und aufrechtzuerhalten.

4. Kategorie – Profan

Neben den sakralen Dominanten zeichnet sich die Stuttgarter Marienkirche besonders durch profane Applikationen aus. Diese bestimmen das wahrgenommene Raumgefüge signifikant mit, was Interviews und Fotos deutlich zum Ausdruck bringen. Ein zentrales Thema ist hierbei der „neue Altar" (Interview 1, Pos. 16a), wie der provisorische Holzkatheder in Interview 1 bezeichnet wird (siehe Foto 2 (Interview 1) – zu Frage 1).[140] Zunächst überzeugte er ästhetisch durch sein schlichtes Design wie etwa in Interview 1 angegeben: „Und auch der ... einfach ein schlichter, ein schlichter Holzaltar. Das hat mir gut gefallen. Und eh, oder fand ich sehr markant" (Interview 1, Pos. 16b). Selbiges ist ausführlicher in Interview 7 zu lesen:

> „Und dass man sich ... dass es in so kreisartig angeordnet war und man sich eben angeschaut hat und es auch keinen Altar in dem Sinne gab wie man es vielleicht so prototypisch kennt, sondern es eine Holzkiste war, die eben auch so im Zentrum von dem Ganzen steht, aber nicht so dominant, sondern eben durch das Material ganz simpel gehalten war" (Interview 7, Pos. 8).

In der Konsequenz bietet die profane Altarvariante diverse Vorteile. So wird an dem eben zitierten Auszug offensichtlich, wie wichtig die Positionierung für die

---

[140] Siehe auch im Anhang: Foto 6 (Interview 2) – zu Frage 4, Foto 5 (Interview 8) – zu Frage 4 und Foto 14 (Interview 10) – zu Frage 5.

Symbolik im Zentrum der Gläubigen bzw. des Kirchenbaus ist. Allein durch seine schlichte Materialität sei er besonders, so Person 10 (vgl. Interview 10, Pos. 64 und 98). Eine spannende Fotoaufnahme (siehe Foto 14 (Interview 10) – zu Frage 5) stammt von selbiger. Die Frau schreitet die Stufen zum eigentlichen Altar hinauf, nur, um von dort den neuen Altar richtig in Szene setzen zu können. Der Übergang ist dynamisch und scheint schon durch die Hinwendung zum Neuen manifestiert zu sein. Das Alte ist Perspektivgeber für das Neue.

In Interview 4 wird davon berichtet, wie wenig Distanz bzw. Scheu die Person gegenüber dem hölzernen Altar hatte (vgl. Interview 4, Pos. 72–74). Dies verhält sich gegenteilig zum steinernen Altar, bei dem sie ein Distanzwahren verspürt habe. Die positive Bewertung der hölzernen Kiste, sowohl die Symbolik als auch die Ästhetik betreffend, könnte auf neue Spuren von Heiligkeit hindeuten (siehe Kapitel 4.1.2 Entgrenzung sakraler und profaner Heiligkeit).

Die größte profane Ergänzung stellt das installierte Holzpodest dar, welches direkt beim Eintreten in die Kirche auffällt. Dieses wird von den Interviewpartner:innen äußerst positiv bewertet. Zum einen, da es durch die Materialbeschaffenheit den Raum aufhelle und eine gewisse Wärme ausstrahle (vgl. Interview 5, Pos. 26). Zum anderen biete die Fläche „extrem viel Platz" (Interview 3, Pos. 48) für verschiedenste Aktivitäten. Interview 7 weist eine Textpassage auf, in der sich der hölzerne Untergrund positiv auf das Empfinden der befragten Person auswirkte. So führte der Holzboden dazu, dass sich die Frau in der großen Kirche nicht so klein fühlte (vgl. Interview 7, Pos. 12). Ebendiese Person merkte zudem den behindertengerechten Zugang positiv an, der in das Podest integriert wurde, und fotografierte die Rampe (vgl. Interview 7, Pos. 28–30 und Foto 6 (Interview 7) – zu Frage 4). Hier trägt die profane Installation nicht nur zu einer Kirchenöffnung für gehbehinderte Menschen bei, sondern auch zu einem gesteigerten Wohlbefinden und einem Mehr an (nicht-)liturgischen Aktivitäten. Lediglich der Mann aus Interview 8 beurteilt den neuen Untergrund (zunächst) kritisch. Anhand des transkribierten Materials lässt sich erahnen, dass er den Holzboden gegenüber dem darunter liegenden Steinboden strikt ablehnt:

> „Des isch zu einfach, zu spartanisch. Des isch so – wie soll man sagen? – da gehört irgendwie was rein, des ... des isch einfach ... des passt von der Wertigkeit, vom Hintergrund nicht mehr" (Interview 8, Pos. 58).

Erst als im Interview durch den Fragesteller erklärt wurde, dass dies zur leichteren Nutzung installiert wurde und nur übergangsweise sei, korrigierte er seine Ansicht und sah die hölzerne Erweiterung als legitim und sinnvoll an, wenn das Objekt etwa zur Umsetzung von Konzerten oder dergleichen diene (vgl. Interview 8, Pos. 50–56).

Zu dem hölzernen Interieur gehören auch die Stellwände, die an den Seitenwänden des Innenraumes angebracht wurden. Sie werden beispielsweise im neunten Interview hervorgehoben:

> „Die Stellwände. Weil des ist im Prinzip Fläche, die kaum verwendet wird oder nie so zum Präsentieren verwendet wird, in einer Kirche. Und gerade z. B. für Galerien oder irgendwas, um es den Menschen zu zeigen, ist das eine gute – man würde Displayfläche sagen oder einfach ja, ne Schaufläche" (Interview 9, Pos. 34).

Auch in Interview 6 werden die Stellwände positiv bewertet, da sie den „Ort der Zusammenkunft und des Austauschs" (Interview 6, Pos. 6a) symbolisieren. Für Raumpionier 1 strahlen sie darüber hinaus „Aufbruchsstimmung" und „Kreativität" (Interview 1, Pos. 24b) aus.

Dasselbe Argument wird in den Interviews häufig für die provisorischen Tische und Hocker angeführt, die während der Begehungen teilweise (halb-)kreisartig positioniert waren. So beispielsweise in Interview 1: „Und 3. eh, dieser runde Tisch [...] der einfach einlädt zum Dabeisein, zum Hinsetzen, zum Gespräch" (Interview 1, Pos. 20d). Und in Interview 2:

> „Weil der [runde Tisch] für mich am besten zeigt, dass alle da willkommen sind. Und auch meiner Meinung nach gleich sind durch dieses Gegenübersitzen. Und das drückt's für mich einfach am besten aus" (Interview 2, Pos. 44).

Gerade an diesen beiden Ausschnitten bildet sich ab, wie viel Offenheit und Gemeinschaft die profanen Objekte an die Raumpionier:innen ausstrahlen. An einem weiteren Beispiel wird zudem deutlich, dass das neue Interieur eher zum Partizipieren einlädt als klassische Kirchenbankreihen:

> B: „Ich würde mich aber z. B. auch dort nicht, also jetzt bei den Stühlen oder an den Rand da in die Räume setzen. Und hier schon.
> A: Also an den runden Tisch würdest du dich eher setzen als in die Stuhlreihen?
> B: Genau" (Interview 4, Pos. 76–78).

Gleichzeitig bieten Tische und Hocker die Möglichkeit, sich in dem Raum zu separieren und ihn dadurch zu weiten, was die zentrale Ausrichtung zum Presbyterium ein Stück weit in positiver Weise aufheben würde:

> „Ja, ich hab' jetzt hier die Tische, die Holzstühle. Weil man da eben zum einen für sich sein kann, aber andererseits ist es nicht so. Es ist trotzdem so offen. Man kann durch die Gegend schauen, man hat einen Überblick, es ist nicht alles so nach vorne gerichtet" (Interview 5, Pos. 18).

Vor allem die Aspekte der Gemeinschaft, der flachen Hierarchie und des Willkommenseins werden maßgeblich durch den Einsatz und die Positionierung der hölzernen Hocker und Tische bei den Raumpionier:innen vermittelt. Wenn man in die Kirche komme, merke man aber auch, dass die Kirche durch Gegenstände wie beispielsweise die Fahrräder lebendiger wirke, so etwa in Interview 10 zu lesen (vgl. Interview 10, Pos. 10). Zugespitzt formuliert bedeutet dies: Die neuen bzw. profanen Gegenstände hauchen dem Sakralbau eine Lebendigkeit ein, die sonst nicht – oder nur selten – in deutschen Kirchen vorzufinden ist. Allgemein lässt sich für die profanen Objekte eine äußerst positive Wahrnehmung der Raumerkundenden ableiten, da diese den Raum besonders machen (vgl. Interview 1, Pos. 48).

Aber nicht nur die Applikationen im Kircheninneren, sondern auch diejenigen um das Gebäude herum werden gelobt. Beispielsweise der zum Skaten genutzte Vorplatz vor dem Kircheneingang. Jene Benutzung zeige, so der Interviewte, wie willkommen und offen die Verantwortlichen eingestellt seien und wie fortschrittlich dies auf ihn wirke (vgl. Interview 1, Pos. 34). In diesem Zusammenhang spricht er zudem davon, dass dies „der richtige Weg für die Kirche der Zukunft" (Interview 1, Pos. 36) sei. Die profane Ergänzung erweitere den Raum zu einem Spielfeld von Möglichkeiten, welches zugleich der Kirche das Ernste nehme, so eine der Partizipierenden (vgl. Interview 4, Pos. 50). Auf diese Weise wirken die neuen Objekte (Kühlschrank, Fahrräder usw.) des Vorraumes auf Person 5 nicht störend, sondern vielmehr einladend (vgl. Interview 5, Pos. 27-28). Gleiches gilt für die Frau von Interview 7, die dem vielleicht auf den ersten Blick unpassenden Erscheinen der Fahrräder etwas Positives und Fortschrittliches abgewinnen kann:

> „Ehm, und ja, das Fahrrad hab' ich eben auch fotografiert, weil ich das ja … also es ist sehr unpassend für die Kirche eigentlich, denkt man, andererseits ist ja sehr viel Platz und Raum da und mit dem Fahrrad kann man – also generell ist Fahrradfahren auch nicht schlecht [lachend] – und wenn die Kirche dann in so nem … so etwas auch fördert, ja gerade in Stuttgart – anti-Auto-fahren, vielleicht ein bisschen mehr Fahrrad fahren – eh, finde ich das einfach nicht schlecht. Und weil es auch einfach so ein Kontrast ist, fand ich das einfach gut, weil's eben nicht passt und dadurch … vielleicht ist es ja wichtig, dass man gerade so ein bisschen so Kirchenräume öffnet, um etwas, was nicht so passt, vielleicht doch passend zu machen oder da auch Räume zu finden. Genau" (Interview 7, Pos. 44).

Prinzipiell kann nach der Sichtung des Materials nicht davon ausgegangen werden, dass das ästhetische Empfinden durch die profanen Dinge gestört wurde. In nahezu allen Fällen werden die Objekte als nicht anstößig oder irritierend empfunden, was aber auch an der Zweckmäßigkeit jener Dinge zu liegen scheint. So sind etwa die Stellwände in Interview 3 nicht negativ aufgefallen, da man ja wisse, was deren Sinn und Zweck sei (vgl. Interview 3, Pos. 35-38). Im Umkehrschluss bedeutet dies: „Also wenn das hier jetzt einfach eine normale Kirche wäre, dann würden mich die Sachen mehr stören" (Interview 3, Pos. 32). Somit werden die profanen Dinge aufgrund der Projektidee akzeptiert und als gewinnbringend eingeordnet. Gleiches gilt für die oftmals auffällige Unordnung:

> „Gut, klar, einerseits diese Stellwände oder hier beispielsweise auch da diese Buchstaben. Das sieht irgendwie so ein bisschen unaufgeräumt aus. Aber andererseits ja, zu dem Konzept passt es dann auch wieder. Also das ist einfach, weil man es nichts kennt. Weil's ungewohnt für einen ist" (Interview 6, Pos. 28).

3.4 Datenauswertung

Was passiert, wenn Sinn und Zweck der profanen Applikationen nicht ersichtlich sind, zeigt die nachfolgende Aussage von Raumpionier 9:

> „Dann ehm, ja die Metallspinde, deren Bedeutung ich jetzt überhaupt nicht verstanden hab', was die da, direkt da, zu suchen haben. Und die waren auch noch vollgeschmiert. Finde ich schade. Dann war noch ein Fahrraddepot da. Ja, das ist in Ordnung" (Interview 9, Pos. 16).

Hier scheinen die Dinge nur auf den ersten Blick unpassend zu sein. Höchstwahrscheinlich deshalb, da eine Kirche eher mit dem Narrativ der Ordnung und mit rein sakralem Interieur konnotiert wird. Der Aspekt des Ungewohnten für eine Kirche schlägt sich auch im folgenden Textauszug nieder:

> B: „Aber wenn man auch wieder überlegt, dass die Kirche mehr Raum bieten soll, als eben jetzt nur Gottesdienst, sondern dass sich Leute dort treffen, austauschen, Zeit verbringen, Freizeit verbringen, dann passt es irgendwie auch wieder. Aber ich find's trotzdem störend [Fahrräder und Tischkicker].
> A: Weil das für dich nicht in eine Kirche gehört, oder wie?
> B: Ja. Ja, also man kennt's einfach nicht. Es ist ungewohnt" (Interview 6, Pos. 14–16).

Weitere ästhetische Irritationen, bedingt durch profane Objekte, tauchen in Interview 10 auf. Dort sah die Stuttgarterin in den sinnlos abgelegten Metallstangen, die zum Beschweren der Stellwändesockel genutzt werden (siehe Foto 7 (Interview 10) – zu Frage 3), ihr ästhetisches Empfinden gestört:

> B: „Also des isch ein rein ästhetisches Ding. Da hab' ich so meins. Also wenn da diese Tafeln an der Seite stehen, dann stehen die wunderbar, aber dann gibt's eine Tafel, die hat untendrunter drei Beton ... so Betonklötze. [...] ja, von diesen Stangen, die da aber nicht hingehören, weil auf der anderen ... weil es gibt nochmal eine und da sind die Stangen auch ned. Also die liegen da jetzt nur rum, damit sie weggeräumt sind und des stört mein ästhetisches Empfinden.
> A: Ah, okay. Und die gehören für dich da nicht hin, ja?
> B: Nein, die gehören da überhaupt nicht hin!" (Interview 10, Pos. 30–34).

Hierbei zeigt sich erneut, dass das Profane in Verbindung mit Unordnung und sinnfreiem Gehalt zumindest ästhetisch bemängelt wird.

5. Kategorie – Gemeinschaft
Da der profane Charakter häufig mit dem Motiv der Gemeinschaft und einer fortschrittlichen Öffnung der Kirche einhergeht, schien es ertragreich, den Datensatz auf jenes Gesprächsthema hin zu untersuchen. Bis auf Pionier 8 geht die Idee und Umsetzung des Pilotprojekts mit der Vorstellung vom Konzept Kirche konform (vgl. z. B. Interview 1, Pos. 50–54). Wie bereits an anderer Stelle erwähnt, behauptet der Erstbefragte, der Umgang mit dem Gebäude und seinem Raum sei „der richtige Weg für die Kirche der Zukunft" (Interview 1, Pos. 36). Für solch einen Weg brauche es aber auch ein gemeinsames Anpacken (vgl. Interview 1,

Pos. 34)[141]. Ein anderer Raumentdecker argumentiert, dass die Gotteshäuser prinzipiell Orte sein sollen, die das Zusammenkommen der Menschen fördern:

> „Ja, weil wenn ich mich richtig an den Religionsunterricht entsinne und das, was in der Bibel steht, dann soll ja im Prinzip die Kirche ein Ort sein, wo man zusammenkommt. Also nicht nur wegen der Messe, sondern einfach um sich unterhalten zu können, um Veranstaltungen mitzuerleben [...]" (Interview 9, Pos. 62).

Interviewpartnerin 3 benennt ausdrücklich die Gemeinschaft als oberstes Ziel des Kirchenprojekts:

> „Ein sicherer Platz wo man hinkommen kann, um vielleicht mit anderen Leuten kann, die die gleichen Sachen empfinden. Also mehr so ein Treffen für ... oder nach der Schule Aktivitäten für Kinder, die vielleicht nicht das beste Zuhause haben und irgendwohin wollen. Also mehr so Aktivitäten oder Treffen. Nicht unbedingt Sport. Und ein soziales Treffen würde ich jetzt auch nicht sagen – meine Freundinnen. Also das ist mehr für einen Zweck [Zweck hier im Sinne für die Allgemeinheit]" (Interview 3, Pos. 120).

Somit soll sich der gewonnene Freiraum, nach Ansicht der Frau, vollständig dem Zweck der Allgemeinheit verschreiben und für alle Menschen ein Ort des Zusammenseins bilden (vgl. Interview 3, Pos. 110a). Dieses sehr weit gefasste Modell von Gemeinschaft wird nicht selten mit einem caritativen Aspekt verbunden, der sich beispielsweise darin zeigt, dass die befragte Person bei den Nutzern des Raumes vorwiegend an bedürftige Gruppen denkt, die einen Ort für ihre Treffen benötigen:

> „Ich würde versuchen den Raum zu nutzen, als einen Platz wo man hinkommen kann. So für Gruppentherapie. Oder vielleicht Leute die vielleicht Probleme haben so in Gruppen ‚Supportgroups' wie anonyme Alkoholiker, all dieses Zeug, so. Ein sicherer Platz wo man hinkommen kann, um vielleicht mit anderen Leuten kann, die die gleichen Sachen empfinden" (Interview 3, Pos. 120).

Der caritative Gedanke findet sich ebenso in Interview 10 wieder:

> „Draußen Bierbänke hinstellen und dann irgendwie einfach Brot und Wein anbieten. Eh, also ned Wein! Ne unbedingt Wein! Das kann auch Brot und Saft sein [beide lachen]. Aber irgendwie so diese Idee, dass man da einfach ein Brot kriegt, wenn man Hunger hat, das fände ich total schön; oder ne Suppe, natürlich noch besser, wenn man jemanden hat, der kocht. Aber einfach dazu sagen: „Kommt her hier gibt's was, wenn ihr in der Not seid." Weil ich glaub, dass da wirklich nur die kommen, die in der Not sind und dann isch des auch echt wichtig, dass es da nen Raum gibt, ned nur zur Vesperkirchenzeit" (Interview 10, Pos. 58).

---

[141] Jene Textstelle ist eng mit dem dazugehörigen Foto zu lesen, welche das Zitat von Gordana Jankovic zeigt: „Eine Person alleine kann nichts ändern" (siehe Foto 9 [Interview 1] – zu Frage 5).

3.4 Datenauswertung

Auffällig an dieser Stelle: Die Befragte verwendet für die Versorgung der Bedürftigen das christliche Bild des Brotbrechens und Weintrinkens Jesu mit seinen Jüngern. Insofern deckt die erweiterte Verwendung der Marienkirche für die Frau deutlich die christliche Botschaft der Nächstenliebe ab, die sie vorwiegend als eine Option für die „Armen und Bedrängten aller Art" (GS 1) sieht. Vor allem in der baden-württembergischen Landeshauptstadt sind freie Flächen teuer, selten und entsprechend begehrt. Daraus resultiert, dass die Schwachen noch aggressiver aus dem öffentlichen Raum gedrängt werden. Dass eine offene Kirche in bester Innenstadtlage einen Ort für die Schwachen der Gesellschaft zur Verfügung stellt, ist der Partizipierenden offensichtlich ein großes Anliegen.

Interviewpartnerin 4 betont zudem, dass die Gemeinschaft nicht generationsspezifisch sein sollte, sondern der Kirchenraum Platz für alle Generationen bieten müsse (vgl. Interview 4, Pos. 44). Für ein breites Spektrum von Gemeinschaft spricht sich ebenfalls die Befragte von Interview 7 aus. So solle das Pilotprojekt „nicht nur Katholiken, sondern alle[n] Menschen, die diesen Raum brauchen" (Interview 7, Pos. 66a) dienen. Damit wird nach einer Kirche verlangt, die sich auch mit ihren gebauten Räumen den Menschen zuwendet (siehe Kapitel 3.5 Die zentralen Erkenntnisse der doppelten Datenauswertung).

Der Aspekt der Gemeinschaft verstärkt sich weiter in den Beschreibungen durch die Befragten. Auf sie wirkte der Kirchenraum „familiär" (Interview 4, Pos. 10b), als „Begegnungsstätte" (Interview 5, Pos. 82a) und „Ort des Zusammenseins" (Interview 6, Pos. 6b). Der Ort soll gerade als Stätte der Begegnung dienen, wenn die Menschen nach dieser suchen, sie aber andernorts nicht finden: „Irgendwie vielleicht Jugendliche oder so [...] den Raum dazu haben, wenn sie das zuhause nicht haben oder irgendwo anders" (Interview 5, Pos. 40).

Eine weiteres Narrativ ist das des Einladens: „Es sieht für einen der reinkommt, sieht das einladend aus. Und so sollte eine Kirche eigentlich sein" (Interview 11, Pos. 106). Das einladende Setting zeige, dass die Kirche lebe und dass sich die Menschen an und in ihr versammeln können, so Interviewpartner 1 (vgl. Interview 1, Pos. 40b). Die Informantin aus Interview 6 sieht in der Kirche ebenfalls einen „Ort der Zusammenkunft" (Interview 6, Pos. 88), der sie an die Funktionsweise eines Gemeindezentrums erinnere (vgl. Interview 6, Pos. 88). Einladend wirken direkt die Sitzmöglichkeiten vor dem Sakralbau (vgl. Interview 1, Pos. 32, siehe Foto 8 (Interview 1) – zu Frage 4). In der Kirche würden die Tische und Stühle „zum Dabeisein, zum Hinsetzen, zum Gespräch" (Interview 1, Pos. 20d) einladen und gleichzeitig dazu motivieren, sich als Teil dieser Gemeinschaft zu fühlen (vgl. Interview 1, Pos. 16c). Auch in den anderen Transkripten wird mit dem Interieur etwas Einladendes verknüpft (vgl. z. B. Interview 2, Pos. 48a und Interview 6, Pos. 36). Zudem ist es interessant, dass auch die Gegenstände im vorderen Bereich (Kühlschrank, Fahrräder, Tischkicker usw.) den Raum einladender erscheinen lassen (vgl. Interview 5, Pos. 27–28). Die Frau von Interview 10 begründet weshalb:

> „Den Tischkicker finde ich voll cool. Wenn man reinkommt und dass man merkt da ich irgendwie mehr Leben als nur Kirche. Des spürt man da sofort mit diesen Fahrrädern" (Interview 10, Pos. 10).

Jene Objekte strahlten schlussfolgernd eine Einladung an die Menschen aus, indem sie den Eindruck erwecken, der Kirchenraum sei lebendig(er).

Eng mit dem Aspekt des Einladens verbindet sich die Beleuchtung des Innenraums. Wie bereits beschrieben (siehe Kapitel 2.5.4.1 Umgebungsqualitäten), sind Lichtverhältnisse signifikant für Raumwahrnehmung. Eine Textstelle markiert exemplarisch, dass Bereiche der Kirche einladender wirken, als andere, nur weil sie stärker mit Licht durchflutet sind:

> „Also eigentlich nur das rechte Seitenschiff. Eigentlich nur des. Weil des hat mir ehm ... ja wie gesagt, des war am hellsten. Das hat mir am Einladenschten ausgesehen" (Interview 11, Pos. 130).

Neben der Ausstrahlung von Gemeinschaft und Willkommensein, besticht die Kirchen(nutzung) vornehmlich durch ihren doppelten Öffnungscharakter; nämlich die Kirche physisch für das Quartier sichtbar zu öffnen und zugleich offen für unterschiedlichste Vorschläge der Nutzung zu sein. Im Grunde zeugen alle Texte von einer positiven Einstellung gegenüber der zweipoligen Offenheit. Die aufstehenden Kirchentüren werden beispielsweise in Interview 1 und 2 als Signal der Öffnung und des Einladens interpretiert (vgl. Interview 1, Pos. 6 sowie Interview 2, Pos. 48b), während zugleich die Verschließung der Eingangstüren, die bei den meisten Raumerkundungen vorzufinden war, negativ bewertet wurde:

> B: „Ja, aber es müsste irgendwie einladender sein. Also wenn ich da jetzt vorbeilaufe, dann würde ich jetzt nicht denken "oh hier kann man was Schönes machen oder Zeit verbringen". Ich finde auch den Eingang rein ... also man würde jetzt nicht denken, weil die Türen zu sind, dass man jetzt hier reinkommen kann.
> A: Also die Türen müssten quasi für dich offen sein, damit das einladender wirkt?
> B: Mhm [zustimmend]" (Interview 5, Pos. 32-34).

Darüber hinaus wird die Öffnung für untypisch, aber gut, modern und fortschrittlich befunden (vgl. Interview 6, Pos. 72 und Interview 1, Pos. 34). Vielversprechend erscheinen zwei Aussagen, die die Öffnung begründen: „Eh, auf alle Fälle sehr offen. Und das fand ich auch sehr ... ja, interessant. Nicht so von oben herab, sondern so mehr auf einer Ebene" (Interview 2, Pos. 14). An dieser Hervorhebung zeigt sich, wie die offene Gestaltung des Kircheninneren bzw. der Umgang mit dem Sakralraum das Beziehungsverhältnis von Lai:innen und Ordinierten positiv aufwerten kann, da so Begegnung auf Augenhöhe ermöglicht wird. Gleichzeitig wird das Verdrängen einer sakralen Identität in keinem der Interviews in Frage gestellt bzw. gefordert, sondern mit der teils profanen Öffnung verknüpft: „Irgendwas Heiliges sollte schon bleiben, aber das muss ein bisschen mehr offen sein, ja" (Interview 3, Pos. 110b). Ähnlich auch in Interview 9:

3.4 Datenauswertung

> „Aber das sind halt so z. B. gute Gelegenheiten, wo man einfach mal Leute kennenlernen kann und sich innerhalb der Kirche wohl fühlen kann, aber trotzdem so ne gewisse religiöse Atmosphäre noch zumindest im Hintergrund hat" (Interview 9, Pos. 62).

Demzufolge gibt es auf Seiten der Partizipierenden den Wunsch, das hybride Bestehen eines klassisch-sakralen und offen-profanen Raumsettings beizubehalten. Interviewpartner 8 mahnte allerdings an, das Gotteshaus nicht zu einem reinen „Spielbetreib" (Interview 8, Pos. 36) verkommen zu lassen. Lediglich die Öffnung für beispielsweise Konzerte hielt er für akzeptabel und wichtig, da die Kirche auch auf die Menschen zugehen müsse (vgl. Interview 8, Pos. 36). In Interview 10 äußert sich die Befragte ebenfalls zur Thematik des Zugehens und sieht dabei eine Analogie zu dem Handeln Jesu aus vergangener Zeit:

> B: „Ja, weil Jesus immer zu den Menschen isch. Zu allen. Es gab keine Berührungsängste. Und es isch ganz wichtig, dass er ... isch auf uns zugegangen und ned mir auf ihn, sondern er kommt zu uns und er kommt überall hin. Und des isch ganz arg wichtig.
> A: Und so sollte man des auch mit den Kirchengebäuden machen?
> B: Das isch unbedingt so zu öffnen" (Interview 10, Pos. 108–110).

Demzufolge handelt die Kirche im Geiste Jesu, wenn sie sich selbst und ihre Gebäude nicht nur den Menschen öffnet, sondern sich auch auf diese zubewegt.

Zusätzlich zur doppelten Öffnung profitiert das Innere der Kirche von der offenen Raumgestaltung. So hinterließ der erkundete Ort bei vielen Interviewteilnehmer:innen aufgrund des Settings einen positiven Eindruck:

> „Ja, ich hab' jetzt hier die Tische, die Holzstühle. Weil man da eben zum einen für sich sein kann, aber andererseits ist es nicht so. Es ist trotzdem so offen. Man kann durch die Gegend schauen, man hat einen Überblick, es ist nicht alles so nach vorne gerichtet" (Interview 5, Pos. 18).

Mit dem Abrücken der Pointierung nach vorne, zum ursprünglichen Altarbereich, geht somit das Abflachen des asymmetrischen Priester-Laien-Verhältnisses einher, wie Pionier 11 berichtet: „Des finde ich, isch auch ne nette Idee. [...] Des isch ehm ... es sitzt keiner oben oder unten. Man sitzt im Kreis" (Interview 11, Pos. 96–98). Der Mann berichtet an einer anderen Stelle aus eigener Erfahrung, wie bereichernd eine kreisförmige Konstellation für die Gläubigen und die Messe sein kann:

> „Wir sind in eh ... [Ort1] mal in einem Gottesdienst gewesen, einem Ostergottesdienst. Des war eine Kirche, die war vielleicht halb so groß wie die hier, aber es war eine sehr kleine Gemeinde und die hat sich im Halbkreis um den Altar rumgesetzt. Und des war eine ganz spezielle Atmosphäre. Es isch was anderes, man hört die Leute besser beim Singen, man isch näher beim Pfarrer, man schnauft miteinander. Des isch einfach was anderes wie wenn man jetzt in so nem großen Kirchenschiff sitzt mit Front ... Front zum Pfarrer" (Interview 11, Pos. 24).

So profitieren nicht nur Gemeinschaftsgefüge und Zelebrant von einer solchen Sitzgruppierung, sondern auch die liturgische Feier an sich. Durch die neuen Positionierungen rückt der Priester physisch ins Zentrum der Gläubigen, was eine Partizipierende anschneidet:

> „Da haben sie die Tische, eh die Stühle so im ja, um den Kubus des, wahrscheinlich, neueren Altars gestellt. Des gefällt mir mit dem Holz. Und ich mag des nicht, wenn da derjenige so weg isch und dahinten in diesem Erkerle steht und so von oben ... also des mag ich ned. Und des gefällt mir, dieses miteinander. Des isch wie so ein runder Tisch. [...] Die ganze Sitzposition finde ich gut und dass da nicht so der Prediger oder der Gottesdienstleiter, jetzt so oben, so erhaben steht, sondern [...] in der Mitte der Gemeinschaft isch. Des isch... schon allein durch des eine klare Aussage" (Interview 10, Pos. 64-68).

Sich gegenüber zu sitzen, begünstigt zudem, in „Kontakt" (Interview 5, Pos. 8) und „Austausch" (Interview 6, Pos. 41-44) miteinander zu kommen. Beide Begriffe bilden wiederum die Grundvoraussetzungen für das Erleben von Gemeinschaft. In Anlehnung an Sabine Demel könnte man sagen: St. Maria gelingt es offenbar eine hierarchische Realität gegen eine fromme Utopie einzutauschen.[142]

6. Kategorie – Probleme

Während der Interviews wurden des Öfteren Probleme, die mit dem Projekt bzw. der Kirchenverwendung einhergehen könnten, vermutet und zu Protokoll gegeben. So wird in mehreren[143] Interviews entgegnet, man könne sich vorstellen, dass ein eher konservatives Milieu von Gläubigen den liberalen Umgang mit der Stuttgarter Marienkirche für problematisch halten könnte. Beispielsweise wird in Interview 10 erzählt: „Ich könnte mir vorstellen, dass die Konservativen, ja, das natürlich nicht so toll finden und auch, die oft Berührungsängste haben" (Interview 10, Pos. 122). Die Sorge um ein Abrücken von einem altbewährten Kirchennutzungsverständnis wird auch in Interview 6 als mögliches Problemfeld für eine christlich-konservative Gruppe klassifiziert:

> „Gerade bei vielleicht auch älteren oder konservativeren Gemeindemitgliedern wird es vielleicht schon auch auf Unverständnis stoßen, weshalb man des jetzt so macht und nicht bei dem Althergebrachten bleibt, was sich jetzt über so viele Jahrhunderte bewährt hat" (Interview 6, Pos. 78).

Ähnliches wird in Interview 3 geäußert:

> B: „Ja. Ich glaube auf jeden Fall, es wird Leute geben, denen es nicht gefällt. Vielleicht die älteren Generationen.

---

[142] Vgl. Sabine Demel, Kirche als Gemeinschaft des Volkes Gottes. Eine fromme Utopie gegen die hierarchische Realität?, in: Wort und Antwort 50 (2009), H. 1, S. 11-16.
[143] Gemeint sind die Interviews 1, 2, 3, 4, 6, 9 und 10.

3.4 Datenauswertung

> A: Warum?
> B: Weil das nicht entspricht, was man sieht als katholische Kirche. Das ist alles mehr so mit diesem Weihrauch und so. Weißt du was ich meine? Das ist nicht so traditionell vielleicht. Und dann kann es sein, dass vielleicht jüngere Leute das vielleicht ein bisschen ausnutzen und auch nicht genau sehen, was für ein Geschenk das ist. Also auf beiden Seiten kann es vielleicht ein Problem geben" (Interview 3, Pos. 114–116).

Offenbar wird hier ein Bruch zwischen traditioneller und alternativer Nutzung gesehen, der bei vielen, vornehmlich älteren Personen, Irritationen und Unverständnis auslösen könnte. Aber auch die jüngere Generation könnte zum Problem werden, wenn sie das ‚Geschenk' nicht erkenne oder gar ausnutze.

In Interview 9 wird die These der Verdrängung weiter ausgeführt. Die befragte Person geht davon aus, dass für erzchristliche Menschen, je nach Nutzung, eine Entweihung der kirchlichen Stätte resultiere (vgl. Interview 9, Pos. 68a). Während nahezu alle Partizipierenden persönlich kein Problem mit der erweiterten Kirchennutzung haben, sondern diese stark befürworten, findet sich in Interview 8 eine Kritik an dem Konzept. Der Mann benennt sowohl Bedenken als auch mögliche Gefahren. Generell ist seine Positionierung ambivalent und damit nicht immer eindeutig zu interpretieren. Anhand einiger Textstellen ist zu erkennen, dass er sich zwar gegen eine zu klassische Nutzung sträubt, doch zugleich dafür plädiert, dass alles im alten Setting zu belassen sei:

> „Aber jetzt so diese Art von – ich mein mal – vielleicht von einer zu alternativen Nutzung, des isch vielleicht auch nicht irgendwie gut. Des mich vielleicht ein bisschen ... ich bin ned konservativ unbedingt, aber irgendwie mein ich, des sollte irgendwo ein bissel ... ned so ganz wie früher wie im Mittelalter sollte es auch ned sein [...]" (Interview 8, Pos. 34).

Auf die Nachfrage, wie es denn seiner Meinung nach sein sollte, entgegnete er, er wisse es selbst nicht und ergänzt: „Ich hab' da ... des stört irgendwie eine gewisse Heiligkeit" (Interview 8, Pos. 36). An anderer Stelle zeichnet sich das gleiche Bild ab: „Nicht irgendwas ändern daran, ge? Des isch schon gut gemacht alles" (Interview 8, Pos. 86).

Die ambivalente Position wird im folgenden Auszug abermals transparent: „Ich will nicht so weit gehen, aber irgendwo isch des so ne Sache, dass da nicht so ein Spielbetrieb daraus wird, zu arg. Also ein bisschen schon" (Interview 8, Pos. 36). Besonders der letzte Satz veranschaulicht, dass eine konservative Weiternutzung leichter zu ertragen scheint, eine gewisse Öffnung dennoch notwendig sei. Dies manifestiert sich ebenso an der Folgeaussage:

> „Die müssen da nicht sitzen wie die Ölgötzen in Reihe und Glied. Aber jetzt so diese Art von – ich mein mal – vielleicht von einer zu alternativen Nutzung, des isch vielleicht auch nicht irgendwie gut" (Interview 8, Pos. 34).

Gewünscht wird, dass es „irgendwie ned so provisorisch" (Interview 8, Pos. 46) sein soll. Das provisorische Setting stört den Mann deshalb, da er den Gehalt und die ‚Wertigkeit' des Gebäudes als nicht gewürdigt erachtet (vgl. Interview 8, Pos. 57–58):

> „Ja gut, das sind ja so Sachen des isch für irgendwie, wenn ein Konzert isch oder so was, dann isch des ok. Aber irgendwie – ich weiß auch ned – des sollte schon ... weil der Kontrast isch der, was mir so auffällt, was ich da so seh', was da an Leistung reingesteckt wurde. Dieses Gebäude isch ja ungeheuerlich" (Interview 8, Pos. 56).

Und weiter: „Aber irgendwie sollte [man] ein bissel mehr ein Respekt haben, der Sache gegenüber, weil die Sache verdient einen großen Respekt" (Interview 8, Pos. 66). Insofern tut sich der Teilnehmende schwer, die erweiterte Nutzung und provisorische Öffnung mit seinem ästhetischen Anblick von einer ehrwürdigen Kirche als gleichberechtigt anzusehen. Hinzu kommt seine Sorge, man würde sich durch Programme und Projekte, wie das von St. Maria, von der Religion bzw. dem Glauben an Gott distanzieren:

> B: „Des [Projekt] isch so ... diese ganzen anderen Programme – wissen Sie – des isch heute so ... ja, man entfernt sich dann zu weit davon.
> A: Von was?
> B: Ha, von der Religion denke ich mal. Oder vom Glauben zu Gott. Des isch ganz ... und des geht verloren. Ich merk des. Des isch heute schon alles ein bissel eh ...
> A: Dass des zu modern wird, oder wie?
> B: Des isch die Gefahr" (Interview 8, Pos. 74–78).

Eine weitere Gefahr sieht er darin, dass die Kirche „nicht beim Thema bleibt" (Interview 8, Pos. 98) und als Institution durcheinanderkommen könnte (vgl. Interview 8, Pos. 96). Die Bedenken des Stuttgarters skizzieren damit die Skepsis mit einem Mehr an Öffnung von der eigenen Identifikation und Tradition abzurücken, obwohl man sich durch diesen Modus womöglich stärker auf die eigenen Werte beziehen würde als ohne Öffnung. Fest steht aber auch: mit solch einer sich öffnenden Kirche gehen zumindest Macht- und Kontrollverlust einher. Wer sich öffnet, anderen Freiräume gibt, Verantwortung abgibt und Kontrolle überträgt, taucht schlicht ins Risiko der Gegenwart ein.

Weiter wird in zwei Interviews auf den evtl. kritischen Zustand hingewiesen, dass sich Menschen, die den Ort Kirche als Raum der Stille und Ruhe zum Beten oder Innehalten aufsuchen, durch die provisorische Öffnung bzw. erweiterte Nutzung gestört fühlen könnten:

> „Ich kann's mir gut vorstellen, dass... Ich kenn die Gemeinde jetzt hier direkt nicht, aber ich kann mir gut vorstellen, dass es für viele Menschen, die so was nicht eh die traditionelle Kirche gewohnt sind, nicht immer einfach ist, allein hinzukommen und außen skatet jemand an einem vorbei und eh ... und dann kommt man rein und es gibt keine klassischen Kirchenbänke. Ich glaube ... ich kann mir gut vorstellen, dass es eh, nicht ganz einfach ist, ja" (Interview 1, Pos. 68).

Infolgedessen verweist die Passage sowohl auf eine aufgebrochene Raumordnung (siehe 8. Kategorie – Regeln und Ordnung) als auch auf die mögliche Ver-

3.4 Datenauswertung

drängung einer eher strenggläubigen Gruppe, die aus der alternativen Nutzung durch andere resultieren kann. Hieraus folgt dann auch die Frage: Wem gehört die Kirche?[144] In Interview 5 findet sich ebenfalls ein Verweis auf einen Rückzugsort der stillen Einkehr, der durch eine erweiterte Öffnung gefährdet sein könnte:

> „Es gibt bestimmt welche, die sagen "ah, so ne Kirche ist der Ort, wo man alleine sein möchte" oder nicht unbedingt hier mit allen möglichen Menschen, die was anderes tun, zu tun haben will" (Interview 5, Pos. 80).

Für viele Menschen sind Kirchen „Freiräume, die Menschen von der Pragmatik der Sach- und Alltagszwänge, zumindest teilweise, entbinden können."[145] Ähneln die Räumlichkeiten zu sehr dem hektischen und konsumorientierten säkularen Alltag, besteht nach Ansicht der Befragten offenbar die Gefahr, dass ein Sakralbau wie St. Maria den Charakter der Stille und die Rückzugsmöglichkeit für einginge verlieren könnte.

Bei aller geäußerten Sorge um eine mögliche Ablehnung durch die besagte Gruppe wird zudem bekundet, dass es eine entsprechende Aufklärung über den Gehalt und die Intention des Projekts bedürfe, um einem „Unverständnis" (Interview 6, Pos. 78) und dem daraus resultierenden Konfliktpotenzial vorbeugen zu können:

> „Ich glaube gerade eine ältere Generation, also jetzt wirklich älter, so Rentneralter, die viel eingebunden ist in der Gemeinde, findet glaube ich, so ein Bild von ner Kirche nicht gut. Wobei ich nicht glaube, dass das so, wenn man es ihnen erklärt, so bleiben würde" (Interview 4, Pos. 90).

Damit wäre das vermutete Hauptproblem weniger ein Ausschließen eines konservativ-christlichen Milieus als vielmehr die Kommunikation über das, was sich durch die liberalisierte Nutzung ereignen könnte.

Neben dem Feld der Verdrängung wurden weitere, nur sporadisch angesprochene Probleme identifiziert, welche die Raumentdeckenden in dem Projekt bzw. dessen Nutzung sahen. So wird etwa ein Problemfeld in dem eventuellen Ausbleiben der im Projekt engagierten Menschen von zwei der Befragten vermutet:

> „Es ... man kann es ned nur spirituell sehen. Man muss es auch betriebswirtschaftlich sehen. Und eh, jedes Geschäft, jede Tätigkeit muss sich irgendwie rechnen, weil von Gottes Lohn kann keiner leben. Und die müssen auch mit denen Kirchen ... des isch ...

---

[144] Andree Burke, Wem gehört die Kirche?, in: https://www.feinschwarz.net/wem-gehoert-die-kirche/ (2020) [Abrufdatum: 25.09.2020], o. S.

[145] Hans-Georg Soeffner, Kirchliche Gebäude. Orte der christlichen Religion in der pluralistischen Kultur, in: Horst Schwebel / Matthias Ludwig (Hg.), Kirchen in der Stadt. Erfahrungen und Perspektiven. Bd. 1., Marburg 1994, S. 51–56, S. 53.

man muss dankbar sein, dass es Leute gibt, die sich darum kümmern müssen und dass das erhalten bleibt" (Interview 11, Pos. 132).

Hier zeigt sich aus der eigenen Erfahrung des Befragten als mehrjähriges Kirchengemeinderatsmitglied (vgl. Interview 11, Pos. 98), dass es Menschen geben müsse, die sich für ihre Kirche und die Umsetzung von kirchlichen Projekten einsetzen. Der Einsatz, der im Projekt Engagierten wird von dem Interviewpartner auch an anderer Stelle erwähnt:

„Und eh, es isch aber auch ... so ein Projekt zu betreiben. Des isch zweierlei. Erstens den Raum zur Verfügung zu stellen. Und zweitens die Leute zu haben, die des betreiben" (Interview 11, Pos. 146a).

Hierbei drückt sich erneut die Wertschätzung für die aus, die sich kümmern. In Interview 7 entgegnet die Befragte, die Motivation der am Projekt Engagierten könne evtl. durch ein spießiges Bild der katholischen Kirche ausgebremst werden (Interview 7, Pos. 74), was die folgende Textstelle darlegt:

B: „Vielleicht ist es auch so das Bild, was wir vorhin schon so ein bisschen hatten von der katholischen Kirche, dass sie ... ja, ich will das Wort jetzt nicht aussprechen.
A: Darfst du ruhig sagen.
B: Ja, spießig halt. Dass man die freien Flächen, die man da ja hat, die ja gut sind, die man vielleicht nutzen kann, wo dann viele Leute kommen mit guten Ideen bestimmt – ich hab' da gelesen, da gibt's 60 Ideen. Oder wie auch immer. Diese Infobox – dass da dann so viele Steine in den Weg gestellt werden, was dann vielleicht die Lust daran nimmt weiterzumachen" (Interview 7, Pos. 72-74).

Generell sieht die Person das Einigen auf konkrete Nutzungen als problematisch an: „Und dann ja, sich einig werden, denke ich, ist auch nicht so leicht" (Interview 7, Pos. 72a). Somit befindet sich das Problem für die Frau auf zwei Ebenen: einmal auf derjenigen, sich auf die jeweilige, in regelmäßigen Abständen wechselnde Nutzung zu einigen; und zum Zweiten auf der Ebene, die Projekte, die vorgeschlagen werden, von Seiten der Entscheider genehmigt zu bekommen. Zusätzlich zur Motivation der Betreibenden wird an deren Verantwortung mit Blick auf die Durchführung des Projekts erinnert:

„Ja, auf jeden Fall Verantwortlichkeit. Wer kümmert sich drum? Also egal, was auch immer man da veranstaltet, muss es ja auf jeden Fall jemanden geben, der sich da den Schuh anzieht, wenn was daneben geht. Wer haftet dafür? Das sind auf jeden Fall so Sachen die, denke ich, schwierig sind" (Interview 7, Pos. 72a).

Auch Interview 5 zeigt in einem Abschnitt, dass die dort befragte Person es für wichtig erachtet, dass sich ein oder zwei verantwortliche Personen um den Kirchenraum kümmern:

„Dass man vielleicht anbietet, dass immer ... ich mein, dass hier vielleicht Personen angestellt sind, ein, zwei, die sich ein bisschen drum kümmern, dass hier alles mit

3.4 Datenauswertung

> rechten Dingen zugeht und dass es nicht irgendwie ausartet, dass dann sich andere Menschen ausgegrenzt fühlen oder sich nicht trauen reinzukommen, weil sich dann ne Gruppe von Menschen, sich hier so ausbreitet und niemand anderen mehr dazu lässt" (Interview 5, Pos. 82b).

Mit dem Verweis auf verantwortliche Personen könne, so die Frau, die Ausgrenzung von anderen von vorneherein unterbunden werden. In Interview 11 äußert sich der Stuttgarter ebenfalls zur Verantwortung, die seiner Meinung nach das größte Problem bei solchen Projekten darstelle:

> „Und zweitens die Leute zu haben, die des betreiben. Die dafür werben und die dafür hinstehen. Und das isch des allergröschte Problem. Weil Verantwortung oder... es will keiner mehr etwas machen. Es möchte keiner mehr irgendwo mithelfen, wo er weiß, dass er regelmäßig kommen muss. Und des isch des gröschte Problem" (Interview 11, Pos. 146b).

Des Weiteren wurde vermutet, dass das Projekt lediglich der Imageaufwertung der Institution Kirche dienen könnte, welche in den letzten Jahren gerade durch den Umgang mit dem Missbrauch von Minderjährigen, durch die Verschwendung von Steuergeldern oder durch den Umgang mit Frauen in der Kirche, bei vielen Menschen in Deutschland ein negatives Bild der katholischen Kirche zurückließ. Zum Aspekt des möglichen Selbstzwecks äußert sich die Drittbefragte:

> „Ich finde, dass die katholische Kirche nicht den besten Ruf hat, manchmal. Und ich persönlich finde auch, dass es manchmal einfach viel Show ist und nicht so viel Echtes dahintersteckt. Und ob das jetzt einfach ist, um bessere Publizität zu bekommen, ist eine Sache. Oder ob wirklich die Kirche will, dass die Leute kommen können und die Kirche be[nutzen]. Das bedeutet nicht, dass ich ... ich sag nur, wenn es der richtige Grund ist, dann finde ich es ganz schön und dann finde ich es eigentlich ein gutes Projekt" (Interview 3, Pos. 108).

Auf die Frage hin, wer das Projekt brauche, wird entgegnet, dass es vor allem die Menschen in der Stadt bräuchten (vgl. Interview 7, Pos. 66a). Und ergänzt: „Ja, ehm, dass die katholische Kirche ihr Image dadurch noch mitaufpoliert, das können sie ja dann machen, das ist ja auch gerechtfertigt und in Ordnung [...]" (Interview 7, Pos. 66b). So wird das evtl. ‚Mitaufpolieren' des eigenen Images weder problematisch noch negativ gesehen, sondern als legitim erachtet. Ganz im Gegenteil zu dem vorherigen Textausschnitt von Interview 3, in welchem die Person die Kirche im Falle einer reinen Imagekampagne vermutlich verurteilen würde.

Als abschließendes Problem ist der klassische Tenor der letzten Jahrzehnte von Seiten der Haupt- und Ehrenamtlichen zu erwähnen: Keiner geht mehr in die Kirche. Interviewpartnerin 4 kennt das Quartier und seine Bewohner:innen durch ihre berufliche Tätigkeit als hausbesuchende Hebamme sehr genau. Nach ihrer Einschätzung interessieren sich wohl nur wenige Quartierbewohnende für das Projekt und viele blieben von dem Angebot St. Marias folglich eher fern:

„Ich weiß nicht, ob das Klientel hier in dem Bereich, das so nutzt, weil ich ja hier auch meine Besuche mache und weiß, wer hier so wohnt. Und ich glaube tatsächlich, dass die Leute, die hier wohnen entweder Studenten sind, die anderes im Kopf haben als in eine Kirche zu gehen und sich damit nicht befassen. Oder so ein bisschen die gehobenere Schicht von Stuttgart, die auch nicht unbedingt in die Kirche geht. Insofern, ich finde es ein cooles Projekt, aber ich weiß nicht, ob der Ort gerade so ausschlaggebend ist. Weißt du wie ich mein? Also ich glaube nicht, dass die Leute hier außen rum, so viel davon mitkriegen" (Interview 4, Pos. 86).

Auch der ältere Mann aus Interview 11 kennt die Problematik aus seinem langjährigen Arbeiten für seine Kirchengemeinde:

„Eh, es, es ... da kommt wieder die Kirchengemeinderatsarbeit. 12 Jahre. Wie kriegt man Leute in die Kirche? Und ehm, ich hab' damals den Vorschlag gemacht, machet doch in der Straßenbahn Sprüche rein. Irgendwelche Bibelsprüche. Dass sie mich nicht gesteinigt haben, war alles. Mittlerweile wird's gemacht!" (Interview 11, Pos. 146c).

Anhand seiner Anekdote ist zu entnehmen, wie dringend es neue Wege und Konzepte einer „Kirche in der Welt von heute" (GS) braucht, um die Menschen angemessen erreichen zu können und der Frohen Botschaft gerecht zu werden.

7. Kategorie – Potenzial

Anhand des Untersuchungsmaterials können drei Narrative ausgemacht werden, die das Thema des Nutzungspotenzials um „St. Maria als ..." aufgreifen: Aufwertung für die Stadt Stuttgart, Bereicherung für die katholische Kirche und die konkreten Nutzungsvorschläge, die während der Interviews von den Studienpartizipierenden geäußert wurden.

Beginnend bei der eben angeführten Aufzählung, ist zunächst der Mehrwert des Projekts für Stuttgart selbst zu eruieren. Hierzu vermuten alle Interviewteilnehmer:innen positive Effekte für die Stadt. Interviewpartner 1, der in unmittelbarer Nachbarschaft zur Kirche wohnt und das Treiben der Stadtlücken bei der Paulinenbrücke verfolgt, spricht von einer „krasse[n] Aufwertung" (Interview 1, Pos. 66) für das ganze Viertel und fordert, dass es solche Partizipationsprojekte auch an anderen Stellen der Stadt geben müsse (vgl. Interview 1, Pos. 66). Weiter sieht die Frau von Interview 3 die alternative Nutzung als äußerst sinnvoll an und meint, dass etwas Derartiges in der Stuttgarter Südstadt mehr gebraucht werde als an Orten (vgl. Interview 3, Pos. 112). Zudem sei die alternative Nutzung eine sinnvolle und viel bessere Alternative als etwa ein Kirchenabriss (vgl. Interview 3, Pos. 112). Person 5 weist auf den Platzmangel von vielen Großstädten hin und sieht vor allem einen Mehrwert für junge Menschen in dem Projekt:

„Doch, ich finde schon, weil die Räume sind ja oft auch unbenutzt und das ist ja Fläche, die man nutzen könnte. Vor allem in Großstädten, wo es nicht so viel Fläche hat. Vor allem finde ich eben auch, für jüngere Menschen, die jetzt noch keine eigene

3.4 Datenauswertung

Wohnung haben. Oder denen Zuhause die Decke auf den Kopf fällt" (Interview 5, Pos. 76).

Den Aspekt des Platzmangels in Großstädten erwähnt auch der neunte Raumpionier und verlangt zugleich, dass eine solche Art von Raumöffnung auf andere Großstädte dringend auszuweiten sei, um mehr Raumnutzung generieren zu können (vgl. Interview 9, Pos. 64–66). Gleiches befürwortet die Frau des Folgeinterviews, die solch ein Projekt gerade in Großstädten wie Stuttgart, vornehmlich in Brennpunkten wie im Bereich der Paulinenbrücke für äußerst sinnvoll hält (vgl. Interview 10, Pos. 118). Zudem sollte die Öffnung der Kirche an der anstehenden ‚langen Nacht', einem Stadtevent Stuttgarts, partizipieren und dieses Event mit ihrem Kirchenraum bereichern (vgl. Interview 10, Pos. 128). Die aufgezählten Aussprachen, vor allem von Interview 1 und 10, die das Quartier und deren Sozialraum scheinbar gut beurteilen können, sprechen für eine deutliche Zusage des Projekts und eine damit einhergehende alternative Raumanbietung der Marienkirche.

Wie bereits angedeutet, profitiert nicht nur das Stadtquartier von der Raumanbietung der Kirchengemeinde, sondern auch die katholische Kirche. Dies zeige sich allein darin, dass allen Menschen der vorhandene Platz bereitgestellt würde (vgl. Interview 2, Pos. 72). Mit diesem Inklusionsgedanken erhebt sich das Bild einer Kirche, die für alle da sein will und sich progressiv und erwartungsfrei auf das Leben der Stadtmenschen einlässt. Auch für die Frau aus Interview 4 fällt das Konzept im positiven Sinn aus dem Rahmen der katholischen Kirche (vgl. Interview 4, Pos. 84). Denn es breche in gewisser Weise das „typische Kirchenbild" (Interview 4, Pos. 42a) auf. Damit werde die sonst so strenge und traditionsreiche Kirche moderner, wie in Interview 6 zu lesen (vgl. Interview 6, Pos. 72 und 74). Obendrein vermittle das Projekt das Bild von einer modernen „Kirche der Zukunft" (Interview 1, Pos. 36), die von möglichst viel Offenheit und Partizipationsmöglichkeit bestimmt sein sollte (vgl. Interview 1, Pos. 34–36). Interviewteilnehmerin 3 bewertet das Pilotprojekt als „schön" und „gut", wenn es der katholischen Kirche nicht um ihrer selbst willen gehe, sondern um die kommenden bzw. suchenden Menschen (vgl. Interview 3, Pos. 108). Damit werde sie dann dem Auftrag, den Menschen zu dienen, gerecht (Stichwort: διακονία). Für Pionier 9 ist ein Objekt bzw. ein Gebäude, welches nicht genutzt wird, Müll:

> „Aber etwas, das nicht benutzt wird, was gar nicht benutzt wird, ist immer Müll! Trifft auf jeden Gegenstand zu. Trifft auch auf Gebäude zu, was nicht genutzt wird ist so schon Müll" (Interview 9, Pos. 68b).

Demzufolge wird Kirche ihrem Auftrag im Umgang mit ihren Bauten und deren Existenz nur dann gerecht, wenn sie diese nicht nur für liturgische Feiern nutzt, sondern auch anderweitig freigibt.

Um in Erfahrung zu bringen, welche Art von Benutzungen sich die Raumpionier:innen für den Raum vorstellen, wurde das Datenmaterial nach genannten Nutzungsvorschlägen durchkämmt. Das Ergebnis: Grundsätzlich befürworten alle eine Mehrzwecknutzung des Gebäudes. In Interview 10 findet sich eine Passage, die zum Ausdruck bringt, was alle Rauminformant:innen teilen: „Des isch ja schade für den Raum, wenn er immer leer steht" (Interview 10, Pos. 114). Entsprechend wird eine erweiterte Nutzung prinzipiell gutgeheißen und darüber hinaus gefordert. Gleichzeitig wird sich deutlich für den Erhalt der Heiligen Messe ausgesprochen (vgl. Interview 9, Pos. 30b und Interview 10, Pos. 116). Jedoch nicht nur. Der Raum solle, wie das Projekt es veranschlagt, weiterhin dem Mehrzweck dienen, so etwa in Interview 11 zu lesen:

> „Des isch, was ich da fotografiert hab', dass man es nicht als reinen Gottesdienstraum benutzt, sondern dass man es als Mehrzweck benutzt. Dass man auch Feiern drin macht, dass man mal ein Buffet drin 'ufbaut" (Interview 11, Pos. 90).

Allerdings werden auch Grenzen der alternativen Nutzung formuliert. So werden sportliche Aktivitäten bis auf Yoga (vgl. Interview 4, Pos. 96) und Tanz (vgl. Interview 1, Pos. 62), die als ruhiger und spiritueller charakterisiert werden, kategorisch ausgeschlossen. So eindrücklich geschildert in Interview 6: „Also Sport würde ich nicht machen. Also das würde ich mir tatsächlich ... da würde ich sagen ‚okay, des isch für ne Kirche irgendwie – das geht gar nicht!'" (Interview 6, Pos. 82). Ferner wird die Nutzung der Kirche als Partylocation ausgeschlossen (vgl. Interview 5, Pos. 84). Die beiden Auszüge zeigen prägnant, wie eine gewisse Heiligung der Räumlichkeiten unvereinbar mit einer zu alternativen, vornehmlich lauten und bewegungsintensiven Nutzung zu sein scheint. Dieses Tabu stimmt mit der selbstgesetzten Grenzziehung der Verantwortlichen überein, die weder kommerzielle noch dem Bau unwürdige Veranstaltungen zuließen.

Wiederum gemein haben alle Interviews den Inhalt der gemeinschaftlichen Nutzung. Allein die geäußerten Vorschläge zu Gruppennutzungen heben hervor, dass die Marienkirche primär ein Ort für Kollektive sein sollte (vgl. Interview 4, Pos. 96). Nicht selten durchdringt die Thematik der Nächstenliebe die Verwendung des Kirchen(um)raumes. So wird mehrheitlich das Kümmern um bedürftige, raumsuchende Menschen in den Mittelpunkt der Raumverwendung gerückt. Beispielsweise wird zu Protokoll gegeben, dass der Ort prädestiniert für Selbsthilfegruppen (vgl. Interview 3, Pos. 120), junge Menschen, die eine Begegnungsstätte suchen (vgl. Interview 5, Pos. 40) und sozialschwache Stadtbewohner:innen (vgl. Interview 10, Pos. 58) sei. Allgemein gesprochen sollte die Kirche an der Paulinenbrücke also vor allem ein Ort der Zuflucht für die Stadtbevölkerung sein (vgl. Interview 3, Pos. 50).

Eng verbunden mit der Empathie für die Schwachen der Gesellschaft, ist das Thema des gemeinsamen Speisens. In den Interviews 10 und 11 wird das gemeinsame Essen in der Kirche als positive Ergänzung des Miteinanders hervorgehoben. An und in der Kirche Foodsharing zu betreiben und damit nicht nur Lebensmittel zu retten, sondern diese auch an Bedürftige weiterzugeben, wird äußerst positiv beurteilt (vgl. Interview 10, Pos. 54–56). An einer weiteren Stelle macht

3.4 Datenauswertung

die Person deutlich, weshalb gemeinsames Essen und Kirche für sie sinnvoll zusammengehen:

> „Also ich finde, des Essen in der Kirche hat was, weil ich helfe auch in der Vesperkirche mit und deshalb erlebe ich die Kirche so als wichtigen, ja, Platz des Austausches, weil über Essen öffnen sich Leute. Essen isch der Punkt, wo du mit Leuten in Kontakt kommen kannsch und deswegen denke ich, des isch schon gut, wenn da so was da isch" (Interview 10, Pos. 130).

Das gemeinsame Speisen bietet somit mehrere Vorteile; nämlich mit den Menschen aus dem Quartier in Kontakt zu kommen, sie zur Öffnung zu bewegen und gleichsam den Bedürftigen zu helfen. Auch der Mann des Folgeinterviews sieht in der Marienkirche das Potenzial einer vesperkirchlichen Nutzung verankert (vgl. Interview 11, Pos. 148). Überdies schlägt er vor, den Kirchenraum kostenfrei an Musikgruppen zu vermieten, die den Raum bespielen und ein Catering organisieren, um in der Kirche gemeinsam mit den Besuchenden zu essen und zu trinken:

> „Ne eh ... keine kulturell hochstehenden Sachen, sondern einfach, dass man zur Musikgruppe sagt: ‚Ihr hättet da einen Raum, den stellen wir euch zur Verfügung. Ihr könnet da was machen. Macht Reklame. Ehm, ihr könnet ein Catering machen, ihr könnet – es isch ein Kühlschrank da – usw. Und ihr könnet hinterher die Leute bewirten. Ihr müsst hinterher halt bloß wieder 'ufräumen.' Ja" (Interview 11, Pos. 154).

Aus seiner eigenen Erfahrung wisse er, wie gut das bei den Leuten ankomme (vgl. Interview 11, Pos. 152).

Weiterhin wird mit dem Gemisch von sakral und profan ein besonders kreativer Ort assoziiert. Denn die meisten der geäußerten Nutzungsideen beziehen sich auf kulturelle Events. Darunter fallen Vorführungen, Ausstellungen und Konzerte. In Interview 9 wird passenderweise von einem „Ort des Erschaffens" (Interview 9, Pos. 72) gesprochen. St. Maria würde somit auch als Atelier und Werkstätte dienen (vgl. Interview 9, Pos. 72). Interessanterweise wird auf Nachfrage eine Parallele zum Bild Gottes als Erschaffer der Welt gezogen:

> „Tatsächlich. Also als das Haus Gottes, der ja als der Erschaffer der Welt gilt; und wenn schon der Mensch das Ebenbild des Gottes, oder zumindest in gewissen Funktionen, Gott ähnlich kommen soll, dann hat es irgendwie schon ... dann muss ich doch schmunzeln, wenn tatsächlich die Kirche für Kreativität genutzt wird. Finde ich, das passt, ja" (Interview 9, Pos. 74).

So wird der Raum Gottes zum kreativen Ort des Menschen als seiner ebenbildlichen Schöpfung. Weiter abstrahiert: Das Haus des Schöpfers wird zum Schöpfungsort seiner eigenen Schöpfung.

Das letzte Thema, welches mit dem Potenzial des Kirchengebäudes direkt in Verbindung gebracht wird, ist das der Umraumnutzung. So wird in mehreren Interviews der Platz vor der Kirche bestehend aus Skateanlage, Sitzgelegenheiten und Spielplatz als aussichtsreiches Potenzial für das Quartier gesehen. Beispielsweise in Interview 1:

> „Und richtig gut auch vorne an der Kirche. Zum einen die Sitzgelegenheit, die Bank. Aber zum anderen eben auch diese Skateanlage. Also, das was als Skateanlage genutzt wird. Dass fand ich richtig gut. Das bietet meiner Meinung nach ein großes Potenzial, dass eben diese Kirche lebt und die Leute dort hinkommen [können]; und um die Kirche, in die Kirche, an die Kirche kommen" (Interview 1, Pos. 32).

Somit belebt der genutzte Vorplatz die Marienkirche und ihre Umgebung. Der etwas sporadisch wirkende Spielplatz, der sich an den Vorplatz anschließt, wird in Interview 10 kurz angesprochen:

> „Also ich find draußen hat die Kirche wahnsinnig viel Potenzial. Diese Plätze wirken eigentlich g'rad' ein bisschen tot.[146] [...] Ja, da könnte man ... also ich finde den Spielplatz vor der Kirche ned besonders schön, da könnte man auch ein bissle mehr machen" (Interview 10, Pos. 46–48).

Obwohl der Spielplatz nicht direkt zum Kirchenareal gehört, wird er von der Partizipierenden dennoch als Teil des Kirchenumraumes wahrgenommen; wenngleich es einer Aufwertung bedürfe, um das volle Potenzial hervorrufen zu können, so die Frau. Die Kinder sollen aber nicht nur vor der Kirche einen Platz haben, sondern auch im Innenraum:

> „Also ich finde das Nutzungspotenzial isch gerade der Eingang. Da wird einem klar, weil da nicht bestuhlt isch, dass da unheimlich viel Freiraum isch – zum Kinder ... während dem Gottesdienst zum Spielen [...]" (Interview 10, Pos. 42).

Auch Interviewpartnerin 4 kann sich eine „Spielwiese" (Interview 4, Pos. 42b) für Kinder im Kircheninneren vorstellen (vgl. Interview 4, Pos. 42b). Entsprechend soll die Kirche auch ein Ort für Kinder sein. Neben dem Vorplatz wird in Interview 9 der Bereich zwischen Sakralbau und Karls Gymnasium angesprochen (siehe Foto 9 (Interview 9) – zu Frage 2). Dieser könne, so der Pionier, bestens für kleinere Veranstaltungen wie etwa einen Weihnachtsmarkt genutzt werden (vgl. Interview 9, Pos. 30a).

Abgrenzend zu den Raumnutzungen sieht der Befragte von Interview 8 das größte Potenzial in der Personalie des Priesters bzw. Pfarrers der Gemeinde:

> „Und dann wie gesagt, sonst würde ich jemanden, der da ... einen guten Pastor[147] halt, für den würde ich sorgen. [...] Einen richtig guten Pastor. Einen richtig guten jungen, einer der richtig durchblickt. Das wäre super. Des isch des Beste. Ja, da braucht man ned so viele Sachen, glaube ich" (Interview 8, Pos. 106–108).

---

[146] Zu dem Zeitpunkt dieses Interviews waren keine Skater:innen zu gegen. Daher wohl die Beschreibung als „tot".

[147] Offenbar dachte der Mann, die Kirche sei evangelisch. Oder ihm war in dem Moment nur der protestantische Terminus des Pastors eingefallen.

Seiner Meinung nach liegt das größte Potenzial weniger in dem Raum und seiner weiten Öffnung, sondern vielmehr in der Führung durch einen qualifizierten Mann der Kirche. Er befürchtet nämlich, dass die Kirche durch zu viel Experimentierfreude ihrer Tradition und Linie nicht treu bleiben könne:

> „Dann bleibt hinterher gar nichts mehr übrig, weil man hat ja eh schon so wenig Kirche, meine ich. Und wenn des mit so viele anderen Sachen zusammenkommt, dann kommt sie durcheinander, irgendwie" (Interview 8, Pos. 96).

Folglich betrachtet er das Problem des Abrückens der Kirche aus dem Bild der Öffentlichkeit und den Verlust ihrer Tradition primär als ein personelles Problem.

8. Kategorie – Regeln und Ordnung

Das letzte Gesprächsthema, welches kontinuierlich auftritt, ist das von Regeln und Ordnung in einer Kirche. Spannend und aufschlussreich sind in dem transkribierten Material die Stellen, die zeigen, wie die Öffnung der Kirche(nnutzung) mit dem Bild von Regeln und Ordnung bricht oder weiterhin von ihm dominiert wird. So wirkte die Kirche durch ihre teils neue Erscheinung weniger mit „Pompösität und Stille und Vorsicht" (Interview 1, Pos. 40c) beladen, als man es üblicherweise von Sakralbauten kenne, so der Erstbefragte (vgl. Interview 1, Pos. 40c). Person 4 berichtet davon, wie der erfahrene Raum mit seinen freien Flächen dazu beitrug, dass sie sich traute, auf dem Boden Platz zu nehmen (vgl. Interview 4, Pos. 94), was sie in einer Kirche normalerweise niemals tun würde (vgl. Interview 4, Pos. 48). Des Weiteren erwähnt sie explizit, dass das Pilotprojekt aus dem gängigen Bild von der strengen, katholischen Kirche positiv herausfalle (vgl. Interview 4, Pos. 82–84). Im Umkehrschluss bedeutet dies, nach Ansicht der Frau, dass weniger Richtlinien und „Zucht und Ordnung" (Interview 4, Pos. 68) der katholischen Kirche guttun würden. Und gerade „die Kombination aus Kirche und eben diesem so bisschen Spielfeld" (Interview 4, Pos. 50) nehme „der Kirche das Ernste [...], [die] Strenge" (Interview 4, Pos. 50). Sie bekundet weiter: „Es ist so ein bisschen neutral. Du musst jetzt nicht vorsichtig sein – weißt du?" (Interview 4, Pos. 42c). Dass die Befragte die katholische Kirche im Allgemeinen und die katholische Messe im Speziellen als sehr streng wahrnimmt, rühre aus ihren kindlichen Erfahrungen: „Und da war es immer so ‚du musst dich benehmen, du bist still, du bewegst dich nicht, du lachst nicht', so" (Interview 4, Pos. 42d).

Während für die Befragte die profanen Ergänzungen den Raum auflockern und ein Stück weit mit dem streng-sakralen Narrativ brechen, wurde die Frau des Folgeinterviews primär vom kirchlichen Charakter tangiert: „Es hat halt immer noch so diesen Charakter, dass man schön still sein muss und ja" (Interview 5, Pos. 42b). Und auch auf die Frage hin, ob sie während der Raumexkursion lauter war als für gewöhnlich, entgegnete sie: „Ne! Man weiß auch nicht, ob man das jetzt so darf" (Interview 5, Pos. 44). Hier zeigt sich eine Unsicherheit hinsichtlich der Frage, wie der Kirchenraum nun wahrzunehmen bzw. zu lesen sei: säkularisiert oder nicht-säkularisiert. Vermutlich fragte sich die Person im Moment der Aussage, inwieweit das Gebäude noch sakral dominiert ist. Aufgrund der spontanen Reaktion ‚Ne!' zeigt sich jedoch die unterbewusste Voreinstellung, den Ort weiterhin als sakral markiert zu betrachten. Das gleiche Szenario findet sich in Interview 6:

> B: „Also Sport würde ich nicht machen. Also das würde ich mir tatsächlich ... da würde ich sagen "okay, des isch für ne Kirche irgendwie – das geht gar nicht!"
> A: Das geht gar nicht?
> B: Ne! Das kann man nicht machen.
> A: Wieso?
> B: Ja, einfach weil das so ... ich kann's irgendwie nicht sagen. Ja, weil das einfach nicht der Ort dafür ist, finde ich. Also, ja. Das fällt mir jetzt irgendwie schwer, das in Wort zu fassen, aber ja, ich mein, das ist auch irgendwie der Respekt, finde ich, den man da aufbringen sollte, wenn man in die Kirche geht. Also von daher kennt man des ja auch, wenn man in irgendeiner Kirche ist, muss man leise sein, flüstern oder überhaupt nicht sprechen; und dann wäre Sport ja ... ja was richtig Krasses" (Interview 6, Pos. 82–86).

An diesem Gesprächsverlauf lässt sich erneut erkennen, dass die Partizipierende den wahrgenommen Raum primär mit den Attributen Strenge, Stille und Respekt kodiert. Wenngleich es ihr sichtlich schwerfällt, die passenden Worte für ihre Zuschreibungen zu finden. Kurze Zeit zuvor spricht sie dem Kircheninneren allerdings eine gewisse Offenheit durch die profane Ausstattung (Stuhlhalbkreis) zu:

> „Ja, weil normalerweise kennt man es ja in der Kirche auch, dass man still ist, dass man zuhört. Und ich finde, gerade hierdurch wird ja dann eigentlich die Möglichkeit geboten, dass man selber auch sprechen kann und dass man sich mit anderen austauscht. Und das ist ja in einer Kirche eigentlich, normalerweise nicht so erwünscht" (Interview 6, Pos. 48).

Demgemäß wird offensichtlich: Auch wenn sich die Interviewpartnerin eine Auflockerung der Atmosphäre durch das neue Setting vorstellen kann, bleibt das sakrale Momentum in der Raumwahrnehmung dominierend. Obgleich Räume nicht die Wahrnehmung und das Handeln der Menschen determinieren, so legen sie dennoch bestimmte Wahrnehmungs- und Handlungsmöglichkeiten nahe bzw. klammern andere aus, so Heike Herrmann.[148] Diese Handlungsmuster, wie etwa leise zu sein oder sich langsam zu bewegen, spiegeln die hier angeführten Textauszüge deutlich wider.

In Interview 7 schaffen es die profanen Dinge ebenfalls nicht in Gänze die vordeterminierten Vorstellungen der Raumerkundenden aufzulösen. So wurde

---

[148] Vgl. Markus Schroer, Räume, Orte, Grenzen. Auf dem Weg zu einer Soziologie des Raums, Frankfurt a. M. 2006, S. 178.

3.4 Datenauswertung

eine der befragten Personen nach eigener Aussage nicht eingeschüchtert, verhielt sich aber dennoch bedächtig (vgl. Interview 7, Pos. 48). Ein gewisser Respekt stellt sich somit auch bei Person 7 ein. Solch ein Respekt entgegenbringendes Verhalten räumt zudem der junge Mann (Interview 9) ein und sieht den Ort als deutlich sakral markiert an: „Also es ist ne Kirche, natürlich muss man sich da respektvoll verhalten" (Interview 9, Pos. 68c, gleiches auch an Pos. 42). Auch hier schlagen die vermittelten Verhaltensregeln durch, was sich besonders im Ruhigsein ausdrückt: „Also [in] Kirchen, grundsätzlich erst mal einfach ruhig sein. [...] Aber jetzt einfach so aus Ehrfurcht, einfach mal kurz die Klappe halten" (Interview 9, Pos. 44).

Verhalten und Reaktion des älteren Mannes (Interview 11), deuten ebenfalls auf (nicht) vorherrschende Regeln und Ordnungen des Raumgefüges hin. Denn auf die Frage hin, wie er sich im Kircheninneren verhalten habe, entgegnete er plötzlich, er habe eine Sünde begangen, da er seine Kopfbedeckung beim Eintritt in das Gebäude nicht abnahm (vgl. Interview 11, Pos. 112-118). Diese Textstelle verdeutlicht eindrücklich, wie sich die Raumwahrnehmung des Mannes durch ein Fehlen des atmosphärischen Signals, dem Weihrauchgeruch, verschob. Normalerweise ziehe er seine Kopfbedeckung beim Betreten eines Kirchengebäudes immer ab, so wie er es gewohnt sei (vgl. Interview 11, Pos. 113-114). Bedingt durch das Setting um St. Maria wurde der Raum weniger sakral bzw. römisch-katholisch wahrgenommen, was so zur Unterbindung seiner Gewohnheit führte. Insofern sorgte die sakral-profane Zwiegestalt der Hallenkirche für ein gewisses Aufweichen des kirchlichen Narrativs. An anderer Stelle berichtet der Befragte, wie er sich aufgrund von Gelerntem in einer Kirche normalerweise verhalte:

> „Und wenn Sie sonst in die Kirche gehen, geht man ned auf den Altar drauf. So haben wir es mal gelernt und so isch des noch geblieben. Eh, man muss andere Meinungen auch respektieren und man sollte ned mit dem, eh, wie der Elefant durch den Porzellanladen laufen" (Interview 11, Pos. 140).

Das Narrativ von kirchlichen Verhaltensregeln, das den Raumpionier zu Anfang nicht direkt einnahm, griff also spätestens bei der Erkundung des Chors.

Neben jenen Regeln, die viele der Befragten angesprochen haben, sind auch die physischen Ordnungsaspekte erwähnenswert. Schließlich beeinflusst „St. Maria als ..." ebenso die physische Gestalt des Kircheninneren, was zu unterschiedlichen Wahrnehmungen bei den Pionier:innen führte. Zunächst sind einige vom Fehlen der Bankreihen irritiert. Obwohl es „nicht so typisch Kirche ist" (Interview 7, Pos. 16) oder „ungewohnt" (Interview 6, Pos. 28) wirke, ging damit eine positive Bewertung aller Interviewpartner:innen einher. Darunter auch der dem Projekt eher skeptisch eingestellte Mann (Interview 8):

> „Es geht jetzt ... ich finde also – ja gut, mit den Bänken muss nicht unbedingt sein. Da muss ich mich korrigieren – das muss nicht unbedingt sein. Die müssen da nicht sitzen wie die Ölgötzen in Reihe und Glied" (Interview 8, Pos. 34a).

Hingegen wird das Thema der physischen Ordnung hin und wieder für das Stuttgarter Kirchenprojekt selbst eingefordert. So wird von dem Studenten (Interview 9) spannenderweise eine Ordnung der profanen Gegenstände gutgeheißen. Als er das Foto der Lagerung von profanen Objekten im Vorraum der Kirche zeigte (siehe Foto 10 (Interview 9) – zu Frage 3), erläuterte er hierzu:

> „Lagerung ja. In Ordnung. Aber vielleicht dann doch separiert, dass man es einfach nicht so sieht. Und vielleicht nicht gerade im Eingangsbereich, weil das ist ja der Ort, wo die Leute im Prinzip als allererstes sind" (Interview, 9, Pos. 26).

Somit ergibt sich neben einer ästhetischen Beurteilung zudem das Narrativ der strickten Ordnung eines Kirchenraumes, welches hier für den Befragten augenscheinlich auf das Sammelsurium an nicht-sakralen Gegenständen übergriff. Konträr zu der teilweise wahrgenommen Unordnung sieht die Partizipierende des Folgeinterviews den Raum als äußerst ordentlich an: „Also ich find's sehr schön, gleich den Eingang. Den erschten Impuls, den man da bekommt vom Gefühl: Des wirkt sehr aufgeräumt" (Interview 10, Pos. 4). Während also der junge Mann die Öffnung der Kirche mit einer gewissen Beibehaltung der Ordnung sehen möchte (vgl. Interview 9, Pos. 18–20), müssen für die Stuttgarterin von Interview 10 Ordnung und Öffnung nicht zwingend miteinander einhergehen.

Die aufgebrochenen bzw. entfernten „starren und kalten Bänke" (Interview 5, Pos. 8) werden von keiner der befragten Personen vermisst. Vielmehr wurde der freie und flexible Gebrauch der Holztische und Holzhocker bejaht. Der letzte Interviewpartner erläutert den Vorteil aus seiner Sicht bzw. Erfahrung:

> „Und wenn Sie im Kirchengemeinderat ... ich war 12 Jahre im Kirchengemeinderat. Wenn Sie im Kirchengemeinderat sind: gut isch der Platz des Pfarrers und der Platz des ersten Vorsitzenden und das andere gruppiert isch nachher drum rum. Und hier isch des ein bissle 'ufgehoben" (Interview 11, Pos. 98).

Ergo sorgen die aufgebrochenen Bankreihen nicht nur für mehr (Barriere-)Freiheit und eine erweiterte Nutzung der Fläche, sondern darüber hinaus für zwischenmenschliche Begegnungen auf Augenhöhe. Damit zeigt sich wie St. Maria mit seinem Setting alte Ordnungsmuster aufzubrechen vermag und durch weniger Ordnung mehr Raum(gewinn) erzielt.

3.5 Die zentralen Erkenntnisse der doppelten Datenauswertung

Um sich der Beantwortung der Forschungsfrage annähern zu können, gilt es nun die gesammelten Erkenntnisse der beiden Erhebungshorizonte miteinander zu triangulieren und dabei metainterpretative Überlegungen abzuleiten. Damit

3.5 Die zentralen Erkenntnisse der doppelten Datenauswertung

wird nun umrissen, wie der (Um-)Raum St. Marias von den Pionier:innen wahrgenommen wurde:

Gelesene Räume – verspürte Grenzen – atmosphärisches Wirken

Die beiden Datengrundlagen zeigen zunächst, dass die Teilnehmenden den Sakralbau zunächst in Teilräumen wahrgenommen haben. Neben dem Mittelbau, dem Eingangsbereich und den beiden Querschiffen, wurde besonders das Altarareal als eigene Sektion klassifiziert. Dieser Rückschluss lässt sich anhand der quantitativen Verteilung der Fotomotive (siehe Abb. 4: Häufigkeitsverteilung der wahrgenommenen Teilräume), den geäußerten Formulierungen wie „andere[r] Ort" (Interview 1, Pos. 20a) oder „in sich geschlossene[r] Raum" (Interview 11, Pos. 22), und den physiognomischen Gegebenheiten ableiten (vgl. Interview 11, Pos. 24). Dies bedeutet: Die Hallenkirche ist kein einzelner, homogener Raum, sondern ein Verbund von teilweise sehr unterschiedlichen, räumlichen Sektionen. So wird die vermeintliche Eindeutigkeit des Ortes durch das subjektive Wahrnehmen der einzelnen Räume mehrdeutig.[149]

Weiter zeigen die Auswertungen, wie manche Raumabschnitte mit einer unsichtbaren Grenze belegt waren. Diese Schwellen hatten nicht nur eine Nichtbegehung mancher Partizipierenden zur Folge, sondern lösten auch Stimmungsänderungen aus. In besonderer Weise trifft dies auf den Altarbereich zu. Lediglich vier Pionier:innen (1, 2, 9 und 10) suchten diesen Bereich überhaupt auf und empfanden dabei keine Hindernisse oder unsichtbare Grenzen. Die Fotografien jener Personen zeugen aufgrund von Motiven und Aufnahmeorten davon, wie selbstbewusst und uneingeschüchtert das besagte Areal erkundet wurde. Ganz im Gegensatz zu den übrigen Pionier:innen, die sich scheuen, diesen Raum aufgrund von „Respekt" (Interview 8, Pos. 92 und Interview 3, Pos. 98), erlerntem Verhalten (vgl. Interview 11, Pos. 140), einer zugeschriebenen Heiligkeit (vgl. Interview 3, Pos. 98) oder einem schlichten Desinteresse (vgl. Interview 6, Pos. 106) aufzusuchen. Für diesen Personenkreis ist der Bereich folglich eine Zone, die man nicht ohne weiteres betreten soll oder kann. Damit wird erkennbar: dem offenen, barrierefreien Setting gelingt es nicht in Gänze mit einem kirchlichen Narrativ der Regeln und Ordnungen[150], welches bei einigen Pionier:innen präsent war, zu brechen.

---

[149] Vgl. Brandl, Die sinnliche Wahrnehmung, S. 44.

[150] Die Soziologin Maren Lehmann bezieht das Thema der Regeln und Ordnung auf die Kirche als Organisation: „Vielleicht ist [...] dies der Fehler [...] der Kirche als Organisation, dass sie nach zu viel Ordnung und zu viel Regelung such[t], wo es doch darauf ankäme, nach brauchbarer Unordnung oder [...] ‚brauchbarer Illegalität' zu suchen" (Maren Lehmann, Leutemangel. Mitgliedschaft und Begegnung als Formen der Kirche, in: Jan Hermelink / Gerhard Wegner [Hg.], Paradoxien kirchlicher Organisation. Niklas Luhmanns frühe Kirchensoziologie und die aktuelle Reform der evangelischen Kirche, Würzburg 2008, S. 123–144, S. 129). Teilt man die Aussage von Maren Lehmann, lässt sich die Thematik von der

Auf der anderen Seite wurde deutlich, dass es den profan-konnotierten Abschnitten (Mittelschiff, Eingangsbereich, Umraum) gelang, die gleichen Handlungen auszulösen wie den sakral-konnotierten Bereichen. In den Interviews 1 (vgl. Interview 1, Pos. 20b), 3 (vgl. Interview 3, Pos. 28–30) und 6 (vgl. Interview 6, Pos. 20–24) wird berichtet, wie das religiöse Umfeld der beiden Nischen zu einem Hinsetzen und Innehalten führte; ähnlich wie das offene, profane Setting des Mittelschiffs, welches die Frau von Interview 4 zum Setzen auf den Boden verleitete (vgl. Interview 4, Pos. 48). Hier wurden folglich die gleichen Handlungen durch unterschiedliche Settings ausgelöst. Bedingt durch die verspürte Atmosphäre wurden jedoch nicht nur Handlungen provoziert, sondern gewohnte Handlungen unterlassen, wie etwa das Abziehen der Kopfbedeckung beim Eintritt in die Kirche (vgl. Interview 11, Pos. 112–118). Zugleich wurde St. Maria klar als eine Kirche wahrgenommen, die klassisch-kirchliche Verhaltensimpulse nach sich zog, wie ruhig zu sein, sich langsam zu bewegen oder sich bedächtig zu fühlen (vgl. Interview 7, Pos. 48 und Interview 9, Pos. 44). Dennoch ist der Raum in der Lage aufgrund von fehlenden Umgebungsqualitäten und kirchenuntypischen Objekten eine ambivalente Atmosphäre hervorzurufen. Die Thematik der kirchlichen Ordnung durchdringt dabei alle Interviews. Zwei entgegengesetzte Richtungen wurden so transparent: Zum einen schafft es das neue Erscheinungsbild, die Atmosphäre und damit die davon ausgelösten Handlungen so zu bestimmen, dass sie den klassisch-kirchlichen Handlungsmustern zuwiderlaufen (Betreten des Altarbereichs, Hinsetzen auf den Boden oder das Nicht-Abziehen der Kopfbedeckung). Auf der anderen Seite gelingt es gerade der neuen Gestalt des Kircheninneren nicht (immer), das Narrativ von Regeln und Ordnung aufzulösen, welches mit einem Gotteshaus assoziiert wird. Bewegungen, Lautstärke, Stimmung und Begehung von mehreren Interviewten kontrastieren diese bestehende narrative Dominanz.

Eng mit dem atmosphärischen Wirken geht ein weites Feld an Emotionen einher, welche von unangenehm und bedrückend, bis wohlfühlend und geborgen reicht. Wenig überraschend für einen eher dunklen und kalten Raum sind dabei die Lichteinflüsse (primär durch das Wetter bedingt), die einen entscheidenden Anteil an der atmosphärischen Zusammensetzung nahmen und so das Befinden der Befragten tangierten. Neben den Lichtverhältnissen hat vor allem die Aura der profanen und sakralen Gegenstände die Atmosphäre der Marienkirche einzigartig gemacht, wodurch die eben geschilderten Handlungen oder deren Unterlassungen im Kirchenraum erwirkt wurden.

St. Maria – ein Anfang für die Rückkehr von Gemeinschaft und Partizipation
Die Idee des Pilotprojekts hatte vorrangig das Ziel, den kirchlichen Raum für die Menschen und ihre Einfälle zu öffnen. Damit geht ein Impuls von Machtabgabe

---

Mikroeben (St. Marias Raumnutzung) auch auf der Makroeben (Kirche als Organisation) übertragen.

3.5 Die zentralen Erkenntnisse der doppelten Datenauswertung

und dem Wagnis einher, alte wie neue Rituale in der neuen Gestalt des Kircheninneren zu erproben. Mit dieser Idee verbindet sich auch die Absicht, den Raum für weite Partizipation freizugeben. Die Botschaft von Gemeinschaft und Partizipation kam in den Interviews regelmäßig zum Tragen. Für die Pionier:innen stellt die Stuttgarter Kirche einen Ort der Gemeinschaft und Teilhabe dar. Doch geht jeder Partizipation ein erster Kontakt[151] voraus. Fehlt dieser Link, kann keine Verbindung zwischen zwei Parteien aufgebaut werden. St. Maria fördert diese Möglichkeit der Kontaktaufnahme unter Mithilfe des profanen Interieurs (vgl. Interview 5, Pos. 8), dem Modell des Kuratierens, dem Einsatz der pastoralen Mitarbeiter:innen und durch die angesprochene Öffnung der Stuttgarter Marienkirche. Gemeinschaft wird damit in ein weites Verständnis eingeordnet, wodurch die oftmals leeren Worthülsen ‚communio', ‚kirchliche Gemeinschaft', ‚Volk Gottes' oder ‚Teilhabe aller an der Sendung' einen neuen Gehalt erlangen. Gerade in der räumlichen Aufmachung und Nutzung wird die Einladung zur Partizipation und dem Erleben von Gemeinschaft für die Menschen sichtbar. Insofern sehen die Interviewteilnehmenden in der Umsetzung des Projekts einen ernsthaften Versuch christliche Grundsätze zu leben, wie beispielsweise für die Menschen da zu sein, ihnen (auch mit ihrem Raum) zu dienen, Platz für das Wirken der Frohen Botschaft zu schaffen und ein Angebot der Inklusion an alle Stadtbewohner:innen zu unterbreiten. In den Interviews 1 und 2 wurde etwa davon berichtet, dass die neue Raumgestaltung ein Gefühl des Willkommensein ausdrücke (vgl. Interview 1, Pos. 34 und Interview 2, Pos. 44). Die vermittelte Botschaft willkommen zu sein, kann auch als Gastfreundschaft gelesen werden, die in den Anfängen des christlichen Glaubens verankert ist, woran etwa Margit Eckholt erinnert.[152] Gastfreundschaft, fasst Rainer Bucher so zusammen: „Jeder und jede sind willkommen; denn alle sind eine Bereicherung, und vor allem: Alle sind eingeladen."[153] Wobei St. Marias Konzeption das eben zitierte Prinzip von Bucher wendet; nämlich nach dem Vorschlag von Hadwig Müller: „Gastfreundschaft im umgekehrten Sinn also: als erbetene und nicht zuerst als gewährte Gastfreundschaft."[154]

Wie das Material offenbart, überzeugt das Kirchenprojekt nicht nur durch seine Symbolik, sondern auch durch die Manifestation der konkreten Benutzung des Gebäudes. Denn durch die vorgenommenen Veränderungen wird sichtbar,

---

[151] Vgl. Bernd Hillebrand, Kontakt und Präsenz. Grundhaltungen für pastorale Networker (= Zeitzeichen 46), Ostfildern 2020.

[152] Vgl. Margit Eckholt, Christsein an den Crossroads der Städte. Zwischen Nicht-Orten und neuen Räumen der Gnade, von Passagen, Schwellen und Rasthäusern, in: Michael Sievernich / Knut Wenzel (Hg.), Aufbruch in die Urbanität. Theologische Reflexionen kirchlichen Handelns in der Stadt, Freiburg i. Br. 2013, S. 27–65, S. 59.

[153] Bucher, Aufgebrochen durch Urbanität, S. 243.

[154] Hadwig Müller, Theologie im Gespräch mit Michel de Certeau. Notizen von der Reise in ein Land, in dem es sich atmen lässt, in: Christian Bauer / Marco A. Sorace (Hg.), Gott anderswo? Theologie im Gespräch mit Michel de Certeau, Ostfildern 2019, S. 107–130, S. 110.

dass man etwas verändern kann und darf; der Raum also nicht nur theoretisch, sondern auch praktisch geöffnet ist. Zudem liegt gerade in der erzeugten Leere die Wurzel des Potenzials, da so eine vereinfachte Teilhabe ermöglicht wird. Schließlich ist etwas Leeres einfacher zu füllen und zu nutzen als etwas bereits Gefülltes, was die Bandbreite an vorgeschlagenen Ideen beweist. Dieses Platzmachen für die Menschen und deren Impulse würdigen auch die, die an der Studie teilnahmen an mehreren[155] Textstellen wie etwa in Interview 3:

> „[N]icht nur um zu kommen für Gottesdienste, sondern einfach für alle Arten von Aktivitäten. Also da ist viel Platz. Diese beiden Flure, also hier ist ein Flur und da ist ein Flur [zeigend]. Da gibt's einfach viel Raum, da kann man auch so kleine Gruppenarbeiten vielleicht machen. Hier auch [zeigend], das ist da vorne. Da kann man ... da sind ... da kann man so im Kreis sitzen. Vielleicht irgendwelche Treffen haben oder ich weiß nicht" (Interview 3, Pos. 40).

Sakral und profan – Gegensatz und Ergänzung

Mit seiner wohl bislang einzigartigen Bespielung bildet St. Maria eine Art Scharnier zwischen sakralem und profanem Charakter. In allen Interviews wird sich gegen eine rein sakrale Verwendung des Kirchenraumes ausgesprochen. Zeitgleich soll die Kirche weiterhin ein geweihtes Gotteshaus bleiben, um den Menschen liturgische Feiern zu ermöglichen. Sowohl Aspekte des Sakralen als auch Profanen werden für den Raum als gewinnbringend angesehen. Dabei werden die profanen Ideen und Applikationen stets als Ergänzung zu dem klassischen Angebot einer Kirche verstanden, nicht als dessen Ablösung[156]. St. Maria wird so zu einer „Kirche der Zukunft" (Interview 1, Pos. 36), die sich gerade in der Spannung zwischen profan und sakral das kreative Momentum erwirkt, die Quelle neuer kreativer Nutzungen zu sein. Folglich sorgt das neue Bild und Verständnis weniger für ein Einbrechen der kirchlichen Funktion als vielmehr für ihr Aufbrechen in ein größeres Verwendungsverständnis. Dass die Balance zwischen den beiden Polen immerzu in eine der beiden Richtungen kippen kann, zeigt das Material eindrücklich. Beispielsweise wird der Kirche eine zu offensichtlich kirchliche, fast schon aufdringlich religiöse Präsenz zugesprochen (vgl. Interview 7, Pos. 62). Andererseits haftet dem Raum eine „säkularisiert[e]"[157] Stimmung an (vgl. Interview 11, Pos. 118). Entsprechend handelt es sich bei dem Balancieren um ein Hin- und Herpendeln zwischen sakralem und profanem Wirken. Wenngleich das profane Interieur scheinbar als Verwirklichungsinstrument für Nächstenliebe und Gemeinschaft verstanden wird, zeigen sich auch gegensätzliche Tendenzen, in deren Kontext alte und neue Objekte gegenteiliges ausdrücken. Besonders an den beiden Altären wird erkennbar, dass das neue das

---

[155] Siehe auch: Interview 3, Pos. 46, Interview 4, Pos. 44, Interview 7, Pos. 44 oder Interview 9, Pos. 30.
[156] Lediglich die Äußerungen von Interview 8 bilden hier eine Ausnahme.
[157] Mit der Wortwahl ist vermutlich schlicht ‚nicht-kirchliches' gemeint.

3.5 Die zentralen Erkenntnisse der doppelten Datenauswertung

bisherige Interieur ablöst. Während der Steinaltar für klerikalen Exklusivismus steht, strahlt der Holzaltar in den Augen der Befragten eine Begegnung auf Augenhöhe aus und steht für eine andere Form der Spiritualität, die sich durch die Inklusion aller, die sich im Zentrum des liturgischen Ortes versammeln wollen, um den Glauben Christi in der Gemeinschaft zu erleben, auszeichnet (vgl. Interview 11, Pos. 98). Der hölzerne Kubus überzeugte die Partizipierenden nicht nur durch seine Positionierung, sondern ebenso durch sein ästhetisches Antlitz bzw. seine materielle Beschaffenheit (vgl. Interview 1, Pos. 16b und Interview 10, Pos. 64). Generell wertete die alternativ-rustikale Holzausstattung den räumlichen Gesamteindruck der Kirche massiv auf (vgl. Interview 5, Pos. 26).

Dass sich die Öffnung für das Profane und der sakrale Gehalt teilweise entgegenstehen, zeigt etwa das Beispiel des Beichtstuhls. Interviewpartner 2 berichtete, dass der Beichtstuhl nicht für Offenheit und Transparenz, sondern vielmehr für das Gegenteil stehe: für einen Kirchenraum, der bei Kontrolle, Abschattung und Verborgenheit stehenbliebe (vgl. Interview 2, Pos. 22). Der Beichtstuhl ist ein Bereich, in dem der Priester und die beichtende Person unter sich sind. Die Kontrolle liegt bei dem Kleriker, der das kleinräumige Raumsetting bestimmt. Das Beispiel zeigt: Öffnet sich der Raum nur partiell, bleiben kirchliche Machtdispositive erhalten. Entsprechend gelingt es St. Maria nicht, aufgrund der nach wie vor sakraleinflussnehmenden Bestimmungen, die ihr anhängenden Machtverhältnisse gänzlich zu überwinden.

Auf der anderen Seite ist es die Mischung aus sakralen und profanen Einflüssen, die die Stuttgarter Hallenkirche auszeichnet, da sie unterschiedliche Stärken und Schwächen für den Raum bedeuten und ein einzigartiges Spannungsgefüge erzeugen. Dieses Alleinstellungsmerkmal wäre nach Schüßler und Schweighofer weder mit einer Über- noch Unterdeterminierung in eine zu sakrale oder zu profane Richtung aufzulösen.[158] Nur so bleibt der volle Ermöglichungshorizont des Scharniers aufrechterhalten und zeigt, wo sakrale und profane Einflüsse das verkörpern, was Kirche leisten sollte und könnte bzw. das, was sich die Kirchenbesucher:innen von ihrem Besuch erhoffen: die Verbindung klassisch kirchlicher Sektionen und Symbole (wie in den beiden Querschiffen manifestiert) mit neuen Zeichen, die die Werte des christlichen Glaubens auch im Profanen ausdrücken und verwirklichen.

Demnach stellt sich in der Konsequenz die Frage, ob St. Maria ‚mehr' Kirche ist als vor dem Projektbeginn. Nicht nur weil der Ort mehr Raum für das situative

---

[158] Vgl. Schüßler / Schweighofer, „St. Maria als …" Leerstellen als kreatives Konzept urbaner Pastoral, in: https://uni-tuebingen.de/securedl/sdl-eyJ0eXAiOiJKV1QiLCJhbGciOiJIUzI1NiJ9.eyJpYXQiOjE2MjY3MTQ0MT-sImV4cCI6MTYyNjgwNDQwNywidXNlciI6MCwiZ3JvdXBzIjpbMCwtMV0sImZpbGUiOiJmaWxlYWRtaW5cL1VuaV9UdWViaW5nZW5cL0Zha3VsdGFldGVuXC9LYXRoRWx2ZW9sXC9MZWhyc3RdTAwZmNobGVcL1ByYWt0aXNjaGVfVGhlb2xvZ2llXC9eb25sbWVudGVcL3cl8yMDE4XC9tdEFlNYXJpYVlLb256ZXB0XzIwMTdfZW5kLn BkZiIsInBhZ2UiOjExMUxMX0.w1BQx2rQkaPe5cR6W7rpfFAzslvBLEDI9VZwQN1Htlo/St_Maria_Konzept_2017_end.pdf (2017) [Abrufdatum: 19.07.2021], S. 6.

Wirken des Evangeliums produziert, sondern auch, da sich der Sakralbau der Wirklichkeit, dem Leben der Stadt und seinen Bewohner:innen gewollt ausliefert. Wie eine Passage von Interview 9 zeigt, verwandelt das Unterfangen „St. Maria als ..." das Gotteshaus zu einem kreativen Schöpfungsort seiner ebenbildlichen Schöpfung, dem Menschen (vgl. Interview 9, Pos. 72–74). St. Maria wird so nicht nur zum Spiel- und Experimentierfeld für die Stadt, sondern vor allem für das Evangelium. In der Marienkirche verbinden sich ‚profanes Außen' und ‚sakrales Innen' nicht nur, sondern sie wirken zeitgleich in die Richtung des anderen: profan strömt von außen nach innen und sakral diffundiert von innen nach außen. Infolgedessen überwindet die Stuttgarter Innenstadtkirche das, was das Zweite Vatikanum bereits ekklesiologisch vollzogen hat:

> „Die [...] Gesamtekklesiologie des Zweiten Vatikanums [...] überschreitet die Unterscheidung von Sakralem und Profanem im Zeichen von Gottes universalem Heilswillen – und anerkennt somit auch eine ‚gerechte Autonomie der irdischen Wirklichkeiten' (GS 36)."[159]

Somit ginge es weniger darum, das Profane zu sakralisieren als vielmehr Spuren des Heiligen im Profanen aufzudecken (siehe Kapitel 4.1.2 Entgrenzung sakraler und profaner Heiligkeit).

Einblicke in das, was eine Kirche alles (sein) kann

Die grundsätzliche Idee von „St. Maria als ...", den Kirchen(um)raum den Menschen der Stadt für mehr als nur eine sakrale Nutzung zur Verfügung zu stellen, klingt in den durchgeführten Interviews äußerst positiv an, wie beispielsweise in Interview 2: „Auf alle Fälle eine super Idee" (Interview 2, Pos. 64). Mit einem Satz aus Interview 9 – „was nicht genutzt wird, ist so schon Müll" (Interview 9, Pos. 68b) – kristallisiert sich heraus, was alle Studienteilnehmer:innen befürworten: Ein Kirchenraum ist dazu da, um genutzt zu werden. Dies schließt für alle Befragten eine alternative Nutzung mit ein. Jedoch werden hierzu eindeutige Grenzen formuliert. Denn nicht jede Nutzung wird gutgeheißen. Zu laute oder zu bewegungsintensive Verwendungen werden für eine nach wie vor geweihte Kirche als unpassend empfunden und entsprechend abgelehnt (vgl. Interview 4, Pos. 96 und Interview 6, Pos. 82–86). Der Sakralbau soll weiterhin in seiner bisherigen Funktion erhalten bleiben und Raum in der Stadt bieten, wo man Gottes Präsenz bewusst aufsucht. Hierauf verweist auch Wilhelm Gräb: „Gott braucht keinen Raum. Aber wir Menschen brauchen Räume, in denen wir Gott finden, uns verhalten können zu Gott".[160]

---

[159] Christian Bauer, Heiligkeit des Profanen? Theologien der Desakralisierung auf dem Zweiten Vatikanum, in: Thomas Eggensperger / Ulrich Engel / Angel Méndez Montoya (Hg.), Edward Schillebeeckx. Impulse für Theologien im 21. Jahrhundert, Ostfildern 2012, S. 67–83, S. 79.

[160] Wilhelm Gräb, Gott ohne Raum – Raum ohne Gott?, in: Helge Adolphsen (Hg.), Sehnsucht nach heiligen Räumen – eine Messe in der Messe. Berichte und Ergebnisse des 24. Evangelischen Kirchbautages in Leipzig 2002, Darmstadt 2003, S. 95–108, S. 96.

Die vorgeschlagenen, alternativen Nutzungsvarianten der Studienteilnehmenden decken ein breites Spektrum ab: von Kulturstätte über sakralen Rückzugsort bis hin zum sozialen Treffpunkt und Ort für die Bedürftigen. Somit markieren die Raumentdecker:innen die Marienkirche eindeutig als Ort der Begegnung mit Gott und den Menschen. Das Gebäude soll sowohl mit seinem Umraum den Bedürfnissen der Stadtbevölkerung dienen, die den sozialen und kulturellen Austausch suchen als auch für diejenigen zur Verfügung stehen, die einen Ort der Besinnung und der religiösen Atmosphäre brauchen sowie für die Schwächeren, die im Strudel des Stadtlebens untergehen oder verdrängt werden. In dieser Konsequenz bietet St. Maria keinen Raum für ein paar wenige, sondern einen Raum für alle. Wird das Material nach Kirchen(nutzungs)konzepten durchsucht, wird schnell offensichtlich, dass der neue Charakter der Marienkirche eine Symbiose aus Vesper- und Citykirche für die Befragten darstellt, da sowohl das gemeinsame Speisen und Kümmern um Bedürftige (vgl. Interview 10, Pos. 130) als auch die Inkulturation des Quartiers in den leeren Kirchenraum (vgl. Interview 7, Pos. 38), die Dinge sind, die sich die Partizipierenden als Nutzung wünschen. Aus diesem Grund soll die Marienkirche – nach der Einschätzung der Pionier:innen – zum Experimentierfeld der Stadtbevölkerung werden, die ihre Kirche so verwendet, wie sie es für adäquat und sinnvoll hält.

Vermutete Problemfelder
Durch die Nachfrage in den Interviews, welche Probleme mit dem Umgang der Kirche erwartbar wären, wurden verschiedene Szenarien geschildert. Eines ist dabei besonders häufig aufgetreten. So sahen die befragten Personen vor allem im Freigeben der Kirche für eine alternative Nutzung, die Gefahr der Ausgrenzung für ein Milieu, welches für einen traditionellen Umgang plädieren würde. Dadurch rücken die Menschen in die Betrachtung der Partizipierenden, welche die gewohnten Formate regelmäßig wahrnehmen möchten und entsprechend schätzen. Besonders markant zeigt sich dies an den Erklärungsversuchen von Interviewpartner 8, der in dem neuen Raumerproben ein Abrücken von kirchlich-sakralen Traditionen sieht. Seiner Meinung nach würde die Kirche durcheinanderkomme, wenn zu viel Profanes Einzug in den Sakralbau erhielte (vgl. Interview 8, Pos. 96). Außerdem störe die moderne Bespielung eine entsprechende Heiligkeit (Interview 8, Pos. 36) und das führe in der Konsequenz zu einem Abrücken von Religion bzw. Gott (vgl. Interview 8, Pos. 74–78). Der evangelische Theologe Stephan Schaede macht darauf aufmerksam, dass eine erweiterte Kirchenraumnutzung auch immer religiöse Gefühle verletzen kann:

> „Es strapaziert die Psychologie einer Gemeinde, wenn an dem Ort, an dem man Abendmahl feiert, unter der Woche [...] die Bogenschießschule ihr Turnier abhält, die Austria-AG Jodeltraining abgehalten und die Slowfoodbewegung ihren Kochkurs ausgerichtet hat."[161]

---

[161] Stephan Schaede, Heilige Handlungsräume? Eine theologisch-raumtheoretische Betrachtung zur performativen Kraft von Kirchenräumen, in: Ingrid Baumgärtner / Paul-Gerhard

So braucht es neben einer angemessenen Nutzung vor allem einen sensiblen Umgang, Aufklärung, Dialog, Aushandlungsprozesse und viel Geduld. Vor allem die Aussagen aus Interview 8 zeigen, was das Projekt unter anderem verhandelt. Nämlich nichts weniger als die Frage, was ein geweihtes Gotteshaus sein soll bzw. kann und was nicht.

Darüber hinaus werden weitere problematische Vermutungen geäußert, wie das Risiko, dass das Projekt nur dann bestehen könne, wenn das Engagement der Initiatoren, Verantwortlichen und Helfer bestehen bliebe (vgl. Interview 11, Pos. 132). Insofern wird nicht nur die Motivation der am Projekt Beteiligten angesprochen, sondern auch wie sehr es Mensch braucht, die sich für solch ein Pilotprojekt engagieren. Aber auch das Einigen auf die Befüllung (Wer darf entscheiden?) wird als mögliches Problem benannt (vgl. Interview 7, Pos. 72a). Ebenso wird die Frage danach, ob die Menschen aus dem näheren Umfeld sich für solch ein Projekt begeistern können, von einer Person infrage gestellt, die das Quartiert durch ihre Arbeit sehr genau kenne (vgl. Interview 4, Pos. 86). Kurzum zeigt die Auswertung der Daten, auf wie vielen unterschiedlichen Ebenen Probleme vermutet werden.

3.6 Ein kritischer Rückblick auf das Forschungsdesign

Wissenschaftliches Arbeiten im Allgemeinen und empirisches Arbeiten im Speziellen zeichnet sich unter anderem dadurch aus, die eigenen Umsetzungen und Methodenansätze stets kritisch zu hinterfragen. Und da man im Nachhinein immer schlauer ist, wird im Folgenden eine Selbstkritik am verwendeten Forschungsdesign angefügt.

Obgleich die gewählte visuelle Methode der reflexiven Fotografie ertragreiche Daten liefern konnte, wäre grundsätzlich auch ein anderer visueller Zugang (z. B. Mental-Mapping) möglich und evtl. ähnlich passgenau gewesen, um die Raumwahrnehmungen aufgreifen zu können. Zugleich ist der Umgang mit den reflexiven Fotografien selbst zu kritisieren. Denn neben den inhaltlichen Differenzierungen der Fotos und deren quantitativer Auswertung wäre eine ebenso tiefergreifende Interpretation des visuellen Materials denkbar und evtl. vielversprechend gewesen, da ein qualitativer Interpretationsprozess im Stande gewesen wäre, mehr aus den abgelichteten Bildern zu extrahieren, als nur (quantitative) Signifikanzen anzugeben. Dabei hätte auf verschiedene Bildinterpreta-

---

Klumbies / Franziska Sick (Hg.), Raumkonzepte. Disziplinäre Zugänge, Göttingen 2009, S. 51–70, S. 61.

3.6 Ein kritischer Rückblick auf das Forschungsdesign

tionsmodelle zurückgegriffen werden können.[162] Allerdings wäre trotz einer solchen Analyseschablone der Anteil an subjektivem Einfluss und damit das Risiko von Fehlinterpretationen erhöht gewesen. Zudem hätte es eine Selektion einiger weniger Schnappschüsse gebraucht, da die Anzahl von 110 Fotos schlicht zu groß für eine umfängliche Interpretation gewesen wäre.

Darüber hinaus will auf mögliche interpretative Fehlschlüsse hingewiesen werden, die auf der Kategorienebene, bei der Metainterpretation und der quantitativen Bildanalyse niemals in Gänze zu verhindern sind. Um dem entgegenwirken zu können, hätten mehrere wissenschaftliche Mitarbeiter:innen voneinander unabhängige Interpretationen anfügen müssen. Dennoch wurde der Versuch unternommen abzubilden, wie die Interpretationen durch den Forscher zustande kamen, um dem Interpretationsprozess möglichst viel Transparenz beizumengen.

Die Fotointerviews selbst können ebenfalls in mehreren Punkten kritisiert werden. So hätten sowohl die Durchschnittslängen als auch die Anzahl der Teilnehmenden größer ausfallen können, um mehr Transkriptionsmaterial generieren zu können. Jedoch wäre in solch einem Fall fragwürdig gewesen, ob mehr Material tatsächlich neue Erkenntnisse produziert hätte. Zudem hätte dies einen erhöhten Untersuchungsaufwand bedeutet. Demgegenüber wäre es rückblickend entscheidend gewesen, das Profil der Befragten nicht nur auf Alter, Geschlecht und berufliche Tätigkeit auszurichten, sondern auch Personen einzuspannen, die aus unterschiedlichen Kulturkreisen stammen. Diese hätten die Wahrnehmungstiefe um neue Eindrücke ergänzen können. Weiter hätten während der Interviews verstärkt die Aufnahmeintentionen erfragt werden können, da die Pionier:innen zum Teil nicht auf alle Fotos eingingen. Dadurch hätten zusätzliche Informationen generiert werden können.

Wenngleich der visuelle Ansatz für die pastoraltheologische Forschung recht innovativ ist, muss angemerkt werden, dass durch die Methode und die quantitative Auswertung der Fotos dem Visuellen eine klare Vorrangstellung eingeräumt wurde. Gerade im Hinblick auf die vernommene Kirchenatmosphäre sind jedoch auch die übrigen Wahrnehmungsfaktoren (Sinne, Emotionen) zu berücksichtigen, die Mithilfe der Leitfragen eingeholt werden sollten.

Schlussendlich kann zudem das induktiv erzeugte Kategoriensystem beanstandet werden. Hier erfolgten Kodierung und Kategorienbildung stets nach den subjektiven Einschätzungen des Forschenden. Lediglich der Leitfaden Mayrings und die iterative Überarbeitung der Kodes bzw. induktiven Kategorien dienten hier als Absicherung der Transparenz. Außerdem konnten nicht alle Kodes in der Auswertung der Kategorien berücksichtigt werden. Hier wurde ebenfalls

---

[162] Für weitere Varianten bzw. Ansätze siehe: Winfried Marotzki / Horst Niesyto (Hg.), Bildinterpretation und Bildverstehen. Methodische Ansätze aus sozialwissenschaftlicher, kunst- und medienpädagogischer Perspektive (= Medienbildung und Gesellschaft 2), Wiesbaden 2006.

aufgrund einer subjektiven Einschätzung das ausgewertet, was signifikant in der jeweiligen Kategorie erschien. Jede kodierte Sinneinheit in der Auswertung zu berücksichtigen, hätte einen gewaltigen Mehraufwand bedeutet und nicht zwangsläufig garantieren können, neue Erkenntnisse aufzudecken.

4. Ausführungen

4.1 Theologische Reflexionen

Konstellieren ist wie Tetris spielen. Es geht darum verschiedene Bestandteile im Prozess der kreativen Zusammenschau miteinander in Verbindung zu bringen, um dann ein möglichst stark verdichtetes Gesamtbild der einzelnen Ausgangsfragmente zu erhalten. Anders als bei einem Puzzle ist es jedoch nicht vorhersehbar, welche Teile zur Konstellation vorliegen und inwiefern sie zueinander anschlussfähig sind. Hier bleiben der konstruierenden Person lediglich kreative und zutiefst subjektive Eingebungen, die Bausteine in (un)passende Konstellationsformen zu bringen, um daraus abduktive Erkenntnisse zu entnehmen. Schließlich geht es bei Abduktion schlicht um die Suche nach kreativen Differenzen. Mit Fabian Brand könnte man sogar behaupten, dass abduktives Schließen für die folgenden Ausführungen alternativlos ist: „Gerade für die gelingende Verknüpfung von menschlicher Lebenswelt und theologischem Nach-Denken scheinen Abduktionen der einzige geeignete Weg zu sein."[1] Durch die sich nun vollziehende „theologische Distanznahme"[2] wird das heuristische Vorgehen theologisch zielführend. Nachdem die Methodologie bereits im Einführungskapitel dargelegt wurde (siehe Kapitel 1.5 Methodologie), wird nun in die theologische Reflexion eingestiegen.

4.1.1 Freigeben und freilegen

Sowohl die Anlage des Projekts als auch die geschilderten Wahrnehmungen der Raumpionier:innen verweisen augenfällig auf eine Kirche, die ihren Raum frei geben soll. So wird der Umgang mit dem Gebäude und seinem Raum etwa als „der richtige Weg für die Kirche der Zukunft" (Interview 1, Pos. 36) bezeichnet. Mit dem Schlagwort „Freiraum" (Interview 10, Pos. 42), welches eng mit den Phänomenen *Freigabe* und *Freilegung* verlinkt ist, lässt sich theologisch spannendes entdecken.

---

[1] Brand, Gottes Lebensraum, S. 123.
[2] Bauer, Schwache Empirie?, S. 110.

Interessant ist zunächst die Betrachtung des Ausdrucks ‚Raum geben'. Der evangelische Theologe Jürgen Moltmann verweist etwa darauf, dass der hebräische Begriff *jasa* (erlösen) wörtlich „Raum geben"[3] bedeutet.[4] Daraus resultiert für den Frankfurter Systematiker Knut Wenzel:

> „Überall, wo die Höflichkeit [des Raumgebens] dem Anderen den Vortritt lässt, finden also, so könnte im Umkehrschluss gefolgert werden, kleine, vorläufige, vestigienhafte Akte der Erlösung statt."[5]

Für Knut Wenzel bedeutet das konkret: „Der Höfliche lässt dem Anderen den Vortritt, der tritt zurück und gibt ihm Raum; er vollzieht darin einen fundamentalen Akt der Anerkennung des Anderen."[6] Eufinger und Sellmann fassen die sich daraus ergebende These Wenzels, der in seinem Ansatz für eine Theologie der Welt plädiert, die über die Trennung von religiös und säkular hinausgeht, wie folgt zusammen:

> „Wenzels Vorstoß gipfelt pastoralpraktisch in der These einer ‚höflichen' Kirche, also einer Kirche, die sich darauf verpflichtet, zusammen mit ihren Zeitgenossen jenen Raum – Hof – zu sichern, der es allen erlaubt, eine eigene Überzeugung zu finden, zu gestalten und zu präsentieren."[7]

Eine Kirche, die in dieser Art und Weise mit ihrem Raum umgeht, verpflichtet sich in der Konsequenz der Grundhaltung einer diakonischen Pastoral, die Enge, Begrenzung und das Festhalten an Gewohntem überwindet. „Eine [solche] Kirche die Platz macht, ist eine, die nicht mehr den umgebenden Raum auf sich bezieht, sondern sich auf den Raum"[8], so Sellmann. Christian Bauer schreibt hierzu ergänzend:

> „Eine Kirche, die im Sinne Jesu selbstvergessen ‚Platz macht', räumt nicht nur ihr eigenes Schrumpfen ein, sondern gibt auch lange kirchlich besetzte Orte im Geist des Evangeliums frei und macht so Platz im Doppelsinn der französischen Wendung *faire*

---

[3] Gisbert Greshake bezieht das „Raumgeben" auf die Trinität Gottes, wo der Begriff das Wesen der Liebe Gottes entscheidend mitprägt: „Keine der göttlichen Personen nimmt alles Sein ‚für sich' in Beschlag, sondern sie empfangen und geben und schaffen so Raum für die anderen" (Gisbert Greshake, Der dreieine Gott. Eine trinitarische Theologie, Freiburg i. Br. ⁴2001, S. 232).

[4] Vgl. Jürgen Moltmann, Gott und Raum, in: Ders. / Carmen Rivuzumwami (Hg.), Wo ist Gott? Gottesräume – Lebensräume, Neukirchen-Vluyn 2002, S. 29–41, S. 31.

[5] Knut Wenzel, Gott in der Stadt. Zu einer Theologie der Sakralität, in: Ders. / Michael Sievernich (Hg.), Aufbruch in die Urbanität. Theologische Reflexion kirchlichen Handelns in der Stadt, Freiburg i. Br. 2013, S. 330–389, S. 355.

[6] Wenzel, Gott in der Stadt, S. 354.

[7] Veronika Eufinger / Matthias Sellmann, Der verlorene Raum? Citypastoral als urbane Strategie der Kirche, in: Communio 45 (2016), H. 2, S. 127–137, S. 135.

[8] Sellmann, Für eine Kirche, die Platz macht, S. 77.

4.1 Theologische Reflexionen

place: beiseitetreten und Raum schaffen. Institutionelles Freigeben trifft somit auf gesellschaftliches Rückgewinnen von öffentlichem Raum."[9]

Wird dieser Einstellung nachgeeifert, „entstehen so kollaborative Freiheitsräume, die in jesuanischem Geist dem Wohl des gesellschaftlichen Ganzen dienen. Räume sich wechselseitig intensivierender Freiheiten"[10]. Schließlich gilt nach Ottmar Fuchs grundsätzlich: „Kirchen sollten auf der Seite der Ermöglichung stehen."[11] Denn gerade im Moment der Raumanbietung wird die Möglichkeit für Ereignisse geschaffen, wo sich nichts ereignen muss, aber sich vieles ereignen kann. Angesichts dessen gilt es, Mittel und Wege ausfindig zu machen, die Raumpotenziale offenlegen und stärken.[12] Gleiches fordert Papst Franziskus in *Evangelii gaudium*: „Prozesse zu initiieren, statt Räume zu besetzen" (EG 223). Gerade einer Kirche der Stadt sollte es darum gehen, so Eufinger und Sellmann, Gestaltungs- und Schutzraum des Öffentlichen zu sein und sich nicht als „Durchsetzungsraum der eigenen Agenda"[13] zu verstehen.[14] Freiräume bieten nach Rolf Zerfaß wahre Überraschungen und sorgen für „Einbrüche des Fremden"[15]. Sie müssen sowohl von innen heraus geschaffen als auch im Außen von den pastoralen Praktiker:innen aufgespürt werden. Dies fordert auch Bauer unter Rückgriff auf Karl Rahner:

> „Wir brauchen eine entsprechende Pastoral der offenen Ränder bzw. der vielen Ringe, die sich mit Karl Rahner konzilstheologisch im Sinne einer sakramentalen Ekklesiologie (vgl. LG 1) denken lässt: nämlich als die *explizite* Sakramentalität einer heilsuniversal entgrenzten Kirche, die als sichtbares Zeichen der unsichtbaren Gnade (,*signum visibile invisibilis gratiae*') daran erinnert, dass diese *implizit* auch außerhalb der Kirchenmauern wirkt [...]."[16]

Solch eine Pastoral folgt der Lehre von *Gaudium et spes*:

---

[9] Christian Bauer, Architekturen der Pastoralen. Skizzen einer theologischen Theorie des Entwerfens, in: Katharina Karl / Stephan Winter (Hg.), Gott im Raum?! Theologie und spatial turn: aktuelle Perspektiven, Münster 2021, S. 313–342, S. 323.

[10] Bauer, Architekturen der Pastoral, S. 323.

[11] Ottmar Fuchs, Wir müssen gar nichts tun, sondern dürfen anders sein, um das Richtige tun zu können, in: εὐangel (2014), H. 1. Online unter: https://www.euangel.de/ausgabe-1-2014/neue-spiritualitaet-und-christentum/wir-muessen-gar-nichts-tun-sondern-duerfen-anders-sein-um-das-richtige-tun-zu-koennen/ [Abrufdatum: 06.09.2021], o. S.

[12] Vgl. Jörg Heiler, Handlungstaktiken für den gelebten Raum, München 2012, S. 56.

[13] Eufinger / Sellmann, Der verlorene Raum?, S. 136.

[14] Vgl. Eufinger / Sellmann, Der verlorene Raum?, S. 136.

[15] Rolf Zerfaß, Menschliche Seelsorge. Für eine Spiritualität von Priestern und Laien im Gemeindedienst, Freiburg i. Br. 1985, S. 24.

[16] Christian Bauer, Pastoral der Schwellenchristen? Erkundungen zur säkularen Bedeutung des Evangeliums, in: εὐangel (2013), H. 3. Online unter: https://www.euangel.de/ausgabe-3-2013/glauben-in-saekularitaet/pastoral-der-schwellenchristen/ [Abrufdatum: 07.09.2021], o. S.

> „Pastoral im Geiste des Zweiten Vatikanischen Konzils ist folglich in ihrer Wesensmitte eine diakonisch-helfende Pastoral, die die Orte der Armen und Bedrängten aufsucht, sich auf Begegnung mit ihnen einlässt, um sie in ihrem Mensch-Sein ‚zu retten' (GS 3)."[17]

In enger Verbindung mit Freiheitsräumen steht der Akt des Freigebens. Nach Schüßler und Schweighofer heißt es:

> „Freigeben bedeutet das Gegenteil von Aufgeben. Freigeben des Evangeliums bedeutet nicht es preiszugeben, sondern es für biographische, soziale und kulturelle Aneignungsprozesse anzubieten."[18]

Gleichwohl geht damit Folgendes einher:

> „Wer freigibt, kann nicht mehr direkt kontrollieren, ist aber auch nicht einfach verschwunden. Sobald man den Kirchenraum, eine bekenntnisfixierte Engführung und die Erwartung dauerhafter Kirchenbindung freigibt, explodiert das Interesse an dem, was man als Kirche der Stadt frei zu geben hat."[19]

Umgekehrt profitiert also auch der Kirchenraum selbst von einer Freigabe. Denn im Akt des Freigebens würde dem Sakralbau selbst neues Leben durch die nun kommenden Menschen eingehaucht, was man bei der Stuttgarter Marienkirche sofort spüre, so Interviewpartnerin 10 (vgl. Interview 10, Pos. 10).

Hadwig Müller verbindet mit ‚frei geben' der Verwirklichung des Evangeliums Raum zu geben.[20] In Bezug auf die Stuttgarter Marienkirche heißt dies: die räumlichen Bedingungen zu schaffen, um dem Evangelium die Entfaltung zu vereinfachen und damit seine Entfaltung zu begünstigen. Die theologische Universalformel ‚Evangelium' wird nicht selten als ‚selbst-verständlich' vorausgesetzt, wo jede/r weiß, was damit gemeint ist. Deshalb lohnt sich das Einschieben einer kurzen und freien Semantik bzw. Explikation des für die Theologie so wichtigen Begriffs: Das Evangelium erblüht im Horizont der anbrechenden Gottesherrschaft immer dann, wenn Menschen im Geiste Jesu wirken, aus sich selbst herausgehen sowie zu anderen finden und sich ihr Leben mit dem Guten färbt. Oder nach Michael Schüßler zitiert:

---

[17] Isidor Baumgartner, Pastoral an den Orten der Armen und Bedrängten, in: Johannes Först / Heinz-Günther Schöttler (Hg.), Einführung in die Theologie der Pastoral. Ein Lehrbuch für Studierende, Lehrer und kirchliche Mitarbeiter, Berlin / Münster 2012, S. 213–240, S. 213.

[18] Schüßler / Schweighofer, „St Maria als ..." Leerstellen als kreatives Konzept urbaner Pastoral, S. 2.

[19] Schüßler / Schweighofer, „St Maria als ..." Leerstellen als kreatives Konzept urbaner Pastoral, S. 2.

[20] Vgl. Reinhard Feiter / Hadwig Müller (Hg.), Frei geben. Pastoraltheologische Impulse aus Frankreich, Ostfildern 2012.

4.1 Theologische Reflexionen

> „Die einzige Forderung des Evangeliums ist ein zum *Leben zu kommen* des jeweils Anderen [sic!], ohne ihn intentional zu verändern, also weder in eine Gemeinde noch in ein religiöses Bekenntnis hineinzumanövrieren."[21]

Begünstigend für die Freigabe von Räumen kann Leere sein. Die Stuttgarter Professorin für Architektur Martina Baum schreibt hierzu:

> „Die Leere steht für Offenheit in der Nutzung wie auch Bedeutung. Der Raum ist verfügbar, kann und muss aber interpretiert werden. Der Raum, der durch Leere gekennzeichnet ist, spannt polyvalente Möglichkeiten auf und regt zur Aneignung, Interaktion und Eroberung an. [...] Die Leere steht für einen Raum ohne eindeutigen Nutzen, im besten Sinne des Wortes nutzlos und damit offen für vielfältige Nutzungen. [...] Die Leere ist eine Eigenschaft des Raumes, nicht das Fehlen von Etwas. Die Leere ist die Basis dafür etwas aufzunehmen, etwas oder jemanden zuzulassen."[22]

Allein die Nutzungseinfälle und Wünsche der Pionier:innen für zukünftige Nutzungen zeigen den Mehrwert der leeren Kirche.[23] Sie selbst ist eine ereignisoffene „Leerstelle"[24], die sich dem Versuch verschreibt mit Gott im leeren Raum zu rechnen. Wie wichtig Leerstellen und Uneindeutigkeiten sind, betonen Schüßler und Schweighofer:

> „Die Mehrdeutigkeit von Leerstellen ist keine Verwässerung der Eindeutigkeiten Gottes, sondern Teil der Offenbarung seiner Optionen, nämlich nichts mit Gewalt in Einheits- und Eindeutigkeitsformen zu pressen – sondern Freiheit und Vielfalt zuzulassen und sogar anzuregen."[25]

Dieses Merkmal zeichnet die Projektskizze vordergründig aus, da erst durch Leere die bunten Nutzungsvarianten ermöglicht wurden. Schließlich ist Leere die Voraussetzung von Fülle. Dies betreffend lohnt sich ein Blick auf das Phänomen der Entleerung, die der Leere vorgeschaltet ist. Im christlichen Kontext fällt hierzu schnell die Kenose[26] ins Auge der Diskursivierung. Judith Könemann versteht (pastoraltheologisch) Folgendes darunter:

---

[21] Schüßler, „Fresh Ex", S. 344.
[22] Martina Baum, Fülle / Leere, in: Dies. et al. (Hg.), Denkraum Fülle / Leere, Stuttgart 2017, S. 17–22, S. 19.
[23] Beispielsweise als: Atelier, (Interview 9, Pos. 72), Kunstausstellung (Interview 7, Pos. 78–80), Bastelwerkstatt und Yogaraum (Interview 4, Pos. 96), Tanzsaal (Interview 1, Pos. 62) oder Foodsharing-Standort (Interview 10, Pos. 54-56).
[24] Christoph Theobald, Hören, wer ich sein kann. Einübungen (= Bildung und Pastoral 5), Ostfildern 2018, S. 51.
[25] Schüßler / Schweighofer, „St. Maria als ..." Leerstellen als kreatives Konzept urbaner Pastoral, S. 3f.
[26] Kenose bzw. Kenosis ist ein zentraler Begriff im Brief an die Philipper (Phi 2,7). Paulus meint damit die freiwillige Selbstentleerung Gottes. Im systematisch-theologischen Sinne erreicht die Selbstentäußerung im Kreuzesgeschehen ihren Höhepunkt (vgl. Hermann-Josef Röhrig, Art. Kenosis III. Systematisch-theologisch, in: Lexikon für Theologie und Kirche, Bd. 5, Freiburg i. Br. ³1996, S. 1397–1398, S. 1397).

> „Die Kenose [...] besteht nun m. E. in diesem puren Warten, das keine andere Absicht kennt als die, dass sich ein Raum eröffnet, in dem etwas geschehen, sich ereignen kann."[27]

Kenose zeichnet sich damit durch zwei Fähigkeiten[28] aus: die des Wartenkönnens und die Grundhaltung einer Erwartungslosigkeit. Auch Ottmar Fuchs verbindet mit Leere die pastorale Haltung des Wartens, was das folgende Zitat deutlich zum Ausdruck bringt:

> „Es gilt, [...] zu warten, das Warten wieder zu lernen, was dabei herauskommt, wenn man nichts bzw. weniger macht. [...] Die Pastoral der Leere (übrigens wäre der Schreibfehler ‚Lehre' das krasse Gegenteil zum Gemeinten) [...] beginnt [...] mit der entsprechenden Spiritualität der Öffnung, des Wartens, des Hinhörens [...]. [...] Für die Wahrnehmung Gottes in den Texten der Tradition und in den lebenden Menschen braucht es Zeit [...], ein gutes Stück Unbesetztheit [...] und entsprechende ‚Leere' [...]."[29]

Aus der Haltung des Wartens heraus ist Pastoral „antwortendes Handeln"[30]. Also erst nach dem sie Platz gemacht und ergebnisoffen gewartet hat, ist sie bereit, mit Handlung(en) zu antworten, auf das, was sich ihr im kenotischen Prozess offenbart. Verbunden mit Leere und Warten setzt sich kirchliches Handeln dem Risiko des Scheiterns aus. Dieses Risiko muss Kirche eingehen – sich in die Hände jener begeben, denen sie Rettung und Heil sein will.[31] Hierzu passend Christian Laggers:

> „Kirche kann nur dann glaubwürdig Zeugin für das Licht der Völker (Lumen gentium) und für die dreieinige Liebe Gottes sein, wenn sie in der Nachfolge Christi bereit ist, sich in und für die Welt als Dienende zu entäußern."[32]

Überdies kann auch dem Zweiten Vatikanischen Konzil ein kenotischer Charakter abgewonnen werden, so Rainer Bucher:

---

[27] Judith Könemann, Konfessionslosigkeit und ihre Bedeutung für die (Pastoral-)Theologie, in: Zeitschrift für Pastoraltheologie 40 (2020), H. 2, S. 21–33, S. 32.

[28] Im Zuge des Säkularitätsphänomens scheinen Könemann die beiden Fähigkeiten bzw. Haltungen essenziell für zukünftiges pastoraltheologisches Treiben (vgl. Könemann, Konfessionslosigkeit und ihre Bedeutung, S. 32).

[29] Ottmar Fuchs, Umkehr zu einer mystagogischen und diakonischen Pastoral, in: Bibel und Liturgie 61 (1988), H. 1, S. 12–21, S. 13; 15; 19.

[30] Reinhard Feiter, Antwortendes Handeln. Praktische Theologie als kontextuelle Theologie (= Theologie und Praxis 14), Münster 2002, S. 263. Sowie neulich erschienen: Christian Bauer, Hörendes Warten? Voraussetzung einer antwortenden Pastoral, in: Monika Heidkamp / Elisa Prkačin / Clarissa Vilain (Hg.), Abweichen. Von einer Praxis, die findet, was sie nicht gesucht hat [Festschrift Reinhard Feiter], Münster 2022, S. 223–238.

[31] Vgl. Bucher, Risiko der Gegenwart, S. 211.

[32] Christian Laggers, Dienst. Kenosis in Schöpfung und Kreuz bei Erich Przywara SJ (= Innsbrucker Theologische Studien 78), S. 328.

> „Die Kirche begibt sich aus der absolutistischen Position uneinhol- und unberührbarer Singularität und Entrückung in die Position einer singulären Heilsbezüglichkeit [...], die grundsätzlich vor nichts Angst hat und keine Solidaritätseinschränkungen akzeptiert."[33]

Gerade das Programm der Pastoralkonstitution weise eine „doppelte kenotische Struktur"[34] der Kirchenbildung aus, da sowohl die Solidarisierung mit der Menschheit als auch die in ihr besonders Leidenden stark hervorgehoben werden, so Bucher weiter.[35]

Nun reicht es aber nicht den Raum lediglich freizugeben, Leere zur Verfügung zu stellen und erwartungsfrei zu warten. Mehr noch bedarf es eines zweiten Impulses; nämlich den der ‚Freilegung'. Freilegen bedeutet im Allgemeinen: „Deckende Schichten von etwas [zu] entfernen und es zugänglich [zu] machen"[36]. Wenngleich ‚aufdecken' häufig synonym verwendet wird, ist der Prozess des Freilegens in der Regel stärker mit Geduld bzw. einem höheren Zeitaufwand verbunden, was Archäolog:innen zu bezeugen wissen. Freilegen meint in Bezug auf die Kirche an der Paulinenbrücke, die Suche im Kollektiv nach der Kreativität und den Raumpotenzialen, die in und um den Kirchenraum schlummern. Im übertragenen, stratigraphischen Sinne geht es um das Abtragen der obersten Raumschichten, den altbekannten Raumkonnotationen, die einen Kirchenraum dominieren, um die darunterliegenden Räume und deren Potenziale für die Menschen und die Kirche freizulegen. Zwar spricht Albert Gerhards nicht von freilegen, meint aber vermutlich ähnliches, wenn er von ‚wuchern' spricht:

> „Der Verweisungscharakter und die damit verbundene Zwecklosigkeit sind das Kapital der Kirchen, ihr immaterieller Wert. Statt das Talent zu vergraben, muss man mit ihm wuchern."[37]

Gleichwohl sind gänzlich neue Erprobungen, begleitet von Experimentierfreude und der Würdigung des Raumes, anzustellen, was die Projektskizze und die Durchführung der Idee verdeutlichen. Insofern geht Freilegen mit neuen Nutzungsformen und einem hybriden Raumkonzept konform.

Dass die Nutzung von Kirchen de facto schon immer vielschichtig[38] war, daran erinnert unter anderem Benedikt Kranemann: „Die Nutzung dieser Gebäude

---

[33] Bucher, Risiko der Gegenwart, S. 210.
[34] Bucher, Risiko der Gegenwart, S. 210.
[35] Vgl. Bucher, Risiko der Gegenwart, S. 211.
[36] Duden, Onlinewörterbuch, Art. Freilegen, in: https://www.duden.de/rechtschreibung/freilegen [Abrufdatum: 07.09.2021], o. S.
[37] Albert Gerhards, Kirchenräume avantgardistisch bewahren, in: Kunstverein, Diözesanmuseum und Bischöfliches Bauamt der Diözese Rottenburg-Stuttgart (Hg.), Heilige Kunst 2018/2019, Ostfildern 2020, S. 19–31, S. 30.
[38] Für aktuelle Beispiele siehe etwa: Ralf Schülter / Stephan Winter (Hg.), Kirchen im Umbau. Neue Nutzungen kirchlicher Räume im Bistum Osnabrück, Osnabrück 2015.

ist immer in Bewegung geblieben, das gilt auch für die Gegenwart."[39] Dazu anschlussfähig auch Andreas Odenthal:

> „Dabei kann eine Vielzwecknutzung [...] den Blick neu schärfen für ein Andersdenken: Kirchenräume tragen auf vielfache Weise Differenzen ein, Transzendenz und Immanenz, zwischen einer kirchlichen Innen- und einer gesellschaftlichen Außenperspektive."[40]

Kranemann fordert die Institution Kirche generell dazu auf, Experimente und Kreativität zuzulassen.[41] St. Maria setzt dies pragmatisch und konkret um, und ist beides: Experimentierfeld und Kreativwerkstatt. Freigabe und Freilegung des Modellprojekts bilden – wie das Grundvertrauen auf Gottes Wirken – die Basis von Freiraum. Dies formuliert Maximilian Heuvelmann in ähnlicher Weise: „Dinge werden und sein zu lassen und dafür Freiraum zu schaffen – [muss] immer in dem Bewusstsein [geschehen], das ER schon da ist."[42]

Von dem Freiburger Phänomenologen Günther Figal stammt ein Satz, der sich vortrefflich auf St. Marias Idee anwenden lässt:

> „[Ein] Freiraum, den ein Raum allein nicht bieten würde, [kann] durch mehrere Räume geboten sein, sodass diese sich als Freiräume zu einem in sich gegliederten Freiraum ergänzen."[43]

Danach wird der besagte Kirchenraum durch Freilegungen und Freigabe zu einem Fundus vieler Teilräume, die in ihrem Zusammenspiel einen großen Freiraum mit einer in sich bestehenden Raumdiversität erzeugen. In diesem räumlichen Horizont der Ermöglichung kann dann das Evangelium auf verschiedene Weisen aufleuchten; womit dem Aufruf nachgekommen wird: „Das Evangelium geht alle an."[44]

Wie wichtig die Rolle der Kirche in einem Stadtquartier sein kann, verdeutlicht St. Maria genauso, wie viele andere Citykirchenprojekte[45]. Es verdichtet sich nämlich Folgendes:

---

[39] Kranemann, Umnutzen statt abreißen, S. 196.
[40] Andreas Odenthal, Rituelle Erfahrung. Praktisch-theologische Konturen des christlichen Gottesdienstes (= Praktische Theologie heute 161), Stuttgart 2019, S. 94.
[41] Vgl. Kranemann, Umnutzen statt abreißen, S. 192.
[42] Maximilian Heuvelmann, Wir in Kahlenbeck – oder: Das fiktive Brennglas kirchlicher Konflikte, in: https://www.feinschwarz.net/wir-in-kahlenbeck-oder-das-fiktive-brennglas-kirchlicher-konflikte/ (2021) [Abrufdatum: 12.11.2021], o. S.
[43] Figal, Unscheinbarkeit, S. 210.
[44] Peter Cornehl, Gottesdienst und Öffentlichkeit, in: Hans-Joachim Eckstein / Ulrich Heckel / Birgit Weyel (Hg.), Kompendium Gottesdienst. Der evangelische Gottesdienst in Geschichte und Gegenwart, Tübingen 2011, S. 185–203, S. 185.
[45] Aktuelle katholische bzw. ökumenische Citykirchen(projekte) sind etwa: St. Nikolaus in Aachen (https://www.citykirche.de/), die Nikolaikirche in Reutlingen (http://www.citykirche-reutlingen.de/home.html) sowie die Citykirche Alter Markt in Mönchengladbach (https://citykirche-mg.de/) [Abrufdatum: 20.07.2021].

> „Wir stehen vor der Herausforderung, dass wir Orte der Nähe brauchen, die keine Orte der Enge sein dürfen (Stichwort: Milieuverengung). Und gleichzeitig brauchen wir einen Raum der Weite, der diese Orte der Nähe aufeinander hin offenhält, der selber jedoch kein Raum der Ferne werden darf (Stichwort: Kirchenverdunstung). Der Raum der Weite braucht die Orte der Nähe, damit er kein Raum der Ferne wird. Und die Orte der Nähe brauchen den Raum der Weite, damit sie keine Orte der Enge werden."[46]

Dies gelingt laut Christian Bauer jedoch nur, wenn offene Settings Räume der Freiheit aufspannen, in welchen Hierarchien ins Schwanken geraten und vorhandene Differenzen produktive Kräfte freisetzen.[47] Entsprechend wichtig ist die Schaffung von Frei(heits)räumen. Der Raum St. Marias ist gewissermaßen mit einem Zeltplatz zu vergleichen, der den Menschen der Stadt von Tag zu Tag erlaubt, ein neues Zelt aufzustellen. „Mach den Raum deines Zeltes weit, spann deine Zelttücher aus, ohne zu sparen!" (Jes 54,2). Damit wird die Möglichkeit geschaffen, das Wirken Gottes in seinem Tempel auf neue Weisen zu erfahren. Oder mit den Worten von Matthias Sellmann ausgedrückt: „Er weltet, indem er zeltet."[48]

4.1.2 Entgrenzung sakraler und profaner Heiligkeit

Bevor auf das direkte Verhältnis der beiden Größen sakral und profan eingegangen wird, ist eine bündige Unterscheidung hinsichtlich der Heiligkeit zu treffen. Hierzu sind vor allem die Gedanken von Christan Bauer, der sich vorwiegend auf Emmanuel Levinas und Jacques Derrida stützt, weiterführend. Doch zunächst sind Vorarbeiten zu leisten, indem die drei Begriffe, um die es geht, umrissen werden: das Heilige, das Sakrale und das Profane.

Bauer entfaltet die Differenzierung zunächst etymologisch: „Das *fanum* ist in der lateinischen Antike der vom übrigen Alltagsleben abgetrennte, sakrale Tempelbezirk. Alles, was vor ihm liegt, ist das *pro-fanum*, das Profane."[49] Somit befindet sich alles profane bzw. weltliche außerhalb sakral-religiöser Bereiche. Entsprechend werden sakral und profan häufig als Gegenbegriffe verstanden. Die etymologische Unterscheidung von ‚Heilig' ist im Deutschen hingegen wenig trivial, da der Begriff zwei verschiedene Bedeutungen in sich eint, die im Engli-

---

[46] Christian Bauer, Mit Pater Fridolin in die Zukunft? Was (vielleicht) von/mit ostdeutschen Christ*innen zu lernen ist, in: Thomas Schlegel / Martin Reppenhagen (Hg.), Kirche in der Diaspora. Bilder für die Zukunft der Kirche, Leipzig 2020, S. 102–121, S. 116.
[47] Vgl. Christian Bauer, Vom Haben zum Sein? Partizipation in einer synodalen Kirche, in: Zeitschrift für Pastoraltheologie 40 (2020), H. 1, S. 37–57, S. 54.
[48] Matthias Sellmann, Er weltet, indem er zeltet. Leere Kirchen, oder: Was mir heilig ist, in: https://sinnundgesellschaft.de/leere-kirchen/?fbclid=IwAR3a65DNPZ44RE1YaI7DfXBIg0phcyRxwjqrvTP3fpWfPjRrM_9zhb871Ho (2021) [Abrufdatum: 07.09.2021], o. S.
[49] Bauer, Heiligkeit des Profanen?, S. 67f.

schen mit den Begriffen ‚sacred' und ‚saint' – oder im Lateinischen (‚sacer' und ‚sanctus') – differenziert sind.[50] In der deutschen Sprache wird das Fremdwort ‚sakral' gebraucht, um die Bedeutung von sacer bzw. sacred auszudrücken.[51] Also etwas im religiösen Sinne Heiliges. Das Heilige[52] im Deutschen sei nach Bauer insofern weiterführend, als dass es an das Adjektiv ‚heil' anschließt, was gesund, ganz und unversehrt bedeute.[53] Fortführend schreibt Bauer:

> „Und Heil ist, wo ich ganz sein darf. Dies schafft Identität in den Differenzen meines Lebens. Ich darf mit mir selbst identisch sein: im Sakralen genauso wie auch im Profanen."[54]

Damit lässt sich an den biblischen Gott anknüpfen, der für allumfassendes Heil steht. In diesem Sinne ist auch das Profane vom Heilswillen Gottes allumfänglich eingeschlossen.[55] Folglich könnte man von einer profanen Heiligkeit und einer sakralen Heiligkeit sprechen. Erstere ist von Ganzheitspraktiken (z. B. Segen), zweitere durch Teilungspraktiken (z. B. Weihe) bestimmt, so Bauer.[56] Der christliche Glaube selbst funktioniere nach dem Schema ganzheitlicher Praktiken des Heiligen.[57] Diese Praktiken würden sich auf eine ausschließende Einschließung Gottes beziehen, so der Innsbrucker Pastoraltheologe weiter.[58] Eine Religion des Sakralen, die für Separierung, Exklusivismus und Ausschluss steht, und sich somit durch Teilungspraktiken auszeichnet, verhält sich konträr zu einem christlichen Glauben, der das Heilige mit Ganzheit und Inkludierung verbindet.[59] Der französische Konzilstheologe Chenu beschreibt den Unterschied von heiligen Einschluss- und sakralen Ausschlusspraktiken in folgenden Worten:

> „Das Sakrale erscheint in seiner ganzen Eigenart, wenn man es mit dem Heiligen vergleicht. Beide Begriffe unterliegen [...] konstanten Interferenzen [...]. Die Heiligkeit besitzt jedoch [...] andere Eigenschaften als die Sakralisierung. Gott ist zwar ‚heilig' [...], nicht aber im eigentlichen Sinn sakral. Die Heiligkeit ist jene überragende Würde, die man durch Teilhabe am göttlichen Leben annimmt. Trotz dieser Vereinigung mit dem Transzendenten sondert die Heiligkeit sich [...] nicht ab. Sie kann [...] in ihrer Initiation [...] sakrale Absonderungen erfordern, aber das sind nur irdische

---

[50] Vgl. Bauer, Religion in der Praktischen Theologie, S. 249.
[51] Vgl. Bauer, Religion in der Praktischen Theologie, S. 249.
[52] Christian Bauer merkt zurecht an, dass das ‚Heilige' auch ein ‚verborgenes Grundthema' des Zweiten Vatikanums sei (vgl. Bauer, Heiligkeit des Profanen?, S. 80). So widmete das Konzil der Thematik das gesamte Kapitel von Lumen gentium (V. Allgemeine Berufung zur Heiligkeit in der Kirche).
[53] Vgl. Bauer, Religion in der Praktischen Theologie, S. 249.
[54] Bauer, Religion in der Praktischen Theologie, S. 249.
[55] Vgl. Bauer, Religion in der Praktischen Theologie, S. 251.
[56] Vgl. Bauer, Heiligkeit des Profanen?, S. 69f.
[57] Vgl. Bauer, Heiligkeit des Profanen?, S. 70.
[58] Bauer, Religion in der Praktischen Theologie, S. 250.
[59] Vgl. Bauer, Religion in der Praktischen Theologie, S. 250.

4.1 Theologische Reflexionen

Bedingungen einer Gnade, die [...] das Sein in der vollen Wirklichkeit [...] seiner profanen Natur erfasst. Wenn das Profane auf die Seite des Sakralen tritt, dann hört es auf, profan zu sein. Das Profane aber, das heilig wird, bleibt profan."[60]

Demnach gibt es keine profane Sakralität – ganz im Gegenteil zu einer profanen Heiligkeit. Dreh- und Angelpunkt der Kategorien sakral und profan ist demnach nicht nur was sie unterscheidet, sondern auch, was sie verbindet. Nämlich eine ‚entgrenzende' Heiligkeit, die beide Kategorien durchdringt, umschließt und deren Verhältnis zueinander entkrampft. Hält man hingegen als *societas perfecta ecclesia catholica* von vornherein an einer religiös-sakralen ‚Blaupause', einem alleinigem Geltungsanspruch für das Heilige fest, wird das Profane schnell zur reinen Differenz oder gar Bedrohung degradiert. Dies meint ebenso Derrida, wenn er schreibt: „Man muss [...] das Heilige und das Sakrale voneinander trennen."[61] Der entgrenzende Blick umgeht diese theologische Einbahnstraße, da jenseits des Nullsummenspiels von sakral und profan gedacht wird.

In Bezug auf St. Maria bzw. die Interviewaussagen lässt sich erkennen, wie die Raumpionier:innen einen Heiligungskontext sehen, der zumeist in einer Symbiose von sakral und profan mündet; damit also außerhalb von binären Oppositionen funktioniert. Die profanen Gegenstände stehen für einen überwiegenden Teil der Befragten im Einklang mit den sakralen Bestandteilen des Gotteshauses. Interessant ist dabei: Durch die profanen Ergänzungen wird aus Sicht der Befragten genauso Heil für die Menschen der Stadt generiert, wie durch den sakralen Rückzugsraum bzw. die Sakramentskapelle. Während der sakrale Teilraum einen ruhigen, heilsamen Rückzugsort für den oder die Einzelne/n biete (vgl. Interview 1, Pos. 20b und Interview 3, Pos. 84), wird ebenfalls berichtet, wie das neue bzw. profane Interieur und der frei gewordene Platz, die Möglichkeit zur Aufnahme Bedürftiger, Raum suchender Menschen beitrage (vgl. Interview 3, Pos. 120). Dahin gehend wird der Kirchenraum sowohl durch seine profane wie auch seine sakrale Dimension zum Heilsort für die Menschen der Stadt; egal ob sie das Seelenheil und einen ruhigen Moment ersuchen oder ob sie nach dem Heil in der Gemeinschaft trachten. So wird zudem sichtbar: Die Heiligkeit überwindet die Grenzziehung von sakral und profan im Inneren der Stuttgarter Marienkirche und wirkt auf die eine oder andere Weise. Auch Christian Bauer verweist darauf, dass das Profane ebenso mit dem Heiligen zu verknüpfen ist, wie das Sakrale; wenngleich in anderer Wirkweise:

„[H]ybride Kirchennutzung beschreitet einen dritten Weg jenseits von Sakralisierung und Profanierung, der auf die nichtsakrale Heiligkeit auch des Profanen verweist: Silent Tangos, Diskussionsrunden, Foodsharing und Trampolins in der Kirche

---

[60] Zitiert nach: Bauer, Heiligkeit des Profanen?, S. 77. Im Original unter: Marie-Dominique Chenu, Les laïcs et la ‚consécration' du monde, in: Ders., Peuple de Dieu dans le monde, Paris 1966, S. 69–96, S. 78.

[61] Zitiert nach: Bauer, Heiligkeit des Profanen?, S. 68. Im Original unter: Jacques Derrida, Foi et Savoir. Suivi de, Le Siècle et le Pardon, Paris 1996, S. 97f.

> [St. Maria] erzählen auf implizite Weise genauso von Gott als dem Geheimnis der Welt wie die Eucharistie, die im selben Raum gefeiert wird."[62]

Ähnliches stellt auch Chenu fest: „Um die Welt zu heiligen, braucht man sie nicht sakral zu machen."[63] Um aber eine sakral-binnenkirchliche Ansicht von Heiligkeit zu vermeiden, ist die Erkundung und Auseinandersetzung mit dem eigenen Außen unabdingbar. Andernfalls ist eine profane Heiligkeit nicht zu entdecken. So heißt es in *Lumen gentium* nicht grundlos: „Mit dem Konzil entdeckt die Kirche auch außerhalb ihres Gefüges vielfältige Elemente der Heiligung" (LG 8). Das Heilige ist demnach für das Konzil keine sakralistisch-exklusive Größe, sondern eine missionarische, die die Kirche dazu auffordert, in die Welt zu gehen, so Bauer.[64] Im Übrigen ist auch der Sohn Gottes, das Heil(ige) schlechthin, an einem profanen Ort zur Welt gekommen (Lk 2,7).[65] Er predigte im profanen Raum, auf den Straßen, nicht in den Tempelanlagen, und er predigte vor allem, ohne selbst Priester zu sein. Vielmehr war und ist Christus selbst der „Heilsort"[66]. Der galiläische Laie von Nazareth ging rigoros über heilige Ordnungen hinaus, wie etwa Isidor Baumgartner festhält:

> „Jesu zeigt in seiner Barmherzigkeit keine Berührungsangst (vgl. z. B. Mk 5,27). Er berührt und lässt sich berühren, auch wenn dies im jüdischen Kulturkreis als entwürdigend gilt und man sich dabei das Odium der Unreinheit zuzieht. Er nimmt es in Kauf, weil ihm die Zuwendung zum Ausgegrenzten über alles geht, auch über ‚heilige Ordnungen'."[67]

Wird der Weg für eine Suche nach dem Heiligen über die Grenzen der sakralen Bereiche hinaus ernstgenommen und ermöglicht, wird die Welt zum Erfahrungs- und Lernort der Kirche und ihrer Gläubigen:

> „Denn nach der konziliaren Bestimmung (GS 11 u. 44) ist die Sendung der Christgläubigen ohne die anderen Menschen nicht mehr möglich. Die Welt ist nicht der Gegner, sondern vor allem der Lernort der Glaubenden [...]."[68]

Demnach ist es auch die Aufgabe der Kirche im Allgemeinen, und der Pastoral im Speziellen, die Spuren Gottes in der Welt bzw. „auf profanem Pflaster zu finden"[69]. St. Maria macht dabei deutlich, dass das ‚profane Pflaster' auch der eigne Boden sein kann (Stichwort: Holzpaket). Erinnert sei zudem an den Apell Che-

---

[62] Bauer, Architekturen der Pastoral, FN 100.
[63] Chenu, Les laïcs et la ‚consécration' du monde, S. 78.
[64] Vgl. Bauer, Heiligkeit des Profanen?, S. 80.
[65] Vgl. Bauer, Konstellative Pastoraltheologie, S. 230.
[66] Odenthal, Rituelle Erfahrung, S. 92.
[67] Baumgartner, Pastoral an den Orten, S. 219.
[68] Stephan Schmid-Keiser, Jenseits von sakral – profan, in: https://www.kirchenzeitung.ch/article/jenseits-von-sakral-profan-v-13290#f1 (2017) [Abrufdatum: 07.09.2021], o. S.
[69] Bauer, Heiligkeit des Profanen?, S. 66.

4.1 Theologische Reflexionen

nus: „Mögen [...] die Christen [...] die Zeichen der Zeit wahrnehmen, die Gott in die profane Realität einschreibt."[70] Infolgedessen lässt sich die These des Historikers Karl Schlögel „[i]m Raume lesen wir die Zeit"[71], einbinden. St. Marias polyvalentes Raumgefüge wird zum Ermöglichungsspot für die verborgene „Präsenz Gottes" (GS 11), in dem sich ganz konkret die Zeichen der Zeit ablesen und erfahren lassen; und zwar auf eine Weise, die ein rein sakrales Gefüge nicht aufzudecken vermag.

Obendrein ist das Wirken Gottes weder auf räumliche Grenzziehungen noch auf die kirchliche Unterscheidung von sakral und nicht-sakral bzw. profan beschränkt. So predigte Paulus auf dem Areopag in Athen: „Gott, der die Welt erschaffen hat und alles in ihr, er, der Herr über Himmel und Erde, wohnt nicht in Tempeln, die von Menschenhand gemacht sind" (Apg 17, 24). Das Alte Testament erinnert ebenfalls daran: „Denn all das hat meine Hand gemacht" (Jes 66, 2). Hier ist auch Rolf Zerfaß anschlussfähig, der eine entsprechende schöpfungstheologische Entgrenzung der Ekklesiologie bekundet: „Gott hat nicht die Religion, sondern die Welt geschaffen."[72] Die Kirche ist in den Augen Gottes „keine Sonderwelt, mit besonderen Problemen und besonderen Menschen"[73]. Sie besitzt auch kein exklusives „Dauerabonnement auf Seelenfrieden und unfallfreies Fahren"[74]. Sie hat keinerlei Vorrechte auf Gottes Wohlwollen: „Sie steht nicht unter Gottes besonderem Segen. Sie steht unter dem Segen Gottes, der dieser Welt gilt."[75] Und Zerfaß an anderer Stelle weiter:

> „Wir müssen Gott falsch verstanden haben. [...] Es gibt keinen Gott für Katholiken. Das wäre ein Götze. Unser Gott ist der Gott, der Himmel und Erde gemacht hat. Deshalb ist er in allem am Werk. Gott innen und außen – das ermöglicht einen neuen Blick auf unser Engagement als Kirche. Das ist die befreiende Perspektive des Zweiten Vatikanischen Konzils gewesen. Dort hat sich die Kirche vom Ganzen der Welt her zu sehen gelernt. [...] Sie hat den binnenkirchlichen Horizont überschritten und gerade so ihren Auftrag neu zu formulieren vermocht [...]."[76]

Dass sich das Verhältnis der Christengemeinschaft zum Sakralen im Laufe der Jahrhunderte komplett gedreht hat, ist evident. Thomas Erne erinnert beispielsweise daran, dass die ersten Christen selbst eine Abkehr des Sakralen forcierten:

---

[70] Zitiert nach: Christian Bauer, Zeichen Gottes im 21. Jahrhundert? Spurensuche einer teilnehmenden Beobachtung der Gegenwart, in: Pastoraltheologische Informationen 34 (2014), H. 1, S. 51–68, S. 66. Im Original unter: Chenu, Les signes des temps, S. 45.
[71] Karl Schlögel, Im Raume lesen wir die Zeit. Über Zivilisationsgeschichte und Geopolitik, München 2003.
[72] Franz Rosenzweig, zitiert nach: Rolf Zerfaß, Vorwort zur deutschen Ausgabe, in: Henri Nouwen (Hg.), Schöpferische Seelsorge, Freiburg i. Br. 1989, S. 5–8, S. 6.
[73] Zerfaß, Vorwort zur deutschen Ausgabe (Schöpferische Seelsorge), S. 6.
[74] Zerfaß, Vorwort zur deutschen Ausgabe (Schöpferische Seelsorge), S. 6.
[75] Zerfaß, Vorwort zur deutschen Ausgabe (Schöpferische Seelsorge), S. 6.
[76] Rolf Zerfaß, Lebensnerv Caritas. Helfer brauchen Rückhalt, Freiburg i. Br. 1995, S. 104f.

> „Das Neue Testament greift die alttestamentliche Kritik an heiligen Orten und Gegenständen, Bild, Tempel und Kult auf und radikalisiert sie in der Verkündigung der anbrechenden Gottesherrschaft, die für Jesu Botschaft zentral ist. Die christlichen Gemeinden kennen keine sakralen Räume, keine heiligen Zeiten, keine Priester, keine heiligen Kulthandlungen, sondern nur das Sein im Geist, der ihnen Christus vergegenwärtigt, und zwar in der religiösen Kommunikation der Gemeinde."[77]

Besonders in den Anfängen des Urchristentums herrschte eine gewisse Feindseligkeit gegenüber der Vorstellung, man bräuchte sakralisierte Bauten, vor, wie Bruno Klein betont.[78] Doch mit der Fortschreibung der christlichen Erfolgsgeschichte und der zunehmenden ‚Verkirchlichung' kam dem Sakralen immer mehr Bedeutung zu. Mit dem Beginn der Neuzeit sakralisierte sich das Innen der Kirche zunehmend, während sich ihr Außen immer weiter profanierte.[79] Dies ging solange,

> „bis das ausgehende 20. Jahrhundert schließlich zu der genannten ‚Reprofanierung' der Kirche (Stichwort: ‚Selbstsäkularisierung' des Christentums) bzw. ‚Resakralisierung' der Welt (Stichwort: *Homo sacer* als ‚nomos' der Moderne) führte."[80]

Eine Neuaushandlung im Sinne einer Entgrenzung beider Größen zeigt St. Maria ganz konkret und bietet somit einen weiten Heiligkeitskontext, der nicht versucht, die eine Kategorie gegen die andere auszuspielen, sondern beide voneinander profitieren zu lassen.

4.1.3 *Eine aufgeschlossene und offene Kirche(ntür)*

Wird die Konstellation weiter entworfen, rückt das Bild der geöffneten Tür ins Zentrum der Betrachtung. Der evangelische Systematiker Jürgen Moltmann reflektiert in seinem Werk *Der gekreuzigte Gott* das Kreuz Christi als Grund und Kritik christlicher Theologie. Im Unterkapitel *Das unreligiöse Kreuz in der Kirche* schreibt Moltmann folgende Zeilen, die den Ausgangspunkt für weitere Überlegungen zur Tür(öffnung) bieten:

> „Das Kreuz in der Kirche symbolisiert einen Wiederspruch, der von dem Gott, der ‚draußen' gekreuzigt wurde, in die Kirche hineinkommt. [...] Das Symbol des Kreuzes in der Kirche weist hin auf den Gott, der nicht zwischen zwei Leuchtern auf einem Altar, sondern zwischen zwei Räubern auf der Schädelstätte der Verlorenen vor den

---

[77] Thomas Erne, Hybride Räume der Transzendenz. Wozu wir heute noch Kirchen brauchen. Studien zu einer postsäkularen Theorie des Kirchenbaus, Leipzig 2017, S. 99.
[78] Vgl. Bruno Klein, Göttliche Gotik? Modi der Transzendierung von Sakralarchitektur im hohen und späten Mittelalter, in: Hans Vorländer (Hg.), Transzendenz und die Konstitution von Ordnungen, Berlin 2013, S. 356–373, S. 356.
[79] Vgl. Bauer, Religion in der Praktischen Theologie, S. 247.
[80] Bauer, Religion in der Praktischen Theologie, S. 247.

4.1 Theologische Reflexionen

> Toren der Stadt gekreuzigt wurde. Es lädt nicht nur zum Denken ein, sondern zum Umdenken. Es ist ein Symbol, das darum aus der Kirche und aus der religiösen Sehnsucht hinausführt in die Gemeinschaft der Verdrängten und Verlorenen. Umgekehrt ist es ein Symbol, das Verdrängte und Gottlose in die Kirche hinein und durch die Kirche in die Gemeinschaft des gekreuzigten Gottes ruft."[81]

Moltmann markiert hier zwei bedeutsame Aspekte: zum einen den Aspekt der Verortung des christlichen Symbols. So erinnert er daran, dass das Kreuz selbst kein Exklusivsymbol eines Tempels ist, sondern, dass es seinen Platz – wie Jesus selbst – auch außerhalb der Türen und Stadtmauern habe und nicht nur im Kircheninneren auf dem Altar.[82] Zum anderen verweist das Kreuz auf einen Richtungswechsel. Wird es ernstgenommen, zeigt und führt das Kreuz aus den Türen der Kirchengebäude hinaus. Denn wie Moltmann schreibt, ist die Gemeinschaft mit den Ausgestoßenen und Abgehängten im Außen zu suchen und zu finden. Zugleich zieht das Symbol die Menschen in die Gemeinschaft der Christen hinein. Aus diesem Grund übernimmt das Kreuz eine Scharnierfunktion, da es das Innen der Kirche mit der Wirklichkeit vor deren Kirchentüren, dem Außen, verbindet. Demnach sollte man einen Weg, weg von einer Kirche mit einem dogmatisch starren Selbstverständnis, hin zu einer Kirche mit flexibler pastoraler Praxis gehen,

> „die in ihrem Bezug auf Christus und den Gott des Evangeliums klar erkennbar bleibt und sich dennoch den Subjekten, woher und warum auch immer sie kommen mögen, öffnet."[83]

Diese Vorstellung von Öffnung, für die das Kreuz symbolisch steht, setzt St. Maria in der Praxis um. Denn die Öffnung der Kirche vollzieht sich nicht nur metaphorisch, sondern auch in einer konkret-pastoralpraktischen Weise. Damit kommen die Verantwortlichen einer Pastoral im Sinne des Zweiten Vatikanischen Konzils nach, eine Kirche nach innen („ad intra" – LG) und nach außen („ad extra" – GS) zu sein. In diesem Modus werden Kirchen zum Inbegriff der jesuanischen Präsenz, wenn sie ihre Türen nicht nur öffnen, sondern auch offen halten und die Schwelle(n) für das Fremde möglichst niedrig halten. Solch eine handfeste Öffnung fordert auch Franziskus offensiv mit *Evangelii gaudium*, das die Grundlinien seines Pontifikats skizziert:

> „Die Kirche ist berufen, immer das offene Haus des Vaters zu sein. Eines der konkreten Zeichen dieser Öffnung ist es, überall Kirchen mit offenen Türen zu haben. So stößt einer, wenn er einer Eingebung des Geistes folgen will und näherkommt, weil er Gott sucht, nicht auf die Kälte einer verschlossenen Tür. Doch es gibt noch andere Türen, die ebenfalls nicht geschlossen werden dürfen. Alle können in irgendeiner

---

[81] Jürgen Moltmann, Der gekreuzigt Gott. Das Kreuz Christi als Grund und Kritik christlicher Theologie, München 1972, S. 42.
[82] Vgl. Moltmann, Der gekreuzigte Gott, S. 42.
[83] Wilhelm Gräb, Gott ohne Raum – Raum ohne Gott?, S. 105.

Weise am kirchlichen Leben teilnehmen, alle können zur Gemeinschaft gehören [...]"
(EG 47).

Unerlässlich ist hierbei aber auch, die Perspektive zu wechseln. Will sagen: Der Moment der Tür ist theologisch nicht nur von außen nach innen zu sehen, sondern auch von innen nach außen. Es braucht nämlich beides: eine „Komm-her-Kirche" und eine „Geh-hin-Kirche".[84] Daran lässt sich eine Passage aus Interview 9 anschließen, in der der junge Mann erzählt, was Türen für ihn verkörpern: „Türen sehen für mich immer ein bisschen so, ja, verführerisch aus, sag ich mal, neue Welten zu entdecken" (Interview 9, Pos. 8). Selbigen Drang der Verlockung braucht eine Geh-hin-Kirche, die die „Heraus-Forderung"[85], die Wirklichkeit des Gottesvolkes außerhalb der Kirchentüren zu begehen, ernstnimmt. Es darf also keine der beiden Blickrichtungen vernachlässigt oder gar außer Acht gelassen werden. Rainer Bucher greift das Wechselverhältnis beider Sphären ebenfalls auf:

> „Wo sich Innen und Außen nicht mehr über reale oder soziale Mauern segregieren, sondern sich wechselseitig ins Andere des Eigenen wagen, treten sie in einen unausweichlichen Kontrast. Sie treffen aufeinander, weichen sich nicht aus und müssen sich aneinander selbst finden."[86]

In der Citypastoral ist es unlängst angekommen, so Bucher weiter, dass gesellschaftliches Außen und kirchliches Innen miteinander verwoben sind.[87] Hierzu Bucher wörtlich: „Das kirchliche Innen geht in das städtische Außen und das städtische Außen bekommt als Außen einen Raum im kirchlichen Innen."[88] Dass die Unterscheidung von Innen und Außen bedeutsam für das eigene Kirchengefühl ist, nicht aber für die Gnade Gottes, ist dabei evident.[89]

Wandert der konstellative Blick nun auf das Wirken Jesu, wird die Relevanz des Außen ebenfalls deutlich: Geburt, Leben, Tod und Auferstehung Jesu ereigneten sich jenseits der Tempelanlagen bzw. im profanen Draußen:

> „Die Wege Jesu führten nicht nur in die Mitte frommer Versammlung, sondern er schweifte hinaus an die Ränder. Es ist der Gang des ‚Wortes' hinaus in die Finsternis, unabhängig davon, ob sie begriffen oder nicht. Wenn aber ‚am Rande' begriffen wird,

---

[84] Vgl. Christian Bauer, Lerne am Herd die Würde des Gastes. Für den missionarischen Ortswechsel einer Geh-hin-Kirche, in: Diakonia 41 (2010), H. 5, S. 351–358.

[85] Christian Bauer, Gott außerhalb der Pfarrgemeinde entdecken, in: Matthias Sellmann (Hg.), Gemeinde ohne Zukunft? Theologische Debatte und praktische Modelle (= Theologie kontrovers), Freiburg i. Br. 2013, S. 349–371, S. 354.

[86] Bucher, Aufgebrochen durch Urbanität, S. 224.

[87] Vgl. Bucher, Aufgebrochen durch Urbanität, S. 244.

[88] Bucher, Aufgebrochen durch Urbanität, S. 244.

[89] Vgl. Bauer, Gott außerhalb der Pfarrgemeinde entdecken, S. 349.

wenn das Wort ‚aufgenommen' wird, dann wächst dort die Macht der Kindschaft Gottes (Joh 1,10 und 12).“⁹⁰

Oder wie im Matthäusevangelium zu lesen: „Wenn ihr dies alles seht, dann wisst ihr, dass er nahe ist und vor der Tür steht" (Mt 24,33). „Jesu [selbst] [...] verlegte den Tempel [...] in den Alltag Galiläas."⁹¹ Dort, vor der Pforte des Tempels, gilt es auch künftig die Erfahrungen mit Gott aufzuspüren und selbst zu machen. Es geht darum, „in der Welt nach Spuren der profanen Bedeutung des Evangeliums [zu] such[en]"⁹². So fordert auch der Bischof von Rom nicht nur zu empfangen und einzuladen, sondern auch durch die Türen hinauszugehen und das Evangelium in der Wirklichkeit der Menschen zu entdecken und zu verkünden:

> „Statt nur eine Kirche zu sein, die mit offenen Türen aufnimmt und empfängt, versuchen wir, eine Kirche zu sein, die neue Wege findet, die fähig ist, aus sich heraus und zu denen zu gehen, die nicht zu ihr kommen."⁹³

Daran erinnert ebenso Helmut Eder mit Rückgriff auf das Zweite Vatikanum:

> „Gott ist im Außen, im Fremden, am Rand, auf der Straße, im Schmutz der Welt antreffbar und dieses ‚Außen' der Kirche, so das Zweite Vatikanische Konzil, ist konstitutiv für die Kirche und ihr Handeln."⁹⁴

Kirche wird damit wie Jesu selbst zur geöffneten Tür für die Menschen: „Ich bin die Tür. Wer durch mich hineingeht, wird gerettet werden" (Joh 10,9). Und mit Hans-Joachim Sander ergänzend: „Wenn Christus die Tür ist, dann kann sie nicht geschlossen bleiben."⁹⁵ Insofern ist es unerlässlich, die Türen nicht nur temporär offenzulassen, sondern sie stets offenzuhalten. Wichtig dabei ist: es geht nicht nur um ein übertragenes Offensein, sondern auch um eine konkret sichtbare Öffnung des Kircheneingangs, was die Verantwortlichen um „St. Maria als ..." strickt umsetzten. Dies bekräftigt ebenfalls der derzeitige Kurator St. Marias Sebastian Schmid in einem Interview: „Unsere Aufgabe ist es nur, Raum und Tür

---

[90] Friedhelm Mennekes, Aufgerichtetes Zeichen. Profil einer umweltbezogenen Gemeindearbeit, in: Ders. / Bernd Serger / Armin Nagel (Hg.), Wenn sich die Kirchentüren öffnen, Mainz 1982, S. 15–32, S. 22.
[91] Martin Ebner, Jesus – ein Weisheitslehrer? Synoptische Weisheitslogien im Traditionsprozess (= Herder Biblische Studien 15), Freiburg i. Br. 1998, S. 413f.
[92] Bauer, Gott außerhalb der Pfarrgemeinde entdecken, S. 354.
[93] Zitat von Franziskus aus dem Interview mit Antonio Spadaro SJ (Antonio Spadaro, Das Interview mit Papst Franziskus, Freiburg i. Br. 2013, S. 49).
[94] Helmut Eder, Netzwerk-Pastoral praktisch und konkret, in: Referat Pastoraltheologische Grundsatzfragen Bistum Münster (Hg.), Newsletter September 2017, S. 12–14, S. 13f.
[95] Hans-Joachim Sander, „Ich bin die Tür" (Joh 10,9) – Wie Migration die vertraute Gottesrede verändert, in: https://www.feinschwarz.net/ich-bin-die-tuer-joh-109-wie-migration-die-vertraute-gottesrede-veraendert/ (2015) [Abruf: 09.03.2021], o. S.

offen zu halten."⁹⁶ In den Studieninterviews wird dieser Öffnung ein hoher Stellenwert beigemessen. Interviewteilnehmer 2 bekundet dies explizit:

> „Die Türen sind offen. Also man muss nicht durch ne verschlossene Tür gehen, sondern man wird quasi direkt, ja, eingeladen reinzugehen. Und wenn man drin ist, klar, hat man gleich diesen offenen Raum" (Interview 2, Pos. 48b).

Dass die offenen Türen für einen helleren Raum und eine angenehmere Atmosphäre in der Kirche sorgen (vgl. Interview 2, Pos. 16), ist dabei ein positiver Nebeneffekt. Der symbolische Wert der offenen Tür zeigt sich in umgekehrter Weise umso mehr; nämlich dann, wenn die Eingangstür nicht verschlossen, aber dennoch zu ist. So geschehen bei der Raumbegehung von Person 5:

> „Ja, aber es müsste irgendwie einladender sein. Also wenn ich da jetzt vorbeilaufe, dann würde ich jetzt nicht denken ‚oh hier kann man was Schönes machen oder Zeit verbringen'. Ich finde auch den Eingang rein ... also man würde jetzt nicht denken, weil die Türen zu sind, dass man jetzt hier reinkommen kann" (Interview 5, Pos. 32).

Angesichts dessen unterstützen die Pionier:innen im Allgemeinen das, was in Interview 10 deutlich zum Ausdruck gebracht wird: „Des [Kirchengebäude] isch unbedingt so zu öffnen" (Interview 10, Pos. 110). Der damals verantwortliche Pastoralreferent und Mitinitiator Andréas Hofstetter-Straka betont ein positives Fazit:

> „Die Öffnung der Kirche hat zu einer weit über die bisherigen Milieu- und Raumgrenzen hinausreichende Beteiligung und Vernetzung geführt. St. Maria ist urbaner, d. h. zu einem Ort stadtkirchlicher, politischer, sozialer und öffentlicher Vernetzung geworden und zu einem Ort des Dialogs über relevante und drängende soziale und gesellschaftliche Fragen in der Stadtgesellschaft."⁹⁷

Demnach wäre die Frage nach dem das Verhältnis von Stadt und Kirche neu zu verorten. Denn womöglich brauchen die Kirchen mehr die Stadt als die Stadt die Kirche(n). St. Maria agiert in einem Modus offener Nachbarschaft⁹⁸, die den Versuch unternimmt mit ihrem eigenen Raum der anonymen Stadt(gesellschaft) mehr Gemeinschaftseigentum anzubieten. Es geht also nicht nur darum, Kirche für die Stadt zu sein, sondern vielmehr Kirche mit der Stadt zu sein. Kirche

---

[96] Christoph Brüwer, Theologe: Es kann nicht sein, dass alle Kirchen gleich sein müssen, in: https://www.katholisch.de/artikel/29658-theologe-es-kann-nicht-sein-dass-alle-kirchen-gleich-sein-muessen (2021) [Abrufdatum: 08.09.2021].
[97] Hofstetter-Straka, „St. Maria als", S. 155.
[98] Etymologisch lässt sich mit Christina Schües Folgendes ableiten: „Die Etymologie des Begriffes der Nachbarschaft verweist im Griechischen auf den Begriff geitonia, in dem immer auch schon die Versorgung mitgedacht wurde. In Anlehnung an das Lateinische finden wir den finitimus, den Grenznachbarn, wie auch den vicinus, den in der Nähe Wohnenden und entsprechend die vicinitas, den Begriff für Nähe und Umgebung" (Christina Schües, Was heißt eigentlich Nachbarschaft?, in: fiph-Journal 26 [2015], S. 4–10, S. 5).

4.1 Theologische Reflexionen

braucht Stadt allein deshalb, da sie sich für die Geschichten des Lebens (und damit auch Gott) der Anderen interessieren muss. Zugleich handelt es sich bei dem Umgang mit dem besagten Kirchen(um)raum um ein ‚doing locality'. Verkürzt gesagt meint doing locality, dass (öffentliche) Räume mit (neuen) Bedeutungen aufgeladen werden und die Individuen dort Identitätssuchen anstellen.[99] Wenngleich St. Maria kein öffentlicher Raum, sondern ein Raum für die Öffentlichkeit ist, zeigt sich in und um ihn genau dies: der Sakralbau wird mit neuen Bedeutungen aufgeladen und die den Raum Gestaltenden und Besuchenden begeben sich demnach bzw. zugleich auf Identitätssuchen. Das doing locality der Kirche an der Paulinenbrücke funktioniert im Grunde als Inszenierungsstrategie:

> „Wenn der Ort [...] maßgeblich als Inszenierungsstrategie funktioniert, das heißt, wenn er genutzt wird, um ein anderes Publikum anzusprechen und hier eine [neue] [...] Identität konstruiert werden soll, dann wird [...] die Verwendung des Ortes zugleich zu einer Inszenierungsstrategie. Mit Hilfe des Ortes werden komplexe Rezeptions- und Produktionsprozesse inszeniert, weshalb hier von einem *doing locality* gesprochen wird."[100]

Das Zitat von Clara-Franziska Petry, die sich hierbei auf das musikalische Phänomen des Crossover bei Konzerten bezieht, macht deutlich, wie die Bespielung eines Ortes in der Lage ist kreative Produktionsprozesse einzuleiten, die den Charakter und dessen Raumgefüge polyvalenter machen. Gerade vor dem Hintergrund einer pluralen Gesellschaft gilt schließlich: „Es kann nicht sein, dass alle Kirchen gleich sein müssen, wenn es viele Menschen gibt, die sich in den gewohnten Formen nicht wiederfinden."[101] Schmid spitzt seine Aussage weiter zu:

> „Es gibt so viele Kirchen, in denen Menschen die gewohnte Form ihrer Gottesbeziehung ausleben und feiern können. Aber für diejenigen, die auf der Suche sind und in diesen gewohnten Formen mit ihrer Spiritualität keine Heimat finden, haben wir nichts."[102]

Richard Sennett hebt in seinem Buch *Die offene Stadt* hervor, wie wichtig die Schaffung und Etablierung von Orten mit besonderem Charakter für die Städte sind. Für die Stadtplanung sei dies sogar der „heilige Gral"[103]. Solche besonderen Orte können freilich Gotteshäuser wie St. Maria sein, die mit ihrem einzigartigen Raumsetting und dessen Variationsbreite Möglichkeitsentfaltungen für das urbane Leben generieren. Auch wenn dies bislang nicht dem bisherigen Bild der katholischen Kirche entspricht, das viele von ihr haben: „Und ja, irgendwie so,

---

[99] Vgl. Clara-Franziska Petry, Crossover als Inszenierungsstrategie. Doing Pop, Doing Classical Music, Doing Mixed Genres, Bielefeld 2020, S. 223.
[100] Petry, Crossover als Inszenierungsstrategie, S. 132.
[101] Brüwer, Es kann nicht sein, dass alle Kirchen gleich sein müssen, o. S.
[102] Brüwer, Es kann nicht sein, dass alle Kirchen gleich sein müssen, o. S.
[103] Vgl. Sennett, Die offene Stadt, S. 262.

dass man sich so, ja, öffnet und moderner gibt. Also das fand ich untypisch, aber ich finde es gut" (Interview 6, Pos. 72). Dass dieses Bild zu verändern sei, fordert Papst Franziskus lautstark:

> „Eine Kirche ‚im Aufbruch' ist eine Kirche mit offenen Türen. Zu den anderen hinauszugehen, um an die menschlichen Randgebiete zu gelangen, bedeutet nicht, richtungs- und sinnlos auf die Welt zuzulaufen. Oftmals ist es besser, den Schritt zu verlangsamen, die Ängstlichkeit abzulegen, um dem anderen in die Augen zu sehen und zuzuhören, oder auf die Dringlichkeiten zu verzichten, um den zu begleiten, der am Straßenrand geblieben ist. Manchmal ist sie wie der Vater des verlorenen Sohns, der die Türen offen lässt, damit der Sohn, wenn er zurückkommt, ohne Schwierigkeit eintreten kann" (EG 46).

Darüber hinaus spricht er in *Evangelii gaudium* von der Notwendigkeit einer neuen Evangelisierung, die dieser Divise Folge leisten soll:

> „Das macht eine Evangelisierung nötig, welche die neuen Formen, mit Gott, mit den anderen und mit der Umgebung in Beziehung zu treten, erleuchtet und die grundlegenden Werte wachruft. Es ist notwendig, dorthin zu gelangen, wo die neuen Geschichten und Paradigmen entstehen, und mit dem Wort Jesu den innersten Kern der Seele der Städte zu erreichen" (EG 74).

Damit lässt sich in der Konsequenz von einer „,extrovertierten' Pastoral im Sinne von Papst Franziskus [sprechen], die sich glaubensnahen Kirchenfremden zuwendet"[104] und sich nicht länger nur in ihrem Kokon aufhält. Gleiches bezeugt das Markusevangelium: „Lasst uns anderswohin gehen, in die benachbarten Dörfer, damit ich auch dort predige; denn dazu bin ich gekommen!" (Mk 1,38).

4.1.4 An der Schwelle – oder: Zwischen innen und außen

Eng mit dem Moment der Tür verbindet sich das, was jede Tür als Merkmal aufweist: eine Schwelle zu haben bzw. zu markieren. Eine Türschwelle ist ein senkrechter Balken eines Türrahmens, der bodennah in den Rahmen eingepasst ist und den unteren Abschluss des Türblattes bzw. der Türöffnung markiert.[105] „Alle Teile einer Tür [...] bilden so eine Einheit."[106] Nach Wolfgang Pfeifer markieren Schwellen prinzipiell den Übergang von zwei Bereichen und sind somit von Grenzen zu unterscheiden, die Trennlinien zwischen zwei Räumen seien.[107] Für Bernhard Waldenfels ist eine Schwelle ein „Niemandsort, an dem man zögert,

---

[104] Bauer, Pastoral der Schwellenchristen?, o. S.
[105] Vgl. Duden, Onlinewörterbuch, Art. Schwelle, in: https://www.duden.de/rechtschreibung/Schwelle#Bedeutung-1 [Abrufdatum: 29.04.2021].
[106] Arnold van Gennep (Hg.), Übergangsriten, Frankfurt a. M. 1986, S. 29.
[107] Vgl. Wolfgang Pfeifer, Art. Schwelle, in: Etymologisches Wörterbuch des Deutschen, Bd. 2, Berlin ²1993, S. 1261.

4.1 Theologische Reflexionen

verweilt, sich vorwagt, den man hinter sich lässt, aber nie ganz"[108]. Sie sind gewissermaßen hybride Zwischenwelten. Denn steht man auf einer Schwelle, befindet man sich weder ganz drinnen noch ganz draußen, sondern in einem Dazwischen, so der französische Ethnologe Arnold van Gennep:

> „Jeder, der sich von der einen Sphäre in die andere begibt, befindet sich eine Zeitlang sowohl räumlich als auch magisch-religiös in einer besonderen Situation: er schwebt zwischen zwei Welten."[109]

Van Gennep beschäftigt sich in seinem Buch *Übergangsriten* mit Ritualen, die von Übergängen wie Ortswechseln, Veränderungen der gesellschaftlichen Position oder etwa dem Älterwerden bestimmt sind.[110] Übergangsriten haben nach Gennep drei Phasen: Ablösungs-, Transformations- und Integrationsphase, die sich aus Trennungs-, Schwellen- und Angliederungsriten ableiten.[111] In Bezug auf Schwellen ist die Transformationsphase (liminal phase), in der das von Ambiguität bestimmte, rituelle Subjekt (passenger),[112] eine Schwelle überschreitet, betrachtungswürdig. In dieser Phase befinden sich Subjekte (liminal personae) in einem „Schwebezustand"[113], der zwischen Zukünftigem und Vergangenem liegt, so der britische Anthropologe Victor Turner, der sich intensiv mit den Arbeiten von Gennep auseinandersetzte.[114] Sie sind „neither here nor there; they are betwixt and between the positions assigned and arrayed by law, custom, convention"[115]. Sie befinden sich demnach in einem „Schwellenzustand"[116]. Liminalität ist nach Turner ein „Zwischenstadium der Statuslosigkeit"[117] (a statusless status) bzw. ein „no longer/not yet-Status"[118]. In jenem Zustand befindet man sich abseits von (sozialen) Strukturen.[119] Darin liegt (höchstwahrscheinlich) auch das, was Turner mit ‚Anti-Struktur' meint. Irritierenderweise kommt jener Begriff in *Das Ritual* im Untertitel vor, erfährt aber sonst keinerlei Erwähnung geschweige denn Ausführungen. Offensichtlich ist zunächst, dass Anti-Struktur schlicht den

---

[108] Bernhard Waldenfels, Sinnesschwellen. Studien zur Phänomenologie des Fremden, Bd. 3, Frankfurt a. M. 1999, S. 9.
[109] Gennep, Übergangsriten, S. 27.
[110] Vgl. Kling-Witzenhausen, Was bewegt Suchende?, S. 49.
[111] Vgl. Gennep, Übergangsriten, S. 21.
[112] Vgl. Victor Turner, Das Ritual. Struktur und Anti-Struktur (= Theorie und Gesellschaft 10), Frankfurt a. M. / New York 1989, S. 94.
[113] Luther, Religion und Alltag, S. 218.
[114] Vgl. Turner, Das Ritual, S. 95.
[115] Victor Turner, The Ritual Process. Structure and Anti-Structure, London 1969, S. 95.
[116] Kling-Witzenhausen, Was bewegt Suchende?, S. 49ff. Siehe auch: Turner, Das Ritual, S. 95.
[117] Turner, Das Ritual, S. 115.
[118] Till Förster, Victor Turners Ritualtheorie. Eine ethnologische Lektüre, in: Theologische Literaturzeitung 128 (2003), H. 7–8, S. 703–716, S. 705.
[119] Christian Claucig, Liminalität und Adoleszenz. Victor Turner, Mukanda und die Psychoanalyse oder: The Anthropologist's Fallacy, Wien / Berlin 2016, S. 293.

Gegenpol zu Struktur[120] repräsentiert.[121] Einer stichhaltigen Definition oder zumindest einer unscharfen Explikation blieb Turner bis zuletzt schuldig. Es lässt sich jedoch zumindest Folgendes mit einem von Turners Aussätzen festhalten: „Roughly, the concepts of liminality and communitas define what I mean by anti-structure."[122] Zugleich unterstreicht er: „When 1 speak of anti-structure, therefore, 1 really mean something positive [...]."[123] Denn Anti-Struktur sei nicht das gänzlich Andere, sondern vielmehr die Quelle konstruktiver Strukturerneuerung überhaupt.[124] Entsprechend ist das Loslösen der Individuen (oder Gruppen) von den herrschenden sozialen Ordnungen positiv zu bewerten, da dies die Erneuerung von Strukturen fördert. Schwellen zu überqueren bedeute also nicht nur, sich stets an neue Welten anzugliedern,[125] sondern auch Anti-Strukturen zu etablieren, um verfestigte Strukturen aufzuweichen.

Im Hinblick auf den christlichen Glauben spielen Schwellen (und Grenzen) eine wichtige Rolle. Hierzu mahnend Margit Eckholt:

> „Wenn die katholische Kirche sich nicht zu einer selbstzentrierten und sich abschließenden Mittelschicht- oder Oberschichtskirche werden will, sind im Vertrauen auf das Wirken des Geistes Gottes über Grenzen und Schwellen hinweg Grenzüberschreitungen notwendig [...]."[126]

Dass diese hybriden Durchgangszonen aufgesucht und überschritten werden müssen, hält auch Ottmar Fuchs für unabdingbar:

> „Es geht um die angemessene Vermittlung des Glaubens über die Schwellen der Kirchengrenzen hinaus und um jene Glaubenseinsicht, dass diese Schwelle [...] sowohl nach außen wie nach innen übertreten werden kann."[127]

Die Markierung eines Richtungswechsels, merkt neben Ottmar Fuchs auch Monika Kling-Witzenhausen an: „Dieses Überschreiten der Schwelle vollzieht sich nicht nur einbahnstraßenartig in eine Richtung, sondern beinhaltet mögliche Lernprozesse auf beiden Seiten."[128] Schwellen sind somit nicht nur dringend be-

---

[120] Wenn Turner von ‚Struktur' spricht, meint er damit stets die Sozialstruktur im Sinne der britischen Sozialanthropologie (vgl. Turner, Das Ritual, S. 159).
[121] Vgl. Claucig, Liminalität und Adoleszenz, S. 294.
[122] Victor Turner, Dramas, Fields, and Metaphors. Symbolic. Action in Human Society, Ithaca 1975, S. 273.
[123] Turner, Dramas, Fields, and Metaphors, S. 273.
[124] Vgl. Peter J. Bräunlein, Victor W. Turner: Rituelle Prozesse und kulturelle Transformationen, in: Stephan Moebius / Dirk Quadflieg (Hg.), Kultur. Theorien der Gegenwart, Wiesbaden 2006, S. 91–100, S. 98.
[125] Vgl. Gennep, Übergangsriten, S. 29.
[126] Eckholt, Christsein an den Crossroads der Städte, S. 64.
[127] Ottmar Fuchs, Wer's glaubt, wird selig ... Wer's nicht glaubt, kommt auch in den Himmel, Würzburg 2012, S. 70.
[128] Monika Kling-Witzenhausen, Leutetheologien von Schwellenchrist_innen als Lernfeld für die Pastoraltheologie, in: Zeitschrift für Pastoraltheologie 38 (2018), H. 1, S. 93–103, S. 95.

4.1 Theologische Reflexionen

nötigte Schnittstellen um das Außen zu entdecken, sondern sie bieten dem Draußen auch die Möglichkeit in die eigenen Bereiche einzutreten.

Die Thematik der Schwelle ist in der Praktischen Theologie keine Unbekannte. Der evangelische Theologe Henning Luther schlug einst vor, die Praktische Theologie gar als „Schwellenkunde"[129] zu verstehen und zu betreiben. So vertrat er unter anderem die Meinung:

> „Die Mitte der Praktischen Theologie – das, woran es ihr in allem, was sie treibt letztlich geht – ist nichts anderes [...] als die Bearbeitung der Erfahrung von Grenze oder Grenzen."[130]

Dem Versuch einer Fortschreibung Luthers Idee wendete sich etwa Ulrike Wagner-Rau zu.[131] Für sie ist Praktische Theologie ganz grundsätzlich Schwellenkunde. In diversen Veröffentlichungen hat sie gezeigt, wie sich vor allem Pfarrer:innen auf den Schwellen bewegen. Ein Schwellenbewusstsein auszubilden, bedeutet für Ulrike Wagner-Rau, „die Aufmerksamkeit für die Ränder und Grenzen zu schärfen"[132], wo man nicht selten die Menschen antrifft, „die sich fremd fühlen, aber auf der Suche sind und offen dafür in den symbolischen Räumen des Christlichen einzukehren."[133]

Auf katholischer Seite setzt sich Monika Kling-Witzenhausen dafür ein, Schwellen als ein zu priorisierendes Einsatzgebiet der Theologie zu betrachten:

> „Theologie begibt sich an die Schwelle zwischen Bekanntem und Unbekanntem, zwischen Geschriebenen [sic!] und noch nie Gesagtem, macht sich dadurch angreifbar und verwundbar, aber wagt diese Konfrontation [...]."[134]

In ihrer Dissertation zu Leutetheologien wendet sie sich unter anderem den ‚Schwellenchrist:innen' zu. Diese sind nach Christian Bauer diejenigen Menschen, „die in interessierter Halbdistanz zum Evangelium leben"[135]. Kling-Witzenhausen und Bauer sind damit in der katholischen Pastoraltheologie die Vorreiter:innen einer Schwellenkunde. Kling-Witzenhausen schildert zur Schwelle folgende Überlegungen:

> „Die Schwelle einer zunächst als Gebäude gedachten Kirche dient somit nicht als trennende und unüberwindbare Grenzlinie. Vielmehr eröffnet die Schwelle im

---

[129] Luther, Religion und Alltag, S. 254ff.
[130] Luther, Religion und Alltag, S. 45.
[131] Siehe hierzu: Ulrike Wagner-Rau, Praktische Theologie als „Schwellenkunde". Fortschreibung einer Anregung von Henning Luther, in: Eberhard Hauschildt / Ulrich Schwab (Hg.), Praktische Theologie für das 21. Jahrhundert, Stuttgart 2002, S. 177–191.
[132] Ulrike Wagner-Rau, Auf der Schwelle. Das Pfarramt im Prozess kirchlichen Wandels, Stuttgart 2009, S. 94
[133] Wagner-Rau, Auf der Schwelle, S. 94.
[134] Kling-Witzenhausen, Was bewegt Suchende?, S. 15.
[135] Bauer, Pastoral der Schwellenchristen?, o. S.

eigentlichen wie auch im übertragenen Sinne akademischen Theolog_innen einen bedeutsamen Lernort, an dem Einsichten und Veränderungsmöglichkeiten erwachsen können: Die Schwelle ist einerseits ein Ort der Begegnungen, die sich auch zufälligerweise oder ohne großes Zutun ereignen können, andererseits aber auch ein Ort der Konfrontation mit fremden oder irritierenden Erfahrungen."[136]

Überdies spricht sie davon, dass es nicht nur eine Kirche brauche, die „hinaus geht"[137], sondern auch, dass die Theologinnen und Theologen selbst die Welt erkunden, hinausgehen, Begegnungen nicht scheuen, hinhören und die eigenen (theologischen) Auffassungen hinterfragen.[138] Was für die Theologietreibenden der Maßstab sein muss, gilt auch für Kirchengemeinden in den Städten: „Suchet der Stadt Bestes!" (Jer 29,7). Bernd Serger und Armin Nagel mahnen in einem Vorwort dazu an:

> „Die christliche Gemeinde verfehlt ihren Grundauftrag, wenn sie nur den sozialen Innenraum der Pfarrei und ihre aktiven Kreise pflegt, aber nicht hinausgeht an die Hecken und Zäune der Gemeindegrenzen."[139]

Serger und Nagel wären dahin gehend zu ergänzen, dass es jedoch nicht reicht, nur an die Ränder der Pfarrei zu gehen, sondern ebenso das Terrain jenseits von Hecke und Zaun zu entdecken, und damit die ‚sichere Seite' zu verlassen. Ein Auslassen der Ränder wäre auch aus stadtplanerischer Sicht ein Fehler, da sich Gemeinschaft dann nur nach innen wenden würde, so der US-amerikanische Architekt Richard Sennett:

> „Wenn Menschen sich vorstellen, wo das Leben einer Gemeinde zu finden ist, suchen sie es gewöhnlich im Zentrum [...]. So werden die Ränder vernachlässigt, und die Gemeinschaft wendet sich nach innen. Das ist ein Fehler."[140]

Dass es sich christliches Engagement nicht leisten kann Ränder, Grenzen und Schwellen auszulassen, betont etwa Friedhelm Mennekes:

> „Gemeinde als Dienst im Geiste Jesu ist erst dann sie selbst, wenn sie sich mit den Existenzen am Rand ‚ihres Ortes' verbunden und solidarisch erweist. Diese Ränder haben ein verblüffend wie entlarvend konkretes Gesicht."[141]

---

[136] Kling-Witzenhausen, Leutetheologie von Schwellenchrist_innen, S. 97.
[137] Franziskus, Apostolisches Schreiben Evangelii gaudium des Heiligen Vaters Papst Franziskus an die Bischöfe, an die Priester und Diakone, an die Personen geweihten Lebens und an die christgläubigen Laien über die Verkündigung des Evangeliums in der Welt von heute. 24. November 2013 (Verlautbarungen des Apostolischen Stuhls 194), Bonn 2013, Nr. 49.
[138] Vgl. Kling-Witzenhausen, Leutetheologie Schwellenchrist_innen, S. 96.
[139] Bernd Serger / Armin Nagel, Vorwort, in: Dies. / Friedhelm Mennekes (Hg.), Wenn sich die Kirchentüren öffnen, Mainz 1982, S. 9–11, S. 10.
[140] Sennett, Die offene Stadt, S. 275.
[141] Mennekes, Aufgerichtetes Zeichen, S. 22.

4.1 Theologische Reflexionen

Entsprechend essenziell sind diese Übergänge für das eigene Selbstverständnis und die Begegnung mit dem Evangelium. Was sich dabei entdecken und erfahren lässt spricht Christian Bauer an:

> „Jede christliche Gemeinde, die sich auf den Spuren des Konzils aufmacht in die Welt ihrer unmittelbaren Nachbarschaft, kann dort in gelassener Zuversicht vieles entdecken. Interessante Menschen, spannende Geschichten, aufrichtige Hingabe – am allermeisten aber: ihren eigenen Gott."[142]

Aber auch der Übertritt einer Schwelle an sich ist spannend und alles andere als trivial. So ist jener Akt nicht selten von einer „Schwellenangst"[143] begleitet. Infolgedessen ist es „zu wenig, die Türen zu öffnen, denn die Schwellenangst ist meist größer als die Neugier"[144], so Eberhard Tiefensee. Oder anders gesagt: offenstehende Türen reichen nicht. Geweckte Neugier durch ein entsprechendes Angebot, muss die Angst und das Zögern, die Schwelle zu übertreten, überwiegen. Dieses Phänomen schildert der Architekt Till Boettger:

> „In den Räumen um die Schwellen herum halten sich besonders die Neugierigen, Suchenden, Fragenden und Unsicheren auf. Wer selten eintritt in den Raum und sich nicht oder wenig zugehörig fühlt zu denen, die darin sind, beleibt erst einmal in der Nähe der Tür stehen: So kann man immer noch den Rückzug antreten. [...] Viele warten nahe der Schwelle darauf, angesprochen, gefragt, vielleicht sogar abgeholt zu werden. Andere schrecken zurück, wenn sie zu einem expliziten Überschritt gedrängt werden."[145]

In diesem Kontext wird umso deutlicher, wie wichtig es für das Unterfangen St. Marias ist, beides abzudecken: ein entsprechendes Raumangebot an die Menschen zu machen und die offenstehende Tür beizubehalten, die einen zwanglosen Schwellenübertritt ermöglicht bzw. anbietet. Das Modellprojekt ist zum einen selbst zur Schwelle geworden, einem transformativen Übergangsort zwischen katholischer Kirche und Stadtleben. Zum anderen versucht man die eigene, physische Schwelle möglichst niedrig für die Neugierigen und Interessierten zu halten, indem man die Türen offenhält, sein Inneres freigibt und den Schlüssel der Eingangstür an die Menschen der Stadt abgibt.[146] Dass man als Verantwortliche dadurch viel zurückbekommen kann, merkt Angela Standhartin-

---

[142] Bauer, Gott außerhalb der Pfarrgemeinde entdecken, S. 366.
[143] Vgl. Johannes Pock, Kirche an der Schwelle. Überlegungen zu einem (neuen) Krisenparadigma, in: Rainer Bucher (Hg.), Nach der Macht. Zur Lage der katholischen Kirche in Österreich (= Theologie im kulturellen Dialog 30), Innsbruck / Wien 2014, S. 157–174, S. 158.
[144] Eberhard Tiefensee, Auf der Suche nach Suchenden. Areligiosität in den neuen Bundesländern als Herausforderung und Chance, in: Theologie der Gegenwart 49 (2006), H. 3, S. 224–233, S. 224.
[145] Till Boettger, Schwellenräume. Räumliche Übergänge der Architektur, Weimar 2012, S. 189.
[146] So tatsächlich durch den damals verantwortlichen Pastoralreferenten Andréas Hofstetter-Straka geschehen, der seinen Schlüssel zur Tür St. Marias an die Stadtlücken übergab.

ger an: „Wer über die Schwelle eintritt, kommt nicht mit leeren Händen, sondern bringt etwas mit, nicht zuletzt sich selbst."[147]

Wer sich nach außen hin öffnet, öffnet sich unter Umständen auch auf neue Weise nach innen. Wandert der konstellative Blick wieder zu den Interviews, wird dies deutlich. Die Raumpionier:innen begrüßen nämlich nicht nur eine kirchliche Öffnung hin zur Stadt und den Menschen, sondern ebenso, dass das Innenleben des Kirchenraumes generell zu weiten sei: „Und dieser Nutzungsraum, dass der auf anderen Ebenen noch für andere Gottesdienste oder für andere Sachen geöffnet isch, finde ich sehr wichtig" (Interview 10, Pos. 116). Öffnet man sich der Stadtbevölkerung, die sich „vor der Tür versammelt" (Mk 1,33), öffnet man sich auch gegenüber dem eigenen Sakralraum, wodurch man die christliche Heilsbotschaft nicht nur im Außen verkündet, sondern auch im eigenen Innen auf neue Art und Weise entdecken kann. Getrieben von der Dynamik und Leidenschaft der Frohen Botschaft profitiert eine Kirche, die aus sich ‚heraus-geht' in doppelter Weise, indem sie das Außen für sich entdeckt und dabei gleichzeitig ihr eigenes Innen neu erfährt. Hierzu passend *Evangelii gaudium*:

> „Aber sie [, die Freude des Evangeliums] hat immer die Dynamik des Aufbruchs und der Gabe, des Herausgehens aus sich selbst, des Unterwegsseins und des immer neuen und immer weiteren Aussäens" (EG 21).

Die Interviews zeugen zudem davon, wie wichtig die Öffnung hin zur Stadt und ihren Menschen ist (vgl. Interview 10, Pos. 128), um etwa ungenutzte Potenziale des Kirchenraumes für die Stadt zu gewinnen (vgl. Interview 9, Pos. 64). Fokussiert sich eine Gemeinde nicht nur auf sich selbst, sondern auch auf ihren Umraum, so öffnet sie sich und ihr Innen für das Wirken des Evangeliums und der Liebe Gottes. Nicht zuletzt wirken dann verstärkt Impulse von außen auf die Gläubigen und ihren Kirchenraum ein; woran Margit Eckholt anschlussfähig ist:

> „Gleichzeitig fällt auch neues Licht auf die eigene Geschichte, wenn der oder die Fremde über die Schwelle treten, gleichsam mit dem Lichtstrahl, der durch die geöffnete Türe fällt. Identität und Miteinander gestalten sich an diesen Knotenpunkten aus, dort, wo Geschichten sich kreuzen, wo fremde hineinragen in die unsrige und aus Vertrautem heraus-fordern."[148]

Im Heraustreten in das Außen und der Begegnung mit dem Profanen, den Menschen, der Diversität der Stadt und der offenstehenden Tür, die das Einwirken des Außen in das Innen ermöglicht, verändert sich durch die überraschende

---

[147] Angela Standhartinger, Aufmerksamkeit für die Ränder und Grenzen. Eine Predigt zu 1Kor 9,19–23, in: Regina Sommer / Julia Koll (Hg.), Schwellenkunde. Einsichten und Aussichten für den Pfarrberuf im 21. Jahrhundert. Ulrike Wagner-Rau zum 60. Geburtstag, Stuttgart 2012, S. 321–328, S. 322.
[148] Eckholt, Christsein an den Crossroads der Städte, S. 59.

Kraft des Evangeliums das eigene, sakraldominierte Innen. Eckholt merkt weiter über die Wirkmacht des Fremden an:

> „Gerade in der Begegnung mit Fremden kann eine neue Erfahrung Gottes gemacht werden, Fremde spiegeln einen neuen und überraschenden Blick auf das Eigene. Fremde mahnen uns, wenn wir Gott ‚festhalten' wollen, sie erinnern uns, dass Gott selbst der ‚Fremde' ist und als solcher, je mehr wir uns ihm nähern, zum Aufbruch mahnt. Glaube kann nicht ein- und abgegrenzt werden, er lässt immer wieder aufbrechen, auf Neus hin, weil Gott schon immer jenseits der Grenze ist. Fremde und Fremdes werden so zu einem neuen Ort der Konstitution von Glaubensidentität, zum ‚locus theologicus'."[149]

Nach Rolf Zerfaß könnten alte Erfahrungen der Christengemeinschaft der Kirche heute helfen, sich auf Bekanntes und Bewährtes zurückzubesinnen:

> „Wenn es wahr ist, daß die Kirche heute wieder auf dem Weg in die Diaspora ist, könnte uns helfen, an den geistlichen Erfahrungen der alten Kirche anzuknüpfen und eine neue Kultur der Begegnung mit den Fremden zu wagen, und das geht nicht ohne den Mut, selbst fremdes Terrain zu betreten."[150]

Welche vielen positiven Einflüsse das Außen durch eine aufgeschlossene und offene Kirche(ntür) haben kann, stellt St. Maria in vielerlei Hinsicht heraus. Passend hierzu auch das biblische Narrativ der Speisung der Fünftausend (Mk 6,30–44), welches die Verantwortlichen räumlich auf ihre Marienkirche angewendet haben – vermutlich, ohne es zu wissen, aber frei nach dem Grundsatz: Wo bereitwillig Raum geteilt wird, ist genug für alle da.

4.1.5 Partizipation und Commons als kirchenräumliche Prägungen

Eng mit dem beidseitigen Entdeckungszusammenhang von Innen und Außen lässt sich ein urchristliches Motiv verknüpfen, welches vor allem in den Anfängen der Ausbreitung des Christentums mitentscheidend war. Die Rede ist von der Gastfreundschaft. Wer Gastfreundschaft gewährt, bietet den eigenen Raum und dessen schützende Wirkung an, öffnet sich denjenigen, die die Schwelle übertreten wollen.[151] Dadurch tritt eine weitere Verlinkung in die Konstellation ein. Mit dem Anbieten, die Türschwelle zu übertreten und nicht nur als Fremder[152] bzw. Gast, sondern auch als Freund den eigenen Raum zu nutzen, wird un-

---

[149] Eckholt, Christsein an den Crossroads der Städte, S. 62.
[150] Zerfaß, Menschliche Seelsorge, S. 30.
[151] Vgl. Standhartinger, Aufmerksamkeit für die Ränder und Grenzen, S. 322.
[152] Im Griechischen bezeichnet das Wort ‚Xenos' zugleich den Fremden als auch den Gast (vgl. Zerfaß, Menschliche Seelsorge, S. 15).

weigerlich ein Charakterzug des Christseins eingebunden, so Eckholt mit Rekurs auf *Lumen Gentium*:

> „Die Einladung an den Fremden, der Schritt über die Schwelle und die geteilte Zeit und der geteilte Raum der Gastfreundschaft gehören zur Ausbildung christlicher Identität und zur Konstitution einer Kirche, die sich als ‚Keim und Anfang' des Reiches Gottes auf Erden (LG 5) versteht."[153]

In der Bibel wird an zahlreichen Stellen auf besagtes Handlungsmotiv verwiesen. Beispielsweise im Hebräerbrief: „Die Gastfreundschaft vergesst nicht, denn durch sie haben einige unwissentlich Engel beherbergt" (Hebr 13,2). Etwas bündiger ist der Apell aus dem Römerbrief: „Seid jederzeit gastfreundlich!" (Röm 12,13). Beide neutestamentlichen Auszüge verweisen eindeutig auf eine Verpflichtung der Glaubensgemeinschaft gegenüber dem Gast, der unter das eigene Dach einkehren möchte. Wie elementar Gastfreundschaft in den biblischen Erzählungen ist, verdeutlich unter anderem Angela Standhartinger: „Ohne Gastfreundschaft keine Wirkung der Jüngerinnen, Boten oder Apostelinnen, keine Verbreitung des Christusglaubens."[154] Zudem war der Sohn Gottes selbst auf die Gastfreundschaft von Fremden angewiesen: „Ich war fremd, und ihr habt mich beherbergt" (Mt 25,36). Beispielsweise begegneten ihm Zöllnerinnen oder Pharisäer gastfreundlich.[155] Hierzu passend August Laumer mit weiteren Beispielen:

> „Nach biblischem Zeugnis hat sich Jesus selbst immer wieder in die Rolle des Gastes begeben, sei es in seiner Familie und in seinem Bekanntenkreis wie etwa bei der Hochzeit zu Kana (Joh 2,1-12), bei seinen Freunden, den Geschwistern Marta, Maria und Lazarus in Betanien (Lk 10,38-42; Joh 12,1-11) und bei seinen Jüngern (Bericht von der Heilung der Schwiegermutter des Petrus mit anschließender Bewirtung durch sie; Mk 1,29-31par.) [...]."[156]

Im Gewähren der Gastfreundschaft kommt man aber nicht nur der Forderung der Heiligen Schrift nach, sondern erfährt auch die Begegnung mit Gott: „Gastfreundschaft ist der biblische Ort der Gottesbegegnung par excellence [...]."[157] Ist es doch der Gast, der Gott hereinlasse, wie Romano Guardini schreibt.[158] So wird im Überschreiten in die eigenen Räumlichkeiten, in der „Gnade des Gastes"[159], wie Jacques Derrida hervorhebt, Gott neu aufgehen, indem die fremde Person

---

[153] Eckholt, Christsein an den Crossroads der Städte, S. 59f.
[154] Standhartinger, Aufmerksamkeit für die Ränder und Grenzen, S. 322.
[155] Mk 2,13-17; 14,1-9; Lk 14,1-24; 19,1-10.
[156] August Laumer, Gastfreundschaft – ein Grundparadigma heutiger Gemeindepastoral?, in: Geist & Leben 84 (2011), H. 2, S. 186-200, S. 188.
[157] Standhartinger, Aufmerksamkeit für die Ränder und Grenzen, S. 321.
[158] Vgl. Romano Guardini, Briefe über Selbstbildung. Bearbeitet von Ingeborg Klimmer, Dritter Brief „Vom Geben und Nehmen, vom Heim und von der Gastfreundschaft", Mainz ¹³1978, S. 27-43, S. 37.
[159] Jacques Derrida, Von der Gastfreundschaft, Wien 2001, S. 91.

4.1 Theologische Reflexionen

Gott und dessen Wirken in den Sakralraum eintreten lässt. So geschieht dann auch die Verwandlung des Eigenen in der Begegnung mit dem anderen, worauf erneut Eckholt anspielt.[160] Insofern trägt der Fremde dazu bei, dass ich meinen Glauben und meine Erfahrungen mit Gott, in dem anderen neu erfahre. Dazu passend die berühmten Worte Martin Bubers: „Der Mensch wird am Du zum Ich."[161] Bezogen auf ein christliches Kollektiv verliert weder die katholische Kirche im Allgemeinen noch die Gemeinde im Konkreten ihre Identität, wenn sie sich in Gastfreundschaft übt, sondern sie entfaltet sich weiter in ihrer Lebensgemeinschaft mit dem Gott der Bibel, so Eckholt.[162]

Gerade im Wechselverhältnis „von Gastgeberin und Gast, von Gabe und Gegengabe, von Offenheit und Begrenzung"[163] vollziehe sich ein performativer Prozess, in dem Gemeinschaft erblühe, so Regina Sommer.[164] Dazu ist es entsprechend wichtig, sich an den Grundsatz zu erinnern: „Wer niemals Gast war, kann auch kein guter Gastgeber sein."[165] Hierzu anschlussfähig ist Ulrike Wagner-Rau mit folgenden Gedanken:

> „Sie ist darauf aus, weniger Bekanntes, ja, auch völlig Fremdes in das eigene Haus und in die vertraute Orientierung einzulassen, wie auch darauf, Türen zu öffnen und in die Fremde hinaus zu gehen. Denn wer nichts davon versteht, Gast zu sein, hat auch wenig Verständnis für Gäste [...]. Nicht nur das eigene Angebot, sondern auch die Gabe der Anderen ist von Anfang an mit im Blick."[166]

Dies pointiert ebenfalls Rolf Zerfaß:

> „Sie wird nicht nur als Tat der Barmherzigkeit, sondern als Chance der Gottesbegegnung begriffen, wobei in großer Freiheit offenbleibt, ob Gott in der Gestalt des Fremden oder in der Gestalt des Gastgebers erscheint."[167]

Wie wichtig das Schlagwort der Freiheit ist markiert Christine Siegl. Denn: „Die Metamorphose des Fremden zum Gast gelingt nur [...] in einem Klima der Freiheit und Offenheit."[168] Das holländische Wort für Gastfreundschaft ist ‚Gastvrijheid'. Es bringt unnachahmlich und kompakt zum Ausdruck, „dass Gastfreundschaft dem Gast Freundschaft anbieten will, ohne ihn zu binden, und Freiheit,

---

[160] Vgl. Eckholt, Christsein an den Crossroads der Städte, S. 63.
[161] Martin Buber, Das dialogische Prinzip, Heidelberg ⁴1979, S. 32.
[162] Vgl. Eckholt, Christsein an den Crossroads der Städte, S. 63.
[163] Regina Sommer, Schwellenzustand, Evangelische Abendmahlspraxis pastoraltheologisch betrachtet, in: Dies. / Julia Koll (Hg.), Schwellenkunde. Einsichten und Aussichten für den Pfarrberuf im 21. Jahrhundert. Ulrike Wagner-Rau zum 60. Geburtstag, Stuttgart 2012, S. 263–276, S. 263.
[164] Vgl. Sommer, Schwellenzustand, S. 263.
[165] Zerfaß, Menschliche Seelsorge, S. 30.
[166] Wagner-Rau, Auf der Schwelle, S. 97.
[167] Zerfaß, Menschliche Seelsorge, S. 20.
[168] Christine Siegl, Gast – Raum – Kirche. Nutzungserweiterung von Dorfkirchen als kirchliches Handeln (= Praktische Theologie und Kultur 28), Freiburg i. Br. 2019, S. 286.

ohne ihn sich selber zu überlassen"[169]. Dass St. Maria diese über alle Maßen deutlich verkörpert, wurde bereits mehrfach betont.

Nun bietet die Stuttgarter Konzeption jedoch mehr als nur einen gastfreundlichen Charakter. Sie mündet durch den angestoßenen Aktivierungsprozess in einer umfänglichen Partizipation der Stadtbevölkerung an ihrer Marienkirche. Ähnlich wie bei der Gastfreundschaft, wo am Beginn immer eine Einladung vorgelagert ist,[170] geht jeder Partizipation ein Angebot des Kontakts voraus. Vor allem diese (erste) Aktivierung ist die Triebfeder der Konzeption. Ohne die Aktivierung der Stadtbevölkerung, sich mit ihren Ideen an der Befüllung ihrer Kirche zu beteiligen, ist keine vollwertige Partizipation möglich. Durch die Priorisierung des Kontakts von außen, wird eine Umkehr der Vorrangstellung bewirkt oder zumindest kann Partizipation hilfreich sein Macht zu relativieren. Folglich gilt, was Bischof Heiner Wilmer prägnant äußert: „Macht muss dazu dienen, Partizipation zu ermöglichen."[171] Auf St. Maria bezogen heißt dies, dass nicht länger allein Kleriker oder Gemeinderat entscheiden, was mit dem Gotteshaus und seinem Raum geschieht, sondern die Stadtbevölkerung bzw. das Volk Gottes, für welches Kirchen überhauptest gebaut sind. Es geht also nicht länger um eine Teilnahme, wo die einen meinen zu wissen, wie es geht oder zu sein hat, und die anderen folgen, sondern vielmehr um eine vollwertige Teilhabe der Stadtbewohner:innen an ihrem ‚Tempel'. Auf Grundlage des ersten Partizipationsverständnisses, besteht die Hoffnung, den Folgeschritt von der Teilhabe zum Teilsein zu gehen. Christian Bauer spricht davon, dass der Schritt vom Teilnehmen zur Teilhabe mit der Abgabe von Macht einhergeht (Power to the people).[172] Im nächsten Schritt wird von der Teilhabe zum Teilsein gewechselt, wo Kirche neu gedacht wird. Der dritte und finale Schritt besteht dann im Übergang von Teilsein zum synodalen Jüngersein bzw. zur gelebten Nachfolge.[173] Worum es bei Partizipation (nicht) geht, fasst Bischof Wilmer anschaulich zusammen:

> „Es geht bei Partizipation nicht um die Frage: ‚Wer darf was?', sondern: ‚Was ereignet sich?' ‚Was kommt hervor?' ‚Was kommt zum Vorschein?' Es geht also darum, das, was längst schon da ist, sichtbar sein zu lassen."[174]

Wie wichtig Partizipation für die Kirche ist, stellt etwa der Kirchenentwickler Valentin Dessoy heraus:

---

[169] Henri Nouwen, Die dreifache Spur. Orientierung für ein spirituelles Leben, Freiburg i. Br. 2012, S. 101.
[170] Vgl. Standhartinger, Aufmerksamkeit für die Ränder und Grenzen, S. 322.
[171] Heiner Wilmer, Partizipation ist Sein. Brosamen zur Partizipation und Unwissenschaftliches, in: Zeitschrift für Pastoraltheologie 40 (2020), H. 1, S. 177–181, S. 181.
[172] Vgl. Bauer, Vom Haben zum Sein?, S. 38.
[173] Vgl. Bauer, Vom Haben zum Sein?, S. 38.
[174] Wilmer, Partizipation ist Sein, S. 181.

4.1 Theologische Reflexionen

„Ein Höchstmaß an Partizipation – Inklusion relevanter Umwelten und Teilhabe an Entscheidungsmacht – ist k.o.-Kriterium für das Überleben von Kirche und zugleich Nagelprobe (Diagnostikum) für die Beurteilung zukünftiger Reformprozesse."[175]

Für Gaby Strassburger und Judith Rieger, die sich auf den Ansatz von Sherry R. Arnstein[176] beziehen, zeichnet sich ‚echte' Partizipation im Gegensatz zu den Vorstufen von Partizipation (informieren, Meinung erfragen, Lebensexpertise einholen) durch drei weitere Ebenen aus: Mitbestimmung zu zulassen, Entscheidungskompetenz (teilweise) abzugeben und Entscheidungsmacht zu übertragen;[177] ganz nach dem Motto Arnsteins: „Citizen participation is citizen power."[178] Das Stuttgarter Pilotprojekt tangiert alle Ebenen des interaktiven Vorgangs einer Partizipation, da es lediglich ein (notwendiges) „Minimum an vertikaler Struktur und damit Matchasymmetrie"[179] und einen überaus hohen Grad an Mitbestimmung zulässt, verkörpert es wahre Teilhabe am Kirchenraum bzw. Kirchesein. Dies bringt unter anderem die provisorische Raumausstattung zum Ausdruck. Belegen lässt sich dies mit einzelnen Interviewpassagen, die sich auf den „neue[n] Altar" (Interview 1, Pos. 16a) und die Anordnung der Holzhocker um diesen beziehen. So etwa in Interview 11: „Des finde ich, isch auch ne nette Idee. [...] Des isch ehm ... es sitzt keiner oben oder unten. Man sitzt im Kreis" (Interview 11, Pos. 96–98). Oder in Interview 2: „Nicht so von oben herab, sondern so mehr auf einer Ebene" (Interview 2, Pos. 14).

Infolgedessen zeigt sich im Konzept der Marienkirche, was die katholische Kirche bekanntermaßen mit dem Zweiten Vatikanum vollzog; nämlich den Wandel vom Hierarchie- zum Communiomodell. Fortan wurde die Kirche als eine Gemeinschaft aller Gläubigen gefasst, so die Kirchenrechtlerin Sabine Demel.[180] Die Hierarchie, die auch im Kontext der Volk-Gottes-Ekklesiologie auftaucht, wird nun vom Volk Gottes her verstanden und nicht länger (umgekehrt) das Volk Gottes von der Hierarchie her, so Bauer ergänzend.[181] Die Pontifikate von Papst Johannes Paul II. und Benedikt XVI. favorisierten hingegen (weiterhin) einen hierarchisch verstandenen Communio- bzw. Gemeinschaftsbegriff. Grundsätzlich sind Gemeinschaften deshalb problematisch, weil sie homogenisieren, sich in ihren Innenraum zurückziehen und sich nach außen hin abgrenzen. Sie

---

[175] Valentin Dessoy, Partizipation und Leitung in der Kirche, in: Elisa Kröger (Hg.), Wie lernt Kirche Partizipation? Theologische Reflexion und praktische Erfahrungen (= Angewandte Pastoralforschung 2), Würzburg 2016, S. 71–90, S. 90.
[176] Sherry R. Arnstein, A Ladder of Citizen Participation, in: Journal of American Institute of Planers 35 (1969), H. 4, S. 216–244.
[177] Vgl. Gaby Strassburger / Judith Rieger, Bedeutung und Formen der Partizipation. Das Modell der Partizipationspyramide, in: Dies. (Hg.), Partizipation kompakt. Für Studium, Lehre und Praxis sozialer Berufe, Weinheim / Basel 2014, S. 12–29, S. 23.
[178] Arnstein, A Ladder of Citizen Participation, S. 216.
[179] Dessoy, Partizipation und Leitung in der Kirche, S. 73.
[180] Vgl. Demel, Kirche als Gemeinschaft des Volkes Gottes, S. 11.
[181] Vgl. Bauer, Vom Haben zum Sein?, FN 32.

schließen ein und aus. Ein hierarchisches Communioverständnis begibt sich auf den Weg dieser Abkapselung. Papst Franziskus verfolgt hingegen die Auslegung im Sinne des Konzils. Er favorisiert eine Volk-Gottes-Ekklesiologie, die die Ausgestaltung des laikalen Kircheseins individuell und partizipativ fasst. Damit steht sie der Communio-Ekklesiologie entgegen, die eine hierarchische und kommunitarische Auslegung bevorzugt.[182] Der hierarchische Communiobegriff hat ein Legitimationsproblem, da er schlicht keine gewichtige Stellung im Konzil einnimmt, was Joseph Ratzinger selbst eingesteht.[183] Elmar Klinger zu dem Bemühen der Umdeutung in aller Deutlichkeit:

> „Für jeden Kenner der Materie [...] ist diese Erklärung eine Provokation. [...] Nicht die Communio-, sondern die Volk-Gottes-Ekklesiologie ist die zentrale und grundlegende Idee der Konzilsdokumente. [...] Communio wird im Rahmen der Theologie des Volkes Gottes zum Thema, nicht umgekehrt. [...] Der Versuch, die Communio-Ekklesiologie zur Gesamtekklesiologie des Zweiten Vatikanums zu machen, scheitert am Zweiten Vatikanum [...]."[184]

Bereits Bischof Hugo Aufderbeck stellte klar: „Communio kommt nicht von unio, sondern von munus."[185] Yves Cougar verweist darüber hinaus auf den gemeinsamen etymologischen Nenner jeder kirchlichen communio, dem munus, das alle Getauften einschließe, so Bauer.[186] St. Marias Ausrichtung operiert zweifelsohne im Modus einer Volk-Gottes-Ekklesiologie, indem sie eben nicht den Schwerpunkt auf eine hierarchische Gemeinschaft, sondern auf Partizipation auf Augenhöhe legt (vgl. Interview 11, Pos. 98). Dies bedeutet weiter: Die Marienkirche ist nicht als kirchliche ‚Communio' zu verstehen, sondern als gesellschaftliches ‚Common' zu denken. Aus stadtsoziologischer Perspektive ist spätestens hier das Commons-Konzept anschlussfähig. „Commons sind lebendige soziale Strukturen, in denen Menschen ihre gemeinsamen Probleme in selbstorganisierter Art und Weise angehen."[187] Commons könne man allgemeinhin mit

---

[182] Vgl. Bauer, Vom Haben zum Sein?, S. 44.

[183] Vgl. Joseph Ratzinger, Weggemeinschaft des Glaubens. Kirche als Communio. Festgabe zum 75. Geburtstag, Augsburg 2002, S. 107–131.

[184] Zitiert nach: Bauer, Vom Haben zum Sein?, S. 44. Im Original unter: Elmar Klinger, Auseinandersetzungen um das Konzil. Communio und Volk Gottes, in: Klaus Wittstadt / Wim Verschooten (Hg.), Der Beitrag der deutschsprachigen und osteuropäischen Länder zum Zweiten Vatikanischen Konzil, Löwen 1996, S. 157–175, S. 158–161.

[185] Hugo Aufderbeck, Volk Gottes auf dem Weg. Briefe, Meditationen, Ansprachen und Predigten, Leipzig 1979, S. 285.

[186] Vgl. Bauer, Schwache Empirie?, FN 174. Bauer bezieht sich hierbei auf die Aussagen von Albert Rouet, der der sich wiederum auf Yves Cougar beruft (vgl. Albert Rouet, Préface, in: Joseph de Mijolla [Hg.], La paroisse dans la mission. Relecture d'une page de notre histoire, Châteaufort 2002, S. 7–12, S. 11).

[187] Silke Helferich / David Bollier, Frei, Fair und Lebendig. Die Macht der Commons, Bielefeld 2019, S. 20.

4.1 Theologische Reflexionen

‚Gemein(schafts)eigentum' übersetzen, so die Architektin Dagmar Pelger.[188] Praktische Beispiele für diese allgemein genutzten Güter sind nach Bauer etwa: „Wasserkanäle indonesischer Reisbauern, Weideland türkischer Ziegenhirten, Brennholz peruanischer Hochlandbewohner."[189] Ein Commons-Konzept bedeutet schlussendlich, dass niemandem der Platz am Tisch verweigert wird und sich zugleich niemand über den Tisch gezogen fühlen darf.[190] Diese Semantik bringt der runde Tisch im Mittelschiff in analoger Weise zum Ausdruck: „Weil der [runde Tisch] für mich am besten zeigt, dass alle da willkommen sind" (Interview 2, Pos. 44). Oder in ähnlicher Formulierung in Interview 1 zu lesen: „Dieser… dieser runde Tisch. Mit vielen Stühlen, der direkt einlädt, sich zu setzen. Und ehm, ein Teil […] dieser Runde [zu sein]" (Interview 1, Pos. 16b). Werden Commons aktiv, wird in der Regel von ‚Commoning' gesprochen:

> „Commoning bedeutet nicht einfach, etwas zu teilen oder gemeinsam zu nutzen […]. Es bedeutet, zu teilen beziehungsweise gemeinsam zu nutzen und zugleich dauerhafte soziale Strukturen hervorzubringen, in denen wir kooperieren und Nützliches schaffen können."[191]

Grundvoraussetzung von Commons sind Freiräume.[192] Erst diese ermöglichen Entfaltung, Wachstum und Handlung. Weiter auf St. Maria zugespitzt, lässt sich der Terminus des ‚Spatial Commons' integrieren:

> „Sehr komprimiert zusammengefasst lasses [sic!] sich Spatial Commons demnach aus der Bedingtheit eines verfügbaren universellen Ressourcenraums, der durch eine selbstorganisierte, sich potentiell vergrösserende [sic!] Gruppe als spezifische Raumressource so angeeignet wird, dass er sich über klar definierte aber durchlässige Raumgrenzen definiert und durch den reproduktiven Gebrauch der Gruppe erhalten wird, beschreiben."[193]

Dies bezüglich verkörpert St. Maria eine räumlich-lokale Gemeinressource („common-pool resources"[194]), wodurch der Stuttgarter Sakralbau faktisch als kosten- und selbstloser ‚shared space' fungiert. Wie wichtig vergemeinschaftete Orte für Städte sind, zeigt ein Auszug aus Interview 9:

> „Nicht nur Stuttgart! Ne, weil ich denk einfach gerade in Großstädten ist der Platz eh schon begrenzt und so wird ja quasi, also der Raum, geöffnet, noch für mehr Nutzung. Also Potenzial wird hinzugegeben, hinzugefügt. Ehm, also insofern nicht nur in Stuttgart, sondern auch in anderen Städten" (Interview 9, Pos. 64).

---

[188] Vgl. Dagmar Pelger, Spatial Commons versus Separate Spaces. Zwei Modi der urbanen Raumproduktion, Berlin 2021, S. 25.
[189] Bauer, Konstellative Pastoraltheologie, S. 358.
[190] Vgl. Helferich / Bollier, Frei, Fair und Lebendig, S. 18.
[191] Helferich / Bollier, Frei, Frai und Lebendig, S. 19.
[192] Vgl. Helferich / Bollier, Frei, Fair und Lebendig, S. 294.
[193] Pelger, Spatial Commons versus Separate Spaces, S. 25.
[194] Helferich / Bollier, Frei, Fair und Lebendig, S. 21.

So wie also Stadt im Commons gedacht und betrieben wird – wie etwa von den Stadtlücken, die nach diesem Konzept operieren – wäre auch auf die Kirche im Allgemeinen zu übertragen. Kirche als Gemeinschaft im Sinne eines (partizipativen) Commons. Davon würden mit Sicherheit Kirche und Gesellschaft in hohem Maße profitieren.

4.1.6 St. Maria – ein polyvalentes Laboratorium für einen dritten Weg

Abschließend ist das Stuttgarter Konzept selbst und dessen Mehrwert in die Diskursivierung einzugliedern. Wie die Interviews belegen, sprechen sich 10 von 11 Interviewpartner:innen für die gewählte, vielfältige Art der Raumnutzung aus. Mit der Ausschreibung der Teilhabe am eigenen Raum wurde die Kirche zu einer Keimzelle, welche räumliche Transformationsprozesse der Vielfalt und Differenz initiiert, um dem Evangelium weitere Möglichkeiten zur Entfaltung zu geben. Von diesen wiederum profieren Atmosphäre, Bild der katholischen Kirche, Gemeinde vor Ort und nicht zuletzt, wohl aber am meisten, die Stadtbevölkerung selbst, was die Datenerhebungen offenlegen: „Wer das vor allem braucht, sind die Menschen in der Stadt" (Interview 7, Pos. 66b). So wird nicht umsonst von einer „krasse[n] Aufwertung" (Interview 1, Pos. 66) für das Quartier gesprochen, die sich nicht durch Konsultation eines Expertenteams, sondern durch die Koproduktion von verschiedenen Akteur:innen auszeichnet. „St. Maria als ..." hat mit Experimentierfreude, Machtabgabe und Vertrauen auf das Ereignis des Evangeliums unter Beweis gestellt, wie sich ein alternativer, „dritter Weg der Kirchennutzung"[195] auftun kann. Dieser Weg überwindet durch weiche Konturen sowohl eine rein sakrale wie auch profane Nutzung und bildet daraus etwas Neues bzw. Drittes, worauf gleich Bezug genommen wird. Zunächst will jedoch erwähnt sein, dass das Projekt nicht dazu initiiert wurde, um „dem kirchlichen Erosionsprozess"[196] entgegenzusteuern. Vielmehr versuchten die Verantwortlichen offensiv und kreativ auf unvorhersehbare Veränderungen adäquat zu reagieren. Rolf Zerfaß erinnert daran, was ‚kreativ' eigentlich bedeutet:

> „Kreativ ist ja nicht, wer ständig seine Mitmenschen mit sog. Kreativen Ideen überrumpelt: Schüler, Gottesdienstbesucher, Kranke, Mitarbeiter. Kreativ ist, wer mit den Situationen, in die er gerät (weil er mit all diesen Menschen Kontakt sucht) und die sich dann unter der Hand ganz anders entwickeln, als er sich das vorher zurechtgelegt hat, so weich und so achtsam umgeht, daß sie freisetzen können, was jenseits aller vorgefaßten Ideen von Gott her in ihnen steckt, ‚was kein Auge gesehn [sic!]

---

[195] Christian Bauer, Heiligkeit jenseits des Sakralen? St. Maria in Stuttgart – ein dritter Weg der Kirchennutzung, in: Liturgisches Jahrbuch 2022, S. 17–33.
[196] Bucher, Aufgebrochen durch Urbanität, S. 235.

4.1 Theologische Reflexionen

und kein Ohr gehört, was keines Menschen Herz je ersonnen hat, was aber Gott denen bereitet hat, die ihn lieben' (1 Kor 2,9)."[197]

Diesem Verständnis folgten die Verantwortlichen implizit. Dass sich dabei mit einem leeren Raumgefüge mehr gewinnen lässt als mit dem gewohnten Setting, war zu Beginn nicht absehbar, wohl aber erhofft. Mit dem ‚Mut zur Lücke' wurde der teils entleerte Kirchenraum zur „Spielwiese" (Interview 4, Pos. 42b). So wurde das Gotteshaus zum spatiologischen Laboratorium, welches religionsgemeinschaftliche Automatismen überwindet. Die Raumtransformationen wirken sich selbstverständlich auch auf die Liturgie aus. Obgleich die liturgiewissenschaftliche Betrachtung aufgrund der gewählten, pastoralgeographischen Forschungsauslegung unberücksichtigt blieb, sind in der entleerten Hallenkirche Experimente der rituellen Praxis unternommen worden. Allein mit dem provisorischen Ersatzaltar und der kreisförmigen Anordnung der Holzhocker wurde für die gottesdienstliche Feier eine Neuinterpretation aufgeworfen. Welche unbekannten Potenziale hierin liegen, wäre in einer liturgiewissenschaftlichen Studie erforschungswürdig. Bernhard Spielberg befürwortet in einem Interview jedenfalls eine grundlegende Öffnung für neue Deutungen der Eucharistie.[198] Ebenso sieht Benedikt Kranemann in der experimentellen Ritualpraxis Chancen für Gesellschaft und Kirche, da vor allem die betroffenen Menschen, um die es in erster Linie gehen müsse, davon profitieren würden.[199] Es sei offensichtlich, dass sich kirchliche Rituale im Hinblick auf pastoralgesellschaftliche Herausforderungen verändern müssen.[200] Was also für die Veränderungen von Kirchenraumnutzungen gilt, sollte auch die rituelle Praxis (mehr) betreffen.

Die direkte Einladung an die Öffentlichkeit mitzuwirken und eine Kirche anderweitig zu nutzen, ist ein Verständnis, das lange Zeit Konsens in der katholischen Kirche war, so Kranemann weiter: „Kirchenräume sind zumindest in der Geschichte immer als Räume für eine Öffentlichkeit gebaut worden."[201] In theologischer Konsequenz gehören die Kirchen schließlich dem Volk Gottes, für welches sie Platz bieten sollen. Dahin gehend zeigt sich ebenfalls: der wahre Wert eines Gotteshauses bemisst sich in erster Linie an dessen Nutzung. Daran erinnert zumindest Albert Gerhards in einem Interview, indem er darauf verweist, dass der Wert der Kirchen nicht allein an Symbolik oder Grundstückswert zu bemessen sei.[202] Hieran lässt sich eine Verlinkung zum Interviewmaterial herstel-

---

[197] Zerfaß, Vorwort zur deutschen Ausgabe, S. 7.
[198] Vgl. Bernhard Spielberg, „Von Selbsttäuschungen freimachen", in: https://www.konradsblatt.de/aktuell-2/alle-beitraege-zu-corona/detail/nachricht/id/128860-von-selbsttaeuschungen-frei-machen/?cb-id=12148428 (2020) [Abrufdatum: 20.07.2021].
[199] Vgl. Benedikt Kranemann, „Katholische Suchendenpastoral". Eine Reaktion, in: Ulrike Wagner-Rau / Emilia Handke (Hg.), Provozierte Kasualpraxis. Rituale in Bewegung (= Praktische Theologie heute 166), Stuttgart 2019, S. 99–110, S. 110.
[200] Vgl. Kranemann, Katholische Suchendenpastoral, S. 101.
[201] Kranemann, Umnutzen statt abreißen, S. 189.
[202] Vgl. Glenz, Kirchenabrisse, o. S.

len: „Aber etwas, das nicht benutzt wird, [...] ist immer Müll! Trifft auf jeden Gegenstand zu. Trifft auch auf Gebäude zu [...]" (Interview 9, Pos. 68b). Demgemäß ist es für den Pionier also dringend notwendig, den Raum nicht nur für gottesdienstliche Feiern und als ‚Ort der Stille' zu verwenden, sondern auch abseits davon zu bespielen. Eine erweiterte Verwendung wird von allen Gesprächspartner:innen positiv bewertet. Eine grundsätzliche Mehrzweckausrichtung wird etwa von Interviewpartner 11 gefordert:

> „Des isch, was ich da fotografiert hab', dass man es nicht als reinen Gottesdienstraum benutzt, sondern dass man es als Mehrzweck benutzt. Dass man auch Feiern drin macht, dass man mal ein Buffet drin 'ufbaut" (Interview 11, Pos. 90).

Weiter lässt sich der Begriff der „Ambiguitätstoleranz"[203] in die Konstellation einfügen. Darunter versteht Kranemann: „[D]ie Kunst, mit Mehrdeutigkeiten und Spannungen umgehen zu können."[204] Schüßler und Schweighofer, die das Projekt in der Anfangsphase pastoraltheologisch mitbegleiteten, sprechen sich in ihrem Konzeptpapier ebenfalls für die Aufrechterhaltung des Spannungsgefüges aus: „Was also gelingen muss, ist die schwierige Balance zwischen der Über- und Unterdeterminierung des Raumes."[205] Zu vermeiden wären sowohl Raumbefüllungen, die auf eigenen, altbekannten Blaupausen basieren als auch ein Außenvorlassen des Evangeliums, so Schweighofer und Schüßler weiter.[206] Die Marienkirche setzt mit ihrem polyvalenten Charakter das fort, was Kirchen im Laufe vieler Jahrhunderte auch waren, nämlich Versammlungsorte, Bewirtungsräume oder Schutzzonen für Asylsuchende usw.,[207] ohne dabei den sakralen Gehalt abzulegen oder eine liturgische Nutzung aufzugeben, sondern sie in neuen Settings zu erproben. Die Spannung der Unentschiedenheit auszuhalten, ohne allzu viel zu planen, scheint dabei die größte Schwierigkeit und gleichzeitig die größte Stärke des Modellversuchs zu sein. Diese Herausforderung spricht der derzeitige Kurator Sebastian Schmid in einem Interview an:

> „Die schwierige Aufgabe ist es, planlos zu bleiben. Also nicht mit einem fertigen Konzept zu kommen und den Leerraum nicht zu füllen, sondern offen zu halten und zu schauen, wie die Menschen das füllen und wie Gott das füllt."[208]

Desgleichen wird offensichtliche, dass Kirche vor Ort massiv von äußeren Impulsen profitieren kann und nach *Gaudium et spes* davon abhängig sein will und muss. Schließlich heißt es in dem Konzilsdokument:

---

[203] Kranemann, Umnutzen statt abreißen, S. 194.
[204] Kranemann, Umnutzen statt abreißen, S. 194.
[205] Schüßler / Schweighofer, „St. Maria als ..." Leerstellen als kreatives Konzept urbaner Pastoral, S. 6.
[206] Vgl. Schüßler / Schweighofer, „St. Maria als ..." Leerstellen als kreatives Konzept urbaner Pastoral, S. 6.
[207] Vgl. Rau, Raum und Religion, S. 13.
[208] Brüwer, Es kann nicht sein, dass alle Kirchen gleich sein müssen, o. S.

> „Die Kirche hat nicht immer zu allen einzelnen Fragen eine fertige Antwort bereit; und so ist es ihr Wunsch, das Licht der Offenbarung mit der Sachkenntnis aller Menschen in Verbindung zu bringen [...]" (GS 33).

Und weiter:

> „Sie mögen aber nicht meinen, ihre Seelsorger seien immer in dem Grade kompetent, daß sie in jeder, zu weilen auch schweren Frage, die gerade auftaucht, eine konkrete Lösung schon fertig haben könnten oder die Sendung dazu hätten" (GS 43).

Entsprechend wichtig ist die Einbeziehung multiprofessionaler Expertenteams wie dem Stadtlückenkollektiv, welches die pastoralen Mitarbeiter:innen, die nur allzu häufig wahre Allrounder sind, tatkräftig unterstütz(t)en. Zumal es für eine gute Pastoral schlicht verschiedener Professionen bedarf. So stellt das pastorale Konzept nicht die Praktiker:innen in den Mittelpunkt, kirchliche Leitlinien oder Konzeptpapiere, sondern weitet das binnenkirchliche Sichtfeld durch Spezialist:innen, die sowohl Know-how einbringen als auch mit externen Perspektiven anstecken und auf positive Weise zu irritieren wissen.

Was das Projekt zudem betrachtungswürdig macht, ist die Art und Weise, wie die Menschen zusammen kommen und gemeinsam auf etwas Größeres hin wirken. Angefangen bei der Kooperation mit dem Stadtlücken Kollektiv bis hin zum Einbinden der Menschen aus dem Quartier wird „St. Maria als ..." nicht von einem trivialen Zusammensein getragen, sondern vielmehr von einer ‚Komplizenschaft'. Hinter dem Schlagwort verbirgt sich nach der Kulturtheoretikerin Gesa Ziemer Folgendes:

> „Sie ist oft nur eine Phase im Verlauf einer Beziehung, die anfänglich wirksam und doch flüchtig und zerbrechlich ist. Für kreative Kontexte ist so etwas wie Komplizenschaft fast unabdingbar, weil neue Weg beschritten werden; in Situationen, in denen man sich wehren muss oder gegen Widerstand etwas Neues entwickeln möchte, auch."[209]

Komplizenschaft ist somit ein zumeist kurzer Zusammenschluss von Kompliz:innen, die sich finden und synchronisieren, um mit kreativen Taktiken ein gemeinsames Ziel zu verfolgen, das möglichst allen einen Nutzen bringt.[210] Ziemer benennt in ihrer Auflistung 15 Anzeichen, die Komplizinnen und Komplizen ausmachen.[211] Dabei ist die Anzahl der Anhänger:innen weniger entscheidend. Ein Filmzitat aus der Zauberwelt bringt dies auf den Punkt: „Es ist der Wert der Überzeugungen, der den Erfolg ausmacht. Nicht die Anzahl der Anhänger" (Harry Potter und die Heiligtümer des Todes II). Gerade kleinere Gruppen besitzen oftmals den Vorteil, dass es ihnen leichter fällt, stärker zusammenzuhalten als große Gruppierungen. Auch der vielzitierte Auszug aus dem Matthäus Evange-

---

[209] Gesa Ziemer, Komplizenschaft. Neue Perspektiven auf Kollektivität, Bielefeld 2013, S. 167.
[210] Vgl. Ziemer, Komplizenschaft, S. 167f.
[211] Vgl. Ziemer, Komplizenschaft, S. 167f.

lium erinnert daran, wie wenig es auf die Größe einer Gruppe ankommt, die sich im Namen Gottes versammelt: „Denn wo zwei oder drei in meinem Namen versammelt sind, da bin ich mitten unter ihnen" (Mt 18,20).

Obwohl Komplizenschaften häufig in kleinen Kreisen organisiert sind, können sie Keimzellen größere Versammlungen sein.[212] Die Wirkkraft, die von Kollektiven ausgehen kann, ist daher niemals zu unterschätzen – vor allem im Hinblick auf Kirchesein. Der Organisationsforscher Karl Weick schreibt: „Der entscheidende Punkt bezüglich kollektiver Struktur ist, dass sie als elementarer Baustein für die Schaffung größerer Kollektivitäten benutzt werden kann."[213] Es braucht folglich (mehr) Komplizenschaft als soziale Handlungsform, die Polyvalentes zu temporären Solidaritäten ereignishaft zusammenbringt. Hierfür ist eine Suche nach zivilgesellschaftlichen Akteur:innen erforderlich, die zu Verbündeten für das Evangelium werden. Gesucht sind also Frauen und Männer, die zu ‚Mittäter:innen' der Frohen Botschaft werden. So tut sich eine Bündniskirche hervor, die sich in die Gesellschaft hinein öffnet und dort die säkulare Bedeutung des Evangeliums entdeckt.

Als letzte und abschließende Verkittung wird nun der Thirdspace bzw. eine die ihm vorgelagerte Hybridität beäugt. Das Fundament für den dritten Weg ist die bereits erwähnte Mischung (lat. Hybrida) von Sakralem und Profanem. An das Laboratorium lässt sich dahin gehend das Konzept der Hybridität des postkolonialen Kulturtheoretikers Homi K. Bhabha anknüpfen, welches in einem dritten Raum mündet. Der Begriff ‚Hybrid' steht bei Bhabha „für einen andersartigen Diskurs, der einen Zwischenraum denkt und von bipolaren Dichotomiebildungen suspendiert"[214]. Jochen Bonz und Karen Struve fassen den Inhalt von Bhabhas Konzept so zusammen:

> „Hybridität ist nach Bhabha [...] die prozessuale und kreative Neukonstruktion von Identitäten. [...] Diese Neukonstruktionen speisen sich nicht aus zwei oder mehr Originalen und lösen sich in einer hegelianischen Synthese quasi auf, sondern müssen sich in einem Dritten Raum als tatsächliche neue Formen mit inhärenten Differenzen, Ambivalenzen und Widersprüchen denken lassen."[215]

Aus dem Hybriden entsteht, abseits bipolarer Identitätsauffassungen etwas Drittes, ein sogenannter ‚Thirdspace'.[216] Der US-amerikanische Sozialgeograph

---

[212] Vgl. Ziemer, Komplizenschaft, S. 173.
[213] Karl E. Weick, Der Prozess des Organisierens, Frankfurt a. M. 1985, S. 143.
[214] Jörg Seip, Was überschreitet die Kirchenprofanierung? Hybridität als Einübung ins Andersdenken, in: Albert Gerhards / Kim de Wildt (Hg.), Wandel und Wertschätzung. Synergien für die Zukunft von Kirchenräumen, Regensburg 2017, S. 241–262, S. 247.
[215] Jochen Bonz / Karen Struve, Homi K. Bhabha: Auf der Innenseite kultureller Differenz, in: Stephan Moebius / Dirk Quadflieg (Hg.), Kultur. Theorien der Gegenwart, Wiesbaden ²2011, S. 132–145, S. 136.
[216] Vgl. Seip, Was überschreitet die Kirchenprofanierung?, S. 249.

4.1 Theologische Reflexionen

Edward Soja entwarf den Thirdspace[217] mit Rekurs auf Henri Lefebvre und dessen espace vécu (gelebter Raum), der sich aus dem dialektischen Gefüge von erstem und zweitem Raum ergibt.[218] Firstspace meint ein rein materialistisch-realistisches Raumkonzept, während Secondspace auf mental-subjektive Räume abzielt.[219] Das bedeutet nach Merlin Austen:

> „Der Thirdspace ist also sowohl ein Raum, der als gelebter Raum der sozialen Praxis aus der Verbindung der materiell-räumlichen und kognitivräumlichen Dualität hervorgeht, als auch ein allumfassendes Raumkonzept aller Räume."[220]

Soja definiert sein Konzept folgendermaßen:

> „I define Thirdspace as another way of understanding and acting to change the spatiality of human life, a distinct mode of critical spatial awareness that is appropriate to the new scope and significance being brought about in the rebalanced trialectics of spatiality – historicality – sociality."[221]

Mit Hilfe des Thirdspace als theoretische Sichtachse ist schlicht der Versuch verbunden reduktionistische Raumbegriffe zu überwinden, so Guido Seywald.[222] Folglich geht es bei der angesprochenen Dreiheit vor allem um „das Einüben von Differenz"[223] und „das Außerkraftsetzen von Dichotomien"[224], um es mit den Worten von Jörg Seip zu formulieren. Gerade darin liegt nach Andreas Odenthal das Besondere, nämlich die Fähigkeit des dritten Wirklichkeitsbereichs scheinbar Widersprüchliches zusammen zu bringen, indem sowohl Subjekt wie Objekt übergriffen und überformt würden, ohne sich dabei aufzulösen.[225] Zudem

---

[217] Wortschöpfer des Begriffs ist Homi K. Bhabha, der ‚Thirdspace' 1990 in einem Interview erstmals verwendete. Soja baute den Begriff anschließend zu einer Konzeption aus, die auf den Gedanken Henri Lefebvres bzw. dessen Raumkonzeption fußen (vgl. Stephan Günzel, Raumtheorie. „er fand Coppolas Perspektiv, er schaute seitwärts – Clara stand vor dem Glase!" Dialektiken des Raums, in: Oliver Jahraus [Hg.)], Zugänge zur Literaturtheorie. 17 Modellanalysen zu E.T.A. Hoffmanns ‚Der Sandman', Stuttgart 2016, S. 254-267, S. 255). Im Vergleich zu Soja versehe Bhabha den Begriff mit einem politischen Impetus kultureller Differenz, so Merlin Austen (vgl. Merlin Austen, Dritte Räume als Gesellschaftsmodell. Eine epistemologische Untersuchung des Thirdspace [= Studien aus dem Münchner Institut für Ethnologie – Working Papers in Social and Cultural Anthropology 8], München 2014, S. 30). Siehe hierzu: Homi K. Bhabha, The Location of Culture, London 2010, S. 55.
[218] Vgl. Kerstin P. Hofmann, (Post)Moderne Raumkonzepte und die Erforschung des Altertums, in: Geographia antiqua 23-24 (2015), S. 25-42, S. 29.
[219] Vgl. Guido Seywald, „Foucaults Heterotopien, gegen Edward Sojas Rezeption verteidigt", in: Le foucaldien 7 (2021), H. 1 (8), S. 1-17, S. 6.
[220] Austen, Dritte Räume als Gesellschaftsmodell, S. 24.
[221] Soja, Thirdspace, S. 57.
[222] Vgl. Seywald, Foucaults Heterotopien, gegen Edward Sojas Rezeption verteidigt, S. 5.
[223] Seip, Was überschreitet die Kirchenprofanierung?, S. 257.
[224] Seip, Was überschreitet die Kirchenprofanierung?, S. 257.
[225] Vgl. Odenthal, Rituelle Erfahrung, S. 24.

kommt nach Odenthal abseits der Dualitäten ein Raum zustande, der durch „Resonanz und zugleich Nicht-Resonanz (Kontrast, Differenz) [...] [in der Lage ist,] eine neue Qualität der Erfahrung zu schaffen"[226]. Der transformative Charakter St. Marias, der sowohl von Sakralem wie Profanem geprägt ist, öffnet einen dritten Weg bzw. Kreativraum, der ein subversives Potenzial des Dazwischen offenlegt, indem die beiden Pole zugleich und gleichermaßen einbezogen werden, um so „das Korsett des binären Entweder-Oder"[227] aufzuschnüren.

Das Dritte ist dabei allerdings kein neues Element im engeren Sinne. Also nicht das Ergebnis, welches der Addition von Erstem und Zweitem entspringt. Vielmehr ist es ein neuer, dekonstruierender Blick bzw. das „Ergebnis einer theoretischen Option"[228]. Ähnlich formuliert es Merlin Austen:

> „Bei der Erweiterung der Dialektik zur Trialektik durch die Einführung eines dritten Elementes handelt es sich indes nicht um eine erhöhte Komplexität gegenüber der Dichotomie, sondern im Gegenteil um eine metaphorische Dekonstruktion derselben zu Gunsten der einheitlichen Sicht des Thirdspace."[229]

Es wird also nichts Neues hinzugefügt, sondern bekannte Verhältnisse neu betrachtet. In diesem Dritten wird anderes sichtbar (Stichwort: „Thirding-as-Othering"[230]). Dies notiert auch Fabian Brand:

> „Der dritte Raum [...] spielt gerade mit Überraschungen, er mutet Neues zu und nötigt, sich zu einer neuen Ordnung der Dinge zu verhalten. Der dritte Raum unterliegt Kreativprozessen, weil er aus dem Altbekannten herausführt und auf etwas völlig Neues hinweist."[231]

Der dritte Raum besitzt für Soja vordergründig einen strategischen Wert, der darin besteht, so Guido Seywald, „unterdrückte, verleugnete und vergessene Dimension[en] des gelebten Raums wieder ans Tageslicht zu bringen"[232]. Der Drittraum, so könnte man (kritisch) behaupten, ist ein Sammelcontainer, der (Nicht-)Identitäten, allerlei Differenzen und Ambiguitäten in sich vereint und damit alles aufnimmt, was nicht eindeutig in Physisches oder Mentales unter-

---

[226] Andreas Odenthal, Resonanz-Raum Gottesdienst? Überlegungen zu einer zeitsensiblen Liturgiewissenschaft im Anschluss an Hartmut Rosa, in: Liturgisches Jahrbuch 68 (2018), H. 1, S. 32–54, S. 47.
[227] Guido Seywald, Foucaults Heterotopien, gegen Edward Sojas Rezeption verteidigt, in: Le foucaldien 7 (2021), H. 1, S. 1–17, S. 5.
[228] Stephan Winter, God – located!? Liturgiewissenschaft als Sakraltopographie, in: Katharina Karl / Ders. (Hg.), Gott im Raum?! Theologie und spatial turn: aktuelle Perspektiven, Münster 2021, S. 261–290, S. 266.
[229] Austen, Dritte Räume als Gesellschaftsmodell, S. 3.
[230] Soja, Thirdspace, S. 61.
[231] Brand, Gottes Lebensraum, S. 125.
[232] Seywald, Foucaults Heterotopien, gegen Edward Sojas Rezeption verteidigt, S. 6f. Siehe hierzu auch Soja selbst: Vgl. Soja, Thirdspace, S. 73.

4.1 Theologische Reflexionen

teilt werden kann.[233] Jener ‚Sammelbegriff' repräsentiert somit eine uneindeutige Räumlichkeit, die der ‚Urbanist' selbst einräumt, jedoch positiv konnotiert:

> „*Everything* comes together in Thirdspace: subjectivity and objectivity, the abstract and the concrete, the real and the imagined, the knowable and the unimaginable, the repetitive and the differential, structure and agency, mind and body, consciousness and the unconscious, the disciplined and the transdisciplinary, everyday life and unending history. Anything which fragments Thirdspace into separate specialized knowledges or exclusive domains – even on the pretext of handling its infinite complexity – destroys its meaning and openness."[234]

Besonders anschlussfähig ist Sojas Entwurf in theologischer Hinsicht, da die Thematik von Differenz und Uneindeutigkeit sowohl auf Gott als auch auf (hybride) Kirchenräume übertragbar ist. Gott wird nämlich durch den Thridspace selbst ‚verortbar', wie Stephan Winter notiert:

> „Das schillernde Konzept des *Thirdspace* erlaubt es zudem, Gott ebenso als Größe zu denken, die dieses ganze Raumgefüge begründet, übersteigt, umgreift sowie *zugleich innerhalb* des Gefüges an Raum-Zeit-Stellen an Orten wirksam zu werden – *God located*."[235]

Auch Gerrit Spallek hält fest, dass mit Gott im Thirdspace zu rechnen sei:

> „Im Thirdspace kann der lebendige und stets zu befremden wissende Gott in Kooperation mit Menschen raumproduktiv und -transformativ wirksam präsent gedacht werden. Gott könnte im Thirdspace erfahrbar werden, wenn sich Menschen von ihm in die Pflicht nehmen lassen, auf seinen zuvorkommenden Anruf antworten und den Raum – benennbar oder anonym – in seinem Namen und nach seinem Willen zu leben beginnen."[236]

Darüber hinaus wird mit dem Blick für das hybride Dritte möglich, „den Sakralraumtopos nicht essentialistisch und nicht dichotomisch zu lesen"[237]. Ein solches Kirchenraumverständnis, das Differenz – die das Christentum überhauptserst als ‚ekklesia' konstituierte – ins Zentrum der Betrachtung rückt, ermöglicht es „Differenzen zu inszenieren, zu verhandeln, einzuüben, anzunehmen oder auszuhalten"[238]. Der entstandene Weg des Hybriden bzw. Dazwischen, der von Spannungsverhältnissen, Kompromissen und einer „unaufdringlichen Antreffbarkeit"[239] lebt, eröffnet in Bezug auf die besagte Hallenkirche neue Möglichkeiten

---

[233] Vgl. Seywald, Foucaults Heterotopien, gegen Edward Sojas Rezeption verteidigt, S. 7.
[234] Soja, Thirdspace, S. 56f.
[235] Winter, God – located!?, S. 268.
[236] Spallek, Tor zur Welt?, S. 405. Im Originaltext ist jener Auszug kursiv hervorgehoben.
[237] Seip, Was überschreitet die Kirchenprofanierung?, S. 256.
[238] Seip, Was überschreitet die Kirchenprofanierung?, S. 256.
[239] Schüßler / Schweighofer, „St. Maria als ..." Leerstellen als kreatives Konzept urbaner Pastoral, S. 5.

von Kirchesein in der Stadt, ohne dabei einem Vereinnahmungsinteresse zu unterliegen. So wird nicht mehr allein die Liturgie, sondern der zur Verfügung gestellte Raum mit seinen freien Gestaltungsoptionen zum Entdeckungs- und Verwirklichungsinstrument jesuanischer Spuren. Öffnet man den eigenen Raum für die Raumdeutungen und Handlungen des Volkes Gottes, wandelt sich territoriales, machtmonopolistisches Ortsdenken in ein offenes und kreatives Raumdenken, das unbekannte oder vergessene Möglichkeiten des Evangeliums bereithält. Aufgerufen sind dann, so Jan Loffeld, vor allem:

> „Mystiker*innen und die Frommen der Neuzeit [...], solche Räume auch für andere zu öffnen und vielleicht darin eine wesentliche Dimension der ‚Mission‘, also der Sendung des Christentums im 21. Jahrhundert [zu] entdecken."[240]

---

[240] Loffeld, In die Räume des „Heiligen" vortasten, S. 308.

5. Was bleibt ...

5.1 Limitationen der Arbeit

Abschließend soll nun in knapper Form auf die Grenzen der vorliegenden Arbeit eingegangen werden, die sich gerade am Ende des Schreibprozesses verdeutlichten. Retroperspektiv ist zunächst klar, dass keine allumfängliche Repräsentativität aller Raumwahrnehmungen zur Marienkirche Stuttgarts möglich ist. Das eingesammelte Datenmaterial ist lediglich ein Konglomerat aus Einzelstimmen und Einzeleindrücken, die dafür aber tiefe und weitreichende Aufschlüsse über die Wahrnehmungen und Erinnerungen der Befragten offenlegen. Um eine Empfehlung für den weiteren Umgang mit St. Maria abzugeben, wären weiterführende Studien nötig, die die Bedürfnisse der Stadtbevölkerung hinsichtlich des Sakralbaus noch stärker einholen und die hier aufgezeigten Erkenntnisse komplementieren.

Neben dem empirischen Zugang ist selbstverständlich der Konstellierungsprozess selbst limitierend, da es für pastoraltheologische Konstellationen keine fertigen ‚Bauanleitungen' gibt. Jener Prozess verdankt sich allein dem subjektiven Assoziationsgang des Forschenden, wodurch lediglich eine Momentaufnahme zustande kommt.[1] Zu einem anderen Zeitpunkt wäre die eben aufgezeigte Konstellation wohl gänzlich anders verlaufen, da weder die Verlinkungen noch die Zusammensetzung der einzelnen Elemente auf die immer gleiche Weise verlaufen; woran an dieser Stelle nochmals erinnert sei. Zwar kennt Theologietreiben selbst kein Ende, doch muss jedes Projekt irgendwann abgeschlossen werden. Gleiches gilt für das Vorliegende. Da jedes Werk „nur eine raumökonomisch begrenzte Pluralität"[2] von Texten zulässt, ist auch die hier durchgeführte Gesamtkonstellation auf wenige Seiten beschränkt – obgleich weitere und tiefere Archivausführungen wohl andere abduktive Erkenntnisse bzw. blinde Flecken hätten aufdecken können.

Gleichsam gilt es, im Sinne einer „Schwachen Empirie"[3] offenzulegen, dass das Theologisieren des Forschenden durch die neuere katholische ‚Tübinger Schule' sowie dessen persönliche Einstellung zum Projekt geprägt ist. Gerade in Bezug auf die Interpretation der erhobenen Daten und den Abduktionsprozess sind liberal gefärbte Schlussfolgerungen nicht von der Hand zu weisen. Bedingt durch ein vermutlich recht offenes Theologie- und Kirchenverständnis ist daher

---

[1] Vgl. Kling-Witzenhausen, Was bewegt Suchende?, S. 279.
[2] Bauer, Konstellative Pastoraltheologie, S. 383.
[3] Bauer, Schwache Empirie?, S. 11.

das hier angewendete Argumentationsmuster alles andere als neutral in seinen argumentativen Ausführungen und beschneidet so eine plurale Perspektive. Abschließend soll darauf hingewiesen sein, dass es in keinerlei Weise darum ging, den Erfolg des Projekts zu beurteilen. Das Ziel der Dissertation war ‚lediglich' die Wahrnehmungen und Einschätzungen der Befragten einzuholen, um darauf theologische Reflektionen aufbauen zu können.

5.2 Abschlussfazit

Unter Zuhilfenahme der Forschungsfragen wurde das Ziel verfolgt, die räumlich formatierten Wahrnehmungen von Stuttgarter:innen und deren Sinnkonstruktionen zu erschließen, um daraus theologische Rückschlüsse für die Raumnutzung St. Marias ziehen zu können. Zuvor wurden im ersten Teil der Arbeit theoretische Grundlagen und Vorüberlegungen zum spatial turn und der Raumwahrnehmung geleistet. Über das angewendete Forschungsdesign und die visuell-empirische Methode der reflexiven Fotografie und die daran anschließenden Interviews gelang es, die Eindrücke und Meinungen der Studienteilnehmenden einzuholen. Die Interviews wurden per qualitativer Inhaltsanalyse, und die gemachten Bilder per quantitativer Fotoanalyse, strukturiert und ausgewertet. Dieser doppelte empirische Zugriff erwies sich als adäquates Mittel, da die Raumwahrnehmungen aufgrund dessen visuell sowie narrativ eingeholt werden konnten. Nach der Sortierung der Daten folgte deren Auswertung bzw. Interpretation. Anschließend wurden in einem abduktiven Prozess die im Feld gewonnenen Erkenntnisse mit Diskursarchiven der Theologie verknüpft, um eine konstellative Verhältnisbestimmung aufzuspannen, die theologiegenerative Ressourcen offenlegt.

Die zweite Absicht bestand, wie eingangs erwähnt, darin, in einem explizit pastoralgeographischen Rahmen zu forschen, also konkret einen Ansatz aufzustellen und zu erproben, der bislang nur in groben Zügen auf dem ‚theologischen Reißbrett' existiert und sich in die praktisch-theologische Gesamtmethodik von Sehen, Urteilen und Handeln einfügen lässt. Hierfür war zunächst eine Spezifizierung dessen, was eine Pastoralgeographie ist bzw. sein soll, notwendig. Die in Kapitel 2.4.4 (Hexagonale Kriteriologie) festgehaltenen sechs Charakteristika, die eine solche Forschungsrichtung auf ein theologisch begründbares Fundament stellen, dienten fortan als ‚roter Faden' für den verfolgten pastoralgeographischen Forschungsweg. Im Hinblick auf das hermeneutische Vorgehen lässt sich rückblickend festhalten, dass wertvolle theologische Erkenntnisse generiert werden können, wenn auf eine solch raumsensible Weise verfahren wird. Denn es wird nicht nur die Aufmerksamkeit für räumliche Sachverhalte und Perspektiven gesteigert, sondern auch das Erproben neuer Methoden für die Theologie forciert, die vielversprechende Zugänge zur (räumlichen) Wirklichkeit der

5.2 Abschlussfazit

Menschen bieten. Dementsprechend wäre ein pastoralgeographisches Forschen weiter voranzutreiben und auszubauen – nicht nur um eine Theologie zu betreiben, die sich an den Räumen und Orten orientiert (Stichwort: „Lokaltheologie"[4]), sondern ebenso um den spatial turn innerhalb der Theologie weiter zu etablieren. Oder mit anderem Wortlaut präzisiert: *Raum* braucht einen Ort[5] innerhalb der Theologie.

Mittels raumsensiblem Framework konnte eruiert werden, dass St. Maria massiv von dem dynamischen Wechselspiel zwischen alter und neuer Rauminterpretation profitiert. Wie aus den Interviews hervor geht, ist es wichtig, den Freiraum weder einer Gruppe noch einem Milieu vorzubehalten, sondern allen Generationen und Menschen zur Verfügung zu stellen (vgl. Interview 4, Pos. 44). Selbst die Fährten Jesu werden nicht nur im sakralen Sample von Gottesdiensten oder der Spendung von Sakramenten präsent, sondern ebenso im (profanen) Tun der Menschen. Dementsprechend sind Gott und die Erfahrungen mit ihm auch in der säkularen Wirklichkeit zu suchen, so Christian Bauer.[6] Dass das Säkulare im Inneren einer Kirche Platz haben kann und viele positive Auswirkungen für das urbane Umfeld einerseits – und die Art wie man Kirche versteht und lebt andererseits – haben kann, zeigt die Studie dabei mehr als deutlich.

Als Ergebnis ist festzuhalten, dass der Auftrag der Kirche, sich der Menschen anzunehmen, nicht nur in Wort und Tat, sondern auch mit den eigenen Räumen und Orten zu vollziehen ist. Das Programm von *Gaudium et spes* lehrt, dass „Freude und Hoffnung, Trauer und Angst" (GS 1) aller Menschen zu beachten und ernst zu nehmen sind; besonders die der „Armen und Bedrängten" (GS 1). Besonders die Letztgenannten sind oftmals raumsuchende Menschen (vgl. Interview 5, Pos. 40). Sie suchen häufig nicht nur Wohn-, sondern vor allem Lebensraum. Kurz: Räume, in denen Leben möglich ist und gelingen kann. Diesen Menschen muss sich Kirche ebenso mit ihren räumlichen Möglichkeiten annehmen. Bietet sie sich dem an, was die suchenden Menschen von ihr brauchen, „repräsentiert [...] [sie den], der sie möglich gemacht hat: Jesus Christus."[7]

Zudem zeigt sich, dass die katholische Kirche grundsätzlich die Räume ihrer Orte neu zu entdecken versuchen sollte. Sie ist nach den vorliegenden Erkenntnissen gut darin beraten, sich aus bzw. in ihrem eigenen Raum soweit wie möglich zurückzuziehen, um mit ausreichend Abstand neue Perspektiven für ihre Räume zu ermöglichen und bislang vorherrschende Raumpraktiken auf ihre bisherigen ‚Festlegungen' hin neu beurteilen zu können. So werden neue Optionen für die Freigabe des Evangeliums im Kirchenraum freigeschaltet. Besonders an solchen pastoralen Praxisorten ereignen sich evangeliumsgemäße Innovatio-

---

[4] Kling-Witzenhausen, Was bewegt Suchende?, S. 223.
[5] Hier im übertragenen Sinne von Erkenntnisort verstanden.
[6] Vgl. Bauer, Pastoral der Schwellenchristen?, o. S.
[7] Michel de Certeau, GlaubensSchwachheit (= ReligionsKulturen 2), Stuttgart 2009, S. 115.

nen, wie Michael Schüßler anmerkt.[8] Es gilt die Räume nicht nur (analytisch) zu lesen, sondern sich ebenso in der (interpretativen) Raumdeutung[9], die räumliche Unbeständigkeit und Dynamik berücksichtigt, zu üben. Dabei ist eine grundsätzlich positive und erwartungsfreudige Einstellung der räumlichen Vielfalt gegenüber unerlässlich.

Gleichsam wird das Verhältnis von Stadtkirche und ihrem sie umgebenden Terrain erkennbar und neubestimmbar. Bei der Neuentdeckung der Räume, die bislang unter den bisherigen Raumkonzepten und Nutzungen schlummern, sollte sich die römisch-katholische Kirche zwingend von den Akteur:innen vor Ort unterstützen lassen, die ihre Eingebungen teilen möchten und ein Interesse an den Kirchen von Morgen zeigen. Es gilt Neues zu vagen, anstatt immer nur mit dem zu variieren, was es ohnehin schon gibt. Es braucht dringend unterschiedliche Nutzungsvarianten von Kirchenbauten, die auch Albert Gerhards befürwortet:

> „Die Legitimation zur Umnutzung von Kirchenräumen kommt nicht zwangsläufig aus der Not heraus, sondern aus dem Sendungsauftrag der Christen in der Welt (Vatikanum II, Gaudium et Spes). Die Welt ist dabei nicht ihr feindliches Gegenüber, da sie Gottes Schöpfung ist, sondern Sendungsraum zur Gestaltung der Lebenswelt nach dem Willen Gottes. Dazu sind aber alle Menschen guten Willens als Mitgestalter willkommen. Dies kann zu unterschiedlichen Nutzungsvarianten führen, deren Schnittmenge darin besteht, dass die Gebäude einer mehr oder weniger breiten Öffentlichkeit dienen [...]."[10]

Das Stuttgarter Kirchenprojekt drückt sowohl eine Praxis als auch eine Haltung aus. Es zeigt nämlich nicht nur den Weg zur Öffnung und dem Übertreten der Schwelle an, sondern übt sich zudem in radikaler Weise darin, das Evangelium zu leben und ihm den Raum zu geben, den es braucht, um lodern zu können. Somit ist St. Maria mit den Worten von Matthias Sellmann ausgedrückt „eine Kirche, die zu sich kommt, weil sie über sich hinausgeht"[11]. Eine solche Kirche macht im Kleinen das vor, was im Großen genauso notwendig wäre: sich nicht modern und offen zu geben, sondern modern und offen zu sein. Dass hierbei eine leere Kirche durch Uneindeutigkeit mehr kann, als eine gefüllte, lässt sich nicht bestreiten. Schließlich ist evident, dass sich mit mehr Optionen Restriktionen

---

[8] Vgl. Schüßler, Praktische Theologie im Ereignis-Dispositiv, S. 101.
[9] Der deutsche Nationalmannschaftsspieler Thomas Müller wird in der Fußballwelt häufig als „Raumdeuter" betitelt. In der Sprache des Fußballs bedeutet dies, ein Meister der Antizipation zu sein und mit den möglichen Szenarien vor dem Tor zu rechnen, das zu sehen, was die gegnerischen Abwehrspieler (noch) nicht wahrnehmen. Kurz: die entstehenden Räume im Strafraum zu erkennen und zu nutzen. Diese Anekdote lässt sich auch auf Kirchenräume übertragen. Sprich: deren noch nicht wahrgenommenen Räume zu deuten und im Sinne des Evangeliums zu nutzen.
[10] Gerhards, Kirchenräume avantgardistisch bewahren, S. 30.
[11] Sellmann, Der verlorene Raum?, S. 136.

außer Kraft setzen lassen, so Heinz Bude.[12] Schlussendlich lässt sich für das erfolgreiche Konzept „St. Maria als ..." die Abschlusshypothese aufstellen, die ein französischer Automobilehersteller einst als Werbeslogan für einen seiner Kompaktwagen (Citroën C3 Picasso) propagierte: „Besser kann man Raum nicht nutzen."[13]

5.3 Perspektivwechsel – oder: Ein Ausblick für zukünftiges Handeln

Im Nachgang wird nun mit einem Blick in die Zukunft darauf verwiesen, was für den weiteren Weg der besagten Marienkirche wichtig sein könnte. Hierbei handelt es sich im Sinne des praktisch-theologischen Dreischritts um den des Handelns. Wobei das Handeln aus der Hand gegeben und den Leuten vor Ort überlassen wird. So sollen keine Handlungs*anweisungen* vorgeschrieben werden, sondern es soll vielmehr für einen sensiblen Umgang mit dem Handlungsspielraum plädiert werden. Gerade im Hinblick auf die Untersuchungsergebnisse sind Offenheit, Machtabgabe und das Aushalten der Leerstelle die Pfeiler des Projekterfolgs. Wie die Verantwortlichen mit dem Beginn des Projekts selbst den Blick ins Außen geworfen haben, um das Eigene mit neuen und fremden Augen sehen zu können, wird nun auch hier ein Perspektivwechsel vollzogen. Einer, der par excellence für Blickwechsel steht, ist Michel de Certeau. Ein letzter Schweif in die Texte des Jesuiten bietet Hinweise darauf, wie der künftige Umgang mit St. Maria gelingen könnte. Summa summarum werden nun Handlungs*anregungen* im Sinne des praktisch-theologischen Dreischritts aufgezeigt, um den Ausblick zu konkretisieren.

Michel de Certeau beschreibt in *Die Kunst des Handelns*, wie er sich vom damaligen World Trade Center aus einen panoptischen Blick über New York verschaffte.[14] Solch eine Top-down-Perspektive ist dienlich, um Strukturen und systemische Zusammenhänge einer Stadt zu erkennen. Dadurch wird sie für ihn zu einem lesbaren Text.[15] Allerdings bleiben einem solchen „Panoramablick"[16] die flüchtigen Momente und Zusammentreffen der Stadtmenschen verwehrt. Ihr Agieren bzw. Handeln, das eine Stadt erst lebendig macht, bleibt so außen vor. Es braucht demnach ein Umschalten von Draufsicht zu Egoperspektive, um die Akteur:innen und ihr Treiben erhaschen zu können. Der partikulare Blick meint

---

[12] Vgl. Heinz Bude, Das Gefühl der Welt. Über die Macht von Stimmungen, München 2016, S. 86.
[13] Werbebroschüre Citroënbusiness, in: https://www.yumpu.com/de/document/read/3733819/citroanbusiness-nach-ihrem-geschmack [Abrufdatum: 31.08.2021], S. 2.
[14] Vgl. Certeau, Die Kunst des Handelns, S. 180.
[15] Vgl. Certeau, Die Kunst des Handelns, S. 180.
[16] Certeau, Die Kunst des Handelns, S. 181.

die „Fußgängerperspektive"[17]. Die panoptische Voyeur-Perspektive tauscht er folglich gegen die des Wanderers (Voyageur) ein und erkundet auf diese Weise New York, um an ethnografische Daten zu gelangen. Gleiches fasst Marian Füssel zusammen:

> „Der Wanderer de Certeau folgt seinen Akteuren auf gleicher Ebene, er steht nicht über ihnen, sondern folgt ihrer chaotischen Kreativität auf einer Mikroebene, die sich der Perspektive des ‚Voyeur-Gottes' grundsätzlich versagt."[18]

Auf den besagten Stuttgarter Raum angewendet bedeutet dies: die Akteur:innen St. Marias sollten sich (weiter und intensiver) von ihrem städtischen Umraum anstecken und durchdringen lassen. Im Übrigen wird auch aus theologischer Sicht die Stadt erst durch die Voyageur-Perspektive zum theologischen Ort, wie Gerrit Spallek punktiert:

> „Was die Stadt zu einem theologischen Ort bzw. Nicht-Ort macht, wird aus einer Top-down-Perspektive nicht ersichtlich, aus der das lebendige Treiben einer Stadt geordnet, übersichtlich und verstehbar wirkt. Es wird erst *im Gehen* zugänglich."[19]

Der angesprochene Perspektivwechsel Certeaus sensibilisiert für ‚freundliche Übernahmen' der Stadtbewohnenden, die ihren Kirchenraum nicht nur für religiöse und liturgische Zwecke benötigen. Damit wird der Degradierung des Sakralbaus zum Exklusivgut subversiv entgegen gewirkt. Solch eine veränderte Blickrichtung macht sensible für die Bedürfnisse und Wünsche der Quartiersdynamik. Eingeholt werden diese durch ein planloses, präsentisches Umherstreifen der pastoralen Praktiker:innen. Sich nicht aufzudrängen oder gar ‚missionieren' zu wollen, sondern sich passiv dem urbanen Raum anzubieten, scheint ein probates Mittel zu sein, um die (räumlichen) Bedürfnisse der städtischen Zivilgesellschaft in Erfahrung zu bringen. Zumindest legt dies der Erfahrungsbericht von Dorothee Steiof nahe, die derzeit im Umfeld von St. Maria eine solche präsentische Pastoral erprobt.[20] Allein beim Zuhören und Da-sein sollte es jedoch nicht bleiben. Wichtig wird es für die Zukunft sein, Konzepte und Entscheidungen von unten her mitzuinitiieren. Ansätze und Lösungen von unten sind nicht nur nah bei den Menschen, sondern besitzen im Vergleich zu Top-down-Konzepten, die nicht selten an der Lebenswirklichkeit der Menschen vor-

---

[17] Marian Füssel, Zur Aktualität von Michel de Certeau. Einführung in sein Werk, Wiesbaden 2018, S. 120.
[18] Füssel, Tote Orte und gelebte Räume, S. 33.
[19] Spallek, Tor zur Welt?, S. 404.
[20] Vgl. Dorothee Steiof, Was macht Gott in der Stadt? Erfahrungen aus einem Projekt der Präsenzpastoral im Süden von Stuttgart, in: https://www.feinschwarz.net/was-macht-gott-in-der-stadt-erfahrungen-aus-einem-projekt-der-praesenzpastoral-im-sueden-von-stuttgart/ (2021) [Abrufdatum: 07.11.2021].

5.3 Perspektivwechsel – oder: Ein Ausblick für zukünftiges Handeln

beigehen und intrinsische Energien übergehen, eine höhere Tragweite, so Helferich und Bollier.[21]

An solche Überlegungen gelangt man über kurz oder lang auch, wenn man sich weiter in den Gedankengängen von Michel de Certeau bewegt. Die Rede ist vom Begriffspaar *Strategie* und *Taktik*, welches Top-down-Lösungen und Bottom-up-Handlungsweisen widerspiegelt. Taktiken sind eine besondere Form von alternativen Ordnungsformen. Certeau beschreibt das Phänomen folgendermaßen:

> „Die Taktik hat nur den Ort des Anderen. Sie muss mit dem Terrain fertig werden, das ihr so vorgegeben wird, wie es das Gesetz einer fremden Gewalt organisiert. [...] Sie hat also nicht die Möglichkeit, sich einen Gesamtüberblick zu verschaffen und den Gegner in einem abgetrennten, überschaubaren und objektivierbaren Raum zu erfassen. [...] Sie muss wachsam die Lücken nutzen, die sich in besonderen Situationen der Überwachung durch die Macht der Eigentümer auftun. Sie wildert darin und sorgt für Überraschungen. Sie kann dort auftreten, wo man sie nicht erwartet. Sie ist die List selber."[22]

Oder mit den Worten von Inigo Bocken ausgedrückt:

> *„Taktik* dagegen ist der Ausdruck für jene Logik, mit der de Certeau das verborgen kreative Handeln der Konsumenten offenzulegen versucht. Taktik ist „ein Kalkül, das nicht mit etwas Eigenem rechnen kann und somit auch nicht mit einer Grenze, die das Andere als eine sichtbare Totalität abtrennt."[23]

Taktik ist für Certeau also ein „Kalkül"[24], das weder einen bestimmten Ort besetzt, noch ein eigenes bzw. festes Terrain kennt.[25] Sie eröffnet in der Folge Handlungsmöglichkeiten und Spielräume.[26] „Diese ‚Handlungsweisen' bringen abertausend Praktiken hervor, mit deren Hilfe sich die Benutzer den Raum wieder aneignen [...]."[27] Bauer fasst zusammen, was den Jesuiten primär interessiert:

> „Certeau und seine Mitforschenden interessieren sich für entsprechende Wiederaneignungen, Umwidmungen und Wiederverwendungen des sozialen Raumes mittels einer ‚zersplitterten, taktischen und bastelnden Kreativität'."[28]

---

[21] Vgl. Helferich / Bollier, Frei, Fair und Lebendig, S. 315.
[22] Certeau, Die Kunst des Handelns, S. 89.
[23] Inigo Bocken, Helden des Alltags. Michel de Certeau und die Laienspiritualität, in: Ders. / Ulrich Dickmann (Hg.), Geburt (= Felderkundungen Laienspiritualität 2), Münster 2010, S. 11–30, S. 22.
[24] Certeau, Die Kunst des Handelns, S. 23.
[25] Vgl. Roland Lippuner, Sozialer Raum und Praktiken. Elemente sozialwissenschaftlicher Topologie bei Pierre Bourdieu und Michel de Certeau, in: Stephan Günzel (Hg.), Topologie. Zur Raumbeschreibung in den Kultur- und Medienwissenschaften, Bielefeld 2007, S. 265–277, S. 272.
[26] Vgl. Spallek Tor zur Welt?, S. 405.
[27] Certeau, Die Kunst des Handelns, S. 15.
[28] Bauer, Gott anderswo?!, S. 37f.

Im Übrigen ist es auch das, was er unter der ‚Kunst des Handelns' versteht: „die [...] Vielzahl von solchen ‚populären Taktiken', welche die Ordnung der Dinge ‚zu ihren eigenen Zwecken umändern'."[29] Roland Lippuner präzisiert dies weiter:

> „Die Kunst des Handelns ist mit anderen Worten die Möglichkeit, innerhalb einer fremden oder aufgezwungenen Ordnung die Verhältnisse (zeitweilig) zu verkehren oder ‚zu eigenen Gunsten' zu nutzen und nicht vorgesehene Prozesse in Gang zu setzen, das heißt sich auf ‚parasitäre' Art am offiziellen Spiel zu beteiligen."[30]

Das Gegenüber von Taktiken sind wie bereits angedeutet Strategien. Sie sind darauf ausgelegt das Machtverhältnis, welchem sie sich verdanken, zu schützen und aufrecht zu erhalten.[31] Diese Kontingenzbewahrung versteckt sich „unter objektiven Kalkülen"[32]. Den Strateg:innen geht es darum, mittels panoptischem Überblick und konzeptionellen Strategien das Terrain unter ihrer Kontrolle zu halten.[33] Hierfür wurden sie „mit Macht und Willenskraft ausgestattet"[34].

Taktische Raumpraktiken machen es hingegen auf subversive Weise möglich, Räume von innen heraus zu verändern.[35] Entsprechend gilt die Empfehlung wieder und weiter nach „Partner[s] in crime"[36] Ausschau zu halten und sich mit solchen Personen(kreisen) zu verbünden. Es braucht somit progressiveres Vernetzen und klandestines Taktieren mit Kollektiven, Vereinen und diversen anderen Gruppierungen sowie einzelnen Akteur:innen Stuttgarts. So gelingt vermutlich am besten die Wiederaneignung des urbanen und kirchlichen Raumes durch seine Benutzer:innen. Hierin liegen oftmals verborgene „Mikroresistenzen des Alltags"[37]. Diese rebellischen Lebenskünste sind in der Lage die Logiken von Matchdispositiven sukzessiv zu unterlaufen, so zu bekämpfen und letztendlich aufzulösen. Oder etwas bildhafter ausgedrückt: „Intelligente Schwärme greifen schwere Tanker an."[38] Dieses Rebellieren hinterlässt Spuren und macht

---

[29] Lippuner, Sozialer Raum und Praktiken, S. 272.
[30] Lippuner, Sozialer Raum und Praktiken, S. 272.
[31] Vgl. Certeau, Die Kunst des Handelns, S. 25.
[32] Certeau, Die Kunst des Handelns, S. 25.
[33] Vgl. Kling-Witzenhausen, Was bewegt Suchende?, S. 214.
[34] Bocken, Helden des Alltags, S. 22.
[35] Vgl. Spallek, Tor zur Welt?, S. 405.
[36] Der englische Ausdruck ‚partner in crime' meint das, was man im Volksmund unter ‚mit jemandem Pferde stehlen können' kennt. Also eine Person, die zum kompatiblen Komplizen wird, da sie ähnliche Vorstellungen und Werte vertritt. ‚Partner in crime' werden vor allem von der Generation Z gesucht, die häufig über Datingapps wie Tinder nach solchen Personen Ausschau halten (vgl. Katharina Kunath, Die Generation Z sucht vor allem ihren Partner in Crime, in: https://www.welt.de/print/welt_kompakt/print_lifestyle/article204275888/Die-Generation-Z-sucht-vor-allem-ihren-Partner-in-Crime.html [2019] [Abrufdatum: 29.10.2021]).
[37] Bauer, Zeichen Gottes im 21. Jahrhundert?, S. 57.
[38] Annette Jensen, Wir steigern das Bruttosozialglück. Von Menschen, die anders wirtschaften und besser leben, Freiburg i. Br. 2011, S. 217.

auf Missstände alter Ordnungen aufmerksam. In diesem Wirkgeflecht eröffnen sich dann neue Räume, so Birgit Hoyer: „Ordnung und das Überschreiten der Ordnung, Kontinuität und Diskontinuität, [...] verdichten und eröffnen Kirche als Hybridraum der Transzendenz [...]."[39] Es ist folglich eine christliche Mystik der Mikroresistenzen von Nöten, die einer reinen Selbstoffenbarung von Kirche zuwiderläuft und in der Lage ist „Mikrodiversität"[40] zu erzeugen. Letztendlich gehört es zur Wahrheit der „Offenbarung dazu, daß Menschen sich mit ihrer Lebenssituation und mit ihrem Wissen einbringen"[41]. Für solche Mikrodiversitäten mit den eigenen Räumlichkeiten nicht nur Plattform oder Inkubator zu sein, sondern sich gar zum Mitmachen hinreißen zu lassen, steigert die Souveränität einer Citykirche wie St. Maria. Schließlich gewinnt Souveränität durch Lassen, so die These des Historikers Andreas Rödder.[42]

„St. Maria als ..." ist – wie das Christentum selbst – ein Weg. Ein Prozess, der weniger von Start- und Zielpunkt, sondern vor allem vom Verlauf, der dazwischen liegt, geprägt wird.[43] Um auf diesem Weg zu bleiben, benötigt St. Maria keine Finalisierung(en). St. Maria braucht das, was „St. Maria als ..." gezeigt hat: nämlich ein provisorisch-rustikales und unfertig-irritierendes Raumgefüge, das gerade durch seine Unvollkommenheit auf die Vollkommenheit von Heiligkeit verweist. Demnach lässt sich als letzte Handlungsanregung folgende Zuspitzung aufstellen: St. Maria sollte und darf sich im spannungsvollen Balanceakt üben und durch Leere das Verhältnis von profan und sakral aufrechterhalten. Nicht zu wissen wie und welche Räume genutzt werden können, ist offensichtlich keine Schwachstelle, sondern vielmehr die Kraftquelle, aus der das entspringt, was Kreativität und „wechselseitig intensivierende Freiheiten"[44] auf das Vertrauen Gottes hin ermöglichen. So sollte die Marienkirche das bleiben, was sie zuletzt war – eine gebrauchte[45] Stadtlücke. Entsprechend ist der finale Appell dieser Arbeit:

Macht die Räume auf! – „Das ist der Weg" (Star Wars – The Mandalorian).

---

[39] Birgit Hoyer, „Die Kirche im Internet ist vermutlich die Zukunft der Kirche", in: https://www.feinschwarz.net/kirche_im_internet_zukunft/#fnref-28071-1 (2020) [Abrufdatum: 12.04.2021], o. S.

[40] Peter Dirksmeier / Roland Lippuner, Mikrodiversität und Anwesenheit. Zur Raumordnung urbaner Interaktionen, in: Ders. / Pascal Goeke / Johannes Wirths (Hg.), Konstruktion und Kontrolle. Zur Raumordnung sozialer Systeme, Wiesbaden 2015, S. 243–263.

[41] Ulrike Bechmann, „Denn Gott bin ich und nicht Mann." Bibelarbeit zum Gottesbild in Hosea 11, in: Deutsches Weltgebetstagkomitee, Gottes zärtliche Berührung (Weltgebetstag 1999), Stein 1998, S. 144–159, S. 147.

[42] Vgl. Andreas Rödder, 21.0. Eine kurze Geschichte der Gegenwart, München 2016.

[43] Vgl. Thomas Söding, Der Anfang des Evangeliums. Das Evangelium als Kompass des Gottesvolkes, in: theologie aktuell. Die Zeitschrift der Theologischen Kurse 32 (2016/17), H. 2, S. 47–59, S. 52.

[44] Bauer, Konstellative Pastoraltheologie, S. 353.

[45] Und zwar im doppelten Sinne verstanden: ‚gebrauchen' im Sinne von benutzen und benötigen.

Literaturverzeichnis

Adorno, Theodor W., Über einige Relationen zwischen Musik und Malerei, in: Spieß, Werner (Hg.), Pour Daniel-Henry Kahnweiler, Stuttgart 1965, S. 33–40.
Adorno, Theodor W., Dialektik der Aufklärung. Philosophische Fragmente, in: Tiedemann, Rolf (Hg.), Gesammelte Schriften, Bd. 3, Frankfurt a. M. 1997.
Arnstein, Sherry R., A Ladder of Citizen Participation, in: Journal of American Institute of Planers 35 (1969), H. 4, S. 216–244.
Assmann, Aleida, Geschichte findet Stadt, in: Csáky, Moritz / Leitgeb, Christoph (Hg.), Kommunikation – Gedächtnis – Raum. Kulturwissenschaften nach dem „Spatial Turn", Bielefeld 2009, S. 13–28.
Aufderbeck, Hugo, Volk Gottes auf dem Weg. Briefe, Meditationen, Ansprachen und Predigten, Leipzig 1979.
Augé, Marc, Orte und Nicht-Orte. Vorüberlegungen zu einer Ethnologie der Einsamkeit, Frankfurt a. M. 1994.
Austen, Merlin, Dritte Räume als Gesellschaftsmodell. Eine epistemologische Untersuchung des Thirdspace (= Studien aus dem Münchner Institut für Ethnologie – Working Papers in Social and Cultural Anthropology 8), München 2014.

Bachmann-Medick, Doris, Cultural Turns. Neuorientierungen in den Kulturwissenschaften, Reinbek 2006.
Barthes, Roland, Die helle Kammer. Bemerkungen zur Photographie, Frankfurt a. M. 1985.
Bauer, Christian, Kritik der Pastoraltheologie. Nicht-Orte und Anders-Räume nach Michel de Certeau und Michel Foucault, in: Ders. / Hölzl, Michael (Hg.), Gottes und des Menschen Tod? Die Theologie vor der Herausforderung Michel Foucaults, Mainz 2003, S. 181–216.
Bauer, Christian, Religion in der Praktischen Theologie. Thesen zu einer prophetisch-kritischen Theologie des Heiligen, in: Pastoraltheologische Informationen 28 (2008), H. 2, S. 245–252.
Bauer, Christian, Lerne am Herd die Würde des Gastes. Für den missionarischen Ortswechsel einer Geh-hin-Kirche, in: Diakonia 41 (2010), H. 5, S. 351–358.
Bauer, Christian, Ortswechsel der Theologie. M.-Dominique Chenu im Kontext seiner Programmschrift „Une école de théologie: Le Saulchoir" (= Tübinger Perspektiven zur Pastoraltheologie und Religionspädagogik 42), Berlin / Münster 2010.
Bauer, Christian, Heiligkeit des Profanen? Theologien der Desakralisierung auf dem Zweiten Vatikanum, in: Eggensperger, Thomas / Engel, Ulrich / Montoya Méndez, Angel (Hg.), Edward Schillebeeckx. Impulse für Theologien im 21. Jahrhundert, Ostfildern 2012, S. 67–83.
Bauer, Christian, Schwache Empirie? Perspektiven einer Ethnologie des Volkes Gottes, in: Pastoraltheologische Informationen 33 (2013), H. 2, S. 81–117.
Bauer, Christian, Gott außerhalb der Pfarrgemeinde entdecken, in: Sellmann, Matthias (Hg.), Gemeinde ohne Zukunft? Theologische Debatte und praktische Modelle (= Theologie kontrovers), Freiburg i. Br. 2013, S. 349–371.
Bauer, Christian, Zeichen Gottes im 21. Jahrhundert? Spurensuche einer teilnehmenden Beobachtung der Gegenwart, in: Pastoraltheologische Informationen 34 (2014), H. 1, S. 51–68.

Bauer, Christian, Denken in Konstellationen?, in: Pastoraltheologische Informationen 35 (2015), H. 2, S. 5–12.
Bauer, Christian, Christliche Zeitgenossenschaft? Pastoraltheologie in den Abenteuern der späten Moderne, in: International Journal of Practical Theology 20 (2016), H. 1, S. 4–25.
Bauer, Christian, Konstellative Pastoraltheologie. Erkundungen zwischen Diskursarchiven und Praxisfeldern (= Praktische Theologie heute 146), Stuttgart 2016.
Bauer, Christian, Mit Pater Fridolin in die Zukunft? Was (vielleicht) von/mit ostdeutschen Christ*innen zu lernen ist, in: Schlegel, Thomas / Reppenhagen, Martin (Hg.), Kirche in der Diaspora. Bilder für die Zukunft der Kirche, Leipzig 2020, S. 102–121.
Bauer, Christian, Vom Haben zum Sein? Partizipation in einer synodalen Kirche, in: Zeitschrift für Pastoraltheologie 40 (2020), H. 1, S. 37–57.
Bauer, Christian, Architekturen der Pastoral. Skizzen einer theologischen Theorie des Entwerfens, in: Karl, Katharina / Winter, Stephan (Hg.), Theologie und Raum Gott im Raum?! Theologie und spatial turn: aktuelle Perspektiven, Münster 2021, S. 313–342.
Bauer, Christian, Pastoral der Schwellenchristen? Erkundungen zur säkularen Bedeutung des Evangeliums, in: eúangel (2013), H. 3, https://www.euangel.de/ausgabe-3-2013/glauben-in-saekularitaet/pastoral-der-schwellenchristen/ [Abrufdatum: 07.09.2021].
Bauer, Christian, Hörendes Warten? Voraussetzung einer antwortenden Pastoral, in: Heidkamp, Monika / Prkačin, Elisa / Vilain, Clarissa (Hg.), Abweichen. Von einer Praxis, die findet, was sie nicht gesucht hat [Festschrift Reinhard Feiter], Münster 2022, S. 223–238.
Bauer, Christian, Heiligkeit jenseits des Sakralen? St. Maria in Stuttgart – ein dritter Weg der Kirchennutzung, in: Liturgisches Jahrbuch 2022, S. 17–33.
Baum, Martina, Fülle / Leere, in: Dies. et al. (Hg.), Denkraum Fülle / Leere, Stuttgart 2017, S. 17–22.
Baumgartner, Isidor, Pastoral an den Orten der Armen und Bedrängten, in: Först, Johannes / Schöttler, Heinz-Günther (Hg.), Einführung in die Theologie der Pastoral. Ein Lehrbuch für Studierende, Lehrer und kirchliche Mitarbeiter, Berlin / Münster 2012, S. 213–240.
Baumgärtner, Ingrid / Klumbies, Paul-Gerhard / Sick, Franziska, Raumkonzepte. Zielsetzung, Forschungstendenzen und Ergebnisse, in: Dies. (Hg.), Raumkonzepte. Disziplinäre Zugänge, Göttingen 2009, S. 9–28.
Bavaj, Riccardo, Was bringt der „Spatial Turn" der Regionalgeschichte? Ein Beitrag zur Methodendiskussion, in: Westfälische Forschungen 56 (2006), S. 457–484.
Bechmann, Ulrike, „Denn Gott bin ich und nicht Mann." Bibelarbeit zum Gottesbild in Hosea 11, in: Deutsches Weltgebetstagkomitee, Gottes zärtliche Berührung (Weltgebetstag 1999), Stein 1998, S. 144–159.
Bell, Philip, Content Analysis of Visual Images, in: Leeuwen, Theo van / Jewitt, Carey (Hg.), Handbook of Visual Analysis. London / New Delhi 2006, S. 10–34.
Benjamin, Walter, Kleine Geschichte der Photographie, in: Tiedemann, Rolf / Schweppenhäuser, Hermann (Hg.), Walter Benjamin. Gesammelte Schriften, Bd. 2.1, Frankfurt a. M. 1991, S. 368–385.
Bethge, Clemens W., Kirchenraum. Eine raumtheoretische Konzeptualisierung der Wirkungsästhetik (= Praktische Theologie heute 140), Stuttgart 2015.
Bhabha, Homi K., The Location of Culture, London 2010.
Bischoff, Werner, Nicht-visuelle Dimensionen des Städtischen. Olfaktorische Wahrnehmung in Frankfurt am Main, dargestellt an zwei Einzelstudien zum Frankfurter Westend und Ostend, Oldenburg 2005.
Blotevogel, Hans Heinrich, Art. Geographie, in: Lexikon der Geographie, Bd. 2, Heidelberg / Berlin 2002, S. 14–16.

Blotevogel, Hans Heinrich, Art. Raum, in: Handwörterbuch der Raumordnung, Hannover ⁴2005, S. 831–841.
Blotevogel, Hans Heinrich, Art. Raum, in: Handwörterbuch der Stadt- und Raumentwicklung, Bd. 3, Hannover 2019, S. 1845–1857.
Bocken, Inigo, Helden des Alltags. Michel de Certeau und die Laienspiritualität, in: Ders. / Dickmann, Ulrich (Hg.), Geburt (= Felderkundungen Laienspiritualität 2), Münster 2010, S. 11–30.
Boettger, Till, Schwellenräume. Räumliche Übergänge der Architektur, Weimar 2012.
Böhme, Gernot, Atmosphäre. Essays zur neuen Ästhetik, Frankfurt a. M. 1995.
Böhme, Gernot, Aisthetik. Vorlesungen über Ästhetik als allgemeine Wahrnehmungslehre, München 2001.
Böhme, Gernot, Der Raum leiblicher Anwesenheit und der Raum als Medium von Darstellung, in: Krämer, Sibylle (Hg.), Performativität und Medialität, München 2004, S. 129–140.
Böhme, Gernot, Architektur und Atmosphäre, München 2006.
Böhme, Gernot, Atmosphäre als Grundbegriff einer neuen Ästhetik, in: Friedrich, Thomas / Gleiter, Jörg H. (Hg.), Einfühlung und phänomenologische Reduktion. Grundlagentexte zu Architektur, Design und Kunst, Berlin 2007, S. 287–310.
Böhme, Hartmut, Einleitung: Raum – Bewegung – Topographie, in: Ders. (Hg.), Topographien der Literatur. Deutsche Literatur im transnationalen Kontext, Stuttgart / Weimar 2005, S. IX–XXIII.
Bollnow, Otto F., Mensch und Raum, Stuttgart 1963.
Bonz, Jochen / Struve, Karen, Homi K. Bhabha: Auf der Innenseite kultureller Differenz, in: Moebius, Stephan / Quadflieg, Dirk (Hg.), Kultur. Theorien der Gegenwart, Wiesbaden ²2011, S. 132–145.
Bourdieu, Pierre, Einleitung, in: Ders. et al. (Hg.), Eine illegitime Kunst. Die sozialen Gebrauchsweisen der Photographie, Frankfurt a. M. 1981, S. 11–21.
Bourdieu, Pierre, Physischer, sozialer und angeeigneter physischer Raum, in: Wentz, Martin (Hg.), Stadt-Räume. Die Zukunft des Städtischen, Frankfurt a. M. 1991, S. 25–34.
Bourdieu, Pierre, Kunst und Kultur. Zur Ökonomie symbolischer Güter (= Schriften zur Kultursoziologie 4), Konstanz 2011.
Brake, Anna, Photobasierte Befragung, in: Kühl, Stefan / Strodtholz, Petra / Taffertshofer, Andreas (Hg.), Handbuch Methoden der Organisationsforschung: Quantitative und Qualitative Methoden, Wiesbaden 2009, S. 369–391.
Brand, Fabian, Gottes Lebensraum und die Lebensräume der Menschen. Impulse für eine topologische Theologie, Münster 2021.
Brandl, Anne, Die sinnliche Wahrnehmung von Stadtraum-Städtebautheoretische Überlegungen, Zürich 2013.
Brauchitsch, Boris von, Städtische Atmosphären im Spiegel der Fotografiegeschichte, in: Die alte Stadt 35 (2008), H. 2, S. 175–186.
Bräunlein, Peter J., Victor W. Turner: Rituelle Prozesse und kulturelle Transformationen, in: Moebius, Stephan / Quadflieg, Dirk (Hg.), Kultur. Theorien der Gegenwart, Wiesbaden 2006, S. 91–100.
Brömßler, Nico, Bild – Präsenz – Symbol. Susanne Langers Philosophie des Bildes, Berlin 2019.
Brüwer, Christoph, Theologe: Es kann nicht sein, dass alle Kirchen gleich sein müssen, in: https://www.katholisch.de/artikel/29658-theologe-es-kann-nicht-sein-dass-alle-kirchen-gleich-sein-muessen (2021) [Abrufdatum: 08.09.2021].
Buber, Martin, Das dialogische Prinzip, Heidelberg ⁴1979.

Bucher, Rainer / Fuchs, Ottmar, Wider den Positivismus in der Praktischen Theologie!, in: Pastoraltheologische Informationen 20 (2000), H. 2, S. 23–26.
Bucher, Rainer, Pastoraltheologie als Kulturwissenschaft des Volkes Gottes, in: Ders. / Nauer, Doris / Weber, Franz (Hg.), Praktische Theologie. Bestandsaufnahme und Zukunftsperspektiven, Stuttgart 2005, S. 66–70.
Bucher, Rainer, Theologie im Risiko der Gegenwart. Studien zur kenotischen Existenz der Pastoraltheologie zwischen Universität, Kirche und Gesellschaft (= Praktische Theologie heute 105), Stuttgart 2010.
Bucher, Rainer, Liquidierungen. Der Verkauf von Kirchen und die aktuelle Neukonstellation pastoraler orte, in: Büchse, Angelika et al. (Hg.), Kirchen. Nutzung und Umnutzung. Kulturgeschichtliche, theologische und praktische Reflexionen, Münster 2012, S. 31–46.
Bucher, Rainer, Aufgebrochen durch Urbanität. Transformationen der Pastoralmacht, in: Sievernich, Michael / Wenzel, Knut (Hg.), Aufbruch in die Urbanität. Theologische Reflexionen kirchlichen Handelns in der Stadt, Freiburg i. Br. 2013, S. 215–250.
Bucher, Rainer, An neuen Orten. Studien zu den aktuellen Konstitutionsproblemen der deutschen und österreichischen katholischen Kirche, Würzburg 2014.
Bude, Heinz, Das Gefühl der Welt. Über die Macht von Stimmungen, München 2016.
Budke, Alexandra / Wienecke, Maik (Hg.), Exkursion selbst gemacht. Innovative Exkursionsmethoden für den Geographieunterricht (= Praxis Kultur- und Sozialgeographie 47), Potsdam 2009.
Bulka, Thomas, Stimmung, Emotion, Atmosphäre. Phänomenologische Untersuchungen zur Struktur der menschlichen Affektivität, Münster 2015.
Burbulla, Julia, Heideggers Schweigen. Die philosophische Raumkunst in ihrer Relevanz für die Kunst der Nachkriegszeit, in: kunsttexte.de – E-Journal für Kunst- und Bildgeschichte (2011), H. 2, S. 1–10.
Burke, Andree, Wem gehört die Kirche?, in: https://www.feinschwarz.net/wem-gehoert-die-kirche/ (2020) [Abrufdatum: 25.09.2020].

Casey, Edward S., Vom Raum zum Ort in kürzester Zeit. Phänomenologische Prolegomena, in: Lembeck, Karl-Heinz / Orth, Ernst Wolfgang (Hg.), Phänomenologische Forschungen, Hamburg 2003, S. 53–93.
Certeau, Michel de, L'invention du quotidien, 1. Arts de faire, Paris 1990.
Certeau, Michel de, GlaubensSchwachheit (= ReligionsKulturen 2), Stuttgart 2009.
Certeau, Michel de, Die Kunst des Handelns, Berlin 2014.
Chenu, Marie-Dominique, Les laïcs et la ‚consécration' du monde, in: Ders., Peuple de Dieu dans le monde, Paris 1966.
Chenu, Marie-Dominique, Volk Gottes in der Welt, Paderborn 1968.
Claucig, Christian, Liminalität und Adoleszenz. Victor Turner, Mukanda und die Psychoanalyse oder: The Anthropologist's Fallacy, Wien / Berlin 2016.
Coriando, Paola-Ludovika, Affektlehre und Phänomenologie der Stimmungen. Wege einer Ontologie und Ethik des Emotionalen (= Philosophische Abhandlungen 85), Frankfurt a. M. 2002.
Cornehl, Peter, Gottesdienst und Öffentlichkeit, in: Eckstein, Hans-Joachim / Heckel, Ulrich / Weyel, Birgit (Hg.), Kompendium Gottesdienst. Der evangelische Gottesdienst in Geschichte und Gegenwart, Tübingen 2011, S. 185–203.
Crang, Mike / Thrift, Nigel, Introduction, in: Ders. / Thrift, Nigel (Hg.), Thinking Space, London 2000, S. 1–30.

Literaturverzeichnis

Crang, Mike, Qualitative Methods: There is Nothing Outside the Text?, in: Progress in Human Geography 29 (2005), H. 2, S. 225–233.

Dangschat, Jens, Zwischen Armut und Kommerz. Urbane Herausforderungen an die Stadtkirchen, in: Hans Werner Dannowski et al. (Hg.), Kirche in der Stadt, City-Kirchen. Bilanz und Perspektiven, Bd. 5, Hamburg 1995, S. 151–161.

Demel, Sabine, Kirche als Gemeinschaft des Volkes Gottes. Eine fromme Utopie gegen die hierarchische Realität?, in: Wort und Antwort 50 (2009), H. 1, S. 11–16.

Denk, Andreas / Schröder, Uwe / Schützeichel, Rainer, „Raumwende", in: Der Architekt (2008), H. 3, S. 1–9.

Dennerlein, Katrin, Narratologie des Raumes (= Narratologia 22), Berlin 2009.

Dera, Tobias et al., Forschungsbericht zum Projekt „Kirche im Netzwerk pastoraler Orte und Ereignisse", Tübingen 2019, https://publikationen.uni-tuebingen.de/xmlui/handle/10900/94969 [Abrufdatum: 26.11.2019].

Derrida, Jacques, Foi et Savoir. Suivi de, Le Siècle et le Pardon, Paris 1996.

Derrida, Jacques, Von der Gastfreundschaft, Wien 2001.

Dessoy, Valentin, Partizipation und Leitung in der Kirche, in: Kröger, Elisa (Hg.), Wie lernt Kirche Partizipation? Theologische Reflexion und praktische Erfahrungen (= Angewandte Pastoralforschung 2), Würzburg 2016, S. 71–90.

DFG-Forschungsprojekt „TRANSARA. Sakralraumtransformation", in: https://transara.de/ [Abrufdatum: 18.10.2021].

Dickel, Mirka / Pettig, Fabian, Unheimliches Fukushima. Auf Streifzug durch die Geisterstadt Namie mit Google Street View, in: Dies. / Jahnke, Holger / Schlottmann, Antje (Hg.), Räume visualisieren, Münster 2017, S. 247–267.

Diözesanatlas der Diözese Rottenburg-Stuttgart, https://www.drs.de/dioezese/dioezesanatlas.html [Abrufdatum 22.06.2021].

Dirksmeier, Peter, Der husserlsche Bildbegriff als theoretische Grundlage der reflexiven Fotografie: Ein Beitrag zur visuellen Methodologie in der Humangeografie, in: Social Geography 2 (2007), H. 1, S. 1–10.

Dirksmeier, Peter, Urbanität als Habitus. Zur Sozialgeographie städtischen Lebens auf dem Land, Bielefeld 2009.

Dirksmeier, Peter, Zur Methodologie und Performativität qualitativer visueller Methoden. Die Beispiele der Autofotografie und reflexiven Fotografie, in: Rothfuß, Eberhard / Dörfler, Thomas (Hg.), Raumbezogene qualitative Sozialforschung, Wiesbaden 2013, S. 83–101.

Dirksmeier, Peter / Lippuner, Roland, Mikrodiversität und Anwesenheit. Zur Raumordnung urbaner Interaktionen, in: Ders. / Goeke, Pascal / Wirths, Johannes (Hg.), Konstruktion und Kontrolle. Zur Raumordnung sozialer Systeme, Wiesbaden 2015, S. 243–263.

Döring, Jörg / Thielmann, Tristan, Einleitung: Was lesen wir im Raume? Der Spatial Turn und das geheime Wissen der Geographen, in: Dies. (Hg.), Spatial Turn. Das Raumparadigma in den Kultur- und Sozialwissenschaften, Bielefeld 2008, S. 7–45.

Downs, Roger / Stea, David, Image and Environment. Cognitive Mapping and Spatial Behavior, Chicago 1973.

Duden, Das Herkunftswörterbuch, Etymologie der deutschen Sprache, Bd. 7, Mannheim 2001.

Duden, Onlinewörterbuch, Art. Freilegen, in: https://www.duden.de/rechtschreibung/freilegen [Abrufdatum: 07.09.2021].

Duden, Onlinewörterbuch, Art. Schwelle, in: https://www.duden.de/rechtschreibung/Schwelle#Bedeutung-1 [Abrufdatum: 29.04.2021].

Dürkheim, Graf Karlfried von, Untersuchungen zum gelebten Raum. Neue Psychologische Studien, Bd. 6, München 1932.
Dürkheim, Graf Karlfried von, Untersuchungen zum gelebten Raum. Erlebniswirklichkeit und ihr Verständnis. Systematische Untersuchungen II, in: Krüger, Felix (Hg.), Neue Psychologische Studien, Bd. 6, München 1932, S. 383–480.
DWDS, Digitales Wörterbuch der deutschen Sprache, Art. Schenken, in: https://www.dwds.de/wb/schenken [Abrufdatum: 14.06.2021].
DWDS, Digitales Wörterbuch der deutschen Sprache, Art. Stelle, in: https://www.dwds.de/wb/Stelle [Abrufdatum: 11.06.2021].

Eberth, Andreas, Raumwahrnehmungen reflektieren und visualisieren. Erforschung sozialer Räume mittels reflexiver Fotografie, in: Wintzer, Jeannine (Hg.), Sozialraum erforschen. Qualitative Methoden in der Geographie, Berlin / Heidelberg 2018, S. 280–295.
Eberth, Andreas, Alltagskulturen in den Slums von Nairobi. Eine geographiedidaktische Studie zum kritisch-reflexiven Umgang mit Raumbildern, Bielefeld 2019.
Ebner, Martin, Jesus – ein Weisheitslehrer? Synoptische Weisheitslogien im Traditionsprozess (= Herder Biblische Studien 15), Freiburg i. Br. 1998.
Ebner von Eschenbach, Malte, Im Grenzbereich des Räumlichen. Vorüberlegungen zu einer topologischen Perspektive in der erwachsenenpädagogischen Raumforschung, in: Zeitschrift für Weiterbildungsforschung 40 (2017), H. 1, S. 91–118.
Ebner von Eschenbach, Malte / Mattern, Philipp, Die konkrete räumliche Wirklichkeit von Lernorten und Bildungsräumen. Eine „Raumfalle" für die erwachsenenbildungswissenschaftliche Raumforschung?, in: Magazin Erwachsenenbildung.at 13 (2019), Ausgabe 35–36, S. 1–10.
Eckholt, Margit, Christsein an den Crossroads der Städte. Zwischen Nicht-Orten und neuen Räumen der Gnade, von Passagen, Schwellen und Rasthäusern, in: Sievernich, Michael / Wenzel, Knut (Hg.), Aufbruch in die Urbanität. Theologische Reflexionen kirchlichen Handelns in der Stadt, Freiburg i. Br. 2013, S. 27–65.
Eder, Helmut, Netzwerk-Pastoral praktisch und konkret, in: Referat Pastoraltheologische Grundsatzfragen Bistum Münster (Hg.), Newsletter September 2017, S. 12–14.
Erne, Thomas, Die Wiederentdeckung des Raumes in der Evangelischen Theologie, in: Zeitschrift der GAGF 21 (2007), H. 2, S. 5–13.
Erne, Thomas, Hybride Räume der Transzendenz. Wozu wir heute noch Kirchen brauchen. Studien zu einer postsäkularen Theorie des Kirchenbaus, Leipzig 2017.
Eufinger, Veronika / Sellmann, Matthias, Der verlorene Raum? Citypastoral als urbane Strategie der Kirche, in: Communio 45 (2016), H. 2, S. 127–137.

Failing, Wolf-Eckart / Heimbrock, Hans-Günter, Gelebte Religion wahrnehmen. Lebenswelt – Alltagskultur – Religionspraxis, Stuttgart 1998.
Fechtner, Kristian, Praktische Theologie als Erkundung. Religiöse Praxis im spätmodernen Christentum, in: Hauschildt, Eberhard / Schwab, Ulrich (Hg.), Praktische Theologie für das 21. Jahrhundert, Stuttgart 2002, S. 55–66.
Feeser-Lichterfeld, Ulrich / Krockauer, Rainer, Orte, Räume, Schwellen … – braucht es eine „Pastoralgeographie"?, in: ευangel. Magazin für missionarische Pastoral 2 (2011), H. 4, S. 13–19.
Feeser-Lichterfeld, Ulrich, Pastoral (auch) vom Raum her denken?! Wozu Theologie und Kirche das Gespräch mit der Geographie suchen sollten, in: Lebendige Seelsorge 68 (2017), H. 4, S. 226–230.

Literaturverzeichnis

Feininger, Andreas, Die neue Foto-Lehre, Düsseldorf / Wien 1965.

Feiter, Reinhard, Antwortendes Handeln. Praktische Theologie als kontextuelle Theologie (= Theologie und Praxis 14), Münster 2002.

Feiter, Reinhard / Müller, Hadwig (Hg.), Frei geben. Pastoraltheologische Impulse aus Frankreich, Ostfildern 2012.

Fellmann, Ferdinand, Von den Bildern der Wirklichkeit zur Wirklichkeit der Bilder, in: Sachs-Hombach, Klaus / Rehkämper, Klaus (Hg.), Bild – Bildwahrnehmung – Bildverarbeitung. Interdisziplinäre Beiträge zur Bildwissenschaft, Wiesbaden 1998, S. 187–195.

Figal, Günter, Unscheinbarkeit. Der Raum der Phänomenologie, Tübingen 2015.

Fleck, Ludwik, Entstehung und Entwicklung wissenschaftlicher Tatsachen. Einführung in die Lehre vom Denkstil und Denkkollektiv, Frankfurt a. M. 1980.

Föllmer, Christina, Kirchenraumpädagogik für Kinder, in: Bederna, Katrin / König, Hildegard (Hg.), Wohnt Gott in der Kita? Religionssensible Erziehung in Kindertageseinrichtungen, Düsseldorf 2009, S. 208–215.

Förster, Till, Victor Turners Ritualtheorie. Eine ethnologische Lektüre, in: Theologische Literaturzeitung 128 (2003), H. 7–8, S. 703–716.

Foucault, Michel, Andere Räume, in: Wentz, Martin. (Hg.), Stadt-Räume, Frankfurt a. M. / New York 1991, S. 65–72.

Frank, Michael C., Die Literaturwissenschaften und der spatial turn: Ansätze bei Jurij Lotman und Michail Bachtin, in: Hallet, Wolfgang / Neumann, Birgit (Hg.), Raum und Bewegung in der Literatur. Die Literaturwissenschaften und der Spatial Turn, Bielefeld 2009, S. 53–80.

Franziskus, Apostolisches Schreiben Evangelii gaudium des Heiligen Vaters Papst Franziskus an die Bischöfe, an die Priester und Diakone, an die Personen geweihten Lebens und an die christgläubigen Laien über die Verkündigung des Evangeliums in der Welt von heute. 24. November 2013 (Verlautbarungen des Apostolischen Stuhls 194), Bonn 2013, Nr. 49.

Frers, Lars, Zum begrifflichen Instrumentarium – Dinge und Materialität, Praxis und Performativität, in: http://userpage.fu-berlin.de/frers/begriffe.html#toc [Abrufdatum: 24.04.2020].

Frettlöh, Magdalena L., Der trinitarische Gott als Raum der Welt. Zur Bedeutung des rabbinischen Gottesnamens maqom für eine topologische Lehre von der immanenten Trinität, in: Weth, Rudolf (Hg.), Der lebendige Gott. Auf den Spuren neueren trinitarischen Denkens, Neukirchen-Vluyn 2005, S. 197–232.

Freytag, Tim, Raum und Gesellschaft, in: Ders. / Lossau, Julia / Lippuner, Roland (Hg.), Schlüsselbegriffe der Kultur- und Sozialgeographie, Stuttgart 2014, S. 12–24.

Frohnhofen, Achim, Raum – Region – Ort. Sozialräumliche Perspektiven Jugendlicher aus einer Landschaft zwischen Umstrukturierung und Demontage, Essen 2001.

Fuchs, Ottmar, Umkehr zu einer mystagogischen und diakonischen Pastoral, in: Bibel und Liturgie 61 (1988), H. 1, S. 12–21.

Fuchs, Ottmar, Wer's glaubt, wird selig ... Wer's nicht glaubt, kommt auch in den Himmel, Würzburg 2012.

Fuchs, Ottmar, Wir müssen gar nichts tun, sondern dürfen anders sein, um das Richtige tun zu können, in: εύangel (2014), H. 1, https://www.euangel.de/ausgabe-1-2014/neue-spiritualitaet-und-christentum/wir-muessen-gar-nichts-tun-sondern-duerfen-anders-sein-um-das-richtige-tun-zu-koennen/ [Abrufdatum: 06.09.2021].

Fuchs, Thomas, Leib, Raum, Person. Entwurf einer phänomenologischen Anthropologie, Stuttgart 2000.

Füssel, Marian, Tote Orte und gelebte Räume. Zur Raumtheorie von Michel de Certeau S. J., in: Historical Social Research 38 (2013), H. 3, S. 22–39.

Füssel, Marian, Zur Aktualität von Michel de Certeau. Einführung in sein Werk, Wiesbaden 2018.

Gebhardt, Hans et al. (Hg.), Geographie. Physische Geographie und Humangeographie, Heidelberg ²2011.

Gebhardt, Hans et al., Das Drei-Säulen-Modell der Geographie, in: Dies. (Hg.), Geographie. Physische Geographie und Humangeographie, Heidelberg ²2011, S. 71–82.

Gebhardt, Hans / Reuber, Paul (Hg.), Humangeographie im Spannungsfeld von Gesellschaft und Raum, in: Dies. / Glaser, Rüdiger / Radtke, Ulrich (Hg.), Geographie. Physische Geographie und Humangeographie, Heidelberg ²2011, S. 643–653.

Gennep, Arnold van (Hg.), Übergangsriten, Frankfurt a. M. 1986.

Gerhards, Albert (Hg.), St. Ursula in Hürth-Kalscheuren. Pfarrkirche – Profanierung – Umnutzung. Fakten und Fragen, Münster 2009.

Gerhards, Albert, Kirchenräume avantgardistisch bewahren, in: Kunstverein, Diözesanmuseum und Bischöfliches Bauamt der Diözese Rottenburg-Stuttgart (Hg.), Heilige Kunst 2018/2019, Ostfildern 2020, S. 19–31.

Gerok-Reiter, Annette / Hammer, Franziska, Spatial Turn/Raumforschung, in: Ackermann, Christiane / Egerding, Michael (Hg.), Literatur- und Kulturtheorien in der Germanistischen Mediävistik. Ein Handbuch. Berlin/Boston 2015, S. 481–516.

Geschke, Sandra Maria, Doing Urban Space. Ganzheitliches Wohnen zwischen Raumbildung und Menschwerdung, Bielefeld 2013.

Gillmayr-Bucher, Susanne, König Salomos Tempel und Königreich. Neue Einblicke durch eine literarische Analyse der Räume, in: Bibel und Kirche 73 (2018), H. 2, S. 62–70.

Glatter Jan, Ein Kategorienmodell zur Erschließung raumbezogener Semantiken in Schulbuchtexten im Fach Geographie, in: Budke, Alexandra / Kuckuck, Miriam (Hg.), Geographiedidaktische Forschungsmethoden, 2019, S.112–134.

Glenz, Tobias, Kirchenabrisse: „Wir stehen erst am Anfang", in: http://katholisch.de/aktuelles/aktuelle-artikel/kirchenabrisse-wir-stehen-erst-am-anfang (2017) [Abrufdatum: 24.10.2021].

Goetz, Rainer / Graupner, Stefan (Hg.), Atmosphären. Annäherungen an einen unscharfen Begriff, München 2007.

Gräb, Wilhelm, Gott ohne Raum – Raum ohne Gott?, in: Adolphsen, Helge (Hg.), Sehnsucht nach heiligen Räumen – eine Messe in der Messe. Berichte und Ergebnisse des 24. Evangelischen Kirchbautages in Leipzig 2002, Darmstadt 2003, S. 95–108.

Gren, Martin, Earth writing. Exploring representation and social geography in-between meaning/matter. Department of Human and Economic Geography, Gothenburg 1994.

Greshake, Gisbert, Der dreieine Gott. Eine trinitarische Theologie, Freiburg i. Br., ⁴2001.

Grimm, Jacob / Grimm, Wilhelm, Deutsches Wörterbuch, Bd. 18: Stehung – Stitzig, Leipzig 1984.

Grittmann, Elke / Lobinger, Katharina, Quantitative Bildinhaltsanalyse, in: Petersen, Thomas / Schwender, Clemens (Hg.), Die Entschlüsselung der Bilder. Methoden zur Erforschung visueller Kommunikation, Köln 2011, S. 145–162, S. 148.

Grözinger, Albrecht, Praktische Theologie als Kunst der Wahrnehmung, Gütersloh 1995.

Guardini, Romano, Briefe über Selbstbildung. Bearbeitet von Ingeborg Klimmer, Dritter Brief „Vom Geben und Nehmen, vom Heim und von der Gastfreundschaft", Mainz ¹³1978, S. 27–43.

Günzel, Stephan, Maurice Merleau-Ponty. Werk und Wirkung. Eine Einführung, Wien 2007.

Günzel, Stephan, Spatial Turn – Topographical Turn – Topological Turn. Über die Unterschiede zwischen Raumparadigmen, in: Döring, Jörg / Thielmann, Tristan (Hg.), Spatial Turn. Das Raumparadigma in den Kultur- und Sozialwissenschaften, Bielefeld 2008, S. 219-238.

Günzel, Stephan, Einleitung, in: Ders. (Hg.), Raumwissenschaften, Frankfurt a. M. 2009, S. 7-13.

Günzel, Stephan (Hg.), Raum. Ein interdisziplinäres Handbuch, Stuttgart / Weimar 2010.

Günzel, Stephan, Raumtheorie. „er fand Coppolas Perspektiv, er schaute seitwärts – Clara stand vor dem Glase!" Dialektiken des Raums, in: Jahraus, Oliver (Hg.), Zugänge zur Literaturtheorie. 17 Modellanalysen zu E.T.A. Hoffmanns ‚Der Sandman', Stuttgart 2016, S. 254-267.

Günzel, Stephan, Raum. Eine kulturwissenschaftliche Einführung (= Edition Kulturwissenschaft 143), Bielefeld ²2018.

Gutmann, David / Peters, Fabian, German Churches in Times of Demographic Change and Declining Affiliation. A Projection to 2060, in: Comparative Population Studies 45 (2020), S. 3-34.

Gutmann, Mathias, Der Raum als Metapher, in: Michael Weingarten (Hg.), Strukturierung von Raum und Landschaft. Konzepte in Ökologie und der Theorie gesellschaftlicher Naturverhältnisse, Münster 2005, S. 118-176.

Haar, Martin, Marienkirche schließt für knapp drei Monate, in: https://www.stuttgarter-nachrichten.de/inhalt.kirchensanierung-im-sueden-marienkirche-schliesst-fuer-knapp-drei-monate.ca48362d-df41-43d1-831a-a2c96d34a482.html (2017) [Abrufdatum: 15.06.2020].

Hahn, Achim, Syn-Ästhesie oder: Die Kommunikation der Sinne. Zur Wahrnehmungslehre von Wilhelm Schapp und Maurice Merleau-Ponty, in: Wolkenkuckucksheim, Internationale Zeitschrift für Theorie der Architektur 18 (2013), H. 31, S. 69-89.

Hard, Gerhard, Raumfragen, in: Meusburger, Peter (Hg.), Handlungszentrierte Sozialgeographie. Benno Werlens Entwurf in kritischer Diskussion (= Erdkundliches Wissen 130), Stuttgart 1999, S. 133-162.

Harper, Douglas, An Argument for Visual Sociology, in: Prosser, Jon (Hg.), Image-based Research. A Sourcebook for Qualitative Researchers, London 1998, S. 24-41.

Harper, Douglas, Photography as Social Science Data, in: Flick, Uwe / Kardorff, Ernst von / Steinke, Ines (Hg.), A Companion to Qualitative Research, London 2004, S. 231-236.

Hasse, Jürgen, Stadt als erlebter und gelebter Raum – kein Sein ohne Handeln?, in: Döring, Martin et al. (Hg.), Stadt-Raum-Natur. Die Metropole als politisch konstruierter Raum, Hamburg 2003, S. 171-199.

Hasse, Jürgen, Fundsachen der Sinne. Eine phänomenologische Revision alltäglichen Erlebens (= Neue Phänomenologie 4), Freiburg i. Br. / München 2005.

Hasse, Jürgen, Atmosphären der Stadt. Aufgespürte Räume, Berlin 2012.

Hasse, Jürgen, Was Räume mit uns machen – und wir mit ihnen. Kritische Phänomenologie des Raumes, München 2014.

Hasse, Jürgen (Hg.), Das Eigene und das Fremde. Heimat in Zeiten der Mobilität, Freiburg i. Br. / München, 2018.

Hasse, Jürgen, Atmospheres and Moods. Two Modes of Being-with, in: Griffero, Tonino / Tedeschini, Marco (Hg.), Atmospheres and Aesthetics. A Plural Perspective, Cham 2019, S. 77-92.

Hasse, Jürgen, Fotografie, in: http://jhasse.com/fotografie/ [Abrufdatum: 02.06.2020].

Heidegger, Martin, Sein und Zeit, Tübingen ¹²1972.

Heiler, Jörg, Handlungstaktiken für den gelebten Raum, München 2012.

Heinze, Carsten, Siegfried Kracauer und der dokumentarische Film, in: Ders. / Schlegelmilch, Arthur (Hg.), Der dokumentarische Film und die Wissenschaften. Interdisziplinäre Betrachtungen und Ansätze, Wiesbaden 2019, S. 7-58.

Helferich, Silke / Bollier, David, Frei, Fair und Lebendig. Die Macht der Commons, Bielefeld 2019.

Helmig, Jan, Metaphern in geopolitischen Diskursen. Raumrepräsentationen in der Debatte um die amerikanische Raketenabwehr, Wiesbaden 2008.

Herrmann, Heike, Raumbegriffe und Forschungen zum Raum – eine Einleitung, in: Dies. (Hg.), RaumErleben. Zur Wahrnehmung des Raumes in Wissenschaft und Praxis (= Beiträge zur Sozialraumforschung 4), Opladen 2010, S. 7–29.

Hesse, Heinrich, Sämtliche Schriften in zwölf Bänden, Bd. 9, Schriften 1831–1855, Berlin 1981.

Hessenberger, Lisa, Sprache & Leiblichkeit. Theoretische Aspekte leiblichen Spracherlebens, Wien 2011.

Heuvelmann, Maximilian, Wir in Kahlenbeck – oder: Das fiktive Brennglas kirchlicher Konflikte, in: https://www.feinschwarz.net/wir-in-kahlenbeck-oder-das-fiktive-brennglas-kirchlicher-konflikte/ (2021) [Abrufdatum: 12.11.2021].

Hillebrand, Bernd, Kontakt und Präsenz. Grundhaltungen für pastorale Netwerker (= Zeitzeichen 46), Ostfildern 2020.

Hochstaffl, Josef, Die Konzeption von Praxis, in: Haslinger, Herbert et al. (Hg.), Handbuch Praktische Theologie I. Grundlegungen, Mainz 1999, S. 318–332.

Hoff, Gregor M., Glaubensräume. Topologische Fundamentaltheologie, Bd. 2.1, Ostfildern 2021.

Höfle, Nicole, Eine Kirche des Dialogs, in: https://www.drs.de/ansicht/artikel/eine-kirche-des-dialogs-8163.html (2021) [Abrufdatum: 19.10.2021].

Höfle, Nicole, Ideenwettbewerb für „St. Maria als" ist entschieden, in: https://www.kath-kirche-stuttgart.de/service/journal/detail/ideenwettbewerb-fuer-st-maria-als-ist-entschieden (2021) [Abrufdatum: 20.10.2021].

Hofmann, Kerstin P., (Post)Moderne Raumkonzepte und die Erforschung des Altertums, in: Geographia antiqua 23–24 (2015), S. 25–42.

Hofmann, Kerstin P. / Schreiber, Stefan, Raumwissen und Wissensräume. Vielfältige Figurationen eines weiten Forschungsfeldes für die Altertumswissenschaften, in: eTopoi 5 (2015), S. 9–38.

Hofstetter-Straka, Andréas, „St. Maria als", oder: Wenn eine Kirche (sich) aufmacht. Ein Werkstattbericht, in: Zeitschrift für Pastoraltheologie 40 (2020), H. 2, S. 151–157.

Holzschuh, Sabine, Raum und Trauer. Eine praktisch-theologische Untersuchung zu Abschiedsräumen (= Studien zu Theologie und Praxis der Seelsorge 65), Würzburg 2006.

Hoyer, Birgit, „Die Kirche im Internet ist vermutlich die Zukunft der Kirche, in: https://www.feinschwarz.net/kirche_im_internet_zukunft/#fnref-28071-1 (2020) [Abrufdatum: 12.04.2021].

Husserl, Edmund, Phänomenologie. Ideen zu einer reinen Phänomenologie und phänomenologischen Philosophie, Zweites Buch: Phänomenologische Untersuchungen zur Konstitution (= Husserliana 4), Den Haag 1952.

Husserl, Edmund, Phantasie, Bildbewusstsein, Erinnerung. Zur Phänomenologie der anschaulichen Vergegenwärtigungen (= Husserliana 23), Den Haag 1980.

Husserl, Edmund, Logische Untersuchungen, Bd. 2, Erster Teil. Untersuchungen zur Phänomenologie und Theorie der Erkenntnis (= Husserliana 19/1), Den Haag 1984.

Intelmann, Claudia, Der Raum in der Psychoanalyse. Zur Wirkung des Raumes auf den psychoanalytischen Prozeß, München 2004.

Ipsen, Detlev, Raumbilder. Kultur und Ökonomie räumlicher Entwicklung, Pfaffenweiler 1997.

Jackson, Peter, Rematerializing Social and Cultural Geography, in: Social and Cultural Geography 1 (2000), H. 1, S. 9–14.

Literaturverzeichnis

Jameson, Fredric, Postmodernism, or, The cultural logic of late capitalism, Durham 1991.
Jammer, Max, Das Problem des Raumes. Die Entwicklung der Raumtheorie, Darmstadt 1960.
Jensen, Annette, Wir steigern das Bruttosozialglück. Von Menschen, die anders wirtschaften und besser leben, Freiburg i. Br. 2011.
Jooß, Elisabeth, Raum. Eine theologische Interpretation (= Beiträge zur evangelischen Theologie 122), Gütersloh 2005.
Josuttis, Manfred, Vom Umgang mit heiligen Räumen, in: Klie, Thomas (Hg.), Der Religion Raum geben. Kirchenpädagogik und religiöses Leben, Münster 1998, S. 34–43.
Josuttis, Manfred, Segenskräfte. Potentiale einer energetischen Seelsorge, Gütersloh 2000.

Kaminske, Volker, Raumwahrnehmung und Raumvorstellung. Rahmenbedingungen und Entwicklung, in: Geographie und Schule 28 (2006) H. 164, S. 12–19.
Karl, Katharina / Winter, Stephan (Hg.), Gott im Raum?! Theologie und spatial turn: aktuelle Perspektiven, Münster 2021.
Karl, Katharina, Pastorale Raumbeziehungen. Bedeutungen des spatial turn für die Pastoraltheologie, in: Dies. / Winter, Stephan (Hg.), Gott im Raum?! Theologie und spatial turn: aktuelle Perspektiven, Münster 2021, S. 207–221.
Kazig, Rainer, Atmosphären. Konzept für einen nicht repräsentationellen Zugang zum Raum, in: Berndt, Christian / Pütz, Robert (Hg.), Kulturelle Geographien. Zur Beschäftigung mit Raum und Ort nach dem Cultural Turn, Bielefeld 2007, S. 167–187.
Kazig, Rainer, Landschaft mit allen Sinnen. Zum Wert des Atmosphärenbegriffs für die Landschaftsforschung, in: Bruns, Dietrich / Kühne, Olaf (Hg.), Landschaften, Theorie, Praxis und internationale Bezüge, Schwerin 2013, S. 221–232.
Kazig, Rainer, Atmosphären als Ressource von Partizipation und Quartiersentwicklung. Expertise im Auftrag des vhw – Bundesverband für Wohnen und Stadtentwicklung, in: https://www.vhw.de/fileadmin/user_upload/08_publikationen/studien/PDFs/Studien_Befragungen/2018_Abschlussbericht_Expertise_Atmospha__ren.pdf (2018) [Abrufdatum: 13.09.2021].
Kazig, Rainer, Atmosphären und Landschaft, in: Kühne, Olaf et al. (Hg.), Handbuch Landschaft. Wiesbaden 2019, S. 453–460.
Keller, Alice, Einsatz von digitalen Foto-Lesetagebüchern zur Erforschung des Leseverhaltens von Studierenden, in: Mittermaier, Bernhard (Hg.), eLibrary – den Wandel gestalten. 5. Konferenz der Zentralbibliothek Forschungszentrum Jülich, Jülich 2010, S. 33–48.
Kempf, Petra, (K)ein Ort Nirgends. Der Transitraum im urbanen Netzwerk, Karlsruhe 2010.
Kessl, Fabian / Reutlinger, Christian (Hg.), Handbuch Sozialraum. Grundlagen für den Bildungs- und Sozialbereich, Wiesbaden ²2019.
Kinnebrock, Susanne / Knieper, Thomas, Männliche Angie und weiblicher Gerd? Visuelle Geschlechter- und Machtkonstruktionen auf Titelseiten von politischen Nachrichtenmagazinen, in: Holtz-Bacha, Christina (Hg.), Frauen, Politik und Medien, Wiesbaden 2008.
Kläden, Tobias / Schüßler, Michael (Hg.), Zu schnell für Gott? Theologische Kontroversen zu Beschleunigung und Resonanz, Freiburg i. Br. 2017.
Klein, Bruno, Göttliche Gotik? Modi der Transzendierung von Sakralarchitektur im hohen und späten Mittelalter, in: Vorländer, Hans (Hg.), Transzendenz und die Konstitution von Ordnungen, Berlin 2013, S. 356–373.
Kling-Witzenhausen, Monika, Leutetheologien von Schwellenchrist_innen als Lernfeld für die Pastoraltheologie, in: Zeitschrift für Pastoraltheologie 38 (2018), H. 1, S. 93–103.
Kling-Witzenhausen, Monika, Die Stimmen der Gläubigen hörbar machen. Leutetheologien von Schwellenchrist(inn)en und ihre Implikationen für akademische Theolog(inn)en, in:

Slunitschek, Agnes / Bremer, Thomas (Hg.), Der Glaubenssinn der Gläubigen als Ort theologischer Erkenntnis, Freiburg i. Br. 2020, S. 195–215.

Kling-Witzenhausen, Monika, Was bewegt Suchende? Leutetheologien – empirisch-theologisch untersucht (= Praktische Theologie heute 176), Stuttgart 2020.

Klinger, Elmar, Auseinandersetzungen um das Konzil. Communio und Volk Gottes, in: Wittstadt, Klaus / Verschooten, Wim (Hg.), Der Beitrag der deutschsprachigen und osteuropäischen Länder zum Zweiten Vatikanischen Konzil, Löwen 1996, S. 157–175.

Kloock, Daniela / Spahr, Angela, Medientheorien. Eine Einführung, München ³2007.

Klumbies, Paul-Gerhard, Das Raumverständnis in der Markuspassion, in: Ders. / Baumgärtner, Ingrid / Sick, Franziska (Hg.), Raumkonzepte. Disziplinäre Zugänge, Göttingen 2009, S. 127–147.

Kogler, Raphaela, Bilder und Narrationen zu Räumen. Die Zeichnung als visueller Zugang zur Erforschung sozialräumlicher Wirklichkeiten, in: Wintzer, Jeannine (Hg.), Sozialraum erforschen. Qualitative Methoden in der Geographie, Berlin / Heidelberg 2018, S. 261–277.

Könemann, Judith, Konfessionslosigkeit und ihre Bedeutung für die (Pastoral-)Theologie, in: Zeitschrift für Pastoraltheologie 40 (2020), H. 2, S. 21–33.

Kracauer, Siegfried, Die Photographie, in: Ders. (Hg.). Das Ornament der Masse, Frankfurt a. M. 1963, S. 21–39.

Kranemann, Benedikt, „Katholische Suchendenpastoral". Eine Reaktion, in: Wagner-Rau, Ulrike / Handke, Emilia (Hg.), Provozierte Kasualpraxis. Rituale in Bewegung (= Praktische Theologie heute 166), Stuttgart 2019, S. 99–110.

Kranemann, Benedikt, Umnutzen statt abreißen: Perspektiven für Kirchenräume, in: Kläden, Tobias (Hg.), Kirche in der Diaspora. Keynotes der „pastorale!" 2019 in Magdeburg (= KAMP kompakt 8), Erfurt 2020, S. 188–198.

Krotz, Siegfried, Neue Theorien entwickeln. Eine Einführung in die Grounded Theory, die heuristische Sozialforschung und die Ethnographie anhand von Beispielen aus der Kommunikationsforschung, Köln 2005.

Kruse, Lenelis, Der gestimmte Raum, in: Friedrich, Thomas / Gleiter, Jörg H. (Hg.), Einfühlung und phänomenologische Reduktion. Grundlagentexte zu Architektur, Design und Kunst, Berlin 2007, S. 233–250.

Kuckartz, Udo, Qualitative Inhaltsanalyse. Methoden, Praxis, Computerunterstützung, Weinheim / Basel ³2016.

Kuhn, Thomas, Die Struktur wissenschaftlicher Revolutionen. Aus dem Amerikanischen von Kurt Simon, Frankfurt a. M. 1973.

Kühne, Olaf, Landschaft und Wandel. Zur Veränderlichkeit von Wahrnehmungen, Wiesbaden 2018.

Kühne, Olaf, Landscape Theories. A brief introduction, Wiesbaden 2019.

Kühne, Olaf, Phänomenologische Landschaftsforschung, in: Ders. et al. (Hg.), Handbuch Landschaf, Wiesbaden 2019, S. 135–144.

Kühne, Olaf / Weber, Florian, Hybrid California. Annäherungen an den Golden State, seine Entwicklungen, Ästhetisierungen und Inszenierungen, Wiesbaden 2020.

Kühne, Olaf / Jenal, Corinna, The Multivillage-Metropolis Baton Rouge. A Neopragmatic Landscape Approach, 2020 Wiesbaden.

Kumagai, Emiko, Zeit-Spiel-Raum. Heideggers Philosophie des Seinkönnens, München 2004.

Kunath, Katharina, Die Generation Z sucht vor allem ihren Partner in Crime, in: https://www.welt.de/print/welt_kompakt/print_lifestyle/article204275888/Die-Generation-Z-sucht-vor-allem-ihren-Partner-in-Crime.html (2019) [Abrufdatum: 29.10.2021].

Latour, Bruno, Eine neue Soziologie für eine neue Gesellschaft. Einführung in die Akteur-Netzwerk-Theorie. Aus dem Englischen von Gustav Roßler, Frankfurt a. M. 2007.
Laumer, August, Gastfreundschaft – ein Grundparadigma heutiger Gemeindepastoral?, in: Geist & Leben 84 (2011), H. 2, S. 186–200.
Lefebvre, Henri, La production de l'espace, Paris 1974.
Lefebvre, Henri, The production of space, Malden 2005.
Lehmann, Maren, Leutemangel. Mitgliedschaft und Begegnung als Formen der Kirche, in: Hermelink, Jan / Wegner, Gerhard (Hg.), Paradoxien kirchlicher Organisation. Niklas Luhmanns frühe Kirchensoziologie und die aktuelle Reform der evangelischen Kirche, Würzburg 2008, S. 123–144.
Leibniz, Gottfried Wilhelm, Der Leibniz-Clarke Briefwechsel. Leibniz' drittes Schreiben, Berlin 1991.
Lensing, Jörg U., Sound-Design – Sound-Montage – Soundtrack-Komposition. Über die Gestaltung von Filmton, Berlin ³2018.
Li, Jianghong / Earnest, Jaya, Das Beste aus zwei Welten. Vorteile einer Kombination von quantitativen und qualitativen Forschungsmethoden, in: WZB Mitteilungen (2015), H. 150, S. 30–33.
Linck, Gundula, Leib und Körper. Zum Selbstverständnis im vormodernen China, Frankfurt a. M. u. a. 2001.
Lippuner, Roland, Sozialer Raum und Praktiken. Elemente sozialwissenschaftlicher Topologie bei Pierre Bourdieu und Michel de Certeau, in: Günzel, Stephan (Hg.), Topologie. Zur Raumbeschreibung in den Kultur- und Medienwissenschaften, Bielefeld 2007, S. 265–277.
Lobinger, Katharina, Visuelle Kommunikationsforschung. Medienbilder als Herausforderung für die Kommunikations- und Medienwissenschaft, Wiesbaden 2012.
Loffeld, Jan, In die Räume des „Heiligen" vortasten, in: Karl, Katharina / Winter, Stephan (Hg.), Gott im Raum?! Theologie und spatial turn: aktuelle Perspektiven, Münster 2021, S. 291–312.
Lossau, Julia, Mind the gap: Bemerkungen zur gegenwärtigen Raumkonjunktur aus kulturgeographischer Sicht, in: Günzel, Stephan (Hg.), Topologie. Zur Raumbeschreibung in den Kultur- und Medienwissenschaften, Bielefeld 2007, S. 53–68.
Lossau, Julia, Räume von Bedeutung. Spatial turn, cultural turn und Geographie, in: Czáky, Moritz / Leitgeb, Christoph (Hg.), Kommunikation. Gedächtnis. Raum, Bielefeld 2009, S. 29–43.
Lossau, Julia / Lippuner, Roland, In der Raumfalle. Eine Kritik des spatial turn in den Sozialwissenschaften, in: Mein, Georg / Rieger-Ladich, Markus (Hg.), Soziale Räume und kulturelle Praktiken. Über den strategischen Gebrauch von Medien, Bielefeld 2015, S. 47–64.
Löw, Martina, Raumsoziologie, Frankfurt a. M. 2001.
Lüdeling, Anke, Das Zusammenspiel von qualitativen und quantitativen Methoden in der Korpuslinguistik, in: Kallmeyer, Werner / Zifonun, Gisela (Hg.), Sprachkorpora. Datenmengen und Erkenntnisfortschritt, Berlin / New York 2007, S. 28–48.
Luhmann, Niklas, Die Gesellschaft der Gesellschaft, 2 Bde., Frankfurt a. M. 1998.
Luther, Henning, Religion und Alltag. Bausteine zu einer Praktischen Theologie des Subjekts, Stuttgart 1992.
Lynch, Kevin, The Image of the City, Cambridge 1960.

Maar, Christa / Bruda, Hubert (Hg.), Iconic Turn. Die neue Macht der Bilder, Köln 2004.
Marotzki, Winfried / Niesyto, Horst (Hg.), Bildinterpretation und Bildverstehen. Methodische Ansätze aus sozialwissenschaftlicher, kunst- und medienpädagogischer Perspektive (= Medienbildung und Gesellschaft 2), Wiesbaden 2006.

Massey, Doreen, Philosophy and Politics of Spatiality: some Considerations. The Hettner-Lecture in Human Geography, in: Geographische Zeitschrift 87 (1999), H. 1, S. 1–12.
Mayring, Philipp, Qualitative Inhaltsanalyse. Grundlagen und Techniken, Weinheim / Basel ^{12}2015.
Medek, Herbert / Nuding, Andrea, Heusteig-, Gerber-, Bohnenviertel – Stuttgarts 14 Innenstadt-Quartiere, Tübingen 2015.
Mennekes, Friedhelm, Aufgerichtetes Zeichen. Profil einer umweltbezogenen Gemeindearbeit, in: Ders. / Serger, Bernd / Nagel, Armin (Hg.), Wenn sich die Kirchentüren öffnen, Mainz 1982, S. 15–32.
Merleau-Ponty, Maurice, Phänomenologie der Wahrnehmung. Übersetzt von Rudolf Boehm (= Phänomenologisch-psychologische Forschungen 7), Berlin 1966.
Mette, Norbert, Sehen – Urteilen – Handeln. Zur Methodik pastoraler Praxis, in: Diakonia 20 (1989), H. 1, S. 23–29.
Mette, Norbert, Trends in der Gegenwartsgesellschaft, in: Haslinger, Herbert et al. (Hg.), Handbuch Praktische Theologie I. Grundlegungen, Mainz 1999, S. 75–90.
Mette, Norbert, Zwischen Handlungs- und Wahrnehmungswissenschaft. Zum handlungstheoretischen Ansatz der praktischen Theologie, in: Pastoraltheologische Informationen 22 (2002), H. 1/2, S. 138–155.
Mette, Norbert, Christliche Gemeinde im Horizont des Reiches Gottes, in: Sellmann, Matthias (Hg.), Gemeinde ohne Zukunft? Theologische Debatte und praktische Modelle, Freiburg 2013, S. 226–244.
Metz, Johann Baptist, Glaube in Geschichte und Gesellschaft. Studien zu einer praktischen Fundamentaltheologie, Mainz 1977.
Meyer, Michael / Hansen, Svend (Hg.), „Parallele Raumkonzepte" – Einführung in das Thema der Tagung, in: Dies. (Hg.), Parallele Raumkonzepte (= Topoi. Berlin Studies of the Ancient World 16), Berlin / Boston 2013, S. 1–8.
Miggelbrink, Judith, Der gezähmte Blick. Zum Wandel des Diskurses über „Raum" und „Region" in humangeographischen Forschungsansätzen des ausgehenden 20. Jahrhunderts (= Beiträge zur Regionalen Geographie 55), Leipzig 2002.
Miggelbrink Judith, Die (Un-)Ordnung des Raumes. Bemerkungen zum Wandel geographischer Raumkonzepte im ausgehenden 20. Jahrhundert, in: Geppert, Alexander C. T. / Jensen, Uffa / Weinhold, Jörn (Hg.), Ortsgespräche. Raum und Kommunikation im 19. und 20. Jahrhundert, Bielefeld 2005, S. 79–106.
Miggelbrink, Judith, Räume und Regionen der Geographie, in: Baumgärtner, Ingrid / Klumbies, Paul-Gerhard / Sick, Franziska (Hg.), Raumkonzepte. Disziplinäre Zugänge, Göttingen 2009, S. 71–94.
Minkowski, Eugène, Le temps vécu. Etudes phénoménologiques et psychopathologiques, Paris 1933.
Mitchell, Don The End of Culture? Culturalism and Cultural Geography in the Anglo-American „University of Excellence", in: Geographische Revue 2 (2000), H. 2, S. 3–17.
Mizen, Phil / Ofosu-Kusi, Yaw, Researching with, not on. Using fotografy in researching street children in Accra, Ghana, in: Smith, Matt (Hg.), Negotiating Boundaries and borders: qualitative methodology and development research (= Studies in qualitative methodology 8), Oxford 2006, S. 57–84.
Moltmann, Jürgen, Der gekreuzigte Gott. Das Kreuz Christi als Grund und Kritik christlicher Theologie, München 1972.
Moltmann, Jürgen, Gott und Raum, in: Ders. / Rivuzumwami, Carmen (Hg.), Wo ist Gott? Gottesräume – Lebensräume, Neukirchen-Vluyn 2002, S. 29–41.

Moser, Josef, Atmosphären in der musiktherapeutischen Behandlung von Störungen, in: Musiktherapeutische Umschau 26 (2005), H. 3, S. 298–306.
Müller, Hadwig, Theologie im Gespräch mit Michel de Certeau. Notizen von der Reise in ein Land, in dem es sich atmen lässt, in: Bauer, Christian / Sorace, Marco A. (Hg.), Gott anderswo? Theologie im Gespräch mit Michel de Certeau, Ostfildern 2019, S. 107–130.
Münderlein, Daniel / Kühne, Olaf / Weber, Florian, Mobile Methoden und fotobasierte Forschung zur Rekonstruktion von Landschaft(sbiographien), in: Kühne, Olaf et al. (Hg.), Handbuch Landschaft, Wiesbaden 2019, S. 517–534.
Myers, David, Psychologie, Heidelberg 2005.

Niesyto, Horst, Bildverstehen als mehrdimsenionaler Prozess. Vergleichende Auswertung von Bildinterpretationen und methodische Reflexion, in: Marotzki, Winfried / Ders. (Hg.), Bildinterpretation und Bildverstehen. Methodische Ansätze aus sozialwissenschaftlicher, kunst- und medienpädagogischer Perspektive, Wiesbaden 2006, S. 253–286.
Nitta, Yoshihiro / Tani, Tōru (Hg.), Aufnahme und Antwort. Phänomenologie in Japan, Bd. 1, Würzburg 2011.
Nöth, Winfried / Santaella, Lucia, Bild, Malerei und Photographie aus Sicht der Peirceschen Semiotik, in: Wirth, Uwe (Hg.), Die Welt als Zeichen und Hypothese. Perspektiven des semiotischen Pragmatismus von Charles Sanders Peirce, Frankfurt a. M. 2000, S. 354–374.
Nouwen, Henri, Die dreifache Spur. Orientierung für ein spirituelles Leben, Freiburg i. Br. 2012.

Odenthal, Andreas, Resonanz-Raum Gottesdienst? Überlegungen zu einer zeitsensiblen Liturgiewissenschaft im Anschluss an Hartmut Rosa, in: Liturgisches Jahrbuch 68 (2018), H. 1, S. 32–54.
Odenthal, Andreas, Rituelle Erfahrung. Praktisch-theologische Konturen des christlichen Gottesdienstes (= Praktische Theologie heute 161), Stuttgart 2019.
Ogawa, Tadashi, Grund und Grenze des Bewußtseins. Interkulturelle Phänomenologie aus japanischer Sicht, Würzburg 2001.
Ostheimer, Jochen, Zeichen der Zeit lesen. Erkenntnistheoretische Bedingungen einer praktisch-theologischen Gegenwartsanalyse, Stuttgart 2008.

Peirce, Charles Sanders, Vorlesungen über Pragmatismus, Hamburg 1991.
Pelger, Dagmar, Spatial Commons versus Separate Spaces. Zwei Modi der urbanen Raumproduktion, Berlin 2021.
Petry, Clara-Franziska, Crossover als Inszenierungsstrategie. Doing Pop, Doing Classical Music, Doing Mixed Genres, Bielefeld 2020.
Pfaller, Larissa / Wiesse, Basil (Hg.), Stimmungen und Atmosphären. Zur Affektivität des Sozialen, Wiesbaden 2018.
Pfeifer, Wolfgang, Art. Schwelle, in: Etymologisches Wörterbuch des Deutschen, Bd. 2, Berlin ²1993, S. 1261.
Philo, Chris, More Words, more Worlds. Reflections on the „Cultural Turn" and Human Geography, in: Cook, Ian et al. (Hg.), Cultural Turns/Geographical Turns: Perspectives on Cultural Geography, Prentice Hall 2000, S. 26–53.
Pilarczyk, Ulrike / Mietzner, Ulrike, Das reflektierte Bild. Die seriell-ikonografische Fotoanalyse in den Erziehungs- und Sozialwissenschaften, Bad Heilbrunn 2005.
Pilarczyk, Ulrike, Selbstbilder im Vergleich. Junge Fotograf/innen in der DDR und in der Bundesrepublik vor 1989, in: Marotzki, Winfried / Niesyto, Horst (Hg.), Bildinterpretation und

Bildverstehen. Methodische Ansätze aus sozialwissenschaftlicher, kunst- und medienpädagogischer Perspektive, Wiesbaden 2006, S. 227–251.
Pock, Johannes, Kirche an der Schwelle. Überlegungen zu einem (neuen) Krisenparadigma, in: Bucher, Rainer (Hg.), Nach der Macht. Zur Lage der katholischen Kirche in Österreich (= Theologie im kulturellen Dialog 30), Innsbruck / Wien 2014, S. 157–174.
Pohl, Jürgen, Kann es Geographie ohne Raum geben? Zum Verhältnis von Theoriediskussion und Disziplinpolitik, in: Erdkunde 47 (1993), H. 4, S. 255–266.
Pohl-Patalong, Uta, Praktische Theologie interreligiös? Die Vielfalt der Religionen als Herausforderung und Chance für praktisch-theologisches Denken, in: Praktische Theologie 38 (2003), H. 2, S. 96–108.
Popper, Karl, Objektive Erkenntnis. Ein evolutionärer Entwurf, Hamburg 1973.
Prigge, Walter, Raumdebatten in Deutschland seit 1945, in: Fecht, Tom / Kamper, Dietmar (Hg.), Umzug ins Offene. Vier Versuche über den Raum, Wien / New York 2000, S. 23–29.
Prosser, Jon / Schwartz, Dona, Photographs within the Sociological Research Process, in: Ders. (Hg.), Image-based Research. A Sourcebook for Qualitative Researchers, London 1998, S. 115–130.

Quadflieg, Dirk, „Zum Öffnen zweimal drehen". Der spatial turn und die doppelte Wendung des Raumbegriffs, in: Alpsancar, Suzana / Gehring, Petra / Rölli, Marc (Hg.), Raumprobleme. Philosophische Perspektiven, München 2011, S. 21–38.

Rahner, Karl, Art. Pastoraltheologie. I. Wissenschaftstheoretisch, in: Handbuch der Pastoraltheologie, Bd. 5: Lexikon der Pastoraltheologie, Freiburg i. Br. 1972, S. 393–395.
Ratzinger, Joseph, Weggemeinschaft des Glaubens. Kirche als Communio. Festgabe zum 75. Geburtstag, Augsburg 2002.
Rau, Susanne, Raum und Religion. Eine Forschungsskizze, in: Dies. / Schwerhoff, Gerd (Hg.), Topographien des Sakralen. Religion und Raumordnung in der Vormoderne, Hamburg / München 2008, S. 10–37.
Rau, Susanne, Räume, Frankfurt a. M. ²2017.
Rauh, Andreas, Die besondere Atmosphäre. Ästhetische Feldforschungen, Bielefeld 2012.
Rauh, Andreas, Bruchlinien. Das Atmosphärenkonzept in Theorie und Praxis, in: Pfaller, Larissa / Wiesse, Basil (Hg.), Stimmungen und Atmosphären. Zur Affektivität des Sozialen, Wiesbaden 2018, S. 125–144.
Reichmann, Oskar, Der Quellenwert von Dialektwörterbüchern für die historische Fachsprachenforschung II: handwerkliche Fachsprachen in den großlandschaftlichen Wörterbüchern der hochdeutschen Dialekte, in: Hoffmann, Lothar / Kalverkämper, Hartwig / Wiegand, Herbert Ernst (Hg.), Fachsprachen. Ein internationales Handbuch zur Fachsprachenforschung und Terminologiewissenschaft, Bd. 1, Berlin / New York 1998, S. 1120–1131.
Reitz, Tilman, Der Mensch im Bild. Konservative Alternativen zur Kunstgeschichte, in: Philosophische Rundschau 50 (2003), H. 3, S. 169–177.
Remsenthaler, Christina, „Was ist Qualitative Inhaltsanalyse?", in: Schnell, Martin et al. (Hg.), Der Patient am Lebensende. Eine Qualitative Inhaltsanalyse, Wiesbaden 2013, S. 23–42.
Rodatz, Christoph, Der Schnitt durch den Raum. Atmosphärische Wahrnehmung in und außerhalb von Theaterräumen, Bielefeld 2010.
Rödder, Andreas, 21.0. Eine kurze Geschichte der Gegenwart, München 2016.
Röhrig, Hermann-Josef, Art. Kenosis III. Systematisch-theologisch, in: Lexikon für Theologie und Kirche, Bd. 5, Freiburg i. Br. ³1996, S. 1397–1398.

Literaturverzeichnis

Roleder, Felix / Weyel, Birgit, Vernetzte Kirchengemeinde. Analysen zur Netzwerkerhebung der V. Kirchenmitgliedschaftsuntersuchung der EKD, Leipzig 2019.

Rolshoven, Johanna, Von der Kulturraum- zur Raumkulturforschung. Theoretische Herausforderungen an eine Kultur- und Sozialwissenschaft des Alltags, in: Zeitschrift für Volkskunde 99 (2003), H. 2, S. 189–213.

Rorty, Richard, The Linguistic Turn. Essays in Philosophical Method, Chicago 1992.

Roselt, Jens, Phänomenologie des Theaters (= Übergänge 56), München 2008.

Roskamm, Nikolai, Das Reden vom Raum. Zur Aktualität des *Spatial Turn* – Programmatik, Determinismus und „sozial konstruierter Raum", in: PERIPHERIE 32 (2012), 126/127, S. 171–189.

Rouet, Albert, Préface, in: Mijolla, Joseph de (Hg.), La paroisse dans la mission. Relecture d'une page de notre histoire, Châteaufort 2002, S. 7–12.

Rudersdorf, Nora, Persönliche Bezugspunkte und das Konzept des *sens of place*. Fotografiegestützte Leitfadeninterviews und Qualitative Inhaltsanalyse, in: Wintzer, Jeannine (Hg.), Qualitative Methoden in der Sozialforschung. Forschungsbeispiele von Studierenden für Studierende, Heidelberg 2016, S. 109–116.

Rudolph, Udo, Motivationspsychologie kompakt, Weinheim / Basel ²2007.

Rüggemeier, Jan, Die Wiederentdeckung des Raumes. Der ‚Spatial Turn' als Impuls für die Exegese, in: Bibel und Kirche 73 (2018), H. 2, S. 69–70.

Runkel, Simon, Klangräume der Erlebnisgesellschaft. Eine phänomenologische Untersuchung (= Wahrnehmungsgeographische Studien 27), Oldenburg 2014.

Runkel, Simon, Gestimmte Denkräume. Anmerkungen zur Jürgen Hasse „Was Räume mit uns machen – und wir mit ihnen", in: Geographica Helvetica 72 (2017), H. 3, S. 295–301.

Rupert-Kruse, Patrick, Atmosphären: Gestimmte Räume und sinnliche Wahrnehmung, in: https://arthist.net/archive/3033 (2012) [Abrufdatum: 08.04.2020].

Sabisch, Katja, Die Denkstilanalyse nach Ludwik Fleck als Methode der qualitativen Sozialforschung. Theorie und Anwendung, in: Forum Qualitative Sozialforschung 18 (2017), H. 2, S. 1–17.

Sander, Hans-Joachim, Jenseits des Gottes der Oblaten und diesseits eines überraschenden Gottes – Loci theologici an den Andersorten säkularer Rationalität, in: Söder, Joachim / Schönemann, Hubertus (Hg.), Wohin ist Gott? Gott erfahren im säkularen Zeitalter, Freiburg i. Br. 2013, S. 183–211.

Sander, Hans-Joachim, Der ewige Gott hat Raum. Theologie im spatial turn, in: Theologische Revue 109 (2013), H. 2, S. 91–110.

Sander, Hans-Joachim, „Ich bin die Tür" (Joh 10,9) – Wie Migration die vertraute Gottesrede verändert, in: https://www.feinschwarz.net/ich-bin-die-tuer-joh-109-wie-migration-die-vertraute-gottesrede-veraendert/ (2015) [Abruf: 09.03.2021].

Sander, Hans-Joachim, Glaubensräume. Topologische Dogmatik, Bd. 1.1, Ostfildern 2019.

Schaede, Stephan, Heilige Handlungsräume? Eine theologisch-raumtheoretische Betrachtung zur performativen Kraft von Kirchenräumen, in: Baumgärtner, Ingrid / Klumbies, Paul-Gerhard / Sick, Franziska (Hg.), Raumkonzepte. Disziplinäre Zugänge, Göttingen 2009, S. 51–70.

Schlögel, Karl, Im Raume lesen wir die Zeit. Über Zivilisationsgeschichte und Geopolitik, München 2003.

Schlottmann, Antje, Rekonstruktion von alltäglichen Raumkonstruktionen – eine Schnittstelle von Sozialgeographie und Geschichtswissenschaft?, in: Geppert, Alexander C. T. / Jensen, Uffa / Weinhold, Jörn (Hg.), Ortsgespräche. Raum und Kommunikation im 19. und 20. Jahrhundert, Bielefeld 2005, S. 107–136.

Schlottmann, Antje / Miggelbrink, Judith, Visuelle Geographien – ein Editorial, in: Social Geography 4 (2009), H. 1, S. 13–24.
Schmarsow, August, Unser Verhältnis zu den bildenden Künsten. Sechs Vorträge über Kunst und Erziehung, Leipzig 1903.
Schmid, Christian, Stadt, Raum und Gesellschaft. Henri Lefebvre und die Theorie der Produktion des Raumes, München 2005.
Schmid-Keiser, Stephan, Jenseits von sakral – profan, in: https://www.kirchenzeitung.ch/article/jenseits-von-sakral-profan-v-13290#f1 (2017) [Abrufdatum: 07.09.2021].
Schmitt, Thomas, Religion in räumlichen Bezügen denken? Grundzüge und Perspektiven geographischer Religionsforschung, in: Lebendige Seelsorge 68 (2017), H. 4, S. 231–238.
Schmitz, Hermann, System der Philosophie, Bd. 1: Die Gegenwart, Bonn 1964.
Schmitz, Hermann, System der Philosophie, Bd. 3: Der Raum, 1. Teil: Der leibliche Raum, Bonn 1967.
Schmitz, Hermann, Neue Grundlagen der Erkenntnistheorie, Bonn 1994.
Schmitz, Hermann, Personale und präpersonale Subjektivität, in: Logos. Zeitschrift für systematische Philosophie 6 (1999–2000), S. 52–66.
Schneider, Martin, Raum – Mensch – Gerechtigkeit. Sozialethische Reflexionen zur Kategorie des Raumes, Paderborn 2012.
Schneider, Martin, Spatial Turn in der christlichen Sozialethik. Ein Plädoyer, in: Jahrbuch für Christliche Sozialwissenschaften 53 (2012), S. 221–244.
Schoberth, Ingrid, „Du stellst meine Füße auf weiten Raum" – Raummetaphern und leibhaftiges Leben, in: Bernhardt, Reinhold / Link-Wieczorek, Ulrike (Hg.), Metapher und Wirklichkeit. Die Logik der Bildhaftigkeit im Reden von Gott, Mensch und Natur, Göttingen 1999, S. 240–251.
Schönhammer, Rainer, Einführung in die Wahrnehmungspsychologie. Sinne, Körper, Bewegung, Stuttgart / Wien 2009.
Schregle, Franz, Pastoral in ländlichen Räumen. Wegmarkierungen für eine landschaftliche Seelsorge (= Studien zur Theologie und Praxis der Seelsorge 77), Würzburg 2009.
Schroer, Markus, Räume, Orte, Grenzen. Auf dem Weg zu einer Soziologie des Raums, Frankfurt a. M. 2006.
Schües, Christina, Was heißt eigentlich Nachbarschaft?, in: fiph-Journal 26 (2015), S. 4–10.
Schulte, Tobias, „St. Maria als" – eine Kirche für (fast) alle Fälle, in: https://www.katholisch.de/artikel/22460-st-maria-als-eine-kirche-fuer-fast-alle-faelle (2019) [Abrufdatum: 05.11.2021].
Schüßler, Michael, Mit Gott neu beginnen. Die Zeitdimension von Theologie und Kirche in ereignisbasierter Gesellschaft (= Praktische Theologie heute 134), Stuttgart 2013.
Schüßler, Michael, Pastoral Riot! Wie die ‚cultural turns' die (Praktische) Theologie aufmischen (sollten), in: Salzburger theologische Zeitschrift 17 (2013), H. 1, S. 3–24.
Schüßler, Michael, Praktische Theologie im Ereignis-Dispositiv. Positionen zwischen Dekonstruktion und Option, in: Pastoraltheologische Informationen 35 (2015), H. 2, S. 97–103.
Schüßler, Michael, „Fresh Ex": Aufbruch in die Kirchenträume von gestern?, in: Ökumenische Rundschau 65 (2016), H. 3, S. 334–344.
Schüßler, Michael / Schweighofer, Teresa, „St. Maria als ..." Leerstellen als kreatives Konzept urbaner Pastoral, in: https://uni-tuebingen.de/securedl/sdl-eyJ0eXAiOiJKV1QiLCJhbGci OiJIUzI1NiJ9.eyJpYXQiOjE2MjY3MTQ0MTYsImV4cCI6MTYyNjgwNDQwNywidXNlcmlkIjotMC wiZ3JvdXBzIjpbMCwtMV0sImZpbGUiOiJmaWxlYWRtaW5cL1VuaV9UdWViaW5nZW5cL0 Zha3VsdGFldGVuXC9LYXRoLVRoZW9sXC9MZWhyc3RcL0FwZmxNobGVcL1ByYWt0aXNj aGVfVGhlb2xvZ2llXC9Eb2N1bWVudGVcL3Zvcl8yMDE4XC9tZF9NYXJpYV9Lb256ZXB0Xz

Literaturverzeichnis

IwMTdfZW5kLnBkZiIsInBhZ2UiOjExMTUxMX0.w1BQx2rQkaPe5cR6W7rpfFAzslvBLEDI9V ZwQN1Htlo/St_Maria_Konzept_2017_end.pdf (2017) [Abrufdatum: 19.07.2021].

Schütt, Brigitta, Art. Karteninterpretation, in: Onlinelexikon der Kartographie und Geomatik, https://www.spektrum.de/lexikon/kartographie-geomatik/karteninterpretation/2611 [Abrufdatum: 29.11.2019].

Schweidler, Walter, Ort und Zeit, in: Alberg, Jeremiah / Köder, Daniela (Hg.), Habitus fidei. Die Überwindung der eigenen Gottlosigkeit. Festschrift für Richard Schenk OP zum 65. Geburtstag, Paderborn 2016, S. 87–106.

Schwindt, Rainer, Vom Ort zum Raum. Exegetische und systematische Überlegungen zur Geschichte von Jesus und der Syrophönizierin (Mk 7,24–31), in: Münchner Theologische Zeitschrift 60 (2009) S. 62–75.

Seip, Jörg, Jenseits der Sprache. Pastoral vor dem iconic turn, in: Theologisch-praktische Quartalschrift 159 (2011), H. 1, S. 36–44, S. 38.

Seip, Jörg, Was überschreitet die Kirchenprofanierung? Hybridität als Einübung ins Andersdenken, in: Gerhards, Albert / Wildt, Kim de (Hg.), Wandel und Wertschätzung. Synergien für die Zukunft von Kirchenräumen, Regensburg 2017, S. 241–262.

Sekretariat der Deutsche Bischofskonferenz (Hg.), Umnutzung von Kirchen. Beurteilungskriterien und Entscheidungshilfen (Arbeitshilfen Nr. 175), Bonn 2003.

Sellmann, Matthias, „Für eine Kirche, die Platz macht!" Notizen zum Programm einer raumgebenden Pastoral, in: Diakonia 48 (2017), H. 2, S. 74–82.

Sellmann, Matthias, Er weltet, indem er zeltet. Leere Kirchen, oder: Was mir heilig ist, in: https://sinnundgesellschaft.de/leere-kirchen/?fbclid=IwAR3a65DNPZ44RE1YaI7DfXBIg0 phcyRxwjqrvTP3fpWfPjRrM_9zhb871Ho (2021) [Abrufdatum: 07.09.2021].

Sennett, Richard, Die offene Stadt. Eine Ethik des Bauens und Bewohnens, München 2018.

Serger, Bernd / Nagel, Armin, Vorwort, in: Dies. / Mennekes, Friedhelm (Hg.), Wenn sich die Kirchentüren öffnen, Mainz 1982, S. 9–11.

Seywald, Guido, „Foucaults Heterotopien, gegen Edward Sojas Rezeption verteidigt.", in: Le foucaldien 7 (2021), H. 1 (8), S. 1–17.

Siebenrock, Roman, Experiment Mensch. Karl Rahners theologische Gegenwartsanalyse, in: Datterl, Monika / Guggenberger, Wilhelm / Paganini, Claudia (Hg.), Welt am Abgrund. Zukunft zwischen Bedrohung und Vision, Innsbruck 2019, S. 201–220.

Siegl, Christine, Gast – Raum – Kirche. Nutzungserweiterung von Dorfkirchen als kirchliches Handeln (= Praktische Theologie und Kultur 28), Freiburg i. Br. 2019.

Smith, Dale E. / Ziller, Robert C., A Phenomenological Utilization of Photographs, in: Journal of Phenomenological Psychology 7 (1977), H. 2, S. 172–182.

Smith, Neil, Homeless/global. Scaling places, in: Bird, John et al. (Hg.), Mapping the Futures. Local Cultures, Global Change, London 1993, S. 87–119.

Simmel, Georg, Der Bilderrahmen. Ein ästhetischer Versuch, in: Kramme, Rüdiger et al. (Hg.), Aufsätze und Abhandlungen 1901–1908, Bd. 1 (= Georg Simmel Gesamtausgabe 7), Frankfurt a. M. 1995, S. 101–108.

Söding, Thomas, Der Anfang des Evangeliums. Das Evangelium als Kompass des Gottesvolkes, in: theologie aktuell. Die Zeitschrift der Theologischen Kurse 32 (2016/17), H. 2, S. 47–59.

Soeffner, Hans-Georg, Kirchliche Gebäude. Orte der christlichen Religion in der pluralistischen Kultur, in: Schwebel, Horst / Ludwig, Matthias (Hg.), Kirchen in der Stadt. Erfahrungen und Perspektiven, Bd. 1, Marburg 1994, S. 51–56.

Soja, Edward, Postmodern Geographies. The Reassertion of Space in Critical Social Theory, London 1989.

Soja, Edward, Thirdspace. Journeys to Los Angeles and Other Real-and-Imagined Places, Cambridge 1996.
Soja, Edward, Vom ‚Zeitgeist' zum ‚Raumgeist'. New Twists on the Spatial Turn, in: Döring, Jörg / Thielmann, Tristan (Hg.), Spatial Turn. Das Raumparadigma in den Kultur- und Sozialwissenschaften, Bielefeld 2008, S. 241–263.
Sommer, Regina, Schwellenzustand, Evangelische Abendmahlspraxis pastoraltheologisch betrachtet, in: Dies. / Koll, Julia (Hg.), Schwellenkunde. Einsichten und Aussichten für den Pfarrberuf im 21. Jahrhundert. Ulrike Wagner-Rau zum 60. Geburtstag, Stuttgart 2012, S. 263–276.
Spadaro, Antonio, Das Interview mit Papst Franziskus, Freiburg i. Br. 2013.
Spallek, Gerrit, Vor Ort in Hamburg. Teilnehmende Beobachtung als Ausgangspunkt von Theologie, in: Zeitschrift für Pastoraltheologie 40 (2020), H. 2, S. 145–150.
Spallek, Gerrit, Tor zur Welt? Hamburg als Ort der Theologie (= Theologie im Dazwischen – Grenzüberschreitende Studien 1), Ostfildern 2021.
Spangenberg, Peter, Art. Aura, in: Ästhetische Grundbegriffe. Historisches Wörterbuch in sieben Bänden. Absenz bis Darstellung, Bd. 1, Stuttgart 2000, S. 400–416.
Spatscheck, Christian / Wolf-Ostermann, Karin, Sozialraumanalysen. Ein Arbeitsbuch für soziale, gesundheits- und bildungsbezogene Dienste, Opladen / Toronto 2016.
Spektrum, Onlinelexikon der Geographie, Art. Humangeographie, in: https://www.spektrum.de/lexikon/geographie/humangeographie/3596 [Abrufdatum: 14.09.2021].
Spielberg, Bernhard, „Von Selbsttäuschungen freimachen", in: https://www.konradsblatt.de/aktuell-2/alle-beitraege-zu-corona/detail/nachricht/id/128860-von-selbsttaeuschungen-frei-machen/?cb-id=12148428 (2020) [Abrufdatum: 20.07.2021].
Spiering-Schomborg, Nele, Räume des Schreckens. Narratologische Überlegungen zum alttestamentlichen Erzählen von sexualisierter Gewalt, in: Bibel und Kirche 73 (2018), H. 2, S. 71–79.
St. Maria als, in: https://st-maria-als.de/ [Abrufdatum: 16.06.2020].
Standhartinger, Angela, Aufmerksamkeit für die Ränder und Grenzen. Eine Predigt zu 1Kor 9,19-23, in: Sommer. Regina / Koll, Julia (Hg.), Schwellenkunde. Einsichten und Aussichten für den Pfarrberuf im 21. Jahrhundert. Ulrike Wagner-Rau zum 60. Geburtstag, Stuttgart 2012, S. 321–328.
Stadtlücken, in: http://www.stadtluecken.de/ [Abrufdatum: 16.06.2020].
Steinbrink, Malte / Schmidt, Jan-Berent / Aufenvenne, Philipp, Soziale Netzwerkanalyse für HumangeographInnen. Einführung in UCINET und NetDraw in fünf Schritten, (= Potsdamer Geographische Praxis 5), Potsdam 2013.
Steiner, Rudolf, Das Rätsel des Menschen. Die Geistigen Hintergründe der menschlichen Geschichte. 15. Vorträge, gehalten in Dornach vom 29. Juli bis 3. September 1916 (= Kosmische Geschichte und menschliche Geschichte 1), Dornach 1964.
Steiof, Dorothee, Was macht Gott in der Stadt? Erfahrungen aus einem Projekt der Präsenzpastoral im Süden von Stuttgart, in: https://www.feinschwarz.net/was-macht-gott-in-der-stadt-erfahrungen-aus-einem-projekt-der-praesenzpastoral-im-sueden-von-stuttgart/ (2021) [Abrufdatum: 07.11.2021].
Strassburger, Gaby / Rieger, Judith, Bedeutung und Formen der Partizipation. Das Modell der Partizipationspyramide, in: Dies. (Hg.), Partizipation kompakt. Für Studium, Lehre und Praxis sozialer Berufe, Weinheim / Basel 2014, S. 12–29.
Straus, Erwin, Die Ästhesiologie und ihre Bedeutung für das Verständnis der Halluzinationen, in: Ders. (Hg.), Psychologie der menschlichen Welt. Gesammelte Schriften, Berlin u. a. ²1960, S. 236–269.

Literaturverzeichnis

Südgemeinden Stuttgart, http://www.kath-suedgemeinden-stuttgart.de/index.php?id=47 [Abrufdatum: 15.06.2020].

Sui, Daniel, Visuality, Aurality, and Shifting Metaphors of Geographical Thought in the Late Twentieth Century, in: Annals of the Association of American Geographers 90 (2000), H. 2, S. 322–343.

Tellenbach, Hubertus, Geschmack und Atmosphäre. Medien menschlichen Elementarkontaktes (= Neues Forum 8), Salzburg 1968.

Theobald, Christoph, Hören, wer ich sein kann. Einübungen (= Bildung und Pastoral 5), Ostfildern 2018.

Thibaud, Jean-Paul. Die sinnliche Umwelt von Städten. Zum Verständnis urbaner Atmosphären, in: Hauskeller, Michael (Hg.), Die Kunst der Wahrnehmung. Beiträge zu einer Philosophie der sinnlichen Erkenntnis, Kusterdingen 2003, S. 280–297.

Thomas, Philipp, Selbst-Natur-sein. Leibphänomenologie als Naturphilosophie. Berlin 1996.

Tiefensee, Eberhard, Auf der Suche nach Suchenden. Areligiosität in den neuen Bundesländern als Herausforderung und Chance, in: Theologie der Gegenwart 49 (2006), H. 3, S. 224–233.

Turner, Victor, The Ritual Process. Structure and Anti-Structure, London 1969.

Turner, Victor, Dramas, Fields, and Metaphors. Symbolic Action in Human Society, Ithaca 1975.

Turner, Victor, Das Ritual. Struktur und Anti-Struktur (= Theorie und Gesellschaft 10), Frankfurt a. M. / New York 1989.

Ven, Johannes van der, Praktische Theologie und Humanwissenschaften. Der Modus der Kooperation, in: Haslinger, Herbert et al. (Hg.), Handbuch Praktische Theologie I. Grundlegungen, Mainz 1999, S. 267–278.

Verleihung zap:stiftung, in: https://zap-bochum.de/st-maria-als-gewinnt-den-zapinnovationspreis-erfolgreicher-zapkongress-beendet/ [Abrufdatum: 18.10.2021].

Wagner-Egelhaaf, Martina, Goethes Einquartierungen. Zur autobiographischen Dimensionalität besetzter Räume, in: Pisani, Salvatore / Oy-Marra, Elisabeth (Hg.), Ein Haus wie Ich. Die gebaute Autobiographie in der Moderne, Bielefeld 2014, S. 103–128.

Wagner-Rau, Ulrike, Praktische Theologie als „Schwellenkunde". Fortschreibung einer Anregung von Henning Luther, in: Hauschildt, Eberhard / Schwab, Ulrich (Hg.), Praktische Theologie für das 21. Jahrhundert, Stuttgart 2002, S. 177–191.

Wagner-Rau, Ulrike, Auf der Schwelle. Das Pfarramt im Prozess kirchlichen Wandels, Stuttgart 2009.

Waldenfels, Bernhard, Topographie des Fremden. Studien zur Phänomenologie des Fremden, Bd. 1, Frankfurt a. M. 1997.

Waldenfels, Bernhard, Sinnesschwellen. Studien zur Phänomenologie des Fremden, Bd. 3, Frankfurt a. M. 1999.

Waldenfels, Bernhard, Leibliches Wohnen im Raum, in: Schröder, Gerhard / Breuninger, Helga (Hg.), Kulturtheorien der Gegenwart. Ansätze und Positionen, Frankfurt a. M. / New York 2001, S. 179–201.

Waldenfels, Bernhard, Ortsverschiebungen, Zeitverschiebungen. Modi leibhaftiger Erfahrung, Frankfurt a. M. 2009.

Wang, Zhuofei, Atmosphärische Gestaltung und Erfahrung, in: Rebentisch, Juliane (Hg.), Das ist Ästhetik! Kongress-Akten der Deutschen Gesellschaft für Ästhetik, Bd. 4, Offenbach 2018, S. 1–11.

Weichhart, Peter, Vom „Räumeln" in der Geographie und anderen Disziplinen. Einige Thesen zum Raumaspekt sozialer Phänomene, in: Mayer, Jörg (Hg.), Die aufgeräumte Welt. Raumbilder und Raumkonzepte im Zeitalter globaler Marktwirtschaft (= Loccumer Protokolle 74), Rehburg-Loccum 1993, S. 225–241.

Weichhart, Peter, „Raum" versus „Räumlichkeit" – ein Plädoyer für eine transaktionistische Weltsicht der Sozialgeographie, in: Heinritz, Günter / Helbrecht, Ilse (Hg.), Sozialgeographie und Soziologie. Dialog der Disziplinen (= Münchner Geographische Hefte 78), München 1998, S. 75–88.

Weichhart, Peter, Entwicklungslinien der Sozialgeographie. Von Hans Bobek bis Benno Werlen (= Sozialgeographie kompakt 1), Stuttgart ²2018.

Weick, Karl E., Der Prozess des Organisierens, Frankfurt a. M. 1985.

Weigel, Sigrid, Zum ‚topographical turn'. Kartographie, Topographie und Raumkonzepte in den Kulturwissenschaften, in: KulturPoetik 2 (2002), H. 2, S. 151–165.

Wenzel, Knut, Gott in der Stadt. Zu einer Theologie der Sakralität, in: Ders. / Sievernich, Michael (Hg.), Aufbruch in die Urbanität. Theologische Reflexion kirchlichen Handelns in der Stadt, Freiburg i. Br. 2013, S. 330–389.

Werbebroschüre Citroënbusiness, in: https://www.yumpu.com/de/document/read/3733819/citroanbusiness-nach-ihrem-geschmack [Abrufdatum: 31.08.2021].

Werber, Niels, Raumvergessenheit oder Raumontologie, Latour oder Luhmann? Zur Rolle der Systemtheorie in einer (medien)geographischen Kontroverse, in: Soziale Systeme 17 (2011), H. 2, S. 361–372.

Werlen, Benno, Gibt es eine Geographie ohne Raum? Zum Verhältnis von traditioneller Geographie und zeitgenössischen Gesellschaften, in: Erdkunde 47 (1993), H. 4, S. 241–255.

Werlen, Benno, Landschaft, Raum, Gesellschaft. Entstehungs- und Entwicklungsgeschichte wissenschaftlicher Sozialgeographie, in: Geographische Rundschau 47 (1995), H. 9, S. 513–522.

Werlen, Benno, Sozialgeographie. Eine Einführung, Bern / Stuttgart / Wien 2000.

Wesely, Kathrin, Das Mittelschiff als Labor für neue Nutzungen, in: https://www.stuttgarter-nachrichten.de/inhalt.stuttgart-sued-st-maria-buergerbeteiligung-das-mittelschiff-als-labor-fuer-neue-nutzungen.8c849c84-5174-4636-b91e-884de19985f0.html (2017) [Abrufdatum: 06.11.2021].

Wiesing, Lambert, Artifizielle Präsenz. Studien zur Philosophie des Bildes, Frankfurt a. M. 2005.

Wikipedia, Freie Enzyklopädie, Art. Kirchenschließung, in: https://de.wikipedia.org/wiki/Kirchenschlie%C3%9Fung [Abrufdatum: 20.09.2021].

Willatt Herrera, Carlos José, Ästhetische Erfahrung und Bildung. Eine phänomenologische, bildungstheoretische und pädagogische Neubetrachtung, Berlin 2018.

Wilmer, Heiner, Partizipation ist Sein. Brosamen zur Partizipation und Unwissenschaftliches, in: Zeitschrift für Pastoraltheologie 40 (2020), H. 1, S. 177–181.

Wimmer, Reiner, Zum Wesen der Stimmungen. Begriffliche Erörterungen, in: Kümmel, Friedrich (Hg.), O. F. Bollnow: Hermeneutische Philosophie und Pädagogik, München 1997, S. 143–162.

Winter, Stephan, God – located!? Liturgiewissenschaft als Sakraltopographie, in: Karl, Katharina / Ders. (Hg.), Gott im Raum?! Theologie und spatial turn: aktuelle Perspektiven, Münster 2021, S. 261–290.

Wüthrich, Matthias, Theoretische Erwägungen zum Kirchenraum, in: Sigrist, Christoph (Hg.), Kirchen Macht Raum. Beiträge zu einer kontroversen Debatte, Zürich 2010, S. 71–88.

Wüthrich, Matthias, Raum Gottes. Ein systematisch-theologischer Versuch, Raum zu denken, Göttingen 2015.

Literaturverzeichnis

Zerfaß, Rolf, Menschliche Seelsorge. Für eine Spiritualität von Priestern und Laien im Gemeindedienst, Freiburg i. Br. 1985.
Zerfaß, Rolf, Vorwort zur deutschen Ausgabe, in: Nouwen, Henri (Hg.), Schöpferische Seelsorge, Freiburg i. Br. 1989, S. 5–8.
Zerfaß, Rolf, Lebensnerv Caritas. Helfer brauchen Rückhalt, Freiburg i. Br. 1995.
Ziemer, Gesa, Komplizenschaft. Neue Perspektiven auf Kollektivität, Bielefeld 2013.
Zierhofer, Wolfgang, Die fatale Verwechslung. Zum Selbstverständnis der Geographie, in: Meusburger, Peter (Hg.), Handlungszentrierte Sozialgeographie. Benno Werlens Entwurf in kritischer Diskussion (= Erdkundliches Wissen 130), Stuttgart 1999, S. 163–186.
Zierhofer, Wolfgang, State, Power and Space, in: Social Geography 1 (2005), H. 1, S. 29–36.
Ziethen, Rahel, Kunstkommentare im Spiegel der Fotografie. Re-Auratisierung – Ver-Klärung – Nicht-kontingente Experimente, Bielefeld 2013.

Der Anhang des Bandes ist digital abrufbar unter:
https://dl.kohlhammer.de/978-3-17-043412-7